Beihilfen an kleine und mittlere Unternehmen

SCHRIFTEN
zum internationalen und zum öffentlichen
RECHT

Herausgegeben von Gilbert Gornig

Band 67

PETER LANG
Frankfurt am Main · Berlin · Bern · Bruxelles · New York · Oxford · Wien

Arne Hertel

Beihilfen an kleine und mittlere Unternehmen

PETER LANG
Europäischer Verlag der Wissenschaften

Bibliografische Information Der Deutschen Bibliothek
Die Deutsche Bibliothek verzeichnet diese Publikation in der Deutschen Nationalbibliografie; detaillierte bibliografische Daten sind im Internet über <http://dnb.ddb.de> abrufbar.

Zugl.: Marburg, Univ., Diss., 2006

D4
ISSN 0943-173X
ISBN 3-631-55312-9

www.peterlang.de

Meinen Eltern

Vorwort

Kleine und mittlere Unternehmen (KMU) bilden das Rückgrat der europäischen Wirtschaft. Sie sind das Herz der Sozialen Marktwirtschaft und Motor für mehr Wachstum und Beschäftigung. Die Kommission und die Mitgliedstaaten sind daher um eine besondere Förderung dieser Unternehmensgruppe bemüht. Einen wesentlichen Bestandteil der nationalen Fördermaßnahmen bildet die Vergabe von Beihilfen. Ihnen widmet sich diese Arbeit.
Nach eingehender Untersuchung der zum 1. Januar 2005 in Kraft getretenen Empfehlung 2003/361 EG und der in ihr niedergelegten Kriterien zur Bestimmung eines KMU, setzt sich der Autor mit der Gruppenfreistellungsverordnung 70/2001 EG auseinander. Der Schwerpunkt liegt dabei auf der durch sie eingeleiteten Modernisierung und Dezentralisierung der Beihilfenkontrolle.

Nach diesen einführenden Worten bleibt mir, mich bei denjenigen zu bedanken, die maßgeblich zur Entstehung der Dissertation beigetragen haben.

Mein Dank gilt zuvorderst Prof. Dr. Monika Böhm, für ihre freundliche und engagierte Betreuung der Arbeit. Bedanken möchte ich mich auch bei Prof. Dr. Dr. h.c. Gilbert Gornig für die rasche Erstellung des Zweitgutachtens sowie die Aufnahme dieser Arbeit in seine Schriftenreihe.

Dank schulde ich darüber hinaus der Europäischen Kommission, Generaldirektion Wettbewerb, für ihre freundliche Unterstützung bei der Literaturrecherche.

Ferner möchte ich die Gelegenheit nutzen, mich bei meinen beiden Freunden Dr. Heiko Bertelmann und Tristan Krebs, M.J.I., für das zeitaufwendige Korrekturlesen der Arbeit zu bedanken sowie bei Dr. Ariane Knoll für ihren liebevollen Beistand und ihre stetigen Ermunterungen während der Anfertigung dieser Arbeit.

Ganz besonderen Dank schulde ich meinen Eltern, die mich während der gesamten Ausbildungszeit nicht nur finanziell, sondern in jedweder Form unterstützt haben.

Kiel, im April 2006 Arne Hertel

Inhaltsverzeichnis

A. Einleitung

I. Einführung

Kleine und mittlere Unternehmen (KMU) bilden das „Rückgrat der europäischen Wirtschaft".[1] 99,8 % aller Unternehmen in der EU sind der Unternehmensklasse der KMU zuzurechnen.[2] Mit einer realen Wertschöpfung von nahezu 60 %[3] und einer Beschäftigungsquote von beinahe 70 %[4] kommt ihnen sowohl unter wirtschaftlichen als auch unter sozialen Gesichtspunkten eine herausragende Stellung zu.

Aufgrund einer Reihe strukturbedingter Nachteile gegenüber den großen Unternehmen, darunter sind z.B. Schwierigkeiten beim Zugang zu Kapital und Kredit oder den neuen Technologien, bedürfen KMU einer besonderen Förderung. Neben zahlreichen speziellen Fördermaßnahmen und –programmen, wie den Euro-Info-Centren, dem Aktionsplan BEST oder der Europäischen Charta für Kleinunternehmen, ist - gerade im nationalen Bereich – die Vergabe von Beihilfen von essentieller Bedeutung. Damit die von den nationalen Stellen gewährten Beihilfen aber auch tatsächlich nur solchen Unternehmen zugute kommen, die unter den typischen Problemen eines KMU leiden, bedarf es einer genauen Abgrenzung dieser Unternehmensgruppe zu den großen Unternehmen. Dies erwies sich mangels einer einheitlichen Definition lange Zeit als äußerst schwierig.

Erst im Jahr 1996 veröffentlichte die Kommission eine Empfehlung zur Definition von KMU.[5] Damit wurde zwar ein Grundstock gemeinsamer Regeln geschaffen, der die Kohärenz und Effizienz aller politischen Maßnahmen zugunsten der KMU steigerte und die Gefahr von Wettbewerbsverzerrungen minderte,[6] doch offenbarten sich im Laufe der Anwendung dieser Empfehlung 96/280 EG zahlreiche Auslegungsschwächen. Diese betrafen sowohl das Kriterium der Beschäftigten- und Finanzschwellenwerte als auch das der Unabhängigkeit. Neben den Problemen bei der Beteiligung der öffentlichen Hand an KMU, der Berechnung der Schwellenwerte bei komplexen Unternehmensgeflechten oder dem kollusiven Zusammen-

---

1 So der für die Unternehmenspolitik zuständige EU-Kommissar Erkki Liikanen in einer Pressemitteilung der Kommission vom 8.Mai 2003.

2 Zu Einzelheiten bezüglich der Zahl der Unternehmen in den einzelnen Mitgliedsländern siehe Beobachtungsnetz der europäischen KMU 2003, Nr. 7, S. 82, Tabelle IV. 2; Nr. 8, S. 39, Tabelle I.1.

3 Siehe die Aktivitäten der Europäischen Union zur Förderung von kleinen und mittleren Unternehmen, KOM (2003) endg. 26, S. 17-18 (Werte für Europa-19 aus dem Jahr 2000).

4 Siehe Beobachtungsnetz der europäischen KMU 2003, Nr. 7, S. 83, Tabelle IV.3; Nr. 8, S. 40, Tabelle 1.2.

5 Empfehlung der Kommission vom 3.04.1996 betreffend die Definition der kleinen und mittleren Unternehmen (Empfehlung 96/280 EG), ABl. 1996 L 107/4.

6 Siehe die Erwägungsgründe der Empfehlung 96/280 EG und der Empfehlung 2003/361 EG.

wirken mehrerer KMU, war vor allem die rechtliche Behandlung verbundener Unternehmen umstritten.

Aus diesem Grund verabschiedete die Kommission zum 1. Januar 2005 eine neue Empfehlung für eine KMU-Definition, die Empfehlung 2003/361 EG[7]. Die an diese Empfehlung gerichteten Erwartungen und die damit verbundene Frage, ob sie geeignet ist, die Probleme der vorangegangenen Empfehlung zu beseitigen, bilden einen Schwerpunkt der vorliegenden Arbeit.

Die exakte Bestimmung der Merkmale eines KMU ist für die Beihilfenvergabe von größter Bedeutung. Dies gilt in besonderem Maße seit der Einführung der Gruppenfreistellungsverordnung 70/2001 EG[8]. Denn durch sie wurden bestimmte Beihilfen an KMU aus dem in Art. 88 EG statuierten System der ex-ante Überwachung herausgelöst und die Mitgliedstaaten dazu ermächtigt, solche Beihilfen unmittelbar und nach eigenverantwortlicher Prüfung der in der Verordnung aufgestellten Voraussetzungen zu vergeben. Diese Dezentralisierung der Beihilfenkontrolle ist nicht unproblematisch, denn mit der VO 70/2001 EG hat die Kommission die Überwachung der Beihilfenvergabe gerade in die Hände derjenigen mitgliedstaatlichen Stellen gelegt, die sie vormals zu überwachen hatte. Es wird daher zu untersuchen sein, ob sich das System der Gruppenfreistellungsverordnungen im Bereich der Beihilfenvergabe an KMU bewährt hat.

II. Gang der Untersuchung

Um die Beihilfenvergabe an KMU untersuchen zu können, bedarf es in **Teil B** zunächst einer Bestimmung der Eigenschaften dieser Unternehmensgruppe und damit zugleich einer genauen Abgrenzung dieser Unternehmensgruppe zu großen Unternehmen. Lange Zeit gab es für diese Frage keine allgemeingültige Antwort. Sowohl auf europäischer als auch auf mitgliedstaatlicher Ebene existierte eine Vielzahl verschiedener Definitionen, die sowohl eine Förderung von KMU als auch eine Kohärenz zwischen mitgliedstaatlichen und europäischen Programmen erschwerte. Erst im Jahr 1996 erließ die Kommission eine Empfehlung, in der sie die Kriterien für die Bestimmung eines KMU niederlegte. Die in der Empfehlung 96/280 EG niedergelegte Definition versprach zwar erhebliche Vorteile, doch zeigten sich im Laufe der Zeit zahlreiche Anwendungsprobleme. Art und Umfang dieser Probleme sowie etwaige Lösungen bilden den Schwerpunkt des ersten Ab-

---

7 Empfehlung der Kommission vom 6.05.2003 betreffend die Definition der Kleinstunternehmen sowie der kleinen und mittleren Unternehmen (Empfehlung 2003/361 EG), ABl. 2003 L 124/36.

8 Verordnung 70/2001 der Kommission vom 12.1.2001 über die Anwendung der Art. 87 und 88 EG-Vertrag auf staatliche Beihilfen an kleine und mittlere Unternehmen (VO 70/2001 EG), ABl. 2001 L 10/33. Geändert durch die VO 364/2004 vom 25. Februar 2004 zur Änderung der VO 70/2001 im Hinblick auf die Erstreckung ihres Anwendungsbereichs auf Forschungs- und Entwicklungsbeihilfen, ABl 2004 L 63/22.

schnitts. Seit Anfang des Jahres 2005 gibt es eine neue Definition für KMU, die Empfehlung 2003/361 EG. Ihre Entstehung, die Veränderungen gegenüber ihrem Vorgänger und die mit ihr verknüpften Erwartungen bilden den Abschluss des ersten Teils der Arbeit.

Teil C der Arbeit widmet sich der Bedeutung der KMU. Dabei wird nicht nur ihre Bedeutung im europäischen und deutschen Wirtschaftsraum dargestellt, sondern auch ein internationaler Vergleich mit den Wirtschaftsräumen Japan und den USA vorgenommen. Anschließend werden die Gründe erörtert, warum KMU im Vergleich zu großen Unternehmen einer besonderen Förderung bedürfen, die sodann an einigen ausgewählten Beispielen der Förderung auf europäischer Ebene illustriert werden.

Teil D der Untersuchung beleuchtet die Beihilfenvergabe an KMU.

Zu Beginn des Abschnitts soll die Bedeutung der Beihilfen und im speziellen der KMU-Beihilfen analysiert werden. Dem folgend wird das System der Beihilfenkontrolle dargestellt. Zunächst ist hier zu klären, ob Fördermaßnahmen zugunsten von KMU überhaupt unter den Begriff einer Beihilfe i.S.d. Art. 87 I EG fallen. Bei der Untersuchung dieser Frage sind die aus Teil C der Arbeit gewonnenen Erkenntnisse mit einzubeziehen. Sodann ist zu klären, unter welchen Voraussetzungen und nach welchem Verfahren Beihilfen von den einzelnen Mitgliedstaaten gewährt werden können. Den Schwerpunkt der Untersuchung wird das formelle Beihilfenrecht bilden. Darauf aufbauend werden die Entstehung, der Inhalt, die wesentlichen Veränderungen, Erwartungen und Bedenken die mit der VO 70/2001 EG verbunden sind, untersucht. Sofern sich Auslegungs- und Anwendungsprobleme bei der VO 70/2001 EG ergeben sollten, werden diese näher untersucht und Lösungsmöglichkeiten erarbeitet. Den Abschluss des dritten Teils bildet die VO 364/2004 EG, die die VO 70/2001 EG ersetzt hat. Die mit ihr verbundenen inhaltlichen Änderungen werden aufgezeigt und sodann bewertet.

Abschließend werden in **Teil E** die wesentlichen Ergebnisse der Arbeit thesenartig zusammengefasst.

B. Merkmale der KMU

KMU haben sowohl auf europäischer als auch auf nationaler Ebene zahlreiche Möglichkeiten, gefördert zu werden. Neben einer finanziellen Förderung, die überwiegend im nationalen Bereich stattfindet, hat die EG auch allgemeine Förderprogramme zur Stärkung dieser Unternehmensgruppe ins Leben gerufen.[9]

Um eine kohärente und effiziente Förderung sowohl auf nationaler als auch auf europäischer Ebene zu gewährleisten, ist eine einheitliche und möglichst genaue Abgrenzung dieser Unternehmensgruppe Voraussetzung.

Obwohl der Begriff „KMU“ ein auf europäischer Ebene feststehender Begriff ist, fällt eine solche Abgrenzung nicht immer leicht.

I. Begriff des Unternehmens

Bevor man sich den Merkmalen von KMU nähert, gilt es, den Begriff des „Unternehmens“ zu definieren.

1. Der funktionale Unternehmensbegriff

Einigkeit besteht insofern, dass der Begriff des Unternehmens ein vom Recht der Mitgliedstaaten unabhängiger, autonomer Begriff des Europäischen Gemeinschaftsrechts ist.[10]

Anders als der – mittlerweile außer Kraft getretene – EGKS-Vertrag (Art. 80 EGKS)[11] und der EAG-Vertrag (Art. 196 lit. b) EAG)[12] hält der EG-Vertrag selbst keine Definition für ihn vor. Doch stimmen Rechtsprechung und Schrifttum darin überein, dass der Begriff des Unternehmens als einheitlicher Grundbegriff des

---

9 Siehe dazu ausführlich unter C. III.

10 EuGH Slg. 1991, I-1979, I-2016, Tz. 21 Höfner und Elser; Slg. 1997, I-7119, Tz. 20 ff. Job Centre; Koenig/Kühling,in: Streinz, EUV/EGV, Art. 87, Rn. 48; Koenig/Haratsch, Europarecht, S. 328, Rn. 857.

11 Art. 80 EGKS: „Unternehmen im Sinne dieses Vertrags sind diejenigen Unternehmen, die innerhalb der in Artikel 79 Absatz 1 genannten Gebiete eine Produktionstätigkeit auf dem Gebiet von Kohle und Stahl ausüben; was die Artikel 65 und 66 sowie die zu ihrer Anwendung erforderlichen Auskünfte und die ihretwegen erhobenen Klagen anbelangt, so sind Unternehmen im Sinne dieses Vertrags ferner diejenigen Unternehmen oder Organisationen, die gewerbsmäßig eine Vertriebstätigkeit ausüben, mit Ausnahme des Verkaufs an Haushaltungen oder an Kleingewerbetreibende.“

12 Art. 196 lit. b) EAG: „„Unternehmen“: jedes Unternehmen oder jede Einrichtung, die ihre Tätigkeit ganz oder teilweise in den Hoheitsgebieten der Mitgliedstaaten auf dem Gebiet ausübt, das in dem entsprechenden Kapitel dieses Vertrags bezeichnet ist; die öffentlichrechtliche oder privatrechtliche Stellung der Unternehmen und Einrichtungen spielt dabei keine Rolle.“

europäischen Wettbewerbsrechts in allen Bestimmungen gleich auszulegen ist[13] und seine Auslegung dabei dem Ziel Rechnung tragen muss, die Einheit des Marktes und die Funktionsfähigkeit des Wettbewerbs umfassend zu gewährleisten.[14] Diesem Ziel wird der sehr weite kartellrechtlich-funktionale Unternehmensbegriff gerecht.[15] Ein Unternehmen ist danach „jede eine wirtschaftliche Tätigkeit ausübende Einheit, unabhängig von ihrer Rechtsform und der Art ihrer Finanzierung".[16] Das Merkmal der wirtschaftlichen Tätigkeit ist dabei denkbar weit zu verstehen. Nicht einmal eine Gewinnerzielungsabsicht ist erforderlich. Ausreichend ist, dass es für die ausgeübte Tätigkeit einen „Markt" gibt, in dem mehrere Teilnehmer zueinander in einem Wettbewerbsverhältnis stehen.[17] Lediglich Privathaushalte, staatliche Tätigkeit in Ausübung hoheitlicher Gewalt und ausschließlich sozialen Zwecken verpflichtete Träger der sozialen Sicherheit fallen aus dem Anwendungsbereich heraus.[18]

2. Verbundene Unternehmen

Ein Unternehmen ist nicht zwangsläufig eine klar trennbare Rechtseinheit.[19]

Auch mehrere rechtlich selbständige Gesellschaften können ein einziges Unternehmen im Sinne des europäischen Wettbewerbsrechts bilden. Voraussetzung ist, dass sie eine wirtschaftliche Einheit darstellen.[20]

Die genauen Umstände, die eine wirtschaftliche Einheit rechtlich unabhängiger Unternehmen zu begründen vermögen, sind bislang jedoch unklar.[21]

---

13 Bennicke, EWS 1997, S. 373 (373); Mestmäcker/Schweitzer, Europäisches Wettbewerbsrecht, § 8, Rn. 5.

14 Mestmäcker/Schweitzer, Europäisches Wettbewerbsrecht, § 8, Rn. 5.

15 Dreher, WuW 2004, S. 471 (471); Bunte,in: Langen/ Bunte, Kartellrecht, § 1, Rn. 13.

16 EuGH Slg. 1991, I-1979, Tz. 21 Höfner und Elser; EuGH Slg. 2000, I-6451, Tz. 74 m.w.N. Pavlov/Stichting Pensionenfonds Medische Spezialisten; Stockhausen, Beihilfenrechtliche Grenzen, S. 31; Jennert, WuW 2004, S. 37 (37).

17 Entscheidung der Kommission vom 16. 9. 1997, ABl. 1998 L 159/58 - Gemeinnützige Abfallverwertung Aachen; Koenig/Kühling, NJW 2000, S. 1065 (1068); Schmidt, Besonderes Verwaltungsrecht, S. 384-385. Mederer, in: Groeben/Schwarze, EG, Art. 87, Rn. 31.

18 Mederer, in: Groeben/Schwarze, EG, Art. 87, Rn. 32; Weitbrecht/Karenfort, Europäisches Wettbewerbsrecht, S. 97-98; Weiß, in: Calliess/Ruffert, EGV, Art. 81, Rn. 31.

19 Entscheidung der Kommission vom 15.1.2002, ABl. 2002 L 165/15, Tz. 64 – Klausner Nordic Timber GmbH & Co. KG; Lübbig/Martín-Ehlers, Beihilfenrecht der EU, S. 31, Rn. 73.

20 Entscheidung der Kommission vom 15.1.2002, ABl. 2002 L 165/15, Tz. 64 – Klausner Nordic Timber GmbH & Co. KG; EuG Slg. 2000, II-2603, Tz. 124 m.w.N. DSG Dradenauer Stahlgesellschaft mbH; Koenig/Ritter, EuZW 2004, S. 487 (488); Bleckmann/Pieper, in: Lenz/Birk, EG-Handbuch, S. 581.

21 Koenig/Kühling/Ritter, EG-Beihilfenrecht, S. 79; Repplinger-Hach, in: Heidenhain, Europäisches Beihilfenrecht, § 5, Rn. 12. Als Orientierungshilfe kann allerdings die Definition der verbundenen Unternehmen verwendet werden, wie sie in der Vierten Richtlinie 78/660/EWG des Rates vom 25. Juli 1978 aufgrund von Artikel 54 Absatz 3 Buchstabe g) des Vertrags über

So liegt nach der Rechtsprechung eine wirtschaftliche Einheit beispielsweise vor, wenn eine Gesellschaft ihr Marktverhalten nicht autonom bestimmen kann, sondern Weisungen etwa der beherrschenden Gesellschaft unterliegt, d.h. es den verbundenen Unternehmen an Unabhängigkeit fehlt.[22] Eine wirtschaftliche Einheit kann aber auch dann vorliegen, wenn die leitenden Organe zweier Unternehmen aus denselben Personen bestehen[23] oder mehrere Unternehmen von ein und derselben natürlichen Person beherrscht werden.[24] Zur Bestimmung einer wirtschaftlichen Einheit sind demnach verschiedene Faktoren zu untersuchen, die von den Beteiligungsverhältnissen der Unternehmen, der Person der Geschäftsführer bis zum Grad der wirtschaftlichen Integration reichen.[25]

Da die Rechtsprechung der Kommission bei dieser Beurteilung einen weiten Spielraum einräumt,[26] besteht für die Beteiligten nicht selten ein hohes Maß an Rechtsunsicherheit.[27] Die Frage, ob und unter welchen Voraussetzungen ein Unternehmen im Sinne des Wettbewerbsrechts rechtlich selbständig ist oder nicht, ist in verschiedener Hinsicht von hoher Praxisrelevanz; so z.B. auch für die Prüfung der Voraussetzungen für das Vorliegen eines KMU.[28]

II. Definition von KMU - Empfehlung 96/280 EG

Die EG hatte den Begriff der KMU anfangs nicht in allgemeingültiger Form bestimmt, sondern die kleinen und mittleren Unternehmen flexibel nach dem Zusammenhang der Maßnahme und ihrer Zielrichtung jeweils neu gegenüber Großunternehmen abgegrenzt.[29]

---

den Jahresabschluss von Gesellschaften bestimmter Rechtsformen (ABl. 1978 L 222/11), zuletzt geändert durch die Richtlinie 1999/60 EG (ABl. 1999 L 162/65), enthalten ist.

22 Siehe EuGH Slg. 1984, I-3809, Tz. 11 f. Intermills/Kommission; Weiß, in: Calliess/Ruffert, EGV, Art. 81, Rn. 38, 40.

23 Entscheidung der Kommission vom 21.12.1993, ABl. 1994 L 15/8, Tz. 7 - Sea Containers/Stena Sealink; Grill, in: Lenz/Borchardt, EG-Vertrag, vor Art. 81-86, Rn. 38.

24 EuG Slg. 2002, II-1487, Tz. 61 HFB u.a./Kommission; Grill, in: Lenz/Borchardt, EG-Vertrag, vor Art. 81-86, Rn. 38.

25 Entscheidung der Kommission vom 15.1.2002, ABl. 2002 L 165/15, Tz. 64 – Klausner Nordic Timber GmbH & Co. KG; Lübbig/Martín-Ehlers, Beihilfenrecht der EU, S. 31, Rn. 73.

26 EuG Slg. 1998, II-2405, Tz. 314 British Airways; Koenig/Kühling, in: Streinz, EUV/EGV, Art. 87, Rn. 49. GA Geelhoed in: Schlussanträge in der Rechtssache C-328/99 und C-399/00, Slg. 2003, I-4035, Tz. 84 Italien/Kommission; Mestmäcker/Schweitzer, Europäisches Wettbewerbsrecht, § 43, Rn. 7.

27 Koenig/Kühling/Ritter, EG-Beihilfenrecht, S. 79.

28 Siehe ausführlich dazu unter B. II. 4. b) bb); Koenig/Kühling, in: Streinz, EUV/EGV, Art. 87, Rn. 49.

29 Siehe die Erwägungsgrunde des Gemeinschaftsrahmens für staatliche Beihilfen an kleine und mittlere Unternehmen (Gemeinschaftsrahmen für KMU), ABl. 1992 C 213/2; Klein/Haratsch, EWS 1997, S. 410 (417); Schäfer/Singer, Mittelstand und EG-Richtlinien, Rn. 39 ff.

Dadurch war sowohl auf Gemeinschaftsebene als auch in den Mitgliedstaaten eine Vielzahl von Definitionen in Gebrauch,[30] die nicht nur eine einheitliche und dezentrale Durchführung der Programme und Maßnahmen der Gemeinschaft zugunsten von KMU behinderte, sondern auch zu Wettbewerbsverzerrungen führte und die Zusammenarbeit zwischen Kleinstunternehmen, kleinen und mittleren Unternehmen innerhalb der Gemeinschaft beeinträchtigte.[31]

1. Entstehung

Um diesem Einhalt zu gebieten, legte die Kommission bereits im Jahr 1992 dem Rat einen Bericht vor, der die Reduzierung der Vielzahl der auf Gemeinschaftsebene benutzten Definitionen vorschlug.[32] Zugleich enthielt er eine Reihe von Kriterien zur Ermittlung der KMU-Eigenschaften. Zwar wurden diese Kriterien in den Gemeinschaftsrahmen für staatliche Beihilfen an KMU sowie in alle anderen Gemeinschaftsrahmen und Mitteilungen über staatliche Beihilfen, die seit 1992 verabschiedet oder geändert wurden, übernommen, doch führte dies zu keiner vollständigen Vereinheitlichung. Viele Programme enthielten auch danach noch stark abweichende Schwellenwerte oder klammerten bestimmte Kriterien, z.B. das der Unabhängigkeit, gänzlich aus.[33] Es bestand jedoch Einigkeit, dass es im Rahmen eines Gemeinsamen Marktes ohne Binnengrenzen für die Behandlung der Unternehmen einen Grundstock gemeinsamer Regeln geben müsse. Dies galt vor allem, weil zahlreiche Überschneidungen zwischen den auf nationaler und auf Gemeinschaftsebene getroffenen Maßnahmen zugunsten der Kleinstunternehmen sowie der KMU unumgänglich waren und es vermieden werden musste, dass die Gemeinschaft ihre Maßnahmen auf eine andere Art von KMU ausrichteten als die Mitgliedstaaten. Zudem versprach die Verwendung ein und derselben Definition durch die Kommission, die Mitgliedstaaten, die Europäische Investitionsbank (EIB) und den Europäischen Investitionsfonds (EIF) Kohärenz und Effizienz aller politischen Maßnahmen zugunsten der KMU zu steigern und die Gefahr von Wettbewerbsverzerrungen zu mindern.[34]

Aus diesem Grund erließ die Kommission am 3. April 1996 die erste einheitliche Definition für kleine und mittlere Unternehmen[35]. Sie sollte für alle KMU-

---

30 Siehe die Erwägungsgründe zur Empfehlung der Kommission vom 3.04.1996 betreffend die Definition der kleinen und mittleren Unternehmen (Empfehlung 96/280 EG), ABl. 1996 L 107/4 und zur Empfehlung der Kommission vom 6. Mai 2003 betreffend die Definition der Kleinstunternehmen sowie der kleinen und mittleren Unternehmen (Empfehlung 2003/361 EG), ABl. 2003 L 124/36.

31 1. Erwägungsgrund - Empfehlung 2003/361 EG.

32 Siehe die Erwägungsgründe der Empfehlung 96/280 EG.

33 Siehe die Erwägungsgründe der Empfehlung 96/280 EG.

34 Siehe die Erwägungsgründe der Empfehlung 96/280 EG und der Empfehlung 2003/361 EG.

35 Siehe die Erwägungsgründe der Empfehlung 96/280 EG.

Programme der Mitgliedstaaten, der EIB und des EIF und der Kommission Anwendung finden.[36]

2. Rechtsnatur

Die Anwendung der Definition war für die Mitgliedstaaten jedoch nicht rechtlich verbindlich, zumindest nicht im engeren Sinne. Das hing mit ihrer Rechtsnatur zusammen.

Die Kommission veröffentlichte die KMU-Definition als Empfehlung i.S.v. Art. 249 V EG.[37] Nach Art. 249 V EG sind Empfehlungen „nicht verbindlich". Das bedeutet, dass sie keine rechtliche Bindungswirkung gegenüber dem oder den Adressaten begründen. Insbesondere begründen sie keine vor nationalen Gerichten durchsetzbaren Rechte.[38] Empfehlungen verfolgen vielmehr das Ziel, dem Adressaten ein bestimmtes Verhalten nahe zu legen.[39] Als politisches Instrumentarium sollen sie das Verhalten der Mitgliedsstaaten oder sonstiger natürlicher oder juristischer Personen abstimmen.[40] Diese rechtliche Unverbindlichkeit schließt aber nicht aus, dass Empfehlungen indirekt rechtliche Wirkung erzeugen und daher die Bezeichnung Rechtshandlung dennoch verdienen. Rechtswirkungen können sie nämlich insofern erzeugen, als (nationale) Gerichte Empfehlungen bei den Entscheidungen zu berücksichtigen haben, insbesondere dann, wenn die Empfehlung Aufschluss über die Auslegung nationaler – auf europarechtliche Vorgaben zurückgehende - Bestimmungen gibt.[41] Eine begrenzte rechtliche Relevanz entfalten Empfehlungen auch im Hinblick auf die allgemeine Treuepflicht des Art. 10 EG. Sofern Mitgliedstaaten Adressaten einer Empfehlung sind, dürfen sie nicht einfach über diese hinweggehen, sondern müssen diese ernsthaft prüfen und sich im begründeten Fall nach ihnen richten bzw. sie andernfalls mit ausreichender Erklärung zurückweisen. Die daraus erwachsenden Verpflichtungen dürften allerdings weder gerichtlich durchsetzbar noch sanktionsbewehrt sein.[42] Neben diesen indirekten rechtlichen Wirkungen entfalten Empfehlungen aber auch psychologisch und politische Wirkung für die Adressaten. Die Sachkenntnis und grö-

---

[36] Art. 1 - Empfehlung 96/280 EG; Art. 3 V des Anhangs der Empfehlung 96/280 EG.

[37] Die Befugnis zum Erlass von Empfehlungen entstammt Art. 211 EG, wonach die Kommission zur Abgabe von Empfehlungen in Angelegenheiten des Vertrags, soweit ausdrücklich vorgesehen, befugt ist.

[38] EuGH Slg. 1989, I-4407 Grimaldi/Fonds des mutalies professionelles; Nettesheim, in: Grabitz/Hilf, Recht der EU, Art. 249, Rn. 213.

[39] Mederer, in: Groeben/Schwarze, EG, Art. 249, Rn. 48; Streinz, Europarecht, S. 177, Rn. 419; Ruffert, in: Calliess/Ruffert, Kommentar zum EGV, Art. 249, Rn. 119.

[40] Ipr helpdesk: Die neue Definition kleiner und mittlerer Unternehmen (KMU), S. 2.

[41] EuGH Slg. 1989, I-4407, Tz. 18 Grimaldi/Fonds des mutalies professionelles; Nettesheim, in: Grabitz/Hilf, Recht der EU, Art. 249, Rn. 214; Ruffert, in: Calliess/Ruffert, EGV, Art. 249, Rn. 119.

[42] Nettesheim, in: Grabitz/Hilf, Recht der EU, Art. 249, Rn. 214.

ßere politische Übersicht der Unionsorgane verleihen ihnen eine besondere Autorität, wodurch die Rechtshandlungen trotz ihrer Unverbindlichkeit in der Praxis häufig ein nicht zu unterschätzendes Gewicht haben. Dass sich die Mitgliedstaaten oft an ihnen orientieren, erfolgt entweder aus Praktikabilitätsgründen, aus Einsicht oder aus Opportunitätserwägungen. Dies geschieht jedoch häufig unter Erwähnung der Freiwilligkeit, um einer Vorwegnahme der Haltung für künftige gleichgelagerte Fälle vorzubeugen. Keiner der Mitgliedstaaten wird aber bestrebt sein, sich ein integrationsfeindliches Verhalten vorwerfen zu lassen und sich daher bemühen, auch den unverbindlichen Rechtshandlungen Aufmerksamkeit zu schenken.[43]

Die von der Kommission vorgeschlagene Definition für KMU war somit nicht rechtlich verbindlich im engeren Sinne. Dies galt jedoch nicht, sofern eine rechtlich verbindliche Regelung die Empfehlung 96/280 EG in ihren Regelungsgehalt mit einbezog. Das war z.B. im Rahmen der Gruppenfreistellungsverordnung für KMU (VO 70/2001 EG)[44] der Fall, die sich bei der Begriffsbestimmung von KMU in Art. 2 lit. b) i.V.m. Anhang I explizit auf die Empfehlung 96/280 EG der Kommission berief. Beabsichtigte also ein Mitgliedstaat einem Unternehmen eine staatliche Beihilfe nach der VO 70/2001 EG zu gewähren, so war er verpflichtet, die von der Kommission aufgestellte KMU-Definition zu verwenden.

3. Inhalt

KMU wurden in der Empfehlung 96/280 EG anhand der drei Kriterien Beschäftigtenzahl, Umsatz/Bilanzsumme (Finanzschwellenwerte) und Unabhängigkeit definiert.

Nach Art. 1 I Empfehlung 96/280 EG lag ein KMU vor, sofern es

- weniger als 250 Personen beschäftigte,
- einen Jahresumsatz von höchstens 40 Mio. Euro oder eine Jahresbilanzsumme von höchstens 27 Mio. Euro hatte und
- das Unabhängigkeitskriterium erfüllte.

Diese drei Kriterien mussten kumulativ vorliegen.

---

43 Nettesheim, in: Grabitz/Hilf, Recht der EU, Art. 249, Rn. 216.

44 Verordnung 70/2001 der Kommission vom 12.1.2001 über die Anwendung der Art. 87 und 88 EG-Vertrag auf staatliche Beihilfen an kleine und mittlere Unternehmen (VO 70/2001 EG), ABl. 2001 L 10/33. Geändert durch die VO 364/2004 vom 25. Februar 2004 zur Änderung der VO 70/2001 im Hinblick auf die Erstreckung ihres Anwendungsbereichs auf Forschungs- und Entwicklungsbeihilfen, ABl 2004 L 63/22.

Nur in Bezug auf die Finanzschwellenwerte galt eine Ausnahme insofern, dass entweder der Umsatz oder die Bilanzsumme eingehalten werden musste, also nur eine der beiden Alternativen gefordert war.[45]

Vor Einführung der harmonisierten Definition war vielfach ein Schwellenwert von 500 Beschäftigten gebräuchlich.[46] Dessen Aussagekraft war jedoch zweifelhaft, da fast alle Unternehmen (99,9 %) in der Gemeinschaft in diese Kategorie fielen und Unternehmen zwischen 250 und 500 Beschäftigten in der Regel nicht an den für die Förderwürdigkeit vorausgesetzten strukturellen Nachteilen eines KMU litten.[47]

Bei der Festlegung der Umsatzsumme auf 40 Mio. Euro stellte die Kommission auf den Durchschnittsumsatz eines Unternehmens mit 250 Beschäftigten aus dem Jahr 1994 ab.

Die Bilanzsumme von 27 Mio. Euro ergab sich aus dem durchschnittlichen Verhältnis zwischen Umsatz und Bilanzsumme. Dieses lag bei Unternehmen dieser Größe zum damaligen Zeitpunkt bei 1,5.[48]

Innerhalb der KMU unterschied der Empfehlungsanhang noch zwischen mittleren und kleinen Unternehmen.

Kleine Unternehmen waren solche, die

- weniger als 50 Personen beschäftigten
- einen Jahresumsatz von höchstens 7 Mio. Euro oder eine Jahresbilanzsumme von höchstens 5 Mio. Euro hatten und
- das Unabhängigkeitskriterium erfüllten (Art. 1 II Empfehlung 96/280 EG)

In Art. 1 V Empfehlung 96/280 EG führte die Kommission zudem die sogenannten Kleinstunternehmen auf. Bei ihnen handelte es sich um Unternehmen, die weniger als 10 Beschäftigte hatten. Eine Abgrenzung anhand von Schwellenwerten war in der Empfehlung nicht vorgesehen.

---

45 Koenig/Kühling, DVBl 2000, S. 1025 (1030); Koenig/Kühling/Ritter, EG-Beihilfenrecht, S. 110-111.

46 Entgegen den europarechtlichen Vorgaben zieht das Bundesministerium für Wirtschaft auch heute noch die Grenze für KMU bei 500 Beschäftigten. KMU sind danach Unternehmen, deren Umsatz (in den alten Ländern und Berlin einschließlich verbundener Unternehmen) 125 Mill. Euro nicht übersteigt. Siehe dazu auch den Aufsatz von Belitz, Wochenbericht des DIW Berlin 6/03.

47 Siehe ausführlich dazu die Erwägungsgründe zur Empfehlung 96/280 EG. Zu den Nachteilen von KMU siehe unter C. II.

48 Siehe die Erwägungsgründe der Empfehlung 96/280 EG; Mederer, in: Groeben/Thiesing/Ehlermann, EU-/EG-Vertrag, Art. 92, Rn. 153; Ysendyck/Mederer, in: Schröter/Jakob/Mederer, Europäisches WR, Art. 87, Rn. 267.

Graphische Darstellung der Schwellenwerte

Größenklasse	**Personal**	**Umsatz / Bilanzsumme (in Mio. €)**
Mittlere Unternehmen	< 250	≤ 40 / 27
Kleine Unternehmen	< 50	≤ 7 / 5
Kleinst-unternehmen	< 10	nicht festgelegt

a) Berechnung der Beschäftigten- und Finanzschwellenwerte

Die Beschäftigten- und Finanzschwellenwerte sollten auf der Grundlage des letzten durchgeführten Jahresabschlusses ermittelt werden (Art. 1 VII, VIII Empfehlung 96/280 EG). Die Anzahl der Beschäftigten wurde dabei in Jahresarbeitseinheiten berechnet, d.h. nach der Anzahl der innerhalb eines Jahres beschäftigten Vollzeitarbeitnehmer, wobei eine Person der Zahl einer jährlichen Arbeitseinheit entsprach.[49]

Die Zahl der Angestellten wurde - und wird noch immer - als das Hauptkriterium angesehen, um ein Unternehmen als KMU einordnen zu können. Die Berücksichtigung der finanziellen Voraussetzungen stellte jedoch eine notwendige Ergänzung zum Kriterium der Mitarbeiterzahl dar, um die tatsächliche Bedeutung eines Unternehmens, seiner Leistungen und seine Marktstellung zu erfassen.[50]

Bei neugegründeten Unternehmen, die noch keinen Abschluss für einen vollständigen Rechnungszeitraum vorlegen konnten, waren die Beschäftigten- und Finanzschwellenwerte im laufenden Geschäftsjahr nach Treu und Glauben zu schätzen (Art. 1 VIII 2 Empfehlung 96/280 EG).

Hielt ein Unternehmen 25 % oder mehr des Kapitals oder der Stimmenanteile an einem anderen Unternehmen, so waren die Schwellenwerte zu addieren (Art. 1 IV Empfehlung 96/280 EG).

Über- oder unterschritt ein Unternehmen am Bilanzstichtag die Schwellenwerte, so bedeutete das nicht automatisch den Erwerb bzw. den Verlust des KMU-Status.

---

49 Ipr helpdesk: Die neue Definition kleiner und mittlerer Unternehmen (KMU), S. 2.

50 Siehe die Erwägungsgründe der Empfehlung 96/280 EG; ipr helpdesk: Die neue Definition kleiner und mittlerer Unternehmen (KMU), S. 2.

Konsequenzen sollten erst dann eintreten, wenn sich dies in zwei aufeinanderfolgenden Geschäftsjahren wiederholte (Art. 1 VI Empfehlung 96/280 EG).

b) Unabhängigkeitskriterium

Das wohl problematischste Kriterium im Rahmen der KMU-Definition war das Kriterium der Unabhängigkeit.

Ein Unternehmen galt gem. Art. 1 III 1 Empfehlung 96/280 EG als unabhängig, wenn es nicht zu 25 % oder mehr des Kapitals oder der Stimmenanteile im Besitz von einem oder von mehreren Unternehmen gemeinsam stand, die die Definitionsmerkmale der KMU nicht erfüllten.[51]

Allerdings durfte der Schwellenwert des Unabhängigkeitskriteriums in zwei Fällen überschritten werden. Zum einen, wenn das Unternehmen im Besitz von öffentlichen Beteiligungsgesellschaften, Risikokapitalgesellschaften oder institutionellen Anlegern stand und diese weder einzeln noch gemeinsam die Kontrolle über das Unternehmen ausübten.[52] Zum anderen, wenn aufgrund der Kapitalstreuung die jeweiligen Anteilseigner nicht ermittelt werden konnten, das Unternehmen aber erklärte, dass es nach bestem Wissen davon ausging, nicht zu 25 % oder mehr des Kapitals im Besitz von Nicht-KMU zu stehen (Art. 1 III Empfehlung 96/280 EG).

Das Unabhängigkeitskriterium war zentraler Bestandteil der KMU-Definition.[53] Dies lässt sich bereits der Tatsache entnehmen, dass der Verlust der Unabhängigkeit - im Gegensatz zur Überschreitung der Schwellenwerte - sofort zum Verlust des KMU-Status führen sollte.[54]

Eingeführt wurde es, um Rechtskonstruktionen auszuschließen, die eine Wirtschaftsgruppe bildeten und deren Marktmacht größer war als die eines KMU.[55]

Die Vorteile des KMU-Status sollten tatsächlich nur den Unternehmen eingeräumt werden, die mit den für KMU typischen Hindernissen (Schwierigkeiten beim Zugang zu Kapital und Kredit, Informationen, neuen Technologien, etc.)[56]

---

51 Im Rahmen des Kartellrechts wird diesbezüglich auf eine Beteiligungsquote von 50 % abgestellt - vgl. die Definition des verbundenen Unternehmens in Art. 11 II VO 2790/1999 EG vom 22.12.1999 über vertikale Vereinbarungen, ABl. 1999 L 336/21.

52 Bei diesen Anteilsbesitzern ging die Kommission davon aus, dass sie in der Regel nicht die typischen Merkmale eines KMU beseitigen würden, so dass sie als unbedeutend angesehen werden könnten, siehe dazu die Erwägungsgründe in der Empfehlung 96/280 EG.

53 Siehe die Erwägungsgründe der Empfehlung 96/280 EG; Töpfer/Butler, ZIP 2003, S. 1677 (1684); Koenig/Kühling, DVBl 2000, S. 1025 (1031).

54 Töpfer/Butler, ZIP 2003, S. 1677 (1684).

55 Siehe die Erwägungsgründe der Empfehlung 96/280 EG; Lübbig/Martín-Ehlers, Beihilfenrecht der EU, S. 157, Rn. 419; Soltész, ZIP 2001, S. 278 (281).

56 Siehe zu den Nachteilen von KMU unter C. II.

konfrontiert wurden und zugleich die vorgesehene Außenwirkung gegenüber dem Gemeinwohl entfalteten.[57]

Um dieses Ziel zu erreichen, wendete die Kommission das Unabhängigkeitskriterium äußerst streng an.[58]

4. Anwendungsprobleme

Europas erste „allgemeingültige“ Definition für KMU bewirkte zwar eine gewisse Kohärenz bei der Auslegung der Merkmale dieser Unternehmensgruppe, doch zeigten sich im Laufe ihrer Anwendung Schwächen.

Diese reichten von Ungenauigkeiten im Wortlaut der Empfehlung bis hin zu unzureichenden Regelungen zur Vermeidung von Umgehungsversuchen:

a) Beschäftigten und Finanzschwellenwerte

Zu Problemen konnte es z.B. bei den Beschäftigten- und Finanzschwellenwerten kommen.

aa) Neugründung und Umstrukturierung von Unternehmen

Gem. Art. 1 VI 2 Empfehlung 96/280 EG verlor ein Unternehmen, das am Bilanzstichtag die für den KMU-Status entscheidenden Beschäftigten- und Finanzschwellenwerte erstmals überschritt, den KMU-Status erst dann, wenn sich die Überschreitung in zwei aufeinanderfolgenden Geschäftsjahren wiederholte.[59] Diese Regelung erwies sich sowohl bei neugegründeten als auch bei umstrukturierten Unternehmen als problematisch. Insbesondere weil an die Eigenschaft als KMU zahlreiche Fördermöglichkeiten geknüpft waren, denen in dieser Entwicklungsphase eines Unternehmens große praktische Bedeutung zukam.

(1) Neugründung von Unternehmen

Bei neugegründeten Unternehmen, die noch keinen Abschluss für einen vollständigen Rechnungszeitraum vorlegen konnten, sah Art. 1 VIII 2 Empfehlung 96/280 EG vor, die entsprechenden Werte im laufenden Geschäftsjahr zu schätzen.

---

57 Entscheidung der Kommission vom 15.01.2002, ABl. 2002 L 165/15, Tz. 62 – Klausner Nordic Timber GmbH & Co. KG; Harings, Europäisches Beihilferecht, S. 74, Rn. 121; Repplinger-Hach, in: Heidenhain, Europäisches Beihilfenrecht, § 21, Rn. 17.

58 Entscheidung der Kommission vom 25.07.2001, ABl. 2001 L 308/28 – Dampfkesselbau Hohenturm; vom 17.10.2001, ABl. 2002 L 134/51 – Neue Harzer Werke GmbH; vom 17.10.2001, ABl. 2002 L 134/63 – Mesacon Messeelektronik GmbH; vom. 15.1.2002, ABl. 2002 L 296/20 – Pollmeier GmbH & Co. KG 30.10.2002; vom 15.1.2002, ABl. 2002 L 165/15 – Klausner Nordic Timber GmbH & Co. KG.

59 Siehe dazu auch den Fall Pollmeier GmbH & Co. KG, ABl. 2002 L 296/20.

Dies konnte ausgenutzt werden, indem finanzstarke Gesellschafter ein Unternehmen gründeten und im ersten Geschäftsjahr nach der Gründung die Geschäftstätigkeit des Unternehmens so gestalteten, dass die KMU-Schwellenwerte nicht überschritten waren. Gem. Art. 1 VIII 1 Empfehlung 96/280 EG wären daraufhin bei der Berechnung der Schwellenwerte die Werte des vorhandenen Jahresabschlusses herangezogen worden, so dass das Unternehmen als KMU zu qualifizieren gewesen wäre. Dies hätte zur Folge gehabt, dass es sich um den Erhalt von Fördermitteln zugunsten von KMU hätte bemühen können. Wären sodann im zweiten Geschäftsjahr die Schwellenwerte überschritten worden, wäre dem Unternehmen nach Art. 1 VI 2 Empfehlung 96/280 EG die KMU-Förderung für zwei weitere Geschäftsjahre erhalten geblieben.[60]

Durch diesen „Kunstgriff" hätte somit jedes Unternehmen durch ein bewusst personal- und finanzschwaches Gründungsjahr sich für drei Jahre den KMU-Status sichern können.[61]

Um ein derartiges Vorgehen auszuschließen, wurde seitens der Literatur vorgeschlagen, in solchen Fällen nicht den bereits bestehenden Jahresabschluss heranzuziehen, sondern die entsprechenden Beschäftigten- und Finanzschwellenwerte nach Treu und Glauben zu schätzen und zwar in dem Jahr, in dem die tatsächliche Geschäftsaufnahme erfolgte.[62]

Umgehungen dieser Art zu vermeiden, erschien zwar wünschenswert, allerdings in der praktischen Durchsetzbarkeit nahezu unmöglich:

Zum einen lässt sich der genaue Zeitpunkt der tatsächlichen Geschäftsaufnahme kaum feststellen und zum anderen dürfte der Behörde der Beweis, dass es dem Unternehmen bei dem finanzschwachen Gründungsjahr um die „Erschleichung" der Fördergelder ging, nur schwer gelungen sein. Anders hätte sie jedoch eine Abkehr vom eindeutigen Wortlaut des Art. 1 VIII 1 Empfehlung 96/280 EG kaum rechtfertigen können.

Neben den beweisrechtlichen Problemen hätte eine derartige Umsetzung auch einen Überwachungs- und Verwaltungsaufwand erfordert, der wohl in keinem Verhältnis zum Nutzen gestanden hätte.

Eine hinreichend präzise Reglementierung in der KMU-Definition selbst schien daher kaum möglich, so dass man sich letztlich auf das „Fingerspitzengefühl" der einzelnen Mitgliedsländer verlassen und darauf hoffen musste, dass derartige Umgehungen zum Wohle des unverfälschten Wettbewerbs weitestgehend unterbunden werden würden.

---

60 Bartosch, NJW 2001, S. 921 (926); Koenig/Kühling, DVBl 2000, S. 1025 (1030).

61 Koenig/Kühling, DVBl 2000, S. 1025 (1030).

62 Koenig/Kühling, DVBl 2000, S. 1025 (1030-1031).

(2) Umstrukturierung eines Unternehmens

Zu ähnlichen Problemen konnte es bei der Umstrukturierung eines Unternehmens kommen, das erst nach der Umstrukturierung den KMU-Status und damit die Voraussetzung für eine staatliche Förderung erfüllte. Art. 1 VIII 2 Empfehlung 96/280 EG sah zwar eine Regelung für neugegründete Unternehmen vor, enthielt jedoch keinerlei Aussage darüber, welche Maßstäbe bei einem Unternehmen heranzuziehen seien, das bereits gegründet war und einen Jahresabschluss vorweisen konnte, bei dem die eigentlich zu subventionierende Geschäftstätigkeit aber erst in Zukunft aufgenommen werden sollte.

Ob in einem solchen Fall bei der Berechnung der Beschäftigten- und Finanzschwellenwerte auf das Unternehmen in seiner derzeitigen Form oder aber auf dasselbe bei Aufnahme der zu subventionierenden Geschäftstätigkeit abzustellen war, ließ die Empfehlung 96/280 EG offen.

Diese Unterscheidung war aber dann von Bedeutung, wenn sich die Schwellenwerte derart unterschieden, dass davon die Qualifizierung als KMU abhing.

Legte man den Wortlaut von Art. 1 VIII 1 Empfehlung 96/280 EG zugrunde, hätte auf die Werte des vorhandenen Jahresabschlusses, also auf das Unternehmen zum derzeitigen Zeitpunkt, abgestellt werden müssen. Schließlich wurde dort auf den bereits vorhandenen Jahresabschluss Bezug genommen.[63] Auch Satz 2 von Art. 1 VIII Empfehlung 96/280 EG schien in diese Richtung zu weisen, da es nur bei einer Neugründung eines Unternehmens zur Schätzung der Werte im laufenden Geschäftsjahr kommen konnte. Umstrukturierte Unternehmen fielen somit vom Wortlaut her nicht unter den Anwendungsbereich des Art. 1 VIII 2 Empfehlung 96/280 EG.

Gegen eine solche formale Argumentation ließ sich jedoch anführen, dass im Ergebnis nicht das Unternehmen in seiner jetzigen Form, sondern das umstrukturierte – wirtschaftlich neu gegründete - Unternehmen finanziell gefördert werden sollte und es sich bei diesen beiden Unternehmen de facto um zwei verschiedene Gesellschaften handelte. Vom Sinn und Zweck her hätte daher - in einer derartigen Konstellation - nicht die aktuelle wirtschaftliche Situation ausschlaggebend sein sollen. Vielmehr hätte auf das umstrukturierte Unternehmen abgestellt werden sollen, welches noch keinen Jahresabschluss vorweisen konnte. Dafür sprach auch, dass Unternehmen andernfalls nicht umstrukturiert, sondern geschlossen und als KMU wieder neu gegründet worden wären. Dies konnte weder im Interesse der Kommission noch der nationalen Regierungen gewesen sein. Es sprach also einiges dafür, bei einem umstrukturierten Unternehmen die Werte wie bei einem

---

63 Art. 1 VIII 1 - Empfehlung 96/280 EG: „Die Schwellenwerte für den Umsatz und die Bilanzsumme beziehen sich ebenfalls auf den letzten durchgeführten Jahresabschluss."

neu gegründeten Unternehmen nach Treu und Glauben gem. Art. 1 VIII 2 Empfehlung 96/280 EG zu schätzen.[64]

Es stellte sich jedoch die Frage, ob ein solches Vorgehen realisierbar war. Dabei war vor allem zu bedenken, dass sich die Behörden in Bezug auf die Umstrukturierung in erheblichem Maße auf die Aussagen der Unternehmen verlassen mussten, was wiederum eine Missbrauchsmöglichkeit eröffnete. Zwar waren die Behörden auch bei der Schätzung der Schwellenwerte für neugegründete Unternehmen auf die Angaben der Unternehmen angewiesen, doch nicht in demselben Maße. Schließlich galt es bei umstrukturierten Unternehmen nicht nur die Schwellenwerte zu ermitteln, sondern zugleich den Umstrukturierungsprozess zu verfolgen und zu beobachten. Nur wenn sich das neue Unternehmen als tatsächlich anderes – umstrukturiertes - Unternehmen darstellte und das dauerhaft, verdiente es, von den Fördermöglichkeiten für KMU profitieren zu können.

Um Missbrauchsfällen Einhalt zu gebieten, bzw. ihre Zahl zu minimieren, hätte die Verwaltung demnach umfangreiche Überprüfungs- und Überwachungsmaßnahmen vornehmen müssen. Ein solcher Verwaltungsaufwand dürfte jedoch nur selten in einem angemessenen Verhältnis zum Nutzen gestanden haben.

In vielen Fällen dürfte es zudem zweifelhaft gewesen sein, ob das umstrukturierte Unternehmen überhaupt einer solchen Begünstigung bedurfte. Im Gegensatz zu neugegründeten Unternehmen verfügen umstrukturierte Unternehmen häufig nicht nur bereits über die notwendige Erfahrung im Bereich Management, Marketing und Vertrieb, sondern meist auch über das technische Know-how und die für KMU notwendigen Kontakte zu Finanzgebern und Kunden. Umstrukturierte Unternehmen dürften demnach oftmals nicht unter den für KMU typischen Problemen gelitten haben, so dass eine Besserstellung mittels der Klassifizierung als KMU auch weder notwendig noch geboten gewesen sein dürfte. Allerdings hätte dies stets eine umfangreiche Einzelfallprüfung erfordert. Das wiederum barg die Gefahr, dass das Ziel der Kommission, mittels einheitlicher Definition eine gewisse Transparenz und Kohärenz zwischen Gemeinschaftspolitik und einzelstaatlichen Maßnahmen zu erreichen, nicht erreicht werden würde.

Umstrukturierte Unternehmen an einer sofortigen Förderung teilhaben zu lassen, erschien zwar somit unter bestimmten Voraussetzungen als wünschenswert, allerdings bestanden wie bereits bei der missbräuchlichen Neugründung von Unternehmen Bedenken bezüglich der praktischen Durchsetzbarkeit und dem Verhältnis von Aufwand und Nutzen. Auch hier galt, dass eine Aufnahme entsprechender Sonderregelungen in die KMU-Definition letztlich wohl ineffektiver gewesen wäre als eine Sensibilisierung der einzelnen Mitgliedstaaten für derartige Problemkreise.

---

[64] Koenig/Kühling, DVBl 2000, S. 1025 (1030-1031).

bb) Unternehmensbeteiligungen der öffentlichen Hand

Zu den Anteilseignern von KMU gehören oftmals öffentlich-rechtliche Gebietskörperschaften. Im Vergleich zu einer Fremdkapitalzufuhr ist eine solche Eigenkapitalgewährung in Form einer gesellschaftsrechtlichen Beteiligung für die öffentliche Hand meist von Vorteil. Das hängt damit zusammen, dass die Kommission im Rahmen des sogenannten „market economy investor" Tests[65] der öffentlichen Hand bei der Eigenkapitalgewährung auch langfristige Rentabilitätserwägungen zubilligt. Nur Kapitalzuschüsse, die auch langfristig gesehen als unrentabel einzustufen sind, sind Beihilfen i.S.v. Art. 87 I EG und von der Kommission auf ihre Vereinbarkeit mit dem Gemeinsamen Markt zu überprüfen.[66]

(1) Kommunen als KMU Gesellschafter

Beteiligte sich eine Kommune an einem Unternehmen, so stellte sich die Frage, ob diese Kommune selbst als KMU angesehen werden konnte. Dies war für Unternehmen, zu dessen Anteilseigner eine Kommune gehörte, von entscheidender Bedeutung. Denn wäre dies zu verneinen gewesen, so wäre das Unternehmen bei einer Beteiligung der Kommune von mehr als 25 % selbst zu einem Nicht-KMU geworden (Art. 1 III 1 Empfehlung 96/280 EG) und hätte somit die damit einhergehenden Fördermöglichkeiten verloren.

Meistens war die KMU-Eigenschaft einer Kommune schon aufgrund der Beschäftigten- bzw. der Finanzschwellenwerte zu verneinen. Wobei es in den meisten Fällen nahezu unmöglich gewesen sein dürfte, für die Behörden die Mitarbeiterzahl, den Umsatz und die Bilanzsumme zu berechnen.[67] Das hat mehrere Gründe: Zum einen liefert die Rechnungslegung der öffentlichen Hand in vielen Fällen keine der Buchführung und Bilanzierung vergleichbaren Daten. Zum anderen ist es schwierig, eindeutig zwischen dem Tätigwerden des Staates als öffentliche Hand und als Eigentümer zu unterscheiden.[68] Meist gestalten sich auch die Ver-

---

65 Die Kommission überprüft mit Hilfe des „market economy investor" Tests (Prinzip des marktwirtschaftlich handelnden Kapitalgebers) die Vereinbarkeit des Kapitaltransfers mit Art. 87 EG. Eine Beihilfe liegt immer dann vor, wenn ein privater Investor von vergleichbarer Größe wie der öffentliche Träger in vergleichbarer Lage nicht dazu hätte veranlasst werden können, derartige Kapitalhilfen zu gewähren, wobei solche Leistungen unberücksichtigt bleiben müssen, die dem Staat als Träger öffentlicher Gewalt obliegen. EuGH Slg. 1994, I-4103, Tz. 20 ff. Spanien/Kommission; Hasselmann, Art. 87 EGV, S. 89.

66 EuGH Slg. 1991, I-1433, Tz. 22 Italienische Republik/Kommission; Koenig, in: Koenig/Roth/Schön, Aktuelle Fragen des Beihilfenrechts, S. 12; Hasselmann, Art. 87 EGV, S. 90; Harings, Europäisches Beihilferecht, S. 18 ff., Rn. 26 ff.; Koenig/Ritter, ZIP 2000, S. 769 (769); Koenig, ZIP 2000, S. 53 (53); Fischer, Europarecht, S. 372, Rn. 7.

67 Interne Mitteilung an die Kommission, S. 17.

68 Siehe die Richtlinie 80/723/EWG der Kommission über die Transparenz der finanziellen Beziehungen zwischen den Mitgliedstaaten und den öffentlichen Unternehmen, ABl. 1980, L 195.

bindungen zwischen den verschiedenen Ebenen und Arten von öffentlichen Einrichtungen in den Mitgliedstaaten sehr komplex.[69] Zumindest ist es nicht möglich, die Wirtschaftskraft einer öffentlichen Einheit in ähnlicher Weise einzuschätzen, wie die privater Unternehmen.[70]

Die Einstufung einer Kommune als KMU könnte jedoch bereits mit dem Sinn und Zweck der Klassifizierung als KMU unvereinbar gewesen sein. Das wäre der Fall, wenn unternehmerisch tätig werdende Gebietskörperschaften nicht unter den für KMU typischen Problemen leiden, wie z.B. Schwierigkeiten bei der Kredit- und Kapitalbeschaffung oder Defizite bei der Erschließung neuer Märkte. Im Gegensatz zu kleinen und mittleren Unternehmen verfügen Kommunen über verschiedene Bonitätsmechanismen wie Abgabenhoheit, Haushaltsrecht, Kontrolle der Kreditaufnahme durch Vertretungskörperschaften und Rechtsaufsicht oder aber Schlüssel-, Investitions- und Bedarfszuweisung im Rahmen des Finanzausgleichs. All diese Bonitätsmechanismen haben die Aufgabe, die materielle Zahlungsfähigkeit der Kommunen zu schützen und zu erhalten. Zugleich erleichtern sie die Kreditbeschaffung in erheblichem Umfang, so dass das Kreditrisiko bei kommunalen Kreditnehmern als gering angesehen wird.[71] Auch das Bundesaufsichtsamt für das Kreditwesen bewertet angesichts der kommunalen Abgabenhoheit sowie der institutionellen Vorkehrungen Kreditforderungen gegen Kommunen mit einer Bonität, die der von Forderungen gegen den Bund nicht nachsteht.[72]

Politische Erwägungen sprechen ebenfalls für eine solche Einschätzung. Zum einen verfügen kommunale Gebietskörperschaften häufig – teils mit Kapitalbeteiligung und/oder personeller Verflechtungen – über besondere Beziehungen zu kommunalen Finanzinstituten, was den Kapitalzugang meist erheblich erleichtert. Zum anderen vertrauen die potenziellen Kapitalgeber darauf, dass eine eventuelle Zahlungsunfähigkeit einer Kommune von Bund und Land schon aus politischen Gründen verhindert würde. Kommunen leiden demnach nicht unter den für KMU typischen Problemen der Kapitalbeschaffung. Da sie auch nicht mit den sonstigen Problemen von KMU zu kämpfen haben und vielfach in den Genuss zusätzlicher Vorteile kommen[73], war der KMU Begriff in der Weise teleologisch zu reduzie-

---

69 Interne Mitteilung an die Kommission, S. 17.

70 Interne Mitteilung an die Kommission, S. 17.

71 Koenig/Kühling, DVBl 2000, S. 1025 (1033); Hasselmann, Art. 87 EGV, S. 90; Dreher, in: GS für Knobbe-Keuk, S. 583 (586).

72 Erläuterungen des Bundesaufsichtsamtes für das Kreditwesen vom 29.12.1992; Koenig/Kühling, DVBl 2000, S. 1025 (1033).

73 Z.B. staatliche Bürgschaften für Schulden gegenüber Dritten, Finanzierungsbedingungen, Bereitstellung von Eigenmitteln und günstigere steuerliche Behandlung, interne Mitteilung an die Kommission, S. 17.

ren, dass eine Qualifikation von Kommunen als KMU, unabhängig von ihren Finanz- und Personaldaten, ausscheiden musste.[74]

Das wiederum hatte zur Folge, dass ein KMU, an dem eine Kommune mit mehr als 25 % beteiligt war, automatisch seine Unabhängigkeit und damit auch seinen KMU-Status verlor. Für die Kommunen bedeutete dies, dass die für sie oftmals rentabelste Form der Finanzzuführung zugleich mit einem Ausschluss der KMU-Förderung einherging. Dennoch war dieses Ergebnis angesichts der oben aufgezeigten Systemwidrigkeiten und Nachteile tragbar. Unternehmen, die zu 25 % oder mehr Eigentum einer öffentlichen Einrichtung waren, die Klassifizierung als KMU zu verweigern, bedeutete theoretisch nur eine geringe Gefahr der Diskriminierung des öffentlichen Sektors, während die Anerkennung der KMU-Eigenschaft bei Unternehmen, die zu einem über dem Schwellenwert liegenden Teil Eigentum öffentlicher Einrichtungen waren, dagegen häufig wegen der erleichterten Förderungsmöglichkeiten zu einer Diskriminierung privater Unternehmen geführt hätte.

(2) Private Unternehmen in öffentlicher Hand

An diesem Ergebnis änderte sich auch dann nichts, wenn nicht die Kommune selbst, sondern ein von ihr ins Leben gerufenes (privates) Unternehmen an einem anderen Unternehmen mit mehr als 25 % beteiligt war.

Unternehmen, die sich in öffentlicher Hand befinden, leiden nicht unter den für KMU typischen Problemen. Auch für sie gilt, dass potenzielle Kredit- und Kapitalgeber wesentlich auf die Finanzkraft der dahinterstehenden öffentlichen Einrichtung vertrauen, so dass ihnen der KMU-Status grundsätzlich zu verwehren war. Beteiligte sich nun ein solches Unternehmen mit mehr als 25 % an einem anderen Unternehmen, so verlor dieses mangels Unabhängigkeit (Art. 1 III 1 Empfehlung 96/280 EG) ebenfalls den Status als KMU. Dieses Ergebnis erscheint sachgerecht, da das betroffene Unternehmen – im Hinblick auf die Erlangung von Fremdkapital - zumeist entscheidend von der Beteiligung des sich in öffentlicher Hand befindlichen Unternehmens profitiert haben dürfte. Schließlich erstreckt sich das in die öffentliche Hand gesetzte Vertrauen der Kapitalgeber auch auf die Unternehmen, an denen sich die öffentliche Hand „nur“ beteiligt.

[74] So auch Koenig/Kühling, DVBl 2000, S. 1025 (1033); Hasselmann, Art. 87 EGV, S. 90; Dreher, in: GS für Knobbe-Keuk, S. 583 (586).

cc) Berechnung der Schwellenwerte bei komplexen Beziehungen - Upstream downstream cumulation

Auch bei der Berechnung der Schwellenwerte offenbarten sich rechtliche Unsicherheiten; vor allem bei komplexen Beziehungen zwischen verschiedenen Unternehmen.[75]

So besagte Art. 1 IV Empfehlung 96/280 EG, dass zur Berechnung der Beschäftigtenzahl und des Umsatzes „die Zahlen des jeweiligen Unternehmens sowie aller Unternehmen, von denen es direkt oder indirekt 25 % oder mehr des Kapitals oder der Stimmanteile hält, addiert werden" müssten.

Besaß beispielsweise das Unternehmen A 25 % vom Unternehmen B, das seinerseits 25 % vom Unternehmen C besaß, so bestimmte die Summe der Zahlen von A, B und C, ob A ein KMU war.[76] Mangels abweichender Regelung wurden die Zahlen dieser Unternehmen nicht nur entsprechend dem gehaltenen Unternehmensanteil gewichtet, sondern voll angerechnet. Dies galt zumindest für solche Unternehmen, an denen das auf seinen KMU-Status zu untersuchende Unternehmen einen entsprechenden Anteil hielt.

Nicht eindeutig geklärt war die Frage, ob auch die Werte solcher Unternehmen anzurechnen waren, an denen nicht das zu untersuchende Unternehmen einen entsprechenden Anteil hielt, sondern an dem ein solcher Anteil gehalten wurde.

War beispielsweise B auf Grund seiner Beschäftigtenzahl und finanziellen Position ein KMU, so blieb vom Wortlaut des Art. 1 IV Empfehlung 96/280 EG her unklar, ob es den KMU-Status nur dann wegen des Unabhängigkeitskriteriums verlor, wenn A selbst (ohne Berücksichtigung der Zahlen des Begünstigten B) die Schwellen überschritt, oder aber ob das Addieren der Zahlen von A und B erforderlich war. Mit anderen Worten, es stellte sich die Frage, ob die Kumulierungsregel grundsätzlich nur in absteigender Linie („downstream cumulation") oder auch in aufsteigender Linie („upstream cumulation") galt, und ob im letzteren Fall ggf. auch andere Tochterunternehmen von A bei der Berechnung des Status von B und C mitzuzählen waren.[77]

Der Wortlaut sprach eindeutig dagegen. Da ein Tochterunternehmen von Kapitalkraft, Kontakten und Know-how des Mutterunternehmens in gleichem Umfang profitieren kann, wie im geregelten umgekehrten Fall, erschien die Regelung wenig überzeugend.

Warum Art. 1 IV Empfehlung 96/280 EG nur die Fälle der downstream und nicht auch der upstream cumulation erfasste, ist weder ersichtlich noch erläutert. In der Praxis wurde allerdings über die Interpretation des Unternehmensbegriffs oder

---

75 Interne Mitteilung an die Kommission, S. 15.

76 Beispiel aus Sinnaeve, EuZW 2001, S. 69 (72).

77 Sinnaeve, EuZW 2001, S. 69 (72); Repplinger-Hach, in: Heidenhain, Europäisches Beihilfenrecht, § 21, Rn. 22.

auch des Unabhängigkeitskriteriums in einigen Fällen das selbe Ergebnis erreicht, wie bei einer „upstream cumulation".[78] Auch deshalb mussten die Kumulierungsregeln der KMU-Definition als unzureichend betrachtet werden.

Zu bemängeln war ferner, dass die Kumulierung der Werte nicht nach der Höhe der Beteiligung erfolgte. Gerade bei komplexen Unternehmensbeziehungen vermochte diese undifferenzierte Methode jedoch kein realistisches Bild der Wirtschaftskraft des zu untersuchenden Unternehmens vermitteln. Denn die Wirtschaftskraft eines Unternehmens wird auch von der Höhe der Beteiligung und der damit gegebenen Verflechtung und Einflussmöglichkeit geprägt.

Auch insoweit bestand demnach Reformbedarf.

b) Unabhängigkeitskriterium

Auslegungsschwierigkeiten bestanden darüber hinaus im Hinblick auf das Unabhängigkeitskriterium. Vor allem die zahlreichen Umgehungsversuche von KMU, die wirtschaftlich eng mit einem größeren Unternehmen verbunden waren, bereiteten Probleme.

Geschaffen wurden diese vor allem dadurch, dass bei der Ermittlung der Unabhängigkeit, die Empfehlung 96/280 EG lediglich auf einen prozentualen Grad der Beteiligung an einem anderen Unternehmen abstellte.

Dies hatte zwar den Vorteil, dass die Empfehlung leichter anzuwenden war, weil ein rechnerischer Nachweis bezüglich der Beteiligungswerte stets einfacher und schneller zu erbringen war als eine komplizierte Untersuchung der zwischen einzelnen Unternehmen wie auch immer gearteten Unternehmensverbindungen. Auf der anderen Seite ging die Reduzierung auf eine rein rechnerische Verbindung von Unternehmen aber auf Kosten der Einzelfallgerechtigkeit. Denn der Kommission war bei der Festlegung konkreter Zahlenwerte jeder Handlungsspielraum für evtl. Umgehungsmöglichkeiten genommen; so bestand die Gefahr, dass ihr in unvorhergesehenen Situationen die erforderliche Flexibilität fehlte, um Umgehungsversuche abwehren zu können.

aa) Kollusives Zusammenwirken bei Nicht-KMU

Art. 1 III 1 Empfehlung 96/280 EG besagte, dass Unternehmen nicht zu 25 % oder mehr des Kapitals oder der Stimmenanteile im Besitz von „einem oder von mehreren Unternehmen gemeinsam" stehen durften, die die Definition der KMU nicht erfüllten.

---

[78] Repplinger-Hach, in: Heidenhain, Europäisches Beihilfenrecht, § 21, Rn. 22; siehe z.B. die Entscheidung der Kommission vom 15.1.2002, ABl. 2002 L 296/20, Tz. 67 ff – Pollmeier GmbH & Co. KG.

Es stellte sich dabei die Frage, ob die Anteile dieser Unternehmen stets zusammenzurechnen waren, oder ob dafür zusätzlich ein „Zusammenwirken" der Unternehmen Voraussetzung war.

Der Wortlaut war insofern nicht eindeutig. Das Wort „gemeinsam" sprach auf den ersten Blick dafür, dass eine schlichte Addition der Anteile zu erfolgen hatte.

Es konnte allerdings auch so interpretiert werden, dass ein gemeinsamer Besitz, im Sinne einer von mehreren Unternehmen gemeinsam ausgeübten „Herrschaft", gemeint war. Dann hätten die Unternehmen mit ihrer Beteiligung gemeinsame Interessen verfolgen müssen. Diese Auslegung wurde von der englischen Sprachfassung gestützt. Dort hieß es: „Independent enterprises are those which are not owned as to 25 % or more of the capital or the voting rights by one enterprise, or jointly by several enterprises, falling outside the definition of an SME or a small enterprise, whichever may apply."[79] Die beiden Tatbestände des einzelnen und des gemeinsamen Anteilsbesitzes waren hier deutlicher getrennt als in der deutschen Fassung („owned by one enterprise [...] or jointly by several enterprises"). Zudem impliziert das Wort „jointly" in der englischen Rechtsterminologie die gemeinsame Ausübung von Rechten. So bezeichnet etwa das „joint property" im Gegensatz zum „property held in common" eine Eigentumsausgestaltung, die die gemeinsame Ausübung der Eigentumsrechte verlangt.

Der Wortlaut sprach demnach eher für ein kollusives Zusammenwirken der Nicht-KMU.[80]

Auch eine Parallele mit dem Kartellrecht konnte für diese Auslegung angeführt werden. Dort werden Gemeinschaftsunternehmen als Unternehmen definiert, die von mehreren anderen Unternehmen gemeinsam kontrolliert werden. Auch hier wird das Wort „gemeinsam" so ausgelegt, dass die Anteilseigner bei allen wichtigen Entscheidungen, die das beherrschte Unternehmen betreffen, Übereinstimmung erzielen müssen.[81]

Von entscheidender Bedeutung bei der Auslegung des Wortes „gemeinsam" war aber der Sinn und Zweck des Unabhängigkeitskriteriums.

Das Unabhängigkeitskriterium diente dem Schutz vor Missbrauch. Die Kommission wollte verhindern, dass große Unternehmen durch von ihnen abhängige KMU in den Genuss der Förderprivilegien gelangen und so die Definitionsvoraussetzungen umgingen. Bei einer unabgestimmten Anteilseignerschaft waren solche Umgehungsversuche aber weit weniger wahrscheinlich. Gründeten mehrere große

---

79 Die englische Fassung der KMU-Definition ist im Internet einzusehen unter http://europa.eu.int/smartapi/cgi/sga_doc?smartapi!celexapi!prod!CELEXnumdoc&lg=en&numdoc=31996H0280&model=guichett (18.02.2006).

80 Koenig/Kühling, DVBl 2000, S. 1025 (1031).

81 Siehe Mitteilung der Kommission über den Begriff des Zusammenschlusses der VO 4064/89 des Rates über die Kontrolle von Unternehmenszusammenschlüssen, ABl. 1998 C 66/5, Tz. 38; Grill, in: Lenz/Borchardt, EG-Vertrag, Art. 81, Rn. 72.

Unternehmen hingegen ein KMU mit dem Ziel, KMU-Privilegien zu erlangen, so stellte dies bereits ein abgestimmtes Verhalten dar und es konnte von einem „gemeinsamen Besitz" im Sinne eines besonders verbundenen Besitzes ausgegangen werden.[82] Demnach sprachen auch teleologische Erwägungen für die vom Wortlaut zu bevorzugende Interpretation, die über den bloß zufälligen Besitz hinaus die Verfolgung eines gemeinsamen Interesses verlangte.[83]

Das Wort „gemeinsam" in Art. 1 III 1 Empfehlung 96/280 EG war daher so auszulegen, dass darunter ein gemeinsam ausgeübter Besitz zu verstehen war.

bb) Verbundene Unternehmen – Solar Tech

Der vielleicht größte Schwachpunkt der Empfehlung 96/280 EG offenbarte sich in dem Fall Solar Tech.[84]

(1) Sachverhalt

Am 24. November 1999 meldete Italien bei der Kommission eine Beihilfe zugunsten der neu gegründeten Firma Solar Tech an. Um den Bau einer Anlage zur Herstellung von Folien aus amorphem Silizium und von integrierten Solarzellenpaneelen in dem unter Artikel 87 III lit. a) EG fallenden Gebiet von Manfredonia/Foggia zu fördern, beabsichtigte Italien, Solar Tech einen nichtrückzahlbaren Zuschuss in Höhe von 42.788.290 Euro zu genehmigen. Obwohl die Intensität der vorgeschlagenen Beihilfe sich auf 50,14 % Nettosubventionsäquivalent[85] belief, und damit über der von der Kommission für das betreffende Gebiet genehmigten Beihilfehöchstintensität von 40 % lag, machte Italien geltend, dass die Beihilfe zu genehmigen sei. Als Begründung führte Italien an, dass es sich bei der Firma Solar Tech um ein KMU handele und sie daher einen Anspruch auf den für Beihilfen an KMU in Fördergebieten vorgesehenen Zuschlag in Höhe von 15 % Bruttosubventionsäquivalent habe.

---

82 Allein die teleologische Erwägung, dass die bloße addierte Anteilseignerschaft von 25 % durch große Unternehmen den KMU nicht mehr vergleichbare Kapitalzugangsmöglichkeit bedingt, könnte dagegen sprechen. Es ist allerdings nicht ersichtlich, dass eine solche Erwägung typisierend zutrifft. So ist etwa bei einer Beteiligung von 25 großen Unternehmen mit jeweils einem Prozent dies wenig offensichtlich. Koenig/Kühling, DVBl 2000, S. 1025 (1031), Fn. 42.

83 Koenig/Kühling, DVBl 2000, S. 1025 (1031).

84 Zu ähnlichen Problemen kam es in der Entscheidung der Kommission vom 15.1.2002, ABl. 2002 L 296/20– Pollmeier GmbH & Co. KG; vom 15.1. 2002, ABl. 2002 L 165/15 – Klausner Nordic Timber GmbH & Co. KG.

85 In Anhang I zu den Leitlinien für staatliche Beihilfen mit regionaler Zielsetzung (ABl. 1998 C 74/9) wird erläutert: „Für die Berechnung des Nettosubventionsäquivalents werden alle Formen von investitionsgebundenen Beihilfen für ein beliebiges Land auf einen gemeinsamen Nenner - die Nettointensität - gebracht, um sie untereinander oder mit vorher festgelegten Höchstgrenzen vergleichen zu können."

Die Kommission hatte daraufhin unter anderem zu klären, ob es sich bei der Solar Tech tatsächlich um ein KMU handelte.

(2) Einleitung eines Verfahrens gem. Art. 88 II EG

Eine vorläufige Prüfung des Sachverhalts weckte Zweifel bei der Kommission bezüglich der Rechtmäßigkeit der Beihilfe, so dass sie am 4. April 2000 ein Schreiben an Italien richtete, in dem sie die Eröffnung eines Verfahrens gem. Art. 88 II EG ankündigte.[86]

Die von der Kommission geäußerten Zweifel bezogen sich vor allem darauf, ob Solar Tech die für staatliche Beihilfen an KMU vorgesehenen Voraussetzungen erfüllte und ob sie den typischen Nachteilen von KMU ausgesetzt sei.[87]

Die Kommission hatte den Eindruck, dass Solar Tech zwar formal den Kriterien der KMU-Definition im Gemeinschaftsrahmen entsprach, in Wirklichkeit aber zu dem großen Industriekonzern Permasteelisa gehörte. Zwar wurden insgesamt nur 24 % der Anteile an der Solar Tech von der Haupthandelsgesellschaft des Konzerns, der Permasteelisa SpA gehalten, doch gehörten die verbleibenden 76 % drei Einzelpersonen, die alle Managementpositionen im Permasteelisa-Konzern bekleideten und eine maßgebliche Beteiligung an der Holdinggesellschaft des Konzerns hatten. So war der Hauptaktionär (46 %iger Anteil) und einzige Geschäftsführer der Solar Tech zugleich der Gründer und Hauptaktionär des Permasteelisa-Konzerns und dort ebenfalls mit Managementfunktionen ausgestattet. Die restlichen 30 % wurden von dem Präsidenten des Permasteelisa-Konzerns und einem Mitglied des Verwaltungsrates der Permasteelisa gehalten, der zugleich Präsident eines anderen Unternehmens des Konzerns war.[88]

(3) Entscheidung der Kommission 2001/779 EG

Mit Entscheidung vom 15. November 2000 untersagte die Kommission die von Italien geplante Beihilfe.[89]

Zur Begründung führte sie zunächst die Bedeutung der KMU für den europäischen Wirtschaftsraum und ihre Nachteile gegenüber den großen Unternehmen aus.[90] Dabei verwies sie vor allem auf den 22. Erwägungsgrund der Empfehlung 96/280 EG, nach dem hinreichend strenge Kriterien für die Definition der KMU festgelegt werden müssen, damit die für sie vorgesehenen Maßnahmen tatsächlich diejenigen Unternehmen erreichen, die wegen ihrer geringen Größe Nachteile

---

86 Aufforderung zur Abgabe einer Stellungnahme, ABl. 2000 C 142/11 – Solar Tech.

87 Siehe zu den Bedenken der Kommission im Einzelnen, ABl. 2000 C 142/11.

88 ABl. 2000 C 142/11.

89 Entscheidung der Kommission vom 15.11.2000, ABl. 2001 L 292/45 – Solar Tech.

90 Siehe ABl. 2001 L 292/45, Tz. 34, 35.

haben.[91] Im Lichte dieser Grundsätze urteilte die Kommission sodann, dass Solar Tech nicht die erforderlichen Voraussetzungen erfülle, um in den Genuss des zugunsten von KMU vorgesehenen Beihilfezuschlags zu gelangen.[92]

Als Begründung führte sie an, dass Solar Tech aus wirtschaftlicher Sicht als ein Unternehmen des Permasteelisa-Konzerns zu betrachten sei, obwohl die Permasteelisa nur 24 % der Solar Tech halte. Dabei verwies die Kommission vor allem auf die engen Verbindungen zwischen dem Konzern und der Solar Tech, die sich aus der Zusammensetzung der Anteilseigner der Letztgenannten ergäben. Diese engen Verbindungen seien darüber hinaus verantwortlich, dass Solar Tech nicht den typischen Nachteilen von KMU ausgesetzt sei.[93]

Obwohl Solar Tech demnach formal gesehen die Voraussetzungen der Empfehlung 96/280 EG erfüllt hatte, verweigerte die Kommission ihr den für KMU vorgesehenen Zuschlag.

(4) Nichtigkeitsklage

Italien legte gegen die Entscheidung der Kommission am 19. Februar 2001 Nichtigkeitsklage ein.[94]

Dabei machte es geltend, dass die Kommission die Empfehlung 96/280 EG und den Gemeinschaftsrahmen für staatliche Beihilfen an KMU[95] nicht richtig angewendet und daher gegen diese beiden Regelungen als solche und gegen Artikel 87 EG verstoßen habe.

(a) Auffassung Italiens

Italien war der Auffassung, dass sich die Kommission bei ihrer Entscheidung nicht auf den KMU-Begriff gestützt habe, wie er in der Empfehlung 96/280 EG und dem Gemeinschaftsrahmen enthalten sei. Vielmehr sei sie bei ihrer Entscheidung von einer Definition ausgegangen, die von den dort genannten Voraussetzungen abweiche.

Die in diesen beiden Regelungen genannten Voraussetzungen seien jedoch so gefasst, dass sie der Kommission für die Zwecke der Definition des KMU-Begriffs und der Anwendung der Erhöhung über die in dieser Regelung festgelegten Grenzen hinaus nicht die geringste Möglichkeit der Ermessensausübung einräume, und zwar weder in Bezug auf die wirtschaftlichen, finanziellen und organischen Verbindungen des betreffenden KMU selbst noch hinsichtlich der positi-

---

[91] ABl. 2001 L 292/45, Tz. 35.
[92] ABl. 2001 L 292/45, Tz. 36.
[93] ABl. 2001 L 292/45, Tz. 36, 40-43.
[94] RS C-91/01 - Italien gegen Kommission der Europäischen Gemeinschaft.
[95] ABl 1996 C 213/4.

ven externen Wirkungen oder der Nachteile, die für den betreffenden Sektor kennzeichnend seien.[96]

Die Gemeinschaftsregelung über staatliche Beihilfen zugunsten von KMU schließe definitiv aus, dass es der Qualifizierung als KMU entgegenstehen könne, wenn Beteiligungen unter dem Schwellenwert von 25 % lägen oder von Personen gehalten würden, die nicht als Unternehmen angesehen werden könnten, wie die natürlichen Personen. Schließlich werde in der Definition der KMU auf diese im Unterschied zu anderen Gemeinschaftsbestimmungen[97] auf dem Gebiet der Konzentration und der Kontrolle von Unternehmen in keiner Weise Bezug genommen.[98]

Italien kritisierte darüber hinaus, dass die Kommission bei der Auslegung des KMU-Begriffs die 18., die 19. und die 22.[99] Begründungserwägung der Empfehlung 96/280 EG herangezogen habe. Die dort erwähnten Grundsätze, Ziele und Bemerkungen könnten nur auf die Angaben hinführen, die sich im verfügenden Teil und im Anhang dieser Empfehlung fänden, und die Gründe für die Auswahl der in diesem Anhang genannten Kriterien angeben. Für eine engere oder weitere Auslegung dieser Kriterien könnten sie jedoch keine Grundlage bilden.[100]

Italien beantragte daher, die Entscheidung 2001/779 EG der Kommission für nichtig zu erklären.

(b) Schlussfolgerungen von Generalanwalt Jacobs

Die Berichterstattung für die Generalanwaltschaft übernahm Generalanwalt Jacobs[101]. Im Rahmen seiner Untersuchungen stellte er die Frage, ob die Kommission bei der Ermittlung des Kriteriums der Unabhängigkeit berechtigt gewesen sei, all diese Faktoren zu berücksichtigen oder ob sie nicht vielmehr daran gehindert gewesen sei, irgendeinen anderen Gesichtspunkt als die streng formale Einhaltung der Regel zu prüfen, dass nicht mehr als 25 % des Kapitals oder der Stimmrechte

---

96 Urteil des EuGH in der RS C-91/01 vom 29.4.2004 (RS Solar Tech), Tz. 33, im Internet abrufbar unter http://europa.eu.int/smartapi/cgi/sga_doc?smartapi!celexapi!prod!CELEXnumdoc&lg=DE&numdoc=62001J0091&model=guichett (11.11.2004).

97 Der Bevollmächtigte der italienischen Regierung zitierte die Fusionsverordnung als ein Beispiel, in dem das Kriterium der Kontrolle so weit gefasst ist, dass es alle Sachverhalte erfasst, in denen die Möglichkeit besteht, maßgeblichen Einfluss auszuüben. Siehe Artikel 3 der Fusionsverordnung.

98 Urteil des EuGH in der RS Solar Tech, Tz. 34.

99 In dem Urteil des EuGH in der RS Solar Tech wird auf den 21. Erwägungsgrund abgestellt, gemeint sein dürfte der 22. Erwägungsgrund.

100 Urteil des EuGH in der RS Solar Tech, Tz. 35.

101 GA Jacobs in: Schlussanträge in der RS Solar Tech, im Internet abrufbar unter http://europa.eu.int/smartapi/cgi/sga_doc?smartapi!celexapi!prod!CELEXnumdoc&lg=DE&numdoc=62001C0091&model=guichett (18.02.2006).

im Besitz eines Unternehmens oder mehrerer Unternehmen sind, die keine KMU sind.[102]

Dabei kam er zu dem Ergebnis, dass das Kriterium der Unabhängigkeit im Einklang mit dem ihm zugrunde liegenden Gedanken auszulegen und anzuwenden sei, wie er sowohl im Gemeinschaftsrahmen als auch in der Präambel der Empfehlung zum Ausdruck komme. Dies begründete er mit der Notwendigkeit sicherzustellen, dass die großzügigeren Grenzwerte bei Beihilfen für KMU tatsächlich nur solchen Unternehmen zugute kommen, für die geringe Größe ein Nachteil ist und nicht denjenigen, die zu einem großen Konzern gehörten und daher Zugang zu Mitteln hätten, die Wettbewerbern von ähnlicher Größe nicht zur Verfügung stünden oder denjenigen, die zwar formal unabhängig seien, in Wirklichkeit aber durch größere Unternehmen kontrolliert würden. In diesem Zusammenhang müsse dafür gesorgt werden, dass die Definition nicht mit formalen Begründungen umgangen werde.[103] Unter Berücksichtigung dieses Grundprinzips sei es sachgerecht, dass die Kommission nicht nur auf die Form, sondern auf das Wesen eines Unternehmens sehe. In diesem Licht sei das Verhältnis zwischen der Solar Tech und dem Permasteelisa-Konzern eindeutig anders geartet als es gewöhnlich zwischen getrennten, unabhängigen Unternehmen bestehe. Solar Tech könne daher nicht als KMU angesehen werden, sondern als ein Unternehmen, das voll in einen großen Konzern integriert und wegen dieser Integration frei von den Nachteilen sei, die Gegenstand der KMU-Regelung seien.[104] Italiens Kritik, dass in der Empfehlung und im Gemeinschaftsrahmen ein genauer Schwellenwert angegeben sei, ab wann ein Unternehmen nicht mehr unabhängig sei, entgegnete er, dass selbst unterhalb dieses Schwellenwerts andere bezeichnende Umstände manchmal darauf hinweisen können, dass ein Unternehmen abhängig sei. Schließlich hänge Kontrolle nicht notwendigerweise von einem bestimmten Gesellschaftsanteil ab. Anders als Italien vertrat er dabei die Auffassung, dass die Formulierung in der Empfehlung und im Gemeinschaftsrahmen die Kommission nicht daran hindere, sich eine ähnliche Betrachtungsweise zu Eigen zu machen, wenn es aufgrund der Notwendigkeit geboten sei, diese Regelungen im Einklang mit ihrem Zweck auszulegen und damit widersprüchliche Entscheidungen zu vermeiden.[105] Anders als Italien wertete er auch die Bedeutung der Ausnahmeregelung in Art. 1 III Empfehlung 96/280 EG, wann ein Unternehmen trotz Überschreitens der 25 %igen Beteiligung weiterhin als KMU gelte. Während Italien darin eine Bestätigung darin sah, dass diese Grenze, abgesehen von den dort aufgeführten Fällen, unantastbar sei, sah Generalanwalt Jacobs darin eher die Bestätigung, dass ein Unter-

[102] GA Jacobs in: Schlussanträge in der RS Solar Tech, Tz. 32.

[103] Siehe Ziffer 1.2 des Gemeinschaftsrahmens für KMU und die Erwägungsgründe Nr. 18, 19 und 22 der Empfehlung 96/280 EG.

[104] GA Jacobs in: Schlussanträge in der RS Solar Tech, Tz. 34.

[105] GA Jacobs in: Schlussanträge in der RS Solar Tech, Tz. 35.

nehmen nur dann als KMU klassifiziert werden könne, wenn die Umstände zeigten, dass es tatsächlich von großen Gesellschaften unabhängig sei.[106]

Aufgrund der oben angeführten Gründe, gelangte Generalanwalt Jacobs zu der Auffassung, dass die Kommission nicht vom Gemeinschaftsrahmen abgewichen sei, sondern lediglich die darin enthaltene Definition eines KMU im Einklang mit dem zugrunde liegenden Zweck ausgelegt habe. In seinen Schlussanträgen vom 18. September 2003 empfahl er dem Gerichtshof daher, die Klage Italiens abzuweisen.

(c) Urteil des EuGH

Am 29. April 2004 verkündete der EuGH sein Urteil.[107] Im Wesentlichen folgte er dabei der Auffassung der Kommission und des Generalanwalts Jacobs.

Auch er kam in seiner Urteilsbegründung zu dem Ergebnis, dass das Unabhängigkeitskriterium grundsätzlich so auszulegen sei, dass nur solche Unternehmen davon profitieren können, die tatsächlich mit den typischen Problemen eines KMU konfrontiert seien. Aus diesem Grund könnten auch Unternehmen, die zu weniger als 25 % von einem großen Unternehmen gehalten werden und somit formal dieses Kriterium erfüllten, in Wirklichkeit aber zu einem Unternehmenskonzern gehören, gleichwohl nicht so betrachtet werden, als erfüllten sie dieses Kriterium.[108]

Die Klage Italiens wurde demnach abgewiesen.

(5) Stellungnahme

Das Ergebnis der Entscheidung des EuGH ist zu begrüßen. Grundsätzlich sollten Unternehmen, die nicht unter den Nachteilen von KMU leiden, von einer möglichen Privilegierung als KMU ausgeschlossen werden.

Unglücklicherweise bot die KMU-Definition in Konstellationen wie in dem Fall Solar Tech kaum Schutz. Das hing mit dem Wortlaut von Art. 1 III und IV Empfehlung 96/280 EG zusammen, der lediglich auf eine prozentuale Unternehmensbeteiligung abstellte und sämtliche andere Kontrollmöglichkeiten, wie z.B. die im vorliegenden Fall bestehenden Verbindungen durch natürliche Personen, außer Acht ließ. Dies machte es der Kommission sehr schwer, der Solar Tech die KMU-Eigenschaften abzusprechen. Anstatt das für solche Fälle vorgesehene Unabhängigkeitskriterium heranzuziehen, musste sie mit dem Sinn und Zweck der KMU-Förderung argumentieren und mit dem eigentlichen Wortlaut des Unabhängigkeitskriteriums brechen.

---

106 GA Jacobs in: Schlussanträge in der RS Solar Tech, Tz. 36.

107 Im Internet abrufbar unter http://europa.eu.int/smartapi/cgi/sga_doc?smartapi!celexapi!prod!CELEXnumdoc&lg=DE&numdoc=62001J0091&model=guichett (11.11.2004).

108 Urteil des EuGH in der RS Solar Tech, Tz. 50, 51.

Zwar legten sowohl Generalanwalt Jacobs als auch der EuGH das Unabhängigkeitskriterium zugunsten der Kommissionsentscheidung aus, indem sie in dieses die in den Erwägungsgründen erwähnten Ziele hineininterpretierten, doch erscheint die gefundene Lösung stark ergebnisorientiert. Das gilt umso mehr, als der in der KMU-Definition festgelegte Grenzwert von 25 % im Grunde keinerlei Ermessenspielraum eröffnete.[109]

Die Kommission schien sich dieser Problematik bewusst gewesen zu sein. Denn im Gegensatz zu Generalanwalt Jacobs und dem EuGH vermied sie es in ihrer Entscheidung, auf das Unabhängigkeitskriterium einzugehen.[110] Sie argumentierte ausschließlich mit dem Sinn und Zweck der KMU-Förderung und ließ die Frage, ob Solar Tech die Voraussetzungen eines KMU erfüllt, letztlich unbeantwortet.

Vorzugswürdiger wäre in diesem Fall daher eine Lösung über die Grundsätze der „verbundenen Unternehmen" gewesen. Noch bevor sich die Kommission der Prüfung der einzelnen KMU-Kriterien widmete, hätte sie herausfinden müssen, was genau das relevante Unternehmen ist. Im Fall der Solar Tech wäre sie zu dem Ergebnis gekommen, dass es sich bei ihr um ein in den Permasteelisa-Konzern eingegliedertes - verbundenes Unternehmen handelte. Ein verbundenes Unternehmen aufgrund der engen persönlichen Beziehungen der Gesellschafter. Dies wäre im Einklang mit der Rechtsprechung des EuGH geschehen, wonach eine wirtschaftliche Einheit auch dann vorliegen kann, wenn die leitenden Organe zweier Unternehmen aus denselben Personen bestehen[111] oder mehrere Unternehmen von ein und derselben natürlichen Person beherrscht werden.[112] Die Kommission hätte dann, nach Feststellung des relevanten Unternehmens, auf dieses die KMU Kriterien anwenden müssen. Dies hätte zu dem Ergebnis geführt, dass die Solar Tech,

---

[109] Es entspricht zwar der Rechtsprechung des Gerichtshofes, dass bei der Auslegung einer Gemeinschaftsvorschrift nicht nur deren Wortlaut, sondern auch ihr Zusammenhang und die Ziele zu berücksichtigen sind, die mit der Regelung, zu der sie gehört, verfolgt werden, doch ist ein fester Grenzwert von 25 % nicht mehr auslegungsfähig.

[110] Dem widersprechend der XXX. Bericht über die Wettbewerbspolitik 2000, SEK (2001) 694 endg., S. 109, Rn. 325: „Da das Unternehmen das Kriterium der Unabhängigkeit gem. den KMU-Richtlinien nicht erfüllt, schloss die Kommission die Gewährung des im relevanten regionalen Beihilfeprogramm vorgesehenen Beihilfezuschlag zugunsten von KMU aus (Solar Tech).". In diese Richtung gehend wohl auch die Kommission in ihrer Entscheidung vom 15.1.2002, ABl. 2002 L 296/20 – Pollmeier GmbH & Co. KG, Tz. 84: „Außerdem ist die Kommission der Auffassung, dass selbst im Fall, dass es sich bei der Begünstigten der Form nach um ein KMU handeln würde, sie offenbar nicht unter den KMU typischen Hemmnissen leidet. Dies bestärkt die Kommission in ihrer Schlussfolgerung, dass die Begünstigte kein KMU ist."

[111] Entscheidung der Kommission vom 21.12.1993, ABl. 1994 L 15/8, Tz. 7 - Sea Containers/Stena Sealink; Grill, in: Lenz/Borchardt, EG-Vertrag, vor Art. 81-86, Rn. 38.

[112] EuG Slg. 2002, II-1487, Tz. 61 HFB u.a./Kommission; Grill, in: Lenz/Borchardt, EG-Vertrag, vor Art. 81-86, Rn. 38.

durch die Einbeziehung der Beschäftigungs- und Umsatzwerte des Permasteelisa-Konzerns, nicht die KMU Voraussetzungen erfüllte.

Allerdings muss sich auch dieser Lösungsweg vorwerfen lassen, ergebnisorientiert zu sein, zumal die Kommission mit dem Kriterium der Unabhängigkeit genau festgelegt hatte, wann Unternehmen als „verbunden" gelten und unter welchen Voraussetzungen die Zahlen mehrerer Unternehmen kumuliert werden sollten. Nichts desto trotz ist er dogmatisch schlüssiger. Statt den eigentlich nicht auslegungsfähigen Begriff der Unabhängigkeit ergebnisorientiert zu verbiegen, wäre man dieses Problem umgangen, indem bereits auf der Ebene des zu untersuchenden Unternehmens angesetzt worden wäre.

Im Ergebnis bleibt festzuhalten, dass das Unabhängigkeitskriterium nicht geeignet war, geschickt angelegten Umgehungsversuchen standzuhalten.

Eine Reform schien daher unausweichlich.

5. Zwischenergebnis

Bis zum Jahr 1996 existierte auf Gemeinschaftsebene keine einheitliche Defintion für KMU. Aus diesem Grund verabschiedete die Kommission im Jahr 1996 die Empfehlung 96/280 EG. Sie sollte zu einer stärkeren Abstimmung zwischen den verschiedenen Gemeinschaftsmaßnahmen zugunsten der KMU und den auf nationaler Ebene bestehenden Maßnahmen führen. Im Laufe der Anwendung dieser Empfehlung offenbarten sich jedoch zahlreiche Auslegungsprobleme. Als besonderer Schwachpunkt der Empfehlung erwies sich das Kriterium der Unabhängigkeit, welches nicht geeignet war, „verbundenen Unternehmen" die KMU-Privilegien zu verwehren. Eine Reform war daher geboten.

III. Neue Definition von KMU - Empfehlung 2003/361 EG

Am 1. Januar 2005 wurde die KMU-Definition in ihrer jetzigen Form abgelöst.

Nach fast zehnjähriger Anwendung der Empfehlung 96/280 EG galt es, die Schwellenwerte an die wirtschaftlichen und strukturellen Marktentwicklungen anzupassen und die gewonnenen Erfahrungen zu nutzen, um Auslegungsschwierigkeiten zu beseitigen und Umgehungsversuche zu verhindern. Aufgrund der Vielzahl der geplanten Änderungen, entschied sich die Kommission die Empfehlung nicht nur zu überarbeiten, sondern zu ersetzen.[113]

---

[113] Ipr helpdesk: Die neue Definition kleiner und mittlerer Unternehmen (KMU), S. 2.

1. Entstehungsgeschichte

Die neue KMU-Definition ist das Ergebnis eines intensiven Prozesses, der Mitte 2001 mit einem Änderungsentwurf der Kommission begann und am 6. Mai 2003 mit der neuen Empfehlung 2003/361 EG[114] endete.

Gekennzeichnet war dieser Prozess von zahlreichen Änderungs- und Verbesserungsvorschlägen, an denen die Öffentlichkeit via Internet maßgeblichen Anteil hatte.

Um die Unterschiede zwischen der alten und der neuen Empfehlung und die mit der Überarbeitung verfolgten Ziele besser erfassen zu können, muss auf den Entstehungsgang der neuen Empfehlung eingegangen werden. Dabei wird deutlich, dass die Empfehlung 2003/361 EG das Ergebnis eines Entwicklungsprozesses ist, bei dem die bisher gewonnenen Erfahrungen – gerade aus dem Bereich des Beihilfenrechts – eingeflossen sind.

a) Entwurf einer Empfehlung zur Änderung der Empfehlung 96/280 EG

Eingeleitet wurde die neue Definition im Jahr 2001 durch einen Entwurf einer Empfehlung „zur Änderung der Empfehlung 96/280 EG betreffend die Definition der kleinen und mittleren Unternehmen" (Änderungsentwurf)[115].

Die dort vorgesehenen Veränderungen zur ursprünglichen Definition waren zahlreich und umfangreich:

aa) Einführung einer Definition für Unternehmen

So schlug die Kommission in ihrem Änderungsentwurf z.B. vor, eine Definition des Begriffs „Unternehmen" aufzunehmen.

Als Unternehmen sollte jede wirtschaftliche Einheit gelten, unabhängig von ihrer Rechtsform, die eine wirtschaftliche Tätigkeit ausübt, insbesondere auch jene Einheiten, die eine handwerkliche Tätigkeit oder andere Tätigkeiten als Einpersonen oder Familienbetriebe ausüben, sowie Personengesellschaften oder Vereinigungen, die regelmäßig einer wirtschaftlichen Tätigkeit nachgehen.[116]

Die Definition entsprach damit der in der rechtlichen Lehre und Praxis bereits geläufigen Definition im Bereich des Wettbewerbs. Die genauere Bestimmung des Unternehmensbegriffes stellte somit keine wirkliche Neuerung dar.[117]

---

[114] ABl. 2003 L 124/36.

[115] Im Internet abrufbar unter http://europa.eu.int/comm/enterprise/consultations/sme_definition/documents/com_smes_de.pdf (18.02.2006).

[116] Art. 1 I Änderungsentwurf.

[117] Resultate der ersten externen Konsultation, S. 1, im Internet abrufbar unter http://europa.eu.int/comm/enterprise/consultations/sme_definition/consultation2/internet_infonote_702_de.pdf (18.02.2006); interne Mitteilung an die Kommission, S. 10.

Trotz alledem sollte sie in die neue KMU-Definition aufgenommen werden. Dafür gab es im Wesentlichen zwei Gründe. Zum einen sollte damit den zahlreichen Anmerkungen der Unternehmen seit Veröffentlichung der Empfehlung 96/280 EG Rechnung getragen werden.[118] Zum anderen hielt die Kommission eine solche Präzisierung aus Gründen der Harmonisierung und Rechtssicherheit für erforderlich. Das hängt damit zusammen, dass der Begriff „Unternehmen" im Bereich der staatlichen Beihilfen zwar verwendet, doch im EG-Vertrag, der nur den Begriff „Gesellschaften" definiert, nicht präzisiert wird. Die Kommission sah darin die Gefahr, dass der Begriff von den Mitgliedstaaten unterschiedlich ausgelegt wird.[119]

bb) Anhebung der Schwellenwerte und Schaffung von Kleinstunternehmen

Einer der Schwerpunkte der neuen Empfehlung war die Anpassung der Schwellenwerte. Um den sich ändernden wirtschaftlichen Gegebenheiten in der Europäischen Gemeinschaft Rechnung zu tragen und zu verhindern, dass investierende Unternehmen nicht mehr erfasst werden, sah der Änderungsentwurf eine Anhebung der Schwellenwerte für den Umsatz und die Bilanzsumme vor.[120]

(1) Berechnungsmethode für die Anpassung der Schwellenwerte

Die Aktualisierung der Schwellenwerte für den Umsatz erfolgte anhand der beiden Kriterien „Produktivitätsentwicklung" und „Entwicklung des zusammengesetzten Preisindexes".[121] Dies war bereits in der Empfehlung von 1996 vorgesehen, an die sich die Kommission gebunden sah.[122]

Dieses Vorgehen war nicht unumstritten. So plädierte die Generaldirektion Wirtschaft und Finanzen dafür, bei der Aktualisierung der Schwellenwerte allein die Inflation zu berücksichtigen. Dadurch versprach sie sich, das Verfahren zu vereinfachen. Mit Rücksicht auf die breite Zustimmung von außen, entschied sich die Kommission jedoch, ihrem bisherigen Verfahren treu zu bleiben.[123] Hätte sie dem Vorschlag der Generaldirektion entsprochen und die Schwellenwerte nur auf

---

118 2. Erwägungsgrund - Änderungsentwurf.

119 Interne Mitteilung an die Kommission, S. 10.

120 5. Erwägungsgrund – Änderungsentwurf; siehe die Internetseite von Haver & Mailänder unter http://www.forumrecht.com/syndikus/briefings/eu/eu_017.htm (10.12.2003).

121 6. Erwägungsgrund - Änderungsentwurf.

122 „Die Schwellenwerte für den Umsatz und die Bilanzsumme (...) sollten bei Bedarf angepasst werden, um der Änderung der wirtschaftlichen Gegebenheiten, wie des Preisniveaus sowie der Steigerung der Unternehmensproduktivität, Rechnung zu tragen". Siehe die Erwägungsgründe zur Empfehlung 96/280 EG; interne Mitteilung an die Kommission, S. 11.

123 Die Kommission schloss jedoch nicht aus, dass im Hinblick auf die gemäß Artikel 9 des Anhangs der Empfehlung zu ziehende Bestandsaufnahme, diesbezügliche Überlegungen angestellt werden müssten, interne Mitteilung an die Kommission, S. 4.

Grundlage der Preissteigerung angehoben, so wäre eine geringere Erhöhung eingetreten, als sie sich aus der kumulierten Auswirkung der Preis- und der Produktivitätsentwicklung ergibt. Dies hätte zu einer Benachteiligung jener KMU geführt, die sich um eine Anpassung an die Anforderungen des Marktes bemüht haben. Zudem wäre es dadurch im Grunde zu einer Konzentration auf bestimmte Sektoren und damit zu möglichen Wettbewerbsverzerrungen gekommen. Dies wäre dem allgemeinen Charakter der Definition zuwider gelaufen.[124] Bei der Anhebung der Schwellenwerte musste daher auch berücksichtigt werden, dass aufgrund des Produktivitätszuwachses das gleiche Unternehmen mit der gleichen Mitarbeiterzahl ein höheres Produktions- oder Dienstleistungsvolumen erzielt, als dies noch vor fünf Jahren der Fall war.[125]

Auch bei der Berechnung der Bilanzsumme sollte der Ansatz von 1996 weiter verfolgt werden. Dieser bestand darin, dass auf den Schwellenwert für den Umsatz ein Koeffizient zur Anwendung kommt, der auf dem statistischen Verhältnis zwischen diesen beiden Variablen beruht.[126] Eine Veränderung trat allerdings insofern ein, dass bei der Berechnung der Bilanzsumme nicht mehr durchgängig ein für alle Unternehmensklassen einheitlich ermittelter Koeffizient zur Anwendung kam.

Die Schwellenwerte der Beschäftigtenzahlen sollten nicht verändert werden, so dass es bei der Obergrenze von 250 Mitarbeitern für ein KMU blieb.[127]

(2) Schwellenwerte für mittlere Unternehmen

In der Empfehlung von 1996 wurde für den Umsatz von KMU eine Obergrenze von 40 Mio. Euro festgelegt. Bei der Ermittlung des Wertes wurde der durchschnittliche Umsatz eines Unternehmens mit 250 Mitarbeitern aus dem Jahr 1994 herangezogen.[128] Für die Aktualisierung der Schwellenwerte wurde konsequenterweise auf den Bezugszeitraum 1994-2000 abgestellt. Der entsprechende Koeffizient lag für diese Zeit bei 1,232, so dass die vorgeschlagene Obergrenze bei 40 x 1,232 = 49,3 lag. Die Kommission entschied sich, den Wert auf 50 Mio. Euro aufzurunden. Hätte eine Aktualisierung anhand des Bezugszeitraums 1994-2001 stattgefunden, so wäre die Obergrenze auf 51 Mio. Euro gestiegen. Eine Aufrundung auf 50 Mio. erschien somit angemessen.[129]

Der Schwellenwert für die Bilanzsumme wurde anhand der statistischen Änderung des Quotienten „Umsatz im Verhältnis zur Bilanzsumme“ aktualisiert.[130]

---

[124] Interne Mitteilung an die Kommission, S. 11.
[125] Interne Mitteilung an die Kommission, S. 11.
[126] 7. Erwägungsgrund - Änderungsentwurf.
[127] Art. 1 III lit. a) Änderungsentwurf.
[128] Siehe die Erwägungsgründe zur Empfehlung 96/280 EG.
[129] Art. 1 III lit. b) Änderungsentwurf; interne Mitteilung an die Kommission, S. 12.
[130] 7. Erwägungsgrund - Änderungsentwurf.

1994 lag dieser Quotient für KMU noch bei 1,5. Seitdem war er jedoch starken Veränderungen unterworfen. So betrug er im Jahr 1996 nur noch 1,13, im Jahr 1998 nur noch 1,05 und im Jahr 1999, das für die Ermittlung des Quotienten maßgeblich war (der Kommission lagen zum Zeitpunkt der Überarbeitung des Quotienten keine neueren Zahlen vor), sogar nur noch 0,94. Verantwortlich für diese kontinuierliche Abwärtsbewegung war und ist ein struktureller Wandel; unter anderem bedingt durch die gestiegenen Investitionen in die IT-Ausstattung und den höheren Kapitalbedarf, insbesondere für Immobilien.[131]

Um der wirtschaftlichen Realität der Unternehmen gerecht zu werden und die investierenden KMU nicht zu benachteiligen, musste die Kommission diese Veränderungen berücksichtigen. Hätte die Kommission, entsprechend der Berechnungsmethode von 1996, den für alle KMU ermittelten Quotienten von 0,9 herangezogen, so wäre es bei den mittleren Unternehmen zu einem Anstieg der Obergrenze auf 56 Mio. Euro gekommen. Dies hätte mehr als eine Verdopplung bedeutet. Eine solch drastische Erhöhung lag jedoch nicht im Interesse der Kommission. Da die Kommission zudem bestrebt war, jede Unternehmensklasse anhand ihrer spezifischen Merkmale festzulegen, modifizierte sie ihre bisherige Berechnungsmethode. Für die Berechnung der Bilanzsumme bei den mittleren Unternehmen berücksichtigte sie daher nicht den KMU spezifischen, sondern den für die mittleren Unternehmen spezifischen Quotienten. Dieser lag bei 1,17, so dass die Kommission eine Obergrenze für die Bilanzsumme von 43 Mio. Euro bei den mittleren Unternehmen vorschlug.[132]

Einen weiteren Grund, die Berechnungsmethode zu modifizieren und damit eine zu drastische Anhebung der Bilanzsumme zu vermeiden, sah die Kommission darin, dass die Definition als Bezugsgrundlage im Bereich staatlicher Beihilfen dient, was grundsätzlich ein vorsichtiges Vorgehen nahe legt.[133]

(3) Schwellenwerte für kleine Unternehmen

Auch bei den kleinen Unternehmen wurde der Schwellenwert für die Mitarbeiterzahl unverändert belassen.[134]

Der Schwellenwert für den Umsatz hingegen sollte auf 9 Mio. Euro erhöht werden.[135] Bei Anwendung des Koeffizienten 1,232 hätte sich zwar ein Schwellenwert von 8,6 Mio. Euro ergeben, doch entschloss sich die Kommission, diesen Wert aufzurunden. Zumal unter Berücksichtigung des Jahres 2001 der Wert bei

131 Interne Mitteilung an die Kommission, S. 12.

132 7. Erwägungsgrund - Änderungsentwurf.; Art. 1, III lit. b) Änderungsentwurf; interne Mitteilung an die Kommission, S. 12.

133 Interne Mitteilung an die Kommission, S. 12.

134 Art. 1 IV lit. a) Änderungsentwurf.

135 Art. 1 IV lit. b) Änderungsentwurf.

8,9 Mio. Euro gelegen hätte.[136] Die Ermittlung der Bilanzsumme erwies sich als problematischer. Der für kleine Unternehmen spezifische Quotient lag zum damaligen Zeitpunkt bei 0,72. Hätte die Kommission ihrer neuen Berechnungsmethode entsprechend auf diesen für kleine Unternehmen spezifischen Quotienten zurück gegriffen, so wäre die Bilanzsumme bei den kleinen Unternehmen auf 12,5 Mio. Euro angestiegen. Nach der alten Berechnungsmethode, d.h. der Verwendung des für alle KMU geltenden Quotienten von 0,94, hätte es hingegen nur einer Erhöhung auf 10 Mio. Euro bedurft.[137]

Um die Maßnahmen zur KMU-Förderung auf jene Unternehmen zu beschränken, die ihrer am stärksten bedürfen, entschied sich die Kommission, die Methode anzuwenden, die die niedrigste Obergrenze ergab. Bei der Ermittlung der Bilanzsumme für kleine Unternehmen griff sie folglich auf ihre ursprüngliche Berechnungsmethode zurück und schlug eine aufgerundete Obergrenze von 10 Mio. Euro vor.[138] Auch dies bedeutete immerhin eine Verdoppelung des bisher geltenden Schwellenwertes.

(4) Schwellenwerte für Kleinstunternehmen

Die Schwelle zum Kleinstunternehmen sollte weiterhin bei Unternehmen mit weniger als zehn Beschäftigten liegen.[139]

Im Gegensatz zur Definition von 1996 sollten Kleinstunternehmen jedoch nicht mehr nur nach der Anzahl der Mitarbeiter definiert werden, sondern auch nach der Obergrenze für Umsatz oder Bilanzsumme. Die Kommission reagierte damit auf ihre Erfahrungen aus der Praxis. Es hatte sich nämlich gezeigt, dass die bisher vorgenommene Differenzierung unzureichend war und dem Betrug Vorschub leistete; denn kleinen Unternehmen wurde durch die unzureichende Festlegung ihrer Kriterien die Möglichkeit eröffnet, für sich ungerechtfertigterweise die Einstufung als Kleinstunternehmen in Anspruch zu nehmen. Aus diesem Grund schlug die Kommission für die Kleinstunternehmen, für die sie zum damaligen Zeitpunkt keine detaillierten Angaben hatte, eine Obergrenze von 1 Mio. Euro für den Umsatz und 1,4 Mio. Euro für die Bilanzsumme vor.[140]

Bei dem niedrigen Umsatzwert ging sie dabei davon aus, dass die Produktivität der Kleinstunternehmen durchschnittlich unter der kleiner und mittlerer Unternehmen liegt.[141]

---

136 Interne Mitteilung an die Kommission, S. 13.

137 Interne Mitteilung an die Kommission, S. 13.

138 Art. 1 IV lit. b) Änderungsentwurf; interne Mitteilung an die Kommission, S. 13.

139 Art. 1 V lit. a) Änderungsentwurf.

140 Art. 1 V lit. b) Änderungsentwurf; interne Mitteilung an die Kommission, S. 1.

141 Interne Mitteilung an die Kommission, S. 13.

Graphische Darstellung der geplanten Schwellenwerte

Größenklasse	**Personal (unverändert)**	**Umsatz (in Mio. €) Entwurf**	**1996**	**Bilanzsumme (in Mio. €) Entwurf**	**1996**
Mittlere Unternehmen	< 250	≤ 50	≤ 40	≤ 43	≤ 27
Kleine Unternehmen	< 50	≤ 9	≤ 7	≤ 10	≤ 5
Kleinst-Unternehmen	< 10	≤ 1	nicht festgelegt	≤ 1,4	nicht festgelegt

cc) Verbundene Unternehmen

Einer der Hauptgründe für die Revision der KMU-Definition waren die Probleme mit dem nur schwer zu handhabenden Kriterium der Unabhängigkeit. Dieses ersetzte die Kommission in ihrem Änderungsentwurf durch die Regelung der „verbundenen Unternehmen“.

Ziel war es, verbundenen Unternehmen, die über eine stärkere Wirtschaftskraft als echte KMU verfügen und häufig Gegenstand von Überprüfungen waren,[142] den Nutzen der verschiedenen Regelungen und Maßnahmen zur KMU-Förderung zu verwehren.[143] Um dies zu erreichen, beschäftigte sich der Änderungsentwurf eingehend mit den Voraussetzungen, unter denen ein „verbundenes Unternehmen“ vorliegt. Bei der Definition der verbundenen Unternehmen griff die Kommission aus Gründen der Vereinfachung - vor allem für Mitgliedstaaten und Unternehmen - auf eine ähnliche Definition zurück, wie sie in der Vierten Richtlinie 78/660 EG des Rates vom 25. Juli 1978[144] enthalten ist. Zum einen wird sie bereits seit vielen Jahren allgemein angewandt und zum anderen wird in der Empfehlung 96/280 EG ausdrücklich auf sie verwiesen.[145]

---

142 Siehe nur die RS: Solar Tech, ABl. 2001 L 292/45; Pollmeier GmbH & Co. KG, ABl. 2002 L 296/20; Klausner Nordic Timber GmbH & Co. KG, ABl. 2002 L 165/15.

143 8. Erwägungsgrund – Änderungsentwurf; interne Mitteilung an die Kommission, S. 15.

144 ABl. 1978 L 222 /11; in ihren späteren Entwürfen verwies die Kommission bezüglich des Zustandekommens der Definition der verbunden Unternehmen stets auf Artikel 1 der Richtlinie 83/349 EG des Rates vom 13. Juni 1983 über den konsolidierten Abschluss (ABl 1983 L 193). RL 78/660 EG wurde durch die RL 83/349 EG modifiziert. Die letzte Modifikation fand am 18. Juni 2003 durch die Richtlinie 2003/51 EG statt (ABl. 2003 L 178).

145 8. Erwägungsgrund - Änderungsentwurf.

Ein Unternehmen sollte gem. Art. 1 VII Änderungsentwurf als verbunden gelten, wenn ein anderes Unternehmen (das übergeordnete Unternehmen) direkt oder gemeinsam mit anderen Unternehmen, die in einer der in Absatz 8 genannten Verbindungen stehen, 25 % oder mehr des Kapitals oder der Stimmanteile an ihm hält. Art. 1 VII Änderungsentwurf wäre damit in nahezu unveränderter Form an die Stelle von Art. 1 III Empfehlung 96/280 EG getreten. Die beiden Ausnahmen aus Art. 1 III Empfehlung 96/280 EG, wann die Schwelle einer Beteiligung von 25 % überschritten werden darf, sollten erhalten bleiben. Lediglich Regionalentwicklungsfonds und Hochschulen wurden nunmehr explizit mit aufgenommen.[146]

Gänzlich neu hingegen war Art. 1 VIII Änderungsentwurf. Er führte bestimmte Verbindungen zwischen Unternehmen auf, bei deren Vorliegen die Unternehmen als miteinander verbunden gelten. Dies sollte der Fall sein, wenn die Verbindungen folgender Natur sind:

- ein Unternehmen hält die Mehrheit der Stimmanteile der Aktionäre oder Gesellschafter eines anderen Unternehmens,[147]

- ein Unternehmen ist dazu berechtigt, die Mehrheit der Mitglieder des Verwaltungs-, Leitungs- oder Aufsichtsgremiums eines anderen Unternehmens zu ernennen oder abzusetzen,[148]

- ein Unternehmen ist gemäß einem mit einem anderen Unternehmen abgeschlossenen Vertrag[149] oder gemäß dessen Satzung dazu berechtigt, einen dominierenden Einfluss auf dieses Unternehmen auszuüben,[150] oder

- ein Unternehmen verfügt gemäß einem Vertrag mit den übrigen Aktionären oder Gesellschaftern eines anderen Unternehmens über die alleinige Kontrolle über die Mehrheit der Stimmanteile von dessen Aktionären oder Gesellschaftern.[151]

Darüber hinaus sah der Änderungsentwurf vor, dass nunmehr auch Beziehungen berücksichtigt werden sollen, die sich aufgrund von Personen oder einer Gruppe von Personen zwischen Unternehmen ergeben. Dies sollte allerdings auf solche Unternehmen beschränkt sein, die Tätigkeiten auf dem selben oder auf benachbarten Märkten nachgehen.[152]

---

[146] Art. 1 IX lit. a) Änderungsentwurf.

[147] Art. 1 VIII lit. a) Änderungsentwurf.

[148] Art. 1 VIII lit. b) Änderungsentwurf.

[149] In der ab 1.Januar 2005 geltenden Empfehlung 2003/361 EG (ABl. 2003 L 124/36) wurde das Wort „Vertrag" durch „Vereinbarung" ersetzt (Art. 3 III lit. d) Empfehlung 2003/361 EG). Damit dürfte ein gewisses Maß an Flexibilität gewonnen worden sein.

[150] Art. 1 VIII lit. c) Änderungsentwurf.

[151] Art. 1 VIII lit. d) Änderungsentwurf.

[152] Art. 1 VIII UAbs. 2 Änderungsentwurf.

Die Kommission hielt diese Bestimmung angesichts der Ergebnisse einer von den Dienststellen der Kommission (GD Wettbewerb, GD Unternehmen und Juristischer Dienst) durchgeführten Fallstudie für notwendig, um die Umgehung der Empfehlung zu vermeiden.[153] Dabei dürfte sie vor allem an die RS Solar Tech gedacht haben.

Zudem stellte der Änderungsentwurf in Art. 1 X klar, dass Unternehmen, die zu mehr als 25 % von einer öffentlichen Einrichtung kontrolliert werden, nicht als KMU klassifiziert werden können. Ausnahmen von diesem Grundsatz wurden in Absatz 9 des Änderungsentwurfs aufgeführt. Diese Vorschrift stand im Einklang mit der derzeitigen Auslegung der Empfehlung 96/280 EG und dem Wettbewerbsrecht. Bei Art. 1 X Änderungsentwurf handelte es sich damit lediglich um eine Präzisierung, die nichts an der bestehenden Situation ändern sollte.[154]

dd) Berechnung der Beschäftigtenzahl und der finanziellen Schwellenwerte bei verbundenen Unternehmen

Vorteile versprach auch Art. 1 VI des Änderungsentwurfs.

Er enthielt klarer als bisher Vorschriften über die Kumulierung der Zahlen bei verbundenen Unternehmen. So sollte zur Ermittlung der Finanzschwellenwerte die gesamte konsolidierte Bilanz der Gruppe verbundener Unternehmen herangezogen werden. Dies versprach, die Berechnung der Schwellenwerte zu vereinfachen, da auf Daten zurückgegriffen werden sollte, die für die Unternehmen bereits vorliegen.[155] Sofern in dieser konsolidierten Bilanz nicht jedes Unternehmen dieser Gruppe erfasst war, sollten die entsprechenden Jahresabschlüsse mit der konsolidierten Bilanz kumuliert werden.[156]

Darüber hinaus schlug der Änderungsentwurf vor, Zahlen eines Unternehmens nur im Verhältnis zum prozentualen Anteil der Kapitalbeteiligung oder der Kontrolle der Stimmrechte zu berücksichtigen. Gem. Art. 1 VI lit. c) Änderungsentwurf sollte dies für all diejenigen Unternehmen gelten, die zwar mehr als 25 % an einem anderen Unternehmen halten, jedoch sonst nicht mit dem betroffenen Unternehmen entsprechend den Vorgaben aus Art. 1 VIII Änderungsentwurf verbunden sind.

ee) Beschäftigte

Eine weitere Neuerung enthielt der Änderungsentwurf bezüglich der zu erfassenden Beschäftigten. Unverändert sollte sich die Beschäftigtenzahl zwar nach der

153 Interne Mitteilung an die Kommission, S. 16-17.
154 Interne Mitteilung an die Kommission, S. 16-17.
155 Interne Mitteilung an die Kommission, S. 18.
156 Art. 1 VI Änderungsentwurf.

Anzahl der im Zeitraum des letzten Jahresabschlusses beschäftigten Vollzeitarbeitnehmer bemessen,[157] allerdings wurde in Art. 1 XI UAbs. 2, 3 Änderungsentwurf nunmehr detailliert aufgeführt, welche Personen genau darunter fallen. So sollten z.B. Auszubildende und Berufsschüler nur erfasst werden, wenn sie im Rahmen eines mehr als dreimonatigen Arbeitsvertrages von dem Unternehmen beschäftigt werden.[158] Die Kommission wollte so berufliche Ausbildung und alternierende Ausbildungswege fördern.[159]

b) Erste externe Konsultation

Der von der Kommission veröffentlichte Änderungsentwurf enthielt eine Reihe sinnvoller Neuerungen und wurde von der Kommission im Herbst 2001 zum Gegenstand eines eingehenden Anhörungsverfahrens gemacht.[160]

Interessierte hatten per Internet die Möglichkeit, bis zum 9. November 2001 Verbesserungsvorschläge zu unterbreiten. Sämtliche europäische Wirtschaftsorganisationen ohne sektorale Zugehörigkeit machten davon Gebrauch.[161]

Die Überarbeitung der KMU-Definition war somit durch die Zusammenarbeit der Unternehmensorganisationen, der Mitgliedstaaten und der einzelnen Unternehmen innerhalb der Gruppe für Unternehmenspolitik geprägt.[162]

Änderungen wurden vor allem bei den Schwellenwerten für Klein- und Kleinstunternehmen, bei dem Konzept der verbundenen Unternehmen und der Berechnungsweise ihrer Schwellenwerte sowie der Ausnahmeregelung zugunsten bestimmter Investoren gefordert.[163]

c) Vorentwurf zur Änderung der Empfehlung 96/280 EG

Nach der Auswertung der externen Konsultation veröffentlichte die Kommission am 25.06.2002 einen überarbeiteten Entwurf, den sogenannten Vorentwurf[164].

---

157 Art. 1 XI UAbs. 1 Änderungsentwurf.

158 Art. 1 XI UAbs. 4 Änderungsentwurf.

159 8. Erwägungsgrund - Änderungsentwurf.

160 Der Text dieser Konsultation ist im Internet abrufbar unter http://europa.eu.int/comm/enterprise/consultations/sme_definition/index.htm (18.02.2006).

161 Vorentwurf für ein Muster zur Selbsteinstufung der KMU - Folgenabschätzungsbogen, S. 16; siehe auch die Internetseite der Europäischen Kommission unter http://europa.eu.int/comm/enterprise/consultations/sme_definition/consultation2/index_de.htm (18.02.2006).

162 Vorentwurf für ein Muster zur Selbsteinstufung der KMU, S.1.

163 Resultate der ersten externen Konsultation, S. 1 ff.

164 Vorentwurf zur Änderung der Empfehlung 96/280 EG vom 25. Juni 2002, im Internet abrufbar unter http://europa.eu.int/comm/enterprise/consultations/sme_definition/consultation2/153_sme_definition_25_6_2002_pp1_11_de.pdf (18.02.2006).

Zeitgleich präsentierte sie ein Muster, wie ein Formular mit Angaben zur Einstufung als KMU aussehen könnte.[165]

Die Verbesserungen des Vorentwurfs gegenüber dem ersten Entwurf waren zahlreich und bedeutsam, was sowohl ein Zeichen für das beträchtliche Interesse an der Konsultation als auch der Qualität der eingegangenen Beiträge war.[166]

aa) Erhöhung der finanziellen Schwellenwerte

Einer der Kritikpunkte im Rahmen der externen Konsultation galt den finanziellen Schwellenwerten der Kleinst- und Kleinunternehmen.

So enthielt der überarbeitete Entwurf der Kommission eine beträchtliche Erhöhung der finanziellen Schwellen für Mikrounternehmen. Grundsätzlich wurde die Einführung von Schwellenwerten für diese Gruppe von Unternehmen begrüßt. Die zunächst von der Kommission vorgesehenen Schwellenwerte von höchstens 1 Mio. Euro beim Jahresumsatz oder von höchstens 1,4 Mio. Euro bei der Jahresbilanzsumme wurden jedoch von der großen Mehrheit der Wirtschaftsverbände, aber auch von den Handelsverbänden als völlig unzureichend kritisiert.[167] Aus diesem Grund entschloss sich die Kommission, die Schwellenwerte auf einheitliche 2 Mio. Euro anzuheben.[168] Der für den Umsatz festgelegte Wert entsprach damit proportional dem Umsatz, der für die kleinen Unternehmen als Schwellenwert festgelegt wurde. Die Obergrenze der Bilanzsumme ergab sich mangels detaillierter Angaben für die Kleinstunternehmen aus der aus dem Jahr 1996 angewendeten Berechnungsmethode.[169]

Bei den kleinen Unternehmen wurde ebenfalls ein einheitlicher Schwellenwert festgelegt, und zwar von 10 Mio. Euro.[170] Damit wollte die Kommission für eine Vereinfachung sorgen.[171]

Die an den Schwellenwerten vorgenommenen Veränderungen fanden im zweiten Anhörungsverfahren eine breite Zustimmung,[172] so dass sie unverändert in die neue Empfehlung übernommen wurden.

---

165 Der Entwurf eines solchen Musters geschah auf ausdrücklichen Wunsch bei der ersten Anhörung, siehe den Vorentwurf für ein Muster zur Selbsteinstufung der KMU.

166 Siehe auch die Internetseite der Europäischen Kommission unter http://europa.eu.int/comm/enterprise/consultations/sme_definition/consultation2/index_de.htm (18.02.2006).

167 Resultate der ersten externen Konsultation, S. 2.

168 Art. 2 III – Vorentwurf.

169 Der sich aus dieser Berechnungsmethode ergebende Wert von 2,1 Mio. Euro wurde abgerundet, interne Mitteilung an die Kommission, S. 13.

170 Art. 2 II, 6. Erwägungsgrund – Vorentwurf.

171 6. Erwägungsgrund – Vorentwurf.

172 Interne Mitteilung an die Kommission, S. 13.

Graphische Darstellung der veränderten finanziellen Schwellenwerte

	Größenklasse	**Empfehlung 96/280 EG (Mio. €)**	**Entwurf (Mio. €)**	**Vorentwurf und Empfehlung 2003/361 EG (Mio. €)**
Umsatz	Mittlere Unternehmen	≤ 40	≤ 50	≤ 50
	Kleine Unternehmen	≤ 7	≤ 9	≤ 10
	Kleinst-unternehmen	nicht festgelegt	≤ 1	≤ 2
Bilanzsumme	Mittlere Unternehmen	≤ 27	≤ 43	≤ 43
	Kleine Unternehmen	≤ 5	≤ 10	≤ 10
	Kleinst-unternehmen	nicht festgelegt	$\leq 1{,}4$	≤ 2

bb) Verdeutlichung der Typologie von Unternehmen

Die umfangreichste Kritik wurde am Konzept der verbundenen Unternehmen geäußert. Aufgrund der zahlreichen konstruktiven Verbesserungsvorschläge im Rahmen des Konsultationsprozesses, waren die vorgenommenen Veränderungen entsprechend groß.

Der Vorentwurf sah eine wesentlich klarere Einteilung der Unternehmen vor und zwar in „eigenständige", „Partner-" und „verbundene Unternehmen". Dabei sollte die Einteilung nach Maßgabe der Beziehungen zu anderen Unternehmen hinsichtlich der Kapitalbeteiligung, der Kontrolle von Stimmrechten oder des Rechts zur Ausübung eines beherrschenden Einflusses erfolgen.[173] Davon versprach sich die Kommission, die wirtschaftlichen Realität der KMU besser zu erfassen und all diejenigen Unternehmen auszuklammern, die in Wirklichkeit über eine stärkere Wirtschaftskraft als ein KMU verfügen.[174]

173 Siehe Art. 3 Vorentwurf; Vorentwurf für ein Muster zur Selbsteinstufung der KMU, S. 5.
174 9. Erwägungsgrund – Empfehlung 2003/361 EG.

(1) Eigenständige Unternehmen

Als „eigenständiges Unternehmen“ sollte gem. Art. 3 I des Vorentwurfs jedes Unternehmen gelten, bei dem es sich nicht um ein Partnerunternehmen im Sinne von Absatz 2 oder um ein verbundenes Unternehmen im Sinne von Absatz 3 handelt. Damit wurde der Grenzwert von 25 % als Maßstab der Eigenständigkeit eines Unternehmens beibehalten. Zumal die Kommission nicht die Voraussetzungen dafür schaffen wollte, dass Unternehmen die Einstufung als KMU beanspruchen können, die indirekt über Garantien oder Mittel verfügen, die denjenigen eines Großunternehmens entsprechen.[175]

(2) Partnerunternehmen

„Partnerunternehmen“ wurden in Art. 3 II UAbs. 1 Vorentwurf als Unternehmen definiert, bei denen es sich nicht um verbundene Unternehmen im Sinne von Absatz 3 handelt und zwischen denen folgende Beziehung besteht: Ein Unternehmen hält gemeinsam mit einem oder mehreren verbundenen Unternehmen im Sinne von Absatz 3 25 % oder mehr des Kapitals oder der Stimmrechte eines anderen Unternehmens.

Besonderes Augemerk sollte dabei auf den zweiten Teil der Definition gelegt werden, wonach eine Kontrolle des Kapitals durch mehrere Unternehmen nur dann als „gemeinsam“ gilt, wenn diese Unternehmen untereinander „verbunden“ sind. Durch diese Präzisierung sollte bestimmten KMU ihre Suche nach Finanzierungsquellen erleichtert und eine Benachteiligung derjenigen KMU vermieden werden, die mit mehreren unabhängigen Unternehmen Finanzpartnerschaften eingehen, ohne deshalb ihre tatsächliche Unabhängigkeit zu verlieren.[176]

Trotz einer Beteiligung von über 25 % soll ein Unternehmen indes als eigenständig gelten, wenn es sich um einen in Art. 3 II UAbs. 2 Vorentwurf aufgeführten Investor handelt. Im Gegensatz zur Empfehlung von 1996 enthält der Vorentwurf eine genaue Aufführung dieser privilegierten Investoren. Dazu gehören öffentliche Beteiligungsgesellschaften, Risikokapitalgesellschaften bzw. Personen, die eine regelmäßige Investitionstätigkeit mit Risikokapital ausüben (sogenannte „business angels“), institutionelle Anleger, darunter auch Fonds für Regionalentwicklung, Universitäten oder private, nicht gewerbliche Forschungszentren. Voraussetzung ist, dass diese weder einzeln noch gemeinsam mit dem betreffenden Unternehmen im Sinne von Absatz 3 verbunden sind. So soll vermieden werden, dass die Bestimmungen umgangen werden können.[177] Der in der Empfehlung von 1996 aufgestellte Grundsatz, dass der Schwellenwert von 25 % für die Kapital-

[175] Interne Mitteilung an die Kommission, S. 14.; ipr helpdesk: Die neue Definition kleiner und mittlerer Unternehmen (KMU), S. 3.

[176] Interne Mitteilung an die Kommission, S. 14.

[177] Interne Mitteilung an die Kommission, S. 15.

kontrolle nicht für Gesellschaften oder Einrichtungen gilt, die ein KMU zu gewerblichen Zwecken finanzieren, sollte demnach beibehalten werden.

Darüber hinaus wurde in Art. 3 II UAbs. 3 Vorentwurf festgelegt, dass außer den in Unterabsatz 2 genannten Fällen, Unternehmen, deren Kapital oder Stimmrechte zu 25 % oder mehr von einer öffentlichen Einrichtung kontrolliert werden, nicht als KMU gelten können.

Die Aufnahme der Partnerunternehmen in die Empfehlung sollte somit der Tatsache Rechnung tragen, dass eine Beteiligung von zwischen 25 bis weniger als 50 % am Kapital oder den Stimmrechten in einem Unternehmen nicht per se eine vollständige Kontrolle über die Geschäftsführung und die Entscheidungen des Unternehmens ermöglicht.[178]

(3) Verbundene Unternehmen

Die Änderungen, die nach der ersten externen Konsultation am Konzept der verbundenen Unternehmen vorgenommen wurden, waren gering. So wurde in Art. 3 III lit. c) Vorentwurf aus „dominierendem" Einfluss „beherrschender" Einfluss und in Art. 3 III lit. d) Vorentwurf verdeutlicht, dass es sich bei dem kontrollierenden Unternehmen um einen Aktionär oder Gesellschafter des anderen Unternehmens handeln müsse.

Zudem wurde auf Wunsch von außen in Art. 3 III UAbs. 3 Vorentwurf eine Definition für „benachbarte Märkte" eingeführt.

cc) Berechnung der Schwellenwerte

Im Rahmen der externen Konsultation wurden zahlreiche Bedenken bezüglich des Wortlauts von Art. 1 VI Entwurf geäußert.[179]

Aus diesem Grund enthielt Art. 6 des Vorentwurfs klarere Anweisungen, wie die Zahlen bei eigenständigen, Partner- und verbunden Unternehmen zu berechnen sind.

Bei verbundenen Unternehmen sollte es bei der vollen Anrechnung der Zahlen des verbundenen Unternehmens bleiben, wobei Art. 6 III Vorentwurf Einzelheiten aufführt, wie die Berechnung mittels der konsolidierten Bilanzen vonstatten zu gehen hat.

Bei Partnerunternehmen hingegen sollten die Beschäftigten und Finanzschwellenwerte nicht mehr zu 100 %, sondern nur entsprechend ihrem prozentualen Anteil an dem begünstigten Unternehmen berücksichtigt werden. Die Kommission war der Auffassung, dass die Addition sämtlicher Daten von Partnerunternehmen

---

178 Interne Mitteilung an die Kommission, S. 14.

179 Resultate der ersten externen Konsultation, S. 2-3.

zum einen nicht den wirtschaftlichen Gegebenheiten entsprechen würde und zum anderen wirtschaftlich unerwünschte Folgen habe. Insbesondere könnte es KMU davon abhalten, mit anderen Unternehmen Zusammenschlüsse zu bilden, um so ihre Wettbewerbsfähigkeit und ihre Produktivität zu steigern.[180] Berücksichtigt man, dass eine Kapital- oder Stimmenrechtsbeteiligung zwischen 25 und 50 % keine vergleichbare vollständige Kontrolle des Managements und der unternehmerischen Entscheidungen erlaubt wie bei bestehendem beherrschenden Einfluss im Falle verbundener Unternehmen, so erscheint der eingeschlagene Weg des Vorentwurfs richtig.[181]

Der wesentliche Unterschied zur Empfehlung von 1996 liegt somit darin, dass es nach dem Vorentwurf nicht mehr allein darauf ankommen sollte, ob die Beteiligung die 25 % Schwelle übersteigt, sondern dass mit der Einführung der Zwischenstufe des Partnerunternehmens für Beteiligungen zwischen 25 und 50 % ein Übergang geschaffen wird.

dd) Begünstigung bestimmter Investoren

Bereits der Entwurf der Kommission sah bei Beteiligungen an KMU eine Ausnahmeregelung zugunsten von öffentlichen Beteiligungsgesellschaften, Risikokapitalgesellschaften und institutionellen Anlegern vor (Art. 1 IX lit. a) Entwurf).

Diese Ausnahmen wurden einstimmig als sehr nützlich zur Förderung der Unternehmensentwicklung erachtet.[182] Zumal die in dem Entwurf aufgeführten Investoren zu einer Gruppe gehören, die generell eine positive Rolle bei der Gründung und Finanzierung von Unternehmen einnehmen.[183] Allerdings wurde die Bedingung, dass die in Art. 1 IX lit. a) des Entwurfs aufgeführten Investoren keine „effektive Kontrolle“ ausüben dürfen als ungeeignet betrachtet, da jeder Investor, der als privater Unternehmer auftritt, eine gewisse Kontrolle über seine Investitionen ausüben muss.[184] Aus diesem Grund wurde dieses Kriterium im Vorentwurf nicht mehr aufgenommen. Die Kommission begnügte sich damit, dass die Investoren nicht mit dem Unternehmen verbunden sein dürfen.[185]

Darüber hinaus sollten nunmehr „business angels“ mit Risikokapitalunternehmen gleichgestellt werden und private, nicht gewerbliche Forschungszentren von der Ausnahmeregelung profitieren (Art. 3 II UAbs. 2 Vorentwurf).

---

180 Interne Mitteilung an die Kommission, S. 14.

181 So auch Repplinger-Hach, in: Heidenhain, Europäisches Beihilfenrecht, § 21, Rn. 27.

182 Resultate der ersten externen Konsultation, S. 3.

183 Ipr helpdesk: Die neue Definition kleiner und mittlerer Unternehmen (KMU), S. 3.

184 Kritik wurde vor allem von Risikokapitalvereinigungen, von zahlreichen europäischen Unternehmensverbänden, von mehreren Mitgliedstaaten und von der Fachkammer geäußert, Resultate der ersten externen Konsultation, S. 3.

185 Art. 3 II UAbs. 2 Vorentwurf.

ee) Förderung der Berufsausbildung

Letzte maßgebliche Veränderung im Vorentwurf betraf die Förderung der Berufsausbildung von Lehrlingen und Studenten, die in einem Lehr- oder Berufsausbildungsvertrag stehen. Im Vergleich zum ursprünglichen Kommissionsentwurf sah der Vorentwurf eine noch günstigere Behandlung dieser Beschäftigtengruppe vor, denn gem. Art. 5 III Vorentwurf sollten sie bei der Berechnung der Beschäftigtenzahl nicht mehr berücksichtigt werden.

Auch diese Änderung erfolgte aufgrund umfangreicher Kritik von außen.

ff) Vorschlag zur Einführung eines Musters für die Erklärung von Unternehmen

Im Rahmen der ersten öffentlichen Anhörung wurde der Wunsch geäußert, den administrativen Aufwand abzubauen und eine einfachere und raschere Einstufung als KMU zu ermöglichen. Um diesem Rechnung zu tragen, sollte den Unternehmen in Zukunft die Möglichkeit gegeben werden, für ihre Einstufung als „eigenständiges", „Partner-" oder „verbundenes Unternehmen" eine eidesstattliche Erklärung abzugeben.[186]

Zu diesem Zweck schlug die Kommission ein nicht rechtsverbindliches Modellformular zur Selbsteinstufung von Unternehmen vor. Auf einem extra ausgearbeiteten Muster sollten die Unternehmen die Möglichkeit erhalten, Auskunft über ihre Größenklasse und ihren Unternehmenstyp zu geben. Unterstützung sollte ihnen dabei die dazugehörige „Erläuterung zu den Unternehmenstypen und zur Berechnung der Mitarbeiterzahlen sowie ihrer finanziellen Schwellenwerte" bieten. Das von der Kommission eigens entwickelte Muster nahm auf die Siebente Richtlinie 83/349 EG des Rates vom 13. Juni 1983 über den konsolidierten Abschluss[187] Bezug. Waren Unternehmen gemäß dieser Richtlinie verpflichtet, einen konsolidierten Abschluss zu erstellen, wussten sie damit praktischerweise sofort, dass sie als verbundene Unternehmen im Sinne der KMU-Definition gelten.[188]

Da das Prinzip solcher Erklärungen bei den Mitgliedstaaten und den Wirtschaftsverbänden bei der zweiten externen Anhörung große Zustimmung fand,[189] wurde das mit dem Vorentwurf veröffentlichte Muster nahezu unabgeändert und zeitgleich mit der neuen Empfehlung im Amtsblatt[190] verkündet.

---

[186] Art. 3 IV, 10. Erwägungsgrund – Vorentwurf

[187] ABl 1983 L 193. Die letzte Modifikation fand am 18. Juni 2003 durch die Richtlinie 2003/51 EG statt, ABl. 2003 L 178.

[188] Vorentwurf für ein Muster zur Selbsteinstufung der KMU, S. 2.

[189] Interne Mitteilung an die Kommission, S. 18.

[190] Mitteilung der Kommission - Muster für eine Erklärung über die zur Einstufung als KMU erforderlichen Angaben, ABl. 2003 C 118/5. Berichtigung des Musters am 4.7.2003, ABl. 2003 C 156/14.

Um den fakultativen Charakter seiner Nutzung zu unterstreichen, wurde es auf Wunsch des Juristischen Dienstes jedoch nicht Anhang der Empfehlung, sondern Gegenstand einer gesonderten Mitteilung der Kommission.[191]

d) Zweite externe Konsultation

Bei den nationalen Regierungen, die im Rahmen der Gruppe für Unternehmenspolitik befragt wurden, fand der Vorentwurf einen breiten Konsens[192].

Trotz alledem fand auf Wunsch des für Unternehmenspolitik zuständigen Kommissars Erkki Liikanen eine zweite Konsultation statt.

Dies erfolgte zum einen wegen der sehr großen Anzahl der betroffenen Unternehmen und zum anderen, weil es sich bei der Überarbeitung um einen unabhängigen Rechtsakt der Kommission handelte, für die die Anwendung der Grundsätze der guten Verwaltung besondere Bedeutung haben. Außerdem sollte eine allerletzte Prüfung der in Betracht gezogenen Regelung stattfinden.

Die nunmehr zweite und letzte Konsultation der Öffentlichkeit endete am 10. September 2002.[193]

e) Empfehlung 2003/361 EG – Empfehlung betreffend die Definition der Kleinstunternehmen sowie der kleinen und mittleren Unternehmen

Am 6. Mai 2003 veröffentlichte die Kommission die Empfehlung 2003/361 EG; eine neue „Empfehlung betreffend die Definition der Kleinstunternehmen sowie der kleinen und mittleren Unternehmen". Sie ist am 1. Januar 2005 in Kraft getreten und hat damit ihren Vorgänger die Empfehlung 96/280 EG abgelöst.

Die Veränderungen, die nach der zweiten externen Konsultation noch vorgenommen wurden, waren gering.

So wurde beispielsweise die Begünstigung bezüglich der business angels auf nicht börsennotierte Unternehmen und auf ein Investitionsvolumen von 1,25 Mio. Euro begrenzt,[194] dafür jedoch autonome Gebietskörperschaften mit einem Jahreshaus-

---

191 Interne Mitteilung an die Kommission, S. 18.

192 Siehe die Internetseite der Europäischen Kommission unter http://europa.eu.int/comm/enterprise/consultations/sme_definition/consultation2/index_de.htm (18.02.2006).

193 Siehe die Internetseite der Europäischen Kommission unter http://europa.eu.int/comm/enterprise/consultations/sme_definition/consultation2/index_de.htm (18.02.2006).

194 Die Obergrenze von 1,25 Mio. Euro wurde im Einklang mit dem Vorschlag für eine Richtlinie zum Prospekt (KOM (2002) 460 endg. vom 9.8.2002) angesetzt. Sie beträgt 50 % des 2,5 Mio. Euro Maximums unterhalb dem Angebote von der Prospektpflicht ausgenommen sind. Interne Mitteilung an die Kommission, S. 15.

halt von weniger als 10 Mio. Euro und weniger als 5000 Einwohnern in die Begünstigung der investierenden Unternehmen mit aufgenommen.[195]

Zudem wurden die Anforderungen an den beherrschenden Einfluss gem. Art. 3 III lit. c) Empfehlung 2003/361 EG geklärt. Grundsätzlich besteht die Vermutung, dass kein beherrschender Einfluss ausgeübt wird, sofern sich die in Absatz 2 Unterabsatz 2 genannten Investoren nicht direkt oder indirekt in die Verwaltung des betroffenen Unternehmens einmischen — unbeschadet der Rechte, die sie in ihrer Eigenschaft als Aktionäre oder Gesellschafter besitzen.[196] Damit übernahm die Kommission im Wesentlichen die Kriterien von Artikel 5 Absatz 3 der Vierten Richtlinie 78/660 EG.[197] Ziel dieser Vermutungsregel ist, die als Anreiz für die Eigenmittelinvestition in KMU gedachten Maßnahmen zu verstärken.[198]

Außerdem wurde beschlossen, dass Beziehungen zwischen natürlichen Personen nur dann zu berücksichtigen sind, wenn die Unternehmen im selben „relevanten" Markt oder in benachbarten Märkten tätig sind.[199] Damit reagierte die Kommission auf die massive Kritik während der zweiten Anhörung, in der sich verschiedene Verbände[200] gar für die Streichung dieser Bestimmung aussprachen und beschränkte die Prüfung auf das unbedingt notwendige.[201] An dem grundsätzlichen Bestehen dieser Bestimmung wollte die Kommission aber festhalten, da sie in ihr eine rechtliche Grundlage sah, unrechtmäßig bezogene staatliche Beihilfen zurückzufordern, wenn diese auf Grund einer falschen Erklärung gewährt wurden.[202]

Abgesehen von diesen geringfügigen Änderungen, deckt sich die neue Empfehlung 2003/361 EG im Wesentlichen mit dem Vorentwurf.

2. Erwartungen und Ziele der überarbeiteten KMU Definition

Die Erwartungen, die die Kommission in die neue KMU-Definition setzt, sind zahlreich. Ob sie sich alle erfüllen bleibt abzuwarten. Einige von ihnen würden zu deutlichen Verbesserungen führen.

---

195 Art. 3 II UAbs 2, lit. a), d) Empfehlung 2003/361 EG.

196 Art. 3 II Empfehlung 2003/361 EG.

197 Vierte Richtlinie 78/660/EWG des Rates vom 25. Juli 1978 aufgrund von Artikel 54 Abs. 3 Buchstabe g) des Vertrages über den Jahresabschluss von Gesellschaften bestimmter Rechtsformen, ABl. 1978 L 222/11.

198 11. Erwägungsgrund - Empfehlung 2003/361 EG.

199 12. Erwägungsgrund - Empfehlung 2003/361 EG. Bei der Definition des relevanten Marktes sollte auf die Bekanntmachung der Kommission über die Definition des relevanten Marktes im Sinne des Wettbewerbsrechts der Gemeinschaft zurück gegriffen werden, ABl. 1997 C 372/5.

200 Insbesondere die UNICE (Union der Industrien der Europäischen Gemeinschaft).

201 12. Erwägungsgrund Empfehlung 2003/361 EG.

202 Interne Mitteilung an die Kommission, S. 16-17.

a) Verringerung des Verwaltungsaufwands und Verfahrensbeschleunigung

Die Kommission hatte bei der Überarbeitung der Definition das Ziel vor Augen, den Verwaltungsaufwand für die Mitgliedstaaten und die Unternehmen zu verringern und die Verfahren zur Einstufung der Unternehmen zu beschleunigen.

Diesem Ziel dient vor allem das neu entwickelte Muster der Selbsteinstufung von Unternehmen,[203] durch das die unterschiedlichen Formulare, die zurzeit noch zu verschiedenen administrativen Zwecken verwendet werden, wegfallen sollen.[204] Nach Schätzung der Kommission müssen etwa 95 % der betroffenen Unternehmen nur die erste Seite dieser Erklärung ausfüllen, so dass der beim Ausfüllen entstehende Verwaltungsaufwand äußerst gering sein dürfte.[205] Allerdings ist das von der Kommission ausgearbeitete Dokument nur als ein Muster für eine derartige Erklärung zu verstehen. Weder die Unternehmen noch die Verwaltungsbehörden der Mitgliedstaaten sind in irgendeiner Weise verpflichtet, das Dokument zu verwenden oder inhaltlich zu übernehmen. Es steht den Mitgliedstaaten daher völlig frei, es zu ergänzen, zu vereinfachen oder anzupassen, um die Gepflogenheiten der Verwaltungskultur ihres Staates zu berücksichtigen.[206] Doch ist zu bedenken, dass die Empfehlung einen einheitlichen Bezugsrahmen für die KMU-Definition geben soll, so dass es der Sache abträglich wäre, wenn es durch die Verwendung verschiedener Formulare in den Mitgliedstaaten für eine solche Erklärung zu unterschiedlichen Auslegungen der Definition käme. Darum müssen in allen Formularen der Mitgliedstaaten sämtliche Bestimmungen aus dem Wortlaut der Empfehlung berücksichtigt werden. Maßgeblich für die Einstufung als KMU sind nämlich die Kriterien der Empfehlung, nicht jene der Erklärung.[207]

Zu einer verwaltungstechnischen Vereinfachung dürfte auch die Anbindung der Definition des verbundenen Unternehmens an die Kriterien der siebten Richtlinie 1983/349 EG führen, da eine rechnerische Prüfung dieser Kriterien nunmehr ausreicht, um den Begriff der verbundenen Unternehmen zu erfassen.[208]

---

203 ABl. 2003 C 118/5. Berichtigung des Musters in ABl. 2003 C 156/14.

204 Pressemitteilung der Kommission vom 8. Mai 2003; FAZ vom 13.05.2003, im Internet abrufbar unter http://domino.ctc.de/pressespiegel.nsf/0/05c80f3bf2626c8341256d3a002a3e3b?OpenDocument (18.02.2006).

205 Siehe die Internetseite der Europäischen Kommission unter http://europa.eu.int/comm/enterprise/consultations/sme_definition/consultation2/index_de.htm (18.02.2006).

206 Siehe die Erwägungsgründe zur Mitteilung der Kommission, ABl. 2003 C 118/5; FAZ vom 13.05.2003, im Internet abrufbar unter http://domino.ctc.de/pressespiegel.nsf/0/05c80f3bf2626c8341256d3a002a3e3b?OpenDocument (18.02.2006).

207 Siehe die Erwägungsgründe zur Mitteilung der Kommission, ABl. 2003 C 118/5.

208 Interne Mitteilung an die Kommission, S. 15.

b) Förderung der Kleinstunternehmen

Ein weiteres Anliegen galt der Förderung der Kleinstunternehmen. In der neuen Empfehlung werden erstmals genaue finanzielle Schwellenwerte für Kleinstunternehmen festgelegt. Damit ist diese Gruppe von Unternehmen einfacher abzugrenzen, wodurch Unterstützungsmaßnahmen regionaler und nationaler Behörden wiederum einfacher verwirklicht werden können.[209] Zugleich wird damit die wichtige Rolle der Kleinstunternehmen bei der Entwicklung unternehmerischer Initiative und der Schaffung von Arbeitsplätzen anerkannt. Auch wird den Beschlüssen des Europäischen Rates von Lissabon Rechnung getragen, wonach die Erleichterung der Rahmenbedingungen für Kleinunternehmen einer der Kernpunkte zur Erreichung des Ziels ist, Europa zur dynamischsten Wirtschaftsregion der Welt zu machen.[210]

c) Förderung des Unternehmenswachstums

Die neue Empfehlung 2003/361 EG soll nach dem Dafürhalten der Kommission die Förderung des Unternehmenswachstums unterstützen. Dies soll zum einen durch die Anhebung der finanziellen Schwellenwerte und zum anderen durch die Beibehaltung der Beschäftigtenwerte erreicht werden.

Die Anhebung der finanziellen Schwellenwerte soll dafür Sorge tragen, dass investierende Unternehmen nicht aus dem Kreis der Förderung fallen. Die Kommission wollte – wie bereits erwähnt - vermeiden, wachsende/expandierende Unternehmen zu bestrafen. Obwohl die Zunahme der Finanzplafonds in Prozentpunkten signifikant erscheint, dürfte sie nicht zu einer nennenswerten Zunahme von KMU führen. Schließlich berücksichtigt sie im Vergleich zur Situation im Jahr 1996 lediglich die Preis- und Produktivitätszunahmen und ist damit aus wirtschaftlicher Sicht neutral.

Auch die Beibehaltung der Schwellenwerte für die Beschäftigtenzahlen verfolgt den Zweck der Wachstumsförderung. Die Steigerung der Unternehmensproduktivität hätte eine Senkung der Obergrenze von 250 Mitarbeitern für KMU nahe gelegt. Das Bemühen um ein stärkeres Wachstum von KMU im Sinne der derzeitigen Definition veranlasste die Kommission jedoch dazu, eine Einengung des Geltungsbereichs der Definition durch die Absenkung dieser Obergrenze nicht vorzunehmen.[211]

Sowohl die Anhebung der finanziellen als auch die Beibehaltung der Beschäftigtenschwellenwerte sollte somit dem Ziel dienen, das Wachstum zu fördern.

---

209 Pressemitteilung der Kommission vom 8. Mai 2003; interne Mitteilung an die Kommission, S. 3.

210 8. Erwägungsgrund - Empfehlung 2003/361 EG; Pressemitteilung der Kommission vom 8. Mai 2003.

211 Interne Mitteilung an die Kommission, S. 2, 3.

d) Vereinfachung der Eigenfinanzierung

Ein weiteres Ziel der neuen Empfehlung ist eine Erleichterung des Zugangs zu Risikokapital und damit eine vereinfachte Eigenfinanzierung für KMU. Dies soll vor allem durch Art. 3 II UAbs. 2 Empfehlung 2003/361 EG erreicht werden, der eine Reihe von Investoren aufzählt, denen eine privilegierte Behandlung bei der Beteiligung an KMU zukommt. Gerade der Einstieg der sogenannten business angels verspricht dabei Vorteile, da diese im Gegensatz zu den anderen Investoren nicht nur ihr Kapital, sondern auch ihre Fähigkeit, die neuen Unternehmen sachkundig zu beraten, mit einbringen. Zudem stützt ihre Eigenkapitalinvestition, bei der sie den Unternehmen in frühen Stadien ihrer Unternehmenstätigkeit vergleichsweise geringe Beträge (maximal 1,25 Mio. Euro) zur Verfügung stellen, die Tätigkeit der Risikokapital-Gesellschaften.[212] Dies dürfte vor allem für junge Unternehmen von Bedeutung sein, da gerade sie den Problemen bei der Beschaffung von Risikokapital über den Kapitalmarkt ausgesetzt sind.[213]

Positiv sollte sich auch die Sonderstellung der Hochschulen und nicht gewinnstrebenden Forschungszentren in Art. 3 II UAbs. 2 lit. b) Empfehlung 2003/361 EG auswirken. Sie dürften Investitionen in Innovation und Forschung, wie z.B. Spin-off-Unternehmen[214] oder Mentoring Aktivitäten[215] fördern.[216]

e) Erhöhung der Rechtssicherheit

Von entscheidender Bedeutung bei der Neufassung der Definition war die Erhöhung der Rechtssicherheit. Dem sollte vor allem durch eine klare Unternehmenstypologie und eine transparente Methode zur Berechnung der Schwellenwerte für Personal und Umsatz/Bilanzsumme Rechnung getragen werden.[217] Die Einführung einer Unterteilung der Unternehmen in eigenständige, Partner- und verbundene Unternehmen ermöglicht der Kommission eine exaktere Erfassung der tatsächlichen Wirtschaftskraft eines jeden einzelnen Unternehmens.[218] Hinzu kommt, dass die Zahl der Verbindungsebenen zwischen den bei der Berechnung zu berücksichtigenden Unternehmen begrenzt wird.[219] Das wiederum bringt eine

---

212 10. Erwägungsgrund - Empfehlung 2003/361 EG.

213 Zourek, WPg-Sonderheft 2003, S. 240 (241-242).

214 Unter dem Begriff "Spin-off" ist im allgemeinen das Herauslösen von Unternehmensfunktionen aus einer Muttergesellschaft zu verstehen, welche durch die Einbeziehung Dritter vollzogen wird.

215 Mentoring: Austausch und Unterstützung bei Problemen durch erfahrene Unternehmer; bietet Jungunternehmern eine hervorragende Möglichkeit des „Dazu-Lernens“ in der Praxis.

216 Pressemitteilung der Kommission vom 8. Mai 2003.

217 Siehe Art. 3 und 6 der Empfehlung 2003/361 EG.

218 9. Erwägungsgrund – Empfehlung 2003/361 EG.

219 Siehe die Internetseite der Europäischen Kommission unter http://europa.eu.int/comm/enter prise/enterprise_policy/sme_definition/index_de.htm (18.02.2006); Pressemitteilung der Kommission vom 8. Mai 2003; interne Mitteilung an die Kommission, S. 15.

bedeutende verwaltungstechnische Vereinfachung, die es ermöglichen dürfte, die tatsächliche Prüfung dieses Kriteriums in allen Mitgliedstaaten anzugleichen, um so Unterschiede bei der Handhabung in den einzelnen Ländern zu vermeiden.[220] Auch die Bestimmungen zur Berechnung der Schwellenwerte tragen ihren Teil zu mehr Rechtssicherheit bei. Denn sie enthalten eine genaue „Anleitung“, wann und wie die Schwellenwerte zu berechnen sind. Gerade bei komplexen Beziehungen zwischen verschiedenen Unternehmen dürfte dies zur Lösung vieler Unsicherheiten beitragen.[221]

f) Verhinderung von Missbrauch

Nur Unternehmen, die tatsächlich die Eigenschaften von KMU aufweisen, sollen nationale und europäische Programme zur KMU-Förderung in Anspruch nehmen können. Die neue Empfehlung muss somit verhindern, dass Unternehmen, die über die Wirtschaftskraft größerer Gruppen verfügen, die Definition umgehen und so in ihren Anwendungsbereich fallen.

Im Blickpunkt der Kommissionsbemühungen standen demzufolge vor allem die verbundenen Unternehmen. Sie im Besonderen galt es, vom Anwendungsbereich der Definition auszuschließen. Dies wird dadurch erreicht, dass das Konzept des verbundenen Unternehmens an die Richtlinie über den konsolidierten Abschluss angebunden ist. Zumindest dürfte eine Umgehung der Definition künftig weitaus schwieriger, wenn nicht gar unmöglich sein.[222] Hinzu kommt, dass nunmehr detaillierter dargelegt ist, wann ein verbundenes Unternehmen vorliegt. So werden z.B. gem. Art. 3 III UAbs. 4 Empfehlung 2003/361 EG selbst die Beziehungen berücksichtigt, die gegebenenfalls durch natürliche Personen zwischen den Unternehmen bestehen. Konstellationen, die der Kommission in der Vergangenheit erhebliche Probleme bereitete.Darüber hinaus sind die Kriterien, wann ein verbundenes Unternehmen vorliegt, nunmehr flexibler gestaltet. In Art. 3 III lit. c) und d) Empfehlung 2003/361 EG wird beispielsweise der Begriff der auf Vereinbarungen beruhenden, tatsächlichen „Kontrolle“ eines Unternehmens durch ein anderes Unternehmen eingeführt. Dies geht über den rein rechnerischen Ansatz der Definition von 1996 hinaus und ist damit eher geeignet, evtl. Umgehungsversuche einzudämmen.

Die detaillierten Regelungen über verbundene Unternehmen, die vor allem aus den Erfahrungen im Bereich der Kontrolle staatlicher Beihilfen resultieren, sollten daher durchaus geeignet sein, eine Umgehung der Definition zu verhindern.

---

220 Interne Mitteilung an die Kommission, S. 19.

221 Interne Mitteilung an die Kommission, S. 8, 15.

222 Siehe die Internetseite der Europäischen Kommission unter http://europa.eu.int/comm/enterprise/enterprise_policy/sme_definition/index_de.htm (18.02.2006); Pressemitteilung der Kommission vom 8. Mai 2003; interne Mitteilung an die Kommission, S. 4.; ipr helpdesk: Die neue Definition kleiner und mittlerer Unternehmen (KMU), S. 3.

g) Förderung beruflicher Bildung und Vereinbarkeit von Beruf und Familie

Ein weiteres Begehren der Kommission bestand in der Förderung der beruflichen Bildung und Vereinbarkeit von Beruf und Familie. Um dem gerecht zu werden, sollen Auszubildende und Studenten in der beruflichen Bildung bei der Berechnung der Personalschwellenwerte nicht mehr berücksichtigt werden. Gleiches gilt für Beschäftigte, die sich im Eltern- oder Mutterschaftsurlaub befinden. Auf diese Weise werden die ausbildenden und familienfreundlichen Unternehmen, die die Vereinbarkeit von Beruf und Familie fördern, begünstigt.[223]

Viele der mit der Empfehlung 2003/361 EG verknüpften Erwartungen dürften sich erfüllen - ob auch in dem von der Kommission erhofften Umfang, bleibt abzuwarten.

3. Lösung der bestehenden Probleme

Zwar hat sich die neue Definition nicht sämtlicher bestehender Probleme angenommen, doch wird sie zur Lösung der gravierendsten beitragen können.

a) Neugründung und Umstrukturierung von Unternehmen

Das Problem, dass neugegründete Unternehmen bei „geschickter" Unternehmensführung sich den KMU-Status für drei Jahre sichern können wurde nicht aufgegriffen. Art. 1 VI 2 Empfehlung 96/280 EG wurde nahezu unverändert in Art. 4 II Empfehlung 2003/361 EG übernommen. Zwar war in dem Vorentwurf noch eine kürzere Zeitspanne von 18 Monaten vorgesehen,[224] doch setzte diese sich nicht durch.

Auch auf das Problem bei der Umstrukturierung von Unternehmen geht die neue Definition nicht ein. Allerdings wäre eine Lösung auch kaum mit dem Ziel der neuen Definition, den Verwaltungsaufwand zu senken, vereinbar gewesen.

Für beide Problemkreise dürfte gelten, dass sie in einer allgemeingültigen Definition nur schwer regelbar sind. Es bleibt also dabei, dass diesbezüglich auf das „Fingerspitzengefühl" der jeweiligen bearbeitenden Behörden zu vertrauen ist.

b) Öffentliche Beteiligung – Kommunen als KMU-Gesellschafter

Berücksichtigt wurde hingegen das Problem der öffentlichen Beteiligung an KMU. In Art. 3 IV Empfehlung 2003/361 EG ist nunmehr ausdrücklich geregelt,

---

223 Pressemitteilung der Kommission vom 8. Mai 2003; siehe auch die Internetseite der Europäischen Kommission unter http://europa.eu.int/comm/enterprise/enterprise_policy/sme_definition/index_de.htm (18.02.2006); ipr helpdesk: Die neue Definition kleiner und mittlerer Unternehmen (KMU), S. 2.

224 Art. 4 II – Vorentwurf.

dass ein Unternehmen, das zu 25 % oder mehr seines Kapitals oder seiner Stimmrechte direkt oder indirekt von einem oder mehreren öffentlichen Stellen oder Körperschaften des öffentlichen Rechts einzeln oder gemeinsam kontrolliert wird, nicht mehr als KMU gilt. Eine Ausnahme soll nur für die in Art. 3 II UAbs. 2 Empfehlung 2003/361 EG aufgeführten Fälle gelten. Besonderes Augenmerk sollte diesbezüglich auf Art. 3 II UAbs. 2 lit. d) Empfehlung 2003/361 EG gerichtet werden, der als Neuerung eine Privilegierung autonomer Gebietskörperschaften mit einem Jahreshaushalt von weniger als 10 Mio. Euro und weniger als 5000 Einwohnern einführt.

c) Kollusives Zusammenwirken bei Nicht-KMU

Auch das Problem, was genau unter dem Wort „gemeinsam" bei Art. 1 III 1 Empfehlung 96/280 EG zu verstehen ist, wurde in Art. 3 II UAbs. 1 Empfehlung 2003/361 EG nunmehr ausdrücklich gelöst. Dort heißt es, dass eine Kontrolle des Kapitals durch mehrere Unternehmen nur dann als „gemeinsam" gilt, wenn diese Unternehmen „untereinander verbunden" sind. Im Ergebnis entspricht dies dem bereits vertretenen Ansatz, eine Gemeinsamkeit nur dann zu bejahen, wenn ein kollusives Vorgehen der beteiligten Unternehmen gegeben ist.

d) Unabhängigkeitskriterium

Das wohl problematischste der drei KMU-Kriterien, das Unabhängigkeitskriterium, wurde im neuen Entwurf durch das Konzept der verbundenen Unternehmen ersetzt. Die bisherigen Probleme, wann ein verbundenes Unternehmen vorliegt und wie dessen Zahlen zu kumulieren sind, dürften damit gelöst sein.

4. Zwischenergebnis

Am 1. Januar 2005 wurde die Empfehlung 96/280 EG durch die Empfehlung 2003/361 EG ersetzt. Sie ist das Ergebnis der aus dem Beihilfenrecht gezogenen Erfahrungen mit ihrem Vorgänger.

Die mit dem Erlass der Empfehlung 2003/361 EG verbundenen Erwartungen sind zahlreich. Neben der Verringerung des Verwaltungsaufwands erhofft sich die Kommission vor allem eine Verfahrensbeschleunigung, eine Förderung der Kleinstunternehmen und des Unternehmenswachstums, eine Vereinfachung der Eigenfinanzierung, eine Erhöhung der Rechtssicherheit, die Verhinderung von Missbrauch sowie die Förderung beruflicher Bildung und Vereinbarkeit von Beruf und Familie.

Die meisten der mit der Empfehlung 96/280 EG verbundenen Probleme wurden durch die neue Empfehlung 2003/361 EG gelöst. Vor allem die zahlreichen Umgehungsversuche im Bereich der Unabhängigkeit eines KMU dürften durch die neu eingeführte Unternehmenseinteilung, die zwischen „eigenständigen“, „Partner-“ und „verbundenen Unternehmen“ differenziert und das Kriterium der Unabhängigkeit ersetzt, unterbunden werden. Im Ergebnis dürfte die Empfehlung 2003/361 EG mit ihren detaillierten und transparenten Regelungen mehr Rechtssicherheit schaffen. Dies ist vor allem in Anbetracht der Verantwortung, die den Mitgliedstaaten mittlerweile bei der Vergabe von KMU-Beihilfen durch die VO 70/2001 EG obliegt, zu begrüßen.

IV. Definition der KMU vom Institut für Mittelstandsforschung Bonn

Obwohl es auf europäischer Ebene nunmehr seit fast zehn Jahren eine einheitliche Definition für KMU gibt, kommen in den einzelnen Ländern noch immer auch andere Definitionen zum Zuge. Dies dürfte mit dem grundsätzlich nicht rechtsverbindlichen Charakter der von der Kommission veröffentlichten Definition zusammenhängen. So verwendet beispielsweise das Institut für Mittelstandsforschung Bonn (IfM) eine Definition, wonach kleine Unternehmen bis zu neun Beschäftigte und einen Umsatz bis zu 1 Mio. Euro haben und mittlere Unternehmen bis zu 499 Personen beschäftigen und einen Umsatz von höchstens 50 Mio. Euro haben.[225] Diese Definition ist im Vergleich zur europäischen Variante sehr viel weiter gefasst, wobei große Teile der deutschen Literatur ihr noch immer folgen.[226] Allerdings wird diese traditionelle Definition der Unternehmen, die ihr Hauptaugenmerk auf die Anzahl der Beschäftigten legt, in der Praxis immer weiter in den Hintergrund gedrängt. Dies gilt vor allem für den Bereich der öffentlichen Förderprogramme.[227] Im Interesse der Transparenz und der Einheitlichkeit ist dies zu begrüßen.

KMU nach der Definition des IfM

Größenklasse	**Zahl der Beschäftigten**	**Umsatz (Mio. €)**
Kleine Unternehmen	bis zu 9	1
Mittlere Unternehmen	10-499	1-50
Große Unternehmen	500 und mehr	50 und mehr

225 Günterberg/Kayser, SMEs in Germany Facts and Figures 2004, S. 3.
226 Hommel/Schneider, EIB Papers 2003, Volume 8 N° 2, S. 52 (54).
227 Günterberg/Kayser, SMEs in Germany Facts and Figures 2004, S. 4.

C. Bedeutung der KMU

Die Bedeutung der KMU kann kaum hoch genug eingeschätzt werden. Der für die Unternehmenspolitik zuständige Kommissar Erkki Liikanen bezeichnete die KMU als „das Rückgrat der europäischen Wirtschaft", die durch ihren Unternehmergeist und Innovation, zur Sicherung der Wettbewerbsfähigkeit der Union einen entscheidenden Teil beitragen.[228] Diese Überzeugung kommt auch in verschiedenen Vertragsbestimmungen zum Ausdruck. So gehört es gem. Art. 157 I 2, 2. Spiegelstrich EG zu den Zielen der Gemeinschaft, ein „für die Initiative und Weiterentwicklung der Unternehmen in der gesamten Wirtschaft, insbesondere der kleinen und mittleren Unternehmen" günstiges Umfeld zu fördern.[229]

I. Statistische Werte

Dass die Einschätzung Erkki Liikanens zutrifft, wird anhand der Unternehmens- und Beschäftigungsstruktur in der EU deutlich.

1. Bedeutung in der EU-15

a) Unternehmensverteilung

In der EU-15 sind an die 19 Mio. Unternehmen tätig. Davon sind 99,8 % Kleinst-, kleine oder mittlere Unternehmen, also KMU. Den größten Anteil kommt dabei den Kleinstunternehmen zu. Mit über 17 Mio. Unternehmen repräsentieren sie über 92 % aller in der EU ansässigen Unternehmen. Den kleinen und mittleren Unternehmen kommt mit jeweils 1,2 Mio. bzw. 176.000 Unternehmen ein Anteil von knapp 6,5 % bzw. 1 % zu. Gerade einmal 0,2 % aller Unternehmen, also etwa 40.000, sind große Unternehmen i.S.d. der KMU-Definition aus dem Jahr 1996.[230]

Die europäische Unternehmensstruktur ist demnach stark von der Existenz der KMU geprägt. Welche ökonomische und vor allem soziale Bedeutung den KMU jedoch tatsächlich zukommt, erschließt sich erst bei einer näheren Betrachtung der auf die einzelnen Unternehmensgruppen entfallenden Beschäftigten.

b) Beschäftigungsverteilung

Die knapp 19 Mio. Unternehmen der EU beschäftigen über 135 Mio. Personen. Den größten Beschäftigungsanteil haben wiederum die Kleinstunternehmen mit

---

[228] Pressemitteilung der Kommission vom 8. Mai 2003.

[229] Siehe auch Art. 163 II EG.

[230] Zu Einzelheiten bezüglich der Zahl der Unternehmen in den einzelnen Mitgliedsländern siehe Beobachtungsnetz der europäischen KMU 2003, Nr. 7, S. 82, Tabelle IV.2; Nr. 8, S. 39, Tabelle I.1.

knapp 54 Mio. Arbeitsplätzen. Das entspricht einem Anteil von fast 40 % der Gesamtbeschäftigung, wobei gut die Hälfte dieser Unternehmen keine Arbeitnehmer beschäftigt, sondern nur den Selbständigen und mithelfenden Familienangehörigen einen Arbeitsplatz und Einkommen bietet.[231] Den kleinen und mittleren Unternehmen kommt mit gut 23 Mio. bzw. 17 Mio. Beschäftigten ein Anteil von über 17 % bzw. fast 13 % zu. Insgesamt beschäftigen die KMU in Europa damit fast 95 Mio. Personen. Das sind nahezu 70 % aller in den Unternehmen Beschäftigten. Allerdings ist die anteilsmäßige Verteilung der Beschäftigung auf die einzelnen Größenklassen innerhalb der EU äußerst divergent. So entfallen in Großbritannien beispielsweise statt im Schnitt 70 % nur gut 59 % aller Arbeitsplätze auf KMU (32 % Kleinstunternehmen, 14,8 % kleine und 12,3 % mittlere Unternehmen), während in Ländern wie Italien und Griechenland der Anteil der KMU an der Gesamtbeschäftigung bei über 83 % bzw. sogar über 86 % liegt. Allein auf die Kleinstunternehmen entfällt in diesen beiden Ländern ein Anteil von fast 57 % der Gesamtbeschäftigung. Ein Wert der 17 Prozentpunkte über dem Mittelwert liegt.[232] Mag sich die Beschäftigungsverteilung zwischen den einzelnen Mitgliedsländern auch unterscheiden, so zeigt sich doch, dass den KMU gerade in punkto Beschäftigung eine überragende Bedeutung im europäischen Wirtschaftsraum zukommt. Ihre soziale Bedeutung darf daher nicht unterschätzt werden.

c) Durchschnittliche Unternehmensgröße in Beschäftigtenzahlen

Im Durchschnitt - auch unter Berücksichtigung aller Großkonzerne – beschäftigt ein europäisches Unternehmen sieben Personen. Betrachtet man nur die KMU, so liegt der Durchschnitt sogar nur bei fünf Personen.[233] Das typische europäische Unternehmen ist somit ein Kleinstunternehmen.[234] Die einzelnen Unternehmensklassen betrachtet, reicht dieser Wert allerdings von drei Personen in Kleinstunternehmen, bis hin zu über 1.000 in großen Unternehmen; wobei auch hier wiederum signifikante Unterschiede zwischen den einzelnen Ländern bestehen. So liegt die durchschnittliche Zahl der Beschäftigten beispielsweise in Griechenland nur bei zwei und in Portugal nur bei fünf Beschäftigten, während sie in Großbritannien bei 11 und in den Niederlanden sogar bei 12 Beschäftigten liegt.[235] Unter-

---

231 Beobachtungsnetz der europäischen KMU 2003, Nr. 7, S. 28.

232 Zu Einzelheiten bezüglich der Zahl der Beschäftigten in den einzelnen Mitgliedsländern siehe Beobachtungsnetz der europäischen KMU 2003, Nr. 7, S. 83, Tabelle IV.3; Nr. 8, S. 40, Tabelle I.2.

233 Beobachtungsnetz der europäischen KMU 2003, Nr. 7, S. 28, Tabelle 3.1 (Werte für Europa-19); bei der letzten Erhebung vom Jahr 2000 lag der Wert noch bei sechs bzw. vier Beschäftigten, Beobachtungsnetz der europäischen KMU 2002, Nr. 2, S. 11, Tabelle 2.1.

234 Beobachtungsnetz der europäischen KMU 2003, Nr. 7, S. 28.

235 Zu Einzelheiten bezüglich der durchschnittlichen Unternehmensgröße in Beschäftigtenzahlen in den einzelnen Mitgliedsländern siehe Beobachtungsnetz der europäischen KMU 2003, Nr. 7, S. 83, Tabelle IV.4; Nr. 8, S. 40, Tabelle I.3.

sucht man die Beschäftigungsverhältnisse in den einzelnen Ländern näher, so fällt auf, dass es in Europa eine starke Korrelation zwischen der durchschnittlichen Unternehmensgröße und dem wirtschaftlichen Wohlstand, gemessen am BIP pro Kopf, gibt.[236] Die Unternehmen in Ländern mit einem hohen BIP pro Kopf, wie z.B. Deutschland, Luxemburg oder die Niederlande sind im Durchschnitt demnach größer als in Ländern mit einem relativ geringen BIP pro Kopf, wie z.B. Griechenland und Portugal.[237]

d) Anteil an der Wertschöpfung

Die wirtschaftliche Bedeutung der KMU im europäischen Wirtschaftsraum offenbart sich auch bei einem Blick auf die Verteilung der Wertschöpfung. Nahezu 60 % der Wertschöpfung entfielen im Jahr 2000 (1994: 55,4 %) auf die Kleinst-, kleinen und mittleren Unternehmen.[238] Dabei kam den Kleinstunternehmen ein Anteil von 20,8 %, den kleinen von 19,9 % und den mittleren Unternehmen von 19 % zu.

Unternehmen in der EU-15[239]

		Kleinst	Kleine	Mittel	KMU	Große	Gesamt
Zahl der Unternehmen[240]	(1000)	17.272	1211	176	18.659	39	18.698
Anteil an Gesamtunternehmenszahl	%	92,4	6,47	0,94	99,8	0,2	

236 Beobachtungsnetz der europäischen KMU 2003, Nr. 7, S. 30.

237 Beobachtungsnetz der europäischen KMU 2002, Hauptergebnisse 2002, S. 5; Beobachtungsnetz der europäischen KMU 2003, Nr. 7, S. 51.

238 Die Aktivitäten der Europäischen Union zur Förderung von kleinen und mittleren Unternehmen, KOM (2003) endg. 26, S. 17-18 (Werte für Europa-19). Für die Werte aus dem Jahr 1997 siehe die Mitteilung der Kommission: Ein unternehmerisches Europa schaffen – Die Aktivitäten der Union zur Förderung von KMU, KOM (2001) 98 endg., S. 17.

239 Die Werte entstammen einer Erhebung aus dem Jahr 2003.

240 Werte aus Beobachtungsnetz der europäischen KMU 2003, Nr. 7, S. 82, Tabelle IV.2; Nr. 8, S. 39, Tabelle 1.1; für einen Vergleich zu den Werten aus den Jahren 1997 und 2000 siehe die Mitteilung der Kommission: Ein unternehmerisches Europa schaffen – Die Aktivitäten der Union zur Förderung von KMU, KOM (2001) 98 endg., S. 17 und Die Aktivitäten der Europäischen Union zur Förderung von kleinen und mittleren Unternehmen, KOM (2003) endg. 26, S. 17-18.

Beschäftigte[241]	(1000)	53.669	23.320	17.261	94.251	40.902	135.152
Anteil an Gesamtbeschäftigung	%	39,77	17,27	12,78	69,81	30,29	
Beschäftigte je Unternehmen[242]	(1000)	3	19	99	5	1059	7
Reale Wertschöpfung[243]	%	20,8	19,9	19	59,7	40,3	

e) Entwicklung der Beschäftigung und realen Wertschöpfung

Trotz zeitlicher Schwankungen ist die Beschäftigung in den KMU im Zeitraum 1988-2003 gestiegen; dies ist vor allem auf die Kleinst- und kleinen Unternehmen zurückzuführen. In großen Unternehmen hingegen ist die Anzahl der Beschäftigten gesunken.[244] Dies gilt jedoch nicht für alle Mitgliedstaaten. So legte beispielsweise die Beschäftigung in den KMU in Luxemburg um jährlich 2,6 %, in Spanien um 1,2 % oder in Irland sogar um 2,7 % zu, während sie in anderen Ländern wie etwa Belgien (-0,1 %), Finnland (-1,5 %) oder Dänemark (-0,2 %) abnahm. In Deutschland trat diesbezüglich keine Veränderung ein, wobei sich der Wert der in den Großunternehmen Beschäftigten um durchschnittlich 0,4 % pro Jahr verringerte.[245] Insgesamt kam es im Europa der 15 im Bereich der KMU zu einem jährlichen Beschäftigungszuwachs in Höhe von 0,1 %, während die großen Unternehmen ihre Belegschaft pro Jahr im Durchschnitt um 0,2 % verringerten.[246]

241 Werte aus Beobachtungsnetz der europäischen KMU 2003, Nr. 7, S. 83, Tabelle IV.3; Nr. 8, S. 40, Tabelle 1.2; für einen Vergleich zu den Werten aus den Jahren 1997 und 2000 siehe die Mitteilung der Kommission: Ein unternehmerisches Europa schaffen – Die Aktivitäten der Union zur Förderung von KMU, KOM (2001) 98 endg., S. 17 und Die Aktivitäten der Europäischen Union zur Förderung von kleinen und mittleren Unternehmen, KOM (2003) endg. 26, S. 17-18 (Werte für Europa-19).

242 Werte aus Beobachtungsnetz der europäischen KMU 2003, Nr. 7, S. 83, Tabelle IV.4; Nr. 8 S. 40, Tabelle 1.3.

243 Die Aktivitäten der Europäischen Union zur Förderung von kleinen und mittleren Unternehmen, KOM (2003) endg. 26, S. 17-18 (Werte sind aus dem Jahr 2000 und für Europa-19). Für die Werte aus dem Jahr 1997 siehe die Mitteilung der Kommission: Ein unternehmerisches Europa schaffen – Die Aktivitäten der Union zur Förderung von KMU, KOM (2001) 98 endg., S. 17.

244 Beobachtungsnetz der europäischen KMU 2003, Nr. 6, S. 63 (Werte für Europa-19); zu Einzelheiten bezüglich der Beschäftigungsentwicklung in den einzelnen Größenklassen von 1988 bis 2003 siehe Beobachtungsnetz der europäischen KMU 2003, Nr. 7, S. 39, Abbildung 3.6.

245 Zu Einzelheiten bezüglich der durchschnittlichen jährlichen Veränderung der Beschäftigungsentwicklung in den einzelnen Mitgliedsländern siehe Beobachtungsnetz der europäischen KMU 2003, Nr. 7, S. 42, Tabelle 3.10.

246 Beobachtungsnetz der europäischen KMU 2003, Nr. 7, S. 42, Tabelle 3.10.

Auch in Bezug auf den realen Umsatz und die reale Wertschöpfung legten die KMU mit jährlich etwa 2,4 % bzw. 2,1 % deutlich zu. Doch fiel das Wachstum bei den KMU nicht so hoch aus wie bei den großen Unternehmen. Diese konnten einen Anstieg von 2,7 % und 2,5 % verbuchen.[247] Dass die KMU trotz geringeren Anstiegs des realen Umsatzes und der Wertschöpfung im Gegensatz zu den großen Unternehmen einen Anstieg der Beschäftigung verzeichnen konnten, hängt zum einen mit der schnelleren Zunahme der Arbeitsproduktivität in den großen Unternehmen – insbesondere gegenüber den Kleinstunternehmen – zusammen und zum anderen damit, dass KMU gerade in Sektoren mit geringem Produktivitätswachstum, wie etwa dem Einzelhandel, überproportional vertreten sind.[248]

Entwicklung der KMU in der EU-15 (1988-2003)[249]

		Kleinst	Kleine	Mittel	KMU	Große	Gesamt
Reale Wertschöpfung[250]	%	n.v.	n.v.	n.v.	2,1	2,5	2,3
Europa-19[251]		1,9	2,1	2,2	2,1	2,6	2,3
realer Umsatz[252]	%	n.v.	n.v.	n.v.	n.v.	n.v.	n.v.
Europa-19[253]		2,4	2,4	2,4	2,4	2,7	2,5
Beschäftigungswachstum[254]	%	n.v.	n.v.	n.v.	0,1	- 0,2	0,1
Europa-19[255]		0,3	0,1	- 0,2	0,2	- 0,1	0,1

[247] Die Werte des realen Umsatzes beziehen sich auf Europa-19, Beobachtungsnetz der europäischen KMU 2003, Nr. 7, S. 37, Tabelle 3.7. Für die Werte der realen Wertschöpfung siehe S. 42, Tabelle 3.10. Für die Entwicklung der realen Wettschöpfung in den KMU und großen Unternehmen zwischen 1989-2004 siehe S. 45, Abbildung 4.2.

[248] Beobachtungsnetz der europäischen KMU 2003, Nr. 8, S. 9; ausführlicher dazu Beobachtungsnetz der europäischen KMU 2003, Nr. 7, S.37 ff.

[249] Werte beziehen sich jeweils auf ein Jahr.

[250] Werte aus Beobachtungsnetz der europäischen KMU 2003, Nr. 7, S. 42, Abbildung 3.10.

[251] Europa-19 bezieht sich auf die EU-15, die drei Länder des Europäischen Wirtschaftsraums (Norwegen, Liechtenstein und Island) sowie die Schweiz. Werte aus Beobachtungsnetz der europäischen KMU 2003, Nr. 7, S. 37, Tabelle 3.7.

[252] Werte aus Beobachtungsnetz der europäischen KMU 2003, Nr. 7, S. 42, Abbildung 3.10.

[253] Werte aus Beobachtungsnetz der europäischen KMU 2003, Nr. 7, S. 37, Tabelle 3.7.

[254] Werte aus Beobachtungsnetz der europäischen KMU 2003, Nr. 7, S. 42, Abbildung 3.10.

KMU spielen demnach bei der Schaffung von Arbeitsplätzen, für die wirtschaftliche Dynamik und die soziale Stabilität eine entscheidende Rolle.

Dabei ist hervorzuheben, dass sich ihr Beitrag zum Wachstum nicht auf den KMU-Sektor der Volkswirtschaft beschränkt, sondern in indirekten Wirkungen auch auf große Unternehmen besteht. KMU müssen daher als ein Motor für das Wirtschaftswachstum an sich gesehen werde.[256]

Nicht umsonst wird auf europäischer Ebene davon ausgegangen, dass es der Europäischen Gemeinschaft nur durch eine gezielte Förderung dieser Unternehmensklasse gelingen kann, ihr Ziel von Lissabon, Europa bis 2010 zur wettbewerbsfähigsten und dynamischsten, wissensorientierten Wirtschaft der Welt zu machen, zu erreichen.[257] Genau aus diesem Grund ist auch das vom Europäischen Rat bei seiner Tagung in Feira proklamierte Prinzip, zuerst in kleinen Dimensionen zu denken („think small first")[258], zu begrüßen.

Als Hauptquellen für Arbeitsplätze, Nährboden für Geschäftsideen und ein treibender Faktor für Unternehmertum ist der Mittelstand als der wichtigste Motor der EU-Volkswirtschaft zu bezeichnen.[259]

2. Vergleich mit Japan und den USA

Auch im Vergleich mit Japan und den USA zeigt sich der besondere Stellenwert der KMU für den europäischen Wirtschaftsraum.

In allen drei Wirtschaftsräumen beträgt der Anteil der KMU an der Gesamtzahl der Unternehmen an die 100 %. Auch das prozentuale Verhältnis der einzelnen Unternehmensklassen ist sehr ähnlich, doch ergeben sich gerade in Bezug auf die Bedeutung der KMU für den Arbeitsmarkt erhebliche Unterschiede.

Während die japanischen KMU etwa 67 % der Arbeitsplätze zur Verfügung stellen und damit dem Wert in der EU-15 sehr nahe kommen (70 %), sind es in den

---

255 Werte aus Beobachtungsnetz der europäischen KMU 2003, Nr. 7, S. 37, Tabelle 3.7.

256 Empirische Untersuchungen belegen, dass eine steigende Bedeutung des KMU-Sektors und wirtschaftliches Wachstum in einem positiven Zusammenhang stehen. Siehe ausführlich dazu Beobachtungsnetz der europäischen KMU 2003, Nr. 8, S. 13-14 und Nr. 7, S. 13 ff., S. 52.

257 Dieses Ziel ist laut Kommissionspräsident Prodi jedoch gescheitert, siehe Spiegel Online vom 26.10.2004, im Internet abrufbar unter http://www.spiegel.de/wirtschaft/0,1518,324757,00.html (18.02.2006). Bereits Mitte 2002 äußerte die Kommission Zweifel bezüglich des Erreichens dieser Ziele, siehe Mitteilung der Kommission an den Rat und das Europäische Parlament: Produktivität: Schlüssel zur Wettbewerbsfähigkeit der europäischen Volkswirtschaften und Unternehmen - KOM (2002) 262 endg.

258 Mitteilung der Kommission an den Rat und das Europäische Parlament: „Thinking small" in einer größer werdenden Union, KOM (2003) 26 endg., S. 2.

259 Mitteilung der Kommission an den Rat und das Europäische Parlament: „Thinking small" in einer größer werdenden Union, KOM (2003) 26 endg., S. 2, 7; ipr helpdesk: Die neue Definition kleiner und mittlerer Unternehmen (KMU), S. 1.

USA gerade einmal 49 %. Dieser erhebliche Unterschied beruht vor allem auf der hohen Anzahl der Einpersonenbetriebe in den USA. Während in Europa nur etwa 50 % aller Kleinstunternehmen in diese Gruppe fallen, sind es in den USA etwa 80 %.

Erklären lässt sich dies zunächst mit der unterschiedlichen betrieblichen Dynamik in den USA. Gründungen und Schließungen von Unternehmen sind in den USA häufiger als in Europa, weswegen sich relativ mehr Kleinstunternehmen in der Gründungsphase befinden und die durchschnittliche Betriebsgröße in dieser Größenklasse entsprechend niedriger ist. Zum anderen liegt dies an dem größeren integrierten Markt in den USA. Grundsätzlich gilt, dass in Ländern mit großen Märkten die Zahl großer Unternehmen stets relativ höher ist.[260]

Durch den hohen Anteil der Einpersonenbetriebe beträgt der Beschäftigungsanteil der Kleinstunternehmen in den USA insgesamt nur 22 % und ist damit beinahe nur halb so groß wie in der EU-15 (40 %). Dementsprechend ist auch die durchschnittliche Unternehmensgröße in den USA kleiner als in Japan und der EU. Während ein Kleinstunternehmen in der EU und Japan drei Personen beschäftigt, liegt der Schnitt in den USA gerade einmal bei einem Beschäftigten. Dies überträgt sich auch auf die durchschnittliche Beschäftigtenzahl in den KMU. Liegt der Schnitt in Japan und der EU-15 noch bei fünf Personen, beschäftigt ein KMU in den USA nur durchschnittlich drei Personen.

KMU sind in den USA demnach grundsätzlich kleiner als in Japan und der EU und bieten somit auch erheblich weniger Personen Beschäftigung. Die Situation in Japan ist, vor allem was den Anteil der Beschäftigung betrifft, eher mit der Europas vergleichbar.[261]

Dass KMU für den europäischen Wirtschaftsraum eine größere Bedeutung einnehmen als in den USA, zeigt sich auch an ihrer Entwicklung in den beiden letzten Jahrzehnten. Während in Europa die KMU in den letzten 20 Jahren grundsätzlich ein höheres Beschäftigungswachstum aufwiesen als die großen Unternehmen und zwar allen voran die Kleinstunternehmen, ging der Trend in den USA genau in die entgegengesetzte Richtung. Dort konnten stets die großen Unternehmen die größten Zugewinne verzeichnen und es waren die Kleinstunternehmen, die am geringsten vom allgemeinen Wachstum profitieren konnten.[262]

Von 1998 bis 2001 stieg in den Ländern des EWR (EU-19) die Beschäftigung in den KMU jährlich um durchschnittlich 1,3 %. Den größten Anteil daran hatten die Kleinstunternehmen mit 1,4 %. Die großen Unternehmen hingegen legten nur um etwa 1 % zu.

---

260 Beobachtungsnetz der europäischen KMU 2003, Nr. 8, S. 12; Nr. 7, S. 35.

261 Beobachtungsnetz der europäischen KMU 2003, Nr. 8, S. 12.

262 Siehe Beobachtungsnetz der europäischen KMU 2003, Nr. 7, S. 40, Tabelle 3.8 (Werte für Europa-19).

In den USA wuchs in dem selben Zeitraum die Beschäftigung in den KMU jährlich um durchschnittlich 1,7 %, allerdings entfiel auf die Kleinstunternehmen nur ein Wert von 0,3 %. Zwar lag der Zuwachs der Beschäftigung in den USA bei den KMU damit noch über dem der EU, doch ist dabei zu bedenken, dass die großen Unternehmen zur gleichen Zeit um 3,5 % zulegen konnte und die USA mit 2,7 % gegenüber 1,2 % einen deutlich höheren Gesamtzuwachs erzielen konnten. Setzt man die Werte demnach in Relation zum Zuwachs in den großen Unternehmen und berücksichtigt zugleich das höhere Gesamtwachstum in den USA, so ergibt sich, dass im europäischen Wirtschaftsraum die Bedeutung der KMU stetig zunahm, während sie in den USA eher rückläufig war.

Ein Vergleich mit den USA offenbart demnach nicht nur, welche enorme Bedeutung KMU für den europäischen Wirtschaftsraum haben, sondern auch, dass dies nicht selbstverständlich ist.

Vergleich zwischen EU-15, USA und Japan[263]

		Kleinst	**Kleine**	**Mittel**	**KMU**	**Große**	**Gesamt**
Zahl der Unternehmen	(1000)						
EU-15		17.272	1211	176	18.659	39	18.698
USA[264]		19.988	1009	167	21164	59	21223
Japan[265]		n.v.	n.v.	n.v.	4690	13	4703
Anteil an Gesamtunternehmenszahl	%						
EU-15		92,4	6,47	0,94	99,8	0,2	
USA[266]		94	5	1	99,72	0,28	
Japan[267]		n.v.	n.v.	n.v.	99,72	0,28	

263 Die Werte der USA sind aus dem Jahr 2000, die Japans aus 2001.

264 Beobachtungsnetz der europäischen KMU 2003, Nr. 7, S. 36, Tabelle 3.5.

265 Beobachtungsnetz der europäischen KMU 2003, Nr. 7, S. 36, Tabelle 3.5.

266 Beobachtungsnetz der europäischen KMU 2003, Nr. 7, S. 36, Tabelle 3.6; Nr. 8, S. 13, Tabelle 1.4.

267 Beobachtungsnetz der europäischen KMU 2003, Nr. 7, S. 36, Tabelle 3.6; Nr. 8, S. 13, Tabelle 1.4.

Beschäftigte	(1000)						
EU		53.669	23.320	17.261	94.251	40.902	135.152
USA[268]		27.872	20.061	15.660	63.593	66.042	129.635
Japan[269]		n.v.	n.v.	n.v.	25.601	12.676	38.277
Anteil an Gesamtbeschäftigung	%						
EU-15		39,77	17,27	12,78	69,81	30,29	
USA[270]		22	15	12	49	51	
Japan[271]		n.v.	n.v.	n.v.	67	33	
Beschäftigte je Unternehmen							
EU-15		3	19	99	5	1059	7
USA[272]		1	20	94	3	1119	6
Japan[273]		n.v.	n.v.	n.v.	5	975	8

268 Beobachtungsnetz der europäischen KMU 2003, Nr. 7, S. 36, Tabelle 3.5.

269 Beobachtungsnetz der europäischen KMU 2003, Nr. 7, S. 36, Tabelle 3.5.

270 Beobachtungsnetz der europäischen KMU 2003, Nr. 7, S. 36, Tabelle 3.6; Nr. 8, S. 13, Tabelle 1.4; siehe auch Beobachtungsnetz der europäischen KMU 2002, Hauptergebnisse 2002, S. 5; Nr. 2, S. 13 - dort wurde für die USA ein Anteil der KMU an der Beschäftigung von 46 % ermittelt.

271 Beobachtungsnetz der europäischen KMU 2003, Nr. 7, S. 36, Tabelle 3.6; Nr. 8, S. 13, Tabelle 1.4; siehe auch Beobachtungsnetz der europäischen KMU 2002, Hauptergebnisse 2002, S. 5; Nr. 2, S. 13 - dort wurde für Japan ein Anteil der KMU an der Beschäftigung von 33 % ermittelt.

272 Beobachtungsnetz der europäischen KMU 2003, Nr. 7, S. 36, Tabelle 3.5; siehe auch Beobachtungsnetz der europäischen KMU 2002, Hauptergebnisse 2002, S. 5; Nr. 2, S. 13 - dort wurde für die USA noch eine durchschnittliche Beschäftigung von 19 Personen pro Unternehmen ermittelt.

273 Beobachtungsnetz der europäischen KMU 2003, Nr. 7, S. 36, Tabelle 3.5; siehe auch Beobachtungsnetz der europäischen KMU 2002, Hauptergebnisse 2002, S. 5; Nr. 2, S. 13 - für Japan wurde eine durchschnittliche Beschäftigung von 10 Personen pro Unternehmen ermittelt.

3. Bedeutung in den neuen EU-Mitgliedsstaaten und Beitrittskandidaten

Seit dem 1. Mai 2004 umfasst die Europäische Union nicht mehr 15, sondern 25 Länder. Neu hinzugekommen sind Estland, Lettland, Litauen, Malta, Polen, die Slowakei, Slowenien, die Tschechische Republik, Ungarn und Zypern.

Neben den zehn neuen Mitgliedsländern stehen mit Rumänien[274], Bulgarien[275], der Türkei[276] sowie Kroatien[277] vier weitere Kandidaten vor der Tür.

In den zehn neuen Mitgliedsländern und den drei Beitrittskandidaten Rumänien, Bulgarien und der Türkei[278] gibt es knapp 6 Mio. Unternehmen. 99,8 % davon fallen unter die Definition KMU.[279] Damit liegen die Beitritts- und Kandidatenländer auf einer Linie mit der EU-15. Dies gilt weitestgehend auch für die Anteile der einzelnen Unternehmensklassen an der Gesamtunternehmenszahl.

Von den 30 Mio. Beschäftigten, die in diesen Unternehmen arbeiten, entfallen etwa 67 % auf die KMU. Auch diesbezüglich liegen die Beitritts- und Kandidatenländer somit nicht weit vom EU-Durchschnitt. Einzig signifikanter Unterschied ist, dass die Kleinstunternehmen in diesen Ländern mit einem Anteil von 33 % deutlich weniger Personen beschäftigen als im Rest der EU. Dies wird jedoch nahezu vollständig von einer höheren Beschäftigungsquote in den mittleren Unternehmen ausgeglichen, so dass die Gesamtbeschäftigung in den KMU für diese Länder knapp 3 % unterhalb des EU-Durchschnitts liegt.[280]

Wirklich bedeutsame Unterschiede ergeben sich hingegen bei der durchschnittlichen Unternehmensgröße. Während ein KMU in der EU im Schnitt fünf Personen beschäftigt, sind es in den Beitritts- und Kandidatenländern nur drei Personen. Damit sinkt auch die durchschnittliche Unternehmensgröße von sieben auf fünf Beschäftigte für diese Länder.[281]

---

274 Die Beitrittsverhandlungen mit Bulgarien sollen bis 2005 abgeschlossen sein, so dass ein Beitritt zur EU im Jahr 2007 erfolgen kann.

275 Die Beitrittsverhandlungen mit Rumänien sollen bis 2005 abgeschlossen sein, so dass ein Beitritt zur EU im Jahr 2007 erfolgen kann.

276 Die Türkei besitzt bereits seit 1987 den Status eines Beitrittskandidaten, doch wurde erst im Oktober 2004 eine positive Entscheidung über die Aufnahme von Beitrittsverhandlungen gefällt. Siehe zu Einzelheiten die Seite des Europäischen Informationszentrums in Berlin, im Internet abrufbar unter http://www.eu-infozentrum-berlin.de/erweiterung.htm (01.11.2004).

277 Kroatien hatte im Februar 2003 die Mitgliedschaft beantragt und besitzt seit Juni 2004 den Status eines Beitrittskandidaten. Zur Aufnahme von Beitrittsverhandlungen soll es voraussichtlich Ende 2005 kommen.

278 Für Kroatien liegen bisher noch keine Erhebungen auf europäischer Seite vor.

279 Beobachtungsnetz der europäischen KMU 2003, Nr. 7, S. 33, Tabelle 3.4; Nr. 8, S. 39, Tabelle 1.2.

280 Werte aus Beobachtungsnetz der europäischen KMU 2003, Nr. 7, S. 33, Tabelle 3.4 und S. 34, Abb. 3.3; Nr. 8, S. 39, Tabelle 1.2.

281 Beobachtungsnetz der europäischen KMU 2003, Nr. 7, S. 33, Tabelle 3.4; Nr. 8, S. 39, Tabelle 1.2.

KMU in den Beitritts- und Kandidatenländer[282]

		Kleinst	Kleine	Mittel	KMU	Große	Gesamt
Zahl der Unternehmen[283]	(1000)	5670	230	50	5950	10	5960
(EU-15)		17.272	1211	176	18.659	39	18.698
Anteil an Gesamtunter-nehmenszahl	%	95,13	3,86	0,84	99,83	0,17	
(EU-15)		(92,4)	(6,47)	(0,94)	(99,8)	(0,2)	
Beschäftigte[284]	(1000)	10.210	4970	5350	20.530	10.150	30.670
(EU-15)		53.669	23.320	17.261	94.251	40.902	135.152
Anteil an Gesamtbeschäfti-gung	%	33,29	16,20	17,44	66,94	33,09	
(EU-15)		39,77	17,27	12,78	69,81	30,29	
Beschäftigte je Unternehmen[285]	%	2	22	107	3	919	5
(EU-15)		3	19	99	5	1059	7

[282] Die Werte beziehen sich auf die zehn neuen Mitglieder und die drei Beitrittskandidaten Bulgarien, Rumänien und die Türkei. Zu Einzelheiten bezüglich der einzelnen Länder siehe Eurostat, SMEs in Europe – Candidate Countries, 2003.

[283] Werte aus Beobachtungsnetz der europäischen KMU 2003, Nr. 7, S. 33, Tabelle 3.4; Nr. 8, S. 39, Tabelle 1.2.

[284] Werte aus Beobachtungsnetz der europäischen KMU 2003, Nr. 7, S. 33, Tabelle 3.4; Nr. 8, S. 39, Tabelle 1.2.

[285] Werte aus Beobachtungsnetz der europäischen KMU 2003, Nr. 7, S. 33, Tabelle 3.4; Nr. 8, S. 39, Tabelle 1.2.

Indes bestehen zwischen den einzelnen Ländern, wie auch innerhalb der EU, erhebliche Unterschiede. Dabei bietet sich eine Unterteilung in zwei Ländergruppen an, die vor allem historisch bedingt ist:

Die eine Gruppe bilden die zehn Mittel- und Osteuropäischen Länder und die andere die drei Mittelmeerländer Zypern, Malta und die Türkei.

In den Mittel- und Osteuropäischen Ländern liegt die durchschnittliche Unternehmensgröße deutlich über jener der Beitritts- und Kandidatenländer insgesamt und auch der der EU. Mit durchschnittlich 15 Beschäftigten in Lettland, 11 in Litauen und neun in Estland stechen dabei vor allem die drei baltischen Staaten hervor, die damit auch im EU-Vergleich auf den vorderen Plätzen rangieren.[286] Dass gerade in den Mittel- und Osteuropäischen Ländern die Unternehmen überdurchschnittlich groß sind, hängt mit ihrer ehemaligen Planwirtschaft zusammen. Ab den frühen 1990er-Jahren setzte in diesen Ländern ein Transformationsprozess von Zentralplanungs- zu Marktwirtschaften ein, der mit einer umfassenden Reorganisation des Unternehmenssektors (z.B. Privatisierung, Deregulierung der Preise) und der externen Öffnung für Handel und Investitionen verbunden war. Insbesondere der KMU-Sektor war zu Beginn dieses Prozesses nur schwach ausgeprägt und entwickelte sich in der Folge auch nur langsam.[287]

Die Gruppe der drei mediterranen Beitrittsländer hingegen weist mit durchschnittlich vier Beschäftigten eine große Ähnlichkeit mit den südeuropäischen Mittelmeerländern Griechenland (zwei), Italien (vier), Spanien (sechs) und Portugal (fünf) auf.[288] Dies deutet darauf hin, dass KMU in diesen Ländern eine ähnliche Funktion erfüllen wie in den Mittelmeerländern der EU.[289]

Innerhalb dieser beiden Gruppen bestehen demnach erhebliche Unterschiede was die durchschnittliche Unternehmensgröße angeht. Nichts desto trotz nehmen KMU in jedem dieser Länder eine überragende Bedeutung ein.

Berücksichtigt man, dass der Umbruch gerade in den Mittel- und Osteuropäischen Ländern noch lange nicht abgeschlossen ist, dürfte die Bedeutung der KMU mit der Zeit sogar noch zunehmen. Diese Vermutung wird durch den Entwicklungsprozess, den diese Länder in den letzten Jahre durchlaufen haben und der sich

---

286 Eine Gegenüberstellung aller Länder und ihrer durchschnittlichen Unternehmensgröße findet sich im Beobachtungsnetz der europäischen KMU 2003, Nr. 7, S. 35, Abb. 3.4 und Nr. 8, S. 11, Abbildung 1.2 (Werte aus 2001). Im Vergleich zu 1999 ergaben sich damit kaum Unterschiede, Beobachtungsnetz für europäische KMU 2002, Nr. 2, S. 15, Abbildung 1.2.

287 Auswirkungen der Erweiterung auf die Industrie, SEC (2003) 234; Beobachtungsnetz der europäischen KMU 2003, Nr. 6, S. 39; siehe auch Nr. 8, S. 11; Nr. 7, S. 32-33; Eurostat, SMEs in Europe – Candidate Countries, 2003, S. 4.

288 Beobachtungsnetz der europäischen KMU 2003, Nr. 8, S. 11, Abbildung 1.2 (Werte aus 2001) und Nr. 7, S. 35, Abb. 3.4.

289 Beobachtungsnetz der europäischen KMU 2003, Nr. 8, S. 10.

erheblich von der Entwicklung Westeuropas unterscheidet,[290] untermauert. Von 1995 bis 2001 konnten die KMU jedes Jahr einen erheblichen Beschäftigungszuwachs verzeichnen, während die Großunternehmen massiv Stellen abbauen mussten. So stieg in den Kleinstunternehmen die Beschäftigung jährlich um nahezu 2 % und in den kleinen Unternehmen sogar um 4 %. Die Spitze bildeten aber die mittleren Unternehmen mit einem jährlichen Zuwachs von über 6 %.

Trotz dieser erheblichen Zugewinne für die KMU kam es in den Beitritts- und Kandidatenländern aber insgesamt zu einer Verringerung der Beschäftigung. Verantwortlich dafür war ein jährlicher Stellenabbau der Großunternehmen von nahezu 6,5 % jährlich.[291] Im Ergebnis verlagerte sich somit die Beschäftigung von den Großunternehmen auf die kleineren Betriebe. Dies spiegelt die besondere Natur der Wirtschaftsentwicklung in diesen Ländern wider, wo die alten, vormals staatseigenen Unternehmen zerschlagen wurden. Der Anstieg der Zahl kleiner und mittlerer Unternehmen und ein entsprechender Beschäftigungszuwachs in diesen Größenklassen war lediglich die Konsequenz dieser Entwicklung.[292]

Auch in den Beitritts- und Kandidatenländern sind KMU somit ein entscheidender Faktor sozialer Stabilität und wirtschaftlicher Dynamik, deren wirkliche Stellung zwar noch nicht gefunden ist, sich jedoch bereits erahnen lässt.

4. Bedeutung in Deutschland

KMU - im allgemeinen als Mittelstand bezeichnet – nehmen auch in Deutschland eine herausragende Stellung ein. So haben sie wesentlich die Entwicklung der deutschen Wirtschaft seit 1945 bestimmt und waren in den Zeiten des Wirtschaftswunders die treibende Kraft und dafür verantwortlich, dass sich Deutschland derart schnell von den Folgen des Zweiten Weltkrieges erholt hatte.[293]

Von den ca. 3 Mio. deutschen Unternehmen sind mehr als 99,6 % dem Sektor KMU zuzurechnen. Dabei entfallen 88 % auf die Kleinstunternehmen, ca. 10 % auf die kleinen und knapp 1,5 % auf die mittleren Unternehmen.[294] Damit liegt der Anteil der Kleinstunternehmen zwar recht deutlich unter dem EU-Durchschnitt, wird jedoch durch den höheren Anteil der kleinen und mittleren Unternehmen nahezu ausgeglichen.

Auch in der deutschen Unternehmenslandschaft dominieren demnach die KMU.

---

290 Beobachtungsnetz der europäischen KMU 2003, Nr. 7, S. 40.

291 Beobachtungsnetz der europäischen KMU 2003, Nr. 7, S. 40, Abbildung 3.7.

292 Beobachtungsnetz der europäischen KMU 2003, Nr. 7, S. 40.

293 Hommel/Schneider, EIB Papers 2003, Volume 8 N° 2, S. 52 (53).

294 Die Berechnung erfolgte anhand der Werte aus dem Beobachtungsnetz der europäischen KMU 2003, Nr. 7, S. 82, Tabelle IV.2; Nr. 8, S. 39, Tabelle 1.1.

Dies gilt ferner für den Arbeitsmarktsektor. Nahezu 65 % aller Beschäftigten sind in einem KMU tätig. Dass dieser Wert etwa 5 % unterhalb des EU-Durchschnitts liegt, hängt mit der relativ schwachen Position der Kleinstunternehmen zusammen.

Während bei der Zahl der Unternehmen die kleinen und mittleren Unternehmen dies noch auffangen konnten, gelingt dies im Bereich der Beschäftigung nicht. Dementsprechend liegt der Anteil der Großunternehmen an der Beschäftigung mit 35 % um 5 % höher als in den übrigen Ländern der EU.[295] Dessen ungeachtet muss im Bereich des Arbeitsmarktsektors von einer Dominanz der KMU gesprochen werden. Hinzu kommt, dass der Mittelstand mit über 80 % der Lehrlinge auch das Gros der Ausbildung übernimmt.[296] Der deutsche Mittelstand ist folglich der Bereich in der deutschen Wirtschaft, der die meisten Arbeitsplätze schafft, so dass jegliche Art von Problemen bei KMU sich auf die gesamte Wirtschaft übertragen und zu gravierenden makroökonomischen Schwierigkeiten führen dürfte.[297]

Bei einem Vergleich der durchschnittlichen Unternehmensgröße fällt auf, dass sich Deutschland hinsichtlich der einzelnen Unternehmensklassen kaum vom EU-Durchschnitt unterscheidet. Dieser liegt bei den Kleinstunternehmen bei vier und in den kleinen und mittleren Unternehmen bei 18 bzw. 90 Beschäftigten je Unternehmen und damit sehr nahe bei den für die EU ermittelten Werte von drei, 19 bzw. 99 Beschäftigten. Aufgrund der relativ schwachen Position der Kleinstunternehmen in Deutschland und dem gleichzeitig relativ hohen Anteil der kleinen und mittleren Unternehmen an der Unternehmenslandschaft liegt die Durchschnittsgröße eines KMU mit sieben Beschäftigten jedoch deutlich über dem EU-Durchschnitt. Dies gilt auch für die Durchschnittsgröße aller Unternehmen, obwohl in Deutschland die großen Unternehmen mit durchschnittlich 814 Beschäftigten vergleichsweise klein sind. Mit im Schnitt 10 Beschäftigten pro Unternehmen befindet sich Deutschland an einer Spitzenposition innerhalb Europas, die nur von den Niederlanden, Großbritannien, Österreich und Lettland und Litauen noch übertroffen wird.[298] Sieht man von den beiden baltischen Staaten einmal ab,

---

[295] Die Berechnung erfolgte anhand der Werte aus dem Beobachtungsnetz der europäischen KMU 2003, Nr. 7, S. 83, Tabelle IV.3; Nr. 8, S. 40, Tabelle 1.2.

[296] Dieser Wert bezieht sich allerdings auf die KMU-Definition vom IfM, siehe Günterberg/Kayser, SMEs in Germany Facts and Figures 2004, S. 5, Abbildung 4 und S. 26. Für Einzelheiten bezüglich der Verteilung auf die einzelnen Unternehmensklassen und Wirtschaftsbereiche siehe S. 27 und 28, Tabelle 8 und 9; siehe auch die Internetseite des Bundesministerium für Wirtschaft und Arbeit unter http://www.bmwi.de/Navigation/Wirtschaft/mit telstandspolitik.html (18.02.2006) und Hommel/Schneider, EIB Papers 2003, Volume 8 N° 2, S. 52 (53).

[297] Günterberg/Kayser, SMEs in Germany Facts and Figures 2004, S. 5.

[298] Zu Einzelheiten bezüglich der durchschnittlichen Unternehmensgröße in Beschäftigtenzahlen in den einzelnen Mitgliedsländern siehe Beobachtungsnetz der europäischen KMU 2003, Nr. 7, S. 83, Tabelle IV.4 und S. 35, Abb. 3.4; Nr. 8, S. 40, Tabelle I.3 und S. 11, Abbildung 1.2.

deren hohe Anzahl an Großunternehmen historisch bedingt ist, handelt es sich durchweg um Länder mit einem überdurchschnittlich hohen BIP pro Kopf.

KMU in Deutschland[299]

		Kleinst	Kleine	Mittel	KMU	Große	Gesamt
Zahl d. Unternehmen[300]	(1000)	2656	307	44	3008	11	3019
Anteil an Gesamtunternehmenszahl	%	87,97	10,17	1,46	99,63	0,36	
(EU-15)		92,4	6,47	0,94	99,8	0,2	
Beschäftigte[301]	(1000)	10.488	5.553	3.961	20.002	10.882	30.884
Anteil an Gesamtbeschäftigung	%	33,96	17,98	12,83	64,76	35,24	
(EU-15)		39,77	17,27	12,78	69,81	30,29	
Beschäftigte je Unternehmen[302]		4	18	90	7	814	10
(EU-15)		3	19	99	5	1059	7

299 Die in der Tabelle dargestellten Werte entstammen sämtlich einer Erhebung auf europäischer Ebene. Für einen Vergleich zu den Werten, die vom IfM ermittelt worden sind, siehe den Bericht: SMEs in Germany 2004, im Internet abrufbar unter http://www.ifm-bonn.org/ (18.02.2006).

300 Werte aus Beobachtungsnetz der europäischen KMU 2003, Nr. 7, S. 82, Tabelle IV.2; Nr. 8, S. 39, Tabelle 1.1.

301 Werte aus Beobachtungsnetz der europäischen KMU 2003, Nr. 7, S. 83, Tabelle IV.3; Nr. 8, S. 40, Tabelle 1.2.

302 Werte aus Beobachtungsnetz der europäischen KMU 2003, Nr. 7, S. 83, Tabelle IV.4; Nr. 8, S. 40, Tabelle 1.3.

Die deutsche Unternehmenslandschaft lässt sich also als Beleg dafür anführen, dass in Ländern mit einem hohen BIP pro Kopf die Unternehmen grundsätzlich größer sind als in Ländern mit einem niedrigeren BIP pro Kopf.

Insgesamt kommt den großen Unternehmen in Deutschland mehr Gewicht zu als in den meisten anderen Ländern Europas. Dies zeigt sich nicht nur an ihrem höheren Unternehmens- und Beschäftigungsanteil, sondern auch an der Tatsache, dass sie für 56,8 % aller steuerpflichtigen Umsätze und 51,2 % der Bruttowertschöpfung verantwortlich zu zeichnen sind.[303] Diese Werte liegen deutlich über dem EU-Durchschnitt.

Den KMU kommt damit in Deutschland nicht nur eine bedeutende, sondern die zentrale Stellung zu. Dies gilt vor allem im Bereich der Beschäftigung, wo sie ihre Vormachtstellung gegenüber den Großunternehmen in den letzten Jahren kontinuierlich ausbauten. Zwar konnten sie in den letzten Jahren kein Wachstum verzeichnen, doch kam es bei ihnen nicht, wie in den meisten großen Unternehmen, zu einem steten Stellenabbau.[304] Dies wiederum bestätigt die sogenannte Mittelstandshypothese, wonach seit Anfang der achtziger Jahre KMU als die einzigen Unternehmen gelten, die neue Arbeitsplätze schaffen.[305]

KMU sind demnach in jeder Hinsicht von zentraler Bedeutung für Deutschland, so dass sie ihrem Ruf als „Herz der Sozialen Marktwirtschaft und Motor für mehr Wachstum und Beschäftigung“[306] auf ganzer Linie gerecht werden.

5. Zwischenergebnis

99,8 % der in der EU-15 ansässigen Unternehmen sind KMU. Mit einer Beschäftigung von über 135 Mio. Personen und einer Wertschöpfung von etwa 60 % kommt ihnen sowohl wirtschaftlich als auch sozial eine überragend wichtige Stellung zu. KMU werden auf europäischer Ebene daher zu Recht als das „Rückgrat der europäischen Wirtschaft“ bezeichnet, die durch ihren Unternehmergeist und Innovation zur Sicherung der Wettbewerbsfähigkeit der Union einen entscheidenden Teil beitragen.

Der Vergleich mit der Unternehmens- und Beschäftigungsstruktur in den USA zeigt, dass die herausragende Stellung der KMU für den europäischen Wirtschaftsraum nicht selbstverständlich ist.

---

303 Die Werte beziehen sich allerdings auf die KMU-Definition vom IfM, siehe Günterberg/Kayser, SMEs in Germany Facts and Figures 2004, S. 4. Für Einzelheiten bezüglich der Verteilung auf die einzelnen Unternehmensklassen und Wirtschaftsbereiche siehe S. 27 und 28, Tabelle 8 und 9. Hommel/Schneider, EIB Papers 2003, Volume 8 N° 2, S. 52 (53).

304 Siehe zu Einzelheiten die Werte aus Beobachtungsnetz der europäischen KMU 2003, Nr. 7, S. 42, Abbildung 3.10.

305 Beobachtungsnetz der europäischen KMU 2002, Nr. 5, S. 52.

306 Zu den Bemühungen siehe auch die Internetseite des Bundesministeriums für Wirtschaft und Arbeit unter http://www.bmwi.de/Navigation/Wirtschaft/mittelstandspolitik.html (18.02.2006)

In den neuen Mitgliedsstaaten entspricht die Bedeutung der KMU weitgehend der der bisherigen Mitgliedsstaaten. Eine Einschränkung gilt für die Mittel- und Osteuropäischen Länder, die historisch bedingt noch einen relativ hohen Anteil an Großunternehmen haben. Im Rahmen des andauernden Umbruchprozesses in diesen Ländern ist aber damit zu rechnen, dass sich auch dort die Unternehmenslandschaft noch deutlicher in Richtung KMU verändern wird.

Die deutsche Wirtschaftslandschaft weist einen verhältnismäßig hohen Anteil großer Unternehmen auf. Dessen ungeachtet müssen die KMU auch in Deutschland als das „Herz der Sozialen Marktwirtschaft und Motor für mehr Wachstum und Beschäftigung" betrachtet werden.

II. Förderbedürftigkeit

KMU sind zwar gegenüber den großen Unternehmen zahlenmäßig weit überlegen, allerdings ist ihre Entwicklung aufgrund verschiedener struktureller Nachteile gehemmt.

Größter Nachteil sind die Schwierigkeiten beim Zugang zu Kapital und Kredit.[307]

Ursache dafür sind unzulängliche Informationen, fehlende Risikobereitschaft der Kapitalmärkte sowie die begrenzten Sicherheiten, die ein KMU seinen Gläubigern bieten kann.[308]

Unglücklicherweise werden diese Schwierigkeiten durch einen Trend zunehmender Finanzschwierigkeiten der KMU über Banken (Fremdkapitalfinanzierung) noch verstärkt. Dies bestätigte die seit dem Jahr 2003 regelmäßig stattfindende Erhebung der EZB. Danach wurden die Kreditrichtlinien für KMU entweder verschärft oder die im Jahr 2002 verschärften Kreditrichtlinien unverändert belassen. Eine Erleichterung für KMU, d.h. eine Lockerung der Kreditrichtlinien, fand seitens der Kreditinstitute nicht statt.[309] Die Gründe dafür reichten dabei von einer ungünstigeren Risikoeinschätzung (Ratingurteil) der Banken über eine vergleichsweise schlechte Ausstattung der KMU mit Risikokapital (geringe Eigenkapitalquote).[310]

---

307 Siehe ausführlich dazu Wagenvoort, EIB Papers 2003, Volume 8 N° 2, S. 22 ff.; Beobachtungsnetz der europäischen KMU 2003, Nr. 2, S. 5 ff.

308 5. Erwägungsgrund - VO 70/2001; Bonkamp, Beteiligung der öffentlichen Hand, S. 146; Ysendyck/Mederer, in: Schröter/Jakob/Mederer, Europäisches WR, Art. 87, Rn. 264; Kilb, JuS 2003, S. 1072 (1074); Beihilfenanzeiger, Frühjahr 2002, S. 33; sehr ausführlich dazu Wagenvoort, EIB Papers 2003, Volume 8 N° 2, S. 22 ff.

309 Zourek, WPg Sonderheft 2003, S. 240 (240).

310 Zourek, WPg Sonderheft 2003, S. 240 (241). Siehe sehr ausführlich dazu Wagenvoort, EIB Papers 2003, Volume 8 N° 2, S. 22 ff.

Da der Zugang zu Bankkrediten traditionell die wichtigste Quelle der KMU Finanzierung ist, ist dieser Trend für die KMU besonders problematisch.[311]

Doch auch bei Abschluss eines Darlehensvertrages sind die KMU gegenüber den großen Unternehmen im Hinblick auf die Konditionen der Kreditvergabe meist benachteiligt. Im Normalfall sind sowohl die Zinssätze als auch die Bankgebühren für KMU höher.[312]

Hoffnung für die KMU verspricht jedoch die überarbeitete Fassung des Baseler Kapitalakkords (Basel II).[313]

Beim Baseler Kapitalakkord handelt es sich um ein Kapitalbewertungssystem, das vom Baseler Ausschuss für Bankenaufsicht[314] im Jahr 1988 eingeführt wurde und während der 1990er Jahre zu einem international anerkannten Standard avancierte, der in mehr als 100 Ländern zur Anwendung kommt.[315]

Die Überabreitung dieses Kapitalakkords steht für die neuesten und bevorstehenden Änderungen im rechtlichen und wirtschaftlichen Umfeld der Bankfinanzierung. Profitieren dürften vor allem die KMU. Durch die weitverbreiteten Befürchtungen, dass KMU auf Grund des neuen Akkords mit schlechteren Finanzierungskonditionen konfrontiert sind, beschloss der Baseler Ausschuss, dass KMU und große Unternehmen aufgrund ihres verschiedenartigen Kreditrisikos zukünftig unterschiedlich zu behandeln seien. Kredite an KMU sollten nunmehr bis zu 1 Mio. Euro generell in das regulative Retailportfolio inkludiert werden. Das hat zur Folge, dass die Kapitalerfordernisse der Banken für Kredite an KMU niedriger sein werden als für große Unternehmen.[316]

Der neue Akkord wird es den Banken demnach ermöglichen, Kredite an kleine Unternehmen als „Retailkredite" zu behandeln, die durch bedeutend weniger Eigenkapital gedeckt werden müssen als jene an große Unternehmen. Dadurch sollte die Finanzierung kleiner Unternehmen vereinfacht und deren Kreditkonditionen verbessert werden.[317]

---

311 Zourek, WPg Sonderheft 2003, S. 240 (241).

312 Beobachtungsnetz der europäischen KMU 2003, Nr. 7, S. 7.

313 Näheres zum Baseler Kapitalakkord siehe das Konsultationspapier „Die neue Baseler Eigenkapitalvereinbarung", im Internet abrufbar unter http://www.bundesbank.de/download/bankenaufsicht/pdf/CP3_Deutsch.pdf (18.02.2006).

314 Der Baseler Ausschuss wurde 1974 von den Vorsitzenden der Zentralbanken von 10 Ländern gegründet und hat mittlerweile Mitglieder aus Belgien, Kanada, Frankreich, Deutschland, Italien, Japan, Luxemburg, den Niederlanden, Spanien, Schweden, der Schweiz, dem Vereinigten Königreich und den Vereinigten Staaten.

315 Beobachtungsnetz der europäischen KMU 2003, Nr. 7, S. 13-14.

316 Beobachtungsnetz der europäischen KMU 2003, Nr. 7, S. 14; Zourek, WPg Sonderheft 2003, S. 240 (243).

317 Beobachtungsnetz der europäischen KMU 2003, Nr. 7, S. 14; Zourek, WPg Sonderheft 2003, S. 240 (243); Wagenvoort, EIB Papers 2003, Volume 8 N° 2, S. 18.

Dies ist zu begrüßen. Schließlich ist ein gut funktionierendes finanzielles Umfeld, das das Wachstum der KMU fördert, dringende Voraussetzung für den Erfolg der europäischen Wirtschaft als Ganzes.[318]

Der Zugang zu Krediten ist jedoch nicht der einzige Nachteil unter dem KMU leiden.

Mangels Ressourcen fehlt es den KMU oftmals an Informationen auf wichtigen Gebieten wie den neuen Technologien oder der Erschließung fremder Märkte.[319]

Hinzu kommt, dass sie erheblich stärker als Großunternehmen an administrativen Belastungen leiden. Dies ist nicht auf Managementschwächen zurückzuführen, sondern hat objektive, größenbedingte Gründe. So verteilen sich die Verwaltungskosten auf eine (sehr) kleine Zahl von Arbeitnehmern und entwickeln sich nicht proportional zur Zahl der Arbeitnehmer, sondern nehmen mit steigender Mitarbeiterzahl stark ab. Die Verwaltungskosten pro Arbeitnehmer sind bei KMU demnach überproportional hoch.[320]

Ähnliches gilt für den relativen Kostenaufwand für die Einhaltung der staatlichen Vorschriften über Gesundheit und Arbeitsschutz, die Finanzbuchhaltung, die Kosten der Steuererhebung, sowie die Steuerbelastung. Auch sie sind insgesamt wesentlich höher als für Großunternehmen.[321]

KMU müssen gegenüber den großen Unternehmen demnach grundsätzlich als benachteiligt angesehen werden.

Vor diesem Hintergrund ist die Kommission bemüht, Förderprogramme zugunsten von KMU zu befürworten, sofern das Ausmaß der Wettbewerbsverfälschung auf der einen und die Förderung der wirtschaftlichen Tätigkeit der KMU auf der anderen Seite in einem angemessenen Verhältnis zueinander stehen.[322]

III. Fördermaßnahmen auf europäischer Ebene

Die Bemühungen der EU, KMU zu fördern, sind vielfältig und umfangreich.

Dabei liegt der Schwerpunkt nicht auf einer finanziellen Förderung[323], sondern in der Verbesserung der Rahmenbedingungen und einer besseren Interessenvertre-

---

318 Wagenvoort, EIB Papers 2003, Volume 8 N° 2, S. 22 (23).

319 5. Erwägungsgrund – VO 70/2001 EG.

320 Siehe die Internetseite des Bundesministeriums für Wirtschaft und Arbeit - Österreich, im Internet abrufbar unter http://www.bmwa.gv.at/BMWA/Themen/Unternehmen/Horiz_Unter nehmenspolitik/default.htm (18.02.2006); Giegerich, in: Marauhn/Heselhaus, Staatliche Förderung, S. 242.

321 Mederer, in: Groeben/Thiesing/Ehlermann, EU-/EG-Vertrag, Art. 92, Rn. 153; Klein/Haratsch, EWS 1997, S. 410 (417); Lübbig/Martín-Ehlers, Beihilfenrecht der EU, S. 156, Rn. 416; Giegerich, in: Marauhn/Heselhaus, Staatliche Förderung, S. 242.

322 5. Erwägungsgrund – VO 70/2001; Koenig/Kühling/Ritter, EG-Beihilfenrecht, S. 108.

323 Der Großteil der finanzielle Förderung liegt bei den Mitgliedstaaten, siehe dazu unter D. I.

tung der KMU. Beides kann auf zahlreiche Arten und Weisen erreicht werden, wobei nur einige wenige hier behandelt werden können.[324]

1. Mehrjahresprogramme

Wesentlicher Bestandteil in der Politik zugunsten von KMU sind die sogenannten Mehrjahresprogramme des Rates.

Sie zielen unmittelbar auf die Förderung der KMU ab.

Rechtsgrundlage für diese Programme ist Art. 157 III UAbs. 1 Satz 2 EG, der es dem Rat ermöglicht, zur Verwirklichung der Ziele des Art. 157 I EG spezifische Maßnahmen zur Unterstützung der industriepolitischen Maßnahmen der Mitgliedstaaten zu beschließen.[325]

Das erste Mehrjahrsprogramm stammt aus dem Jahr 1989[326] und verfolgte die Verbesserung der Rahmenbedingungen für Unternehmen in der Gemeinschaft, insbesondere für KMU, und die Förderung ihrer Entwicklung.

Ihm folgten im Jahr 1993[327] und 1996[328] zwei weitere Programme, die eine ähnliche Zielrichtung verfolgten.

Das vierte und bisher letzte Mehrjahresprogramm verabschiedete der Rat am 20.12.2000 (2001-2005).[329] Mit einem Finanzvolumen von 450 Mio. Euro ist es

---

324 Für einen detaillierten Einblick in die Fördermaßnahmen der Jahre 2001-2003 siehe annual reports der Kommission, im Internet abrufbar unter http://www.europa.eu.int/comm/enterprise/enterprise_policy/mult_entr_programme/programme_2001_2005.htm (18.02.2006); sowie den von der Generaldirektion Unternehmen veröffentlichten Bericht „Förderprogramme der Europäischen Union für KMU Überblick über die wichtigsten Finanzierungsmöglichkeiten für europäische KMU“ von Mai 2003, im Internet abrufbar unter http://europa.eu.int/comm/enterprise/entrepreneurship/sme_envoy/pdf/sme_support_programmes_de.pdf (12.10.2004).

325 Giegerich, in: Marauhn/Heselhaus, Staatliche Förderung, S. 246.

326 Beschluss des Rates vom 28. Juli 1989 über die Verbesserung der Rahmenbedingungen für Unternehmen in der Gemeinschaft, insbesondere für kleine und mittlere Unternehmen, und die Förderung ihrer Entwicklung, ABl. L 239/33. Im Jahr 1991 fand eine Überprüfung des Aktionsprogramms statt, ABl. 1991 L 175/32.

327 Beschluss des Rates vom 14. Juni 1993 über ein mehrjähriges Aktionsprogramm der Gemeinschaft zum Ausbau der Schwerpunktbereiche und zur Sicherung der Kontinuität und Konsolidierung der Unternehmenspolitik in der Gemeinschaft, vor allem für kleine und mittlere Unternehmen (KMU), ABl. 1993 L 161/68.

328 Beschluss des Rates vom. 9.12.1996 über ein drittes Mehrjahresprogramm für kleine und mittlere Unternehmen (KMU) in der Europäischen Union, ABl. 1997 L 6/25; über die Aktivitäten im Rahmen des Dritten Mehrjahresprogramms für KMU (1997-2000) ist ausführlich nachzulesen in der Mitteilung der Kommission: Ein unternehmerisches Europa schaffen - Die Aktivitäten der Union zur Förderung von KMU, KOM (2001) 98 endg.

329 Entscheidung des Rates vom 20.12.2000 über ein Mehrjahresprogramm für Unternehmen und unternehmerische Initiativen, insbesondere für die kleinen und mittleren Unternehmen (KMU) (2001-2005), ABl. 2000 L 333/84.

das bisher umfangreichste.[330] Auch sein Anwendungsbereich übertrifft mit Maßnahmen in mehr als 30 Ländern[331] den der früheren Programme.

Im Wesentlichen verfolgt es fünf Ziele[332]:

- eine Steigerung des Wachstums und der Wettbewerbsfähigkeit der Unternehmen in einer wissensbasierten Wirtschaft

Dafür enthält das Programm Maßnahmen, die die Steigerung der Wettbewerbsfähigkeit und der Innovationskraft und die Vorbereitung der Unternehmen auf die Globalisierung und die verstärkte Nutzung der neuen Informations- und Kommunikationstechnologien betreffen.

- eine Förderung der unternehmerischen Initiative

Eine besondere Unterstützung soll dabei der Gründung und Übertragung von Unternehmen, der Entwicklung der Schulung in unternehmerischer Initiative sowie der Ausarbeitung und der Förderung spezieller Politiken für KMU zukommen.

- eine Vereinfachung und Verbesserung des Verwaltungs- und Regelungsumfeldes der Unternehmen

Dies soll insbesondere der Förderung von Forschung und Innovation dienen.

- eine Verbesserung der finanziellen Rahmenbedingungen für die Unternehmen (Stichwort: Finanzinstrumente)

Dies umfasst auch die Förderung einer unternehmensnahen Finanzierung („business-angels") und die Organisation Runder Tische mit Vertretern von Banken und von KMU.

- eine Vereinfachung des Zugangs der Unternehmen zu den unterstützenden Dienstleistungen, zu den Programmen und zu den Gemeinschaftsnetzen sowie eine Verbesserung ihrer Koordinierung

Das 4. Mehrjahresprogramm verfolgt somit die Bekämpfung der typischen Probleme von KMU, wobei es als eine Art Handlungsrahmen für die Mitgliedstaaten bei ihrer Politik zugunsten von KMU zu sehen ist.

2. Euro-Info-Centren (EIC)

Ein weiteres Beispiel für EU-Mittelstandspolitik sind die im Jahr 1987 gegründeten Euro-Info-Centren (EIC). Ihre Aufgabe ist es, die KMU über Entwicklungen, Initiativen und Programme der Europäischen Union zu informieren und zu beraten, damit sie auf die zahlreichen Chancen und Möglichkeiten des gemeinsamen EU-Binnenmarktes aufmerksam werden und ihre Vorteile optimal nutzen können. Sie dienen den KMU somit als eine Art Anlaufstelle zu Information über den eu-

---

[330] Art. 7 I des 4. Mehrjahresprogramms.

[331] Siehe zum Anwendungsbereich Art. 6 des 4. Mehrjahresprogramms.

[332] Siehe Art. 2 I lit. a)-e) und Anhang I des 4. Mehrjahresprogramms.

ropäischen Binnenmarkt. Jährlich beantworten die EIC rund 400.000 Fragen im Bereich praktischer Unternehmensbelange. Diese reichen von Bitten um Unterstützung bei der Unternehmenszusammenarbeit, Marktinformationen und dem öffentlichen Beschaffungswesen, über Hinweise zu Ausschreibungen, Normen und Zertifizierung bis hin zum elektronischen Geschäftsverkehr. Mittlerweile sind die EIC in über 40 Ländern mit mehr als 330 Beratungseinrichtungen vertreten. Darunter befinden sich die Mitgliedstaaten des EWR, assoziierte Länder des Mittelmeerraums, die Schweiz und die neuen Mitgliedsländer aus Mittel- und Osteuropa. Allein Deutschland beherbergt 35 EIC.[333]

Durch ihren direkten Kontakt nach Brüssel ermöglichen die EIC nicht nur eine effiziente und kostengünstige Unterstützung der Unternehmen vor Ort, sondern liefern der Kommission zugleich ein wichtiges Feedback zu vielen KMU-Themen.[334]

3. Aktionsplan BEST

Auch der Aktionsplan „BEST" aus dem Jahr 1999 soll den KMU zugute kommen. Er trägt dem Umstand Rechnung, dass die Mittelstandspolitik größtenteils in nationaler Zuständigkeit liegt und es auf europäischer Ebene vor allem darauf ankommt, durch geeignete Methoden wie Benchmarking, Seminare und Foren bewährte Verfahren, sogenannte „Best practices" zu ermitteln und auszutauschen.[335]

Dabei liegt der Schwerpunkt auf der Förderung der unternehmerischen Initiative und Wettbewerbsfähigkeit. Dies soll durch Bürokratieabbau, stärker unternehmensbezogene Aus- und Weiterbildung und Erleichterung des Zugangs der KMU zu Finanzen und Innovation erreicht werden. Der erste Umsetzungsbericht der Mitgliedstaaten und der Kommission entstand Ende 2000 und enthielt gute Beispiele aus allen Mitgliedstaaten zu den genannten Aktionsfeldern. Seit 2001 hat die Kommission alle Aktionen und Berichte zur Verbesserung des Unternehmensumfeldes und der Wettbewerbsfähigkeit der Unternehmen in der EU unter der Bezeichnung „Best-Verfahren" zusammengeführt. Zwei EU-Broschüren „Unternehmenswachstum fördern" und „Unterstützung von Unternehmen bei der

---

333 Siehe die Internetseite der deutschen Euro Info Centren unter http://www.eic.de/ (18.02.2006).

334 Siehe die Internetseite des Bundesministeriums für Wirtschaft und Arbeit unter http://www.bmwi.de/Navigation/Wirtschaft/Mittelstandspolitik/Internationalisierung/europaeische-mittelstandspolitik.html (20.12.2003); siehe auch die Internetseite der Europäischen Kommission unter http://europa.eu.int/comm/enterprise/networks/eic/eic.html (18.02.2006) und http://europa.eu.int/comm/enterprise/library/enterprise-europe/issue7/articles/de/enterprise04_de.htm (18.02.2006).

335 Mitteilung der Kommission an den Rat und das Europäische Parlament: „Thinking small" in einer größer werdenden Union, KOM (2003) 26 endg., S. 3; Internetseite des Bundesministeriums für Wirtschaft und Arbeit unter http://www.bmwi.de/Navigation/Wirtschaft/Mittelstandspolitik/Internationalisierung/europaeische-mittelstandspolitik.html (20.12.2003).

Überwindung finanzieller Schwierigkeiten" informieren über Beispiele in den EU-Mitgliedstaaten zu diesen Themen.[336] Die wahre Stärke des Aktionsplans liegt demnach darin, dass sich die Mitgliedsländer gegenseitig inspirieren und voneinander lernen können.

4. Europäische Charta für Kleinunternehmen

Ein Förderprogramm der besonderen Art ist die „Europäische Charta für Kleinunternehmen"[337], die im März 2000 vom Europäischen Rat in Lissabon ausgearbeitet und am 13. Juni 2000 vom Rat „Allgemeine Angelegenheiten" angenommen wurde.[338] Sie trägt der überragenden Bedeutung der kleinen Unternehmen im europäischen Wirtschaftsraum Rechnung, die das eigentliche Rückgrat der europäischen Wirtschaft bilden. Schließlich sind die kleinen Unternehmen nicht nur Hauptträger der Beschäftigung, sondern auch der Nährboden für Geschäftsideen und die Haupttriebfeder für soziale und lokale Integration in Europa.

Die Kommission ist davon überzeugt, dass die Bestrebungen, die „Neue Wirtschaft" in Europa zu etablieren, nur dann erfolgreich sein kann, wenn die Belange der kleinen Unternehmen ganz oben auf der Liste der politischen Prioritäten stehen. Denn sie reagieren am empfindlichsten auf Veränderungen ihres Tätigkeitsumfelds und werden als erste in Mitleidenschaft gezogen, wenn Unternehmen über Gebühr mit Bürokratie belastet werden. Andererseits beginnen sie als erste zu florieren, wenn die Bürokratie zurückgestutzt und Leistung belohnt wird.[339]

Vornehmlichstes Ziel der Charta ist es, das Bewusstsein politischer Entscheidungsträger auf jene Aspekte zu lenken, welche für die Entwicklung und den Aufschwung von Kleinunternehmen von entscheidender Bedeutung sind. Zu den Aktionslinien der Charta gehören unter anderem bessere Rechts- und Verwaltungsvorschriften, bessere Nutzung des Binnenmarktes, Stärkung des technologischen Potentials der Kleinunternehmer, sowie stärkere und effizientere Vertretung der Interessen kleiner Unternehmen auf Ebene der Union und der Mitgliedstaaten.[340]

---

336 Siehe die Internetseite des Bundesministeriums für Wirtschaft und Arbeit unter http://www.bmwi.de/Navigation/Wirtschaft/Mittelstandspolitik/Internationalisierung/europaeische-mittelstandspolitik.html (20.12.2003).

337 Im Internet abrufbar unter http://europa.eu.int/comm/enterprise/enterprise_policy/charter/charter_de.pdf (9.11.2004).

338 Auf der Tagung des Europäischen Rates in Santa Maria de Feira am 19. und 20. Juni 2000 wurde die Bedeutung der Charta und ihre Notwendigkeit sowohl von den Staats- und Regierungschefs als auch der Europäische Kommission nochmals ausdrücklich hervorgehoben. Auf der Tagung in Maribor (Slowenien) am 23. April 2002 wurde die Charta von den 13 Beitritts-Kandidatenländern bestätigt.

339 Europäische Charta für Kleinunternehmen, S. 1.

340 Siehe die Internetseite des Bundesministeriums für Wirtschaft und Arbeit unter http://www.bmwi.de/Navigation/Wirtschaft/Mittelstandspolitik/Internationalisierung/europaei

Um die Durchsetzung der Ziele zu fördern und eine gewisse Transparenz zu schaffen, hat sich die Kommission dazu verpflichtet, auf dem jeweils im Frühjahr stattfindenden Europäischen Gipfel einen Jahresbericht über die erzielten Fortschritte vorzulegen. Der letzte Bericht über die Umsetzung der Europäischen Charta für Kleinunternehmen bescheinigte dabei einigen Mitgliedsländern bereits merkliche Erfolge. Gleichzeitig wies er aber auch auf erheblichen Nachholbedarf, vor allem in den neuen Mitgliedsländern, hin.[341]

5. KMU-Beauftragter

Neben einer Verbesserung der Rahmenbedingungen wollte die Kommission für eine stärkere und wirksamere Vertretung der KMU auf europäischer Ebene sorgen. Dazu richtete sie im Dezember 2001 das Amt eines KMU-Beauftragten ein.

Erster KMU-Beauftragter wurde der Finne Timo Summa, der als Direktor bei der Generaldirektion Unternehmen für die Förderung unternehmerischer Initiative und kleiner und mittlerer Unternehmen verantwortlich ist.

Kernziel seines Amtes ist die Herstellung einer engen, unmittelbaren Verbindung zwischen der Kommission und der KMU-Gemeinschaft. Dieser Dialog ist von entscheidender Bedeutung, damit die Interessen und Bedürfnisse der Unternehmen klar ermittelt und an die zuständigen Abteilungen der Kommission weitergeleitet werden können. Innerhalb der Kommission übt er zur Stärkung der KMU eine Aufsichtsfunktion aus. Dabei gilt sein besonderes Anliegen der Schärfung des Bewusstseins für die spezifischen Bedürfnisse von KMU in der gesamten Kommission wenn neue Rechtsvorschriften entworfen oder Hilfsprogramme gestaltet und umgesetzt werden. Außerhalb der Kommission ist er Ansprechpartner für kleine und mittlere Unternehmen und KMU-Verbände; d. h. Wirtschaftsverbände, Branchenverbände, Handelskammern und Handwerkskammern. In der Praxis pflegt er durch regelmäßige Treffen und Besuche einen Dialog mit den KMU-Vertretern und den Mitgliedstaaten auf Ebene der Gemeinschaft. Auf diese Weise ist er in der Lage, die KMU zu informieren und zugleich ein Feedback zu erhalten, welches er bei seiner Kommissionsarbeit berücksichtigen kann. Außerdem sorgt er dafür, dass Anfragen und Anträge von KMU und KMU-Verbänden fristgerecht und in angemessener Weise bearbeitet werden. Dies erfolgt in Zu-

---

sche-mittelstandspolitik.html (20.12.2003); http://europa.eu.int/scadplus/leg/de/lvb/n26002.htm (18.02.2006); Krause, EuZW 2003, S. 747 (747).

[341] Bericht der Kommission an den Rat und das Europäische Parlament über die Umsetzung der Europäischen Charta für Kleinunternehmen, KOM (2003) 21 endg., S. 2; Bericht über die Umsetzung der Europäischen Charta für Kleinunternehmen in den Beitrittsländern, SEK (2003) 57. Siehe den Umsetzungsbericht Deutschlands zur Europäischen Charta für Kleinunternehmen aus dem Jahr 2003, im Internet abrufbar unter http://europa.eu.int/comm/enterprise/enterprise_policy/charter/2004_charter_docs/report_germany_2003.pdf (18.02.2006).

sammenarbeit mit bestehenden Netzen, wie den EIC.[342] Der KMU-Beauftragte ist somit eine Art Schnittstelle zwischen der Kommission und den kleinen Unternehmen, die zu einem besser abgestimmten Vorgehen in Mittelstandsfragen beitragen soll.

Allein an diesen Beispielen wird deutlich, dass der KMU-Förderung auf europäischer Ebene ein besonderer Stellenwert eingeräumt wird. Dies betrifft sowohl den Zugang zu Innovation und Finanzmitteln, die volle Nutzung des Binnenmarkts als auch eine verstärkte Wahrnehmung der Interessen dieser Unternehmensgruppe. Grund dafür ist das Bewusstsein, dass das in Lissabon formulierte Ziel, die Europäische Union zum wettbewerbsfähigsten und dynamischsten, wissensbasierten Wirtschaftsraum der Welt zu machen, einem Wirtschaftsraum, der fähig ist, ein dauerhaftes Wirtschaftswachstum mit mehr und besseren Arbeitsplätzen und einem größeren sozialen Zusammenhalt zu erzielen, nur durch eine konsequente Förderung der KMU erreicht werden kann.

6. Zwischenergebnis

KMU sind gegenüber den Großunternehmen in vielerlei Hinsicht benachteiligt. Sofern das Ausmaß der Wettbewerbsverfälschung auf der einen und die Förderung der wirtschaftlichen Tätigkeit der KMU auf der anderen Seite in einem angemessenen Verhältnis zueinander stehen, ist die Kommission daher bemüht, KMU zu fördern. Auf europäischer Ebene liegt der Schwerpunkt der KMU-Förderung nicht auf einer finanziellen Förderung, sondern in der Verbesserung der Rahmenbedingungen und einer besseren Interessenvertretung der KMU. Zu diesem Zweck hat die Kommission eine Reihe von Fördermaßnahmen ins Leben gerufen. Darunter sind das vierte Mehrjahresprogramm, die Euro-Info-Centren, der Aktionsplan BEST, die Europäische Charta für Kleinunternehmen sowie das Amt eines KMU-Beauftragten. Sie alle sind wesentlicher Bestandteil des Ziels, die Europäische Union zum wettbewerbsfähigsten und dynamischsten, wissensbasierten Wirtschaftsraum der Welt zu machen.

---

342 Der KMU-Beauftragte: eine aktive Schnittstelle zwischen der Kommission und dem Mittelstand, SEK (2003) 60, S. 2-3, siehe auch die Internetseite der Europäischen Kommission unter http://europa.eu.int/comm/enterprise/library/enterprise-europe/issue7/articles/de/enterprise04_de.htm (18.02.2006); Krause, EuZW 2003, S. 747 (747); Die Aktivitäten der Europäischen Union zur Förderung von kleinen und mittleren Unternehmen, KOM (2003) 26 endg., S. 21-22.

D. Beihilfen an KMU

Das Beihilfenrecht unterlag in den letzten Jahren erheblichen Veränderungen.

Dies gilt vor allem für Beihilfen an KMU, die seit dem Jahr 2001 von dem Erlass der VO 70/2001 EG[343] profitieren.

I. Bedeutung der Beihilfen

Beihilfen nehmen sowohl auf nationaler als auch auf europäischer Ebene eine große Bedeutung ein. Gerade in den letzten Jahren ist es jedoch zu einer sogenannten Neuausrichtung der Beihilfenvergabe gekommen, im Rahmen derer die einzelnen Mitgliedsländer zur Reduzierung und Umverteilung der Beihilfen aufgefordert wurden. Nutznießer dieser Umverteilung waren im Besonderen die KMU.

1. Gesamtwirtschaftliche Bedeutung der Beihilfen

Grundsätzlich behindern Beihilfen den Strukturwandel, stören den marktwirtschaftlichen Ausleseprozess, binden Ressourcen an falscher Stelle und sind haushaltspolitisch (Grundsatz der Sparsamkeit) nur schwer verantwortbar.[344]

Trotz alledem können sie in bestimmten Fällen einen Beitrag zur Verwirklichung der im EG-Vertrag genannten Ziele leisten.[345]

Allein im Jahr 2002 wurden in der EU-15 Beihilfen i.H.v. 49 Mrd. Euro vergeben.[346] Den größten Anteil daran hatte absolut gesehen Deutschland mit Beihilfen i.H.v. 13 Mrd. Euro, gefolgt von Frankreich mit 10 Mrd. und Italien mit 6 Mrd. Euro.[347] Der Löwenanteil der Beihilfen entfiel auf das verarbeitende Gewerbe. Mit 28 Mrd. Euro machten sie nahezu 60 % des Gesamtvolumens aus. Auf die

---

343 VO 70/2001 EG der Kommission vom 12.1.2001 über die Anwendung der Art. 87 und 88 EG-Vertrag auf staatliche Beihilfen an kleine und mittlere Unternehmen, ABl. 2001 L 10/33. Geändert durch die VO 364/2004 EG vom 25. Februar 2004 zur Änderung der VO 70/2001 im Hinblick auf die Erstreckung ihres Anwendungsbereichs auf Forschungs- und Entwicklungsbeihilfen, ABl 2004 L 63/22. VO 1/2004 über die Anwendung der Artikel 87 und 88 EG-Vertrag auf staatliche Beihilfen an kleine und mittlere in der Erzeugung, Verarbeitung und Vermarktung von landwirtschaftlichen Erzeugnissen tätige Unternehmen, ABl. 2004 L 1/1.

344 Kilb JuS 2003, S. 1072 (1073); vgl. für eine stichwortartige Zusammenfassung der Gefahren einer Subventionspolitik die Bundesregierung im 9. Subventionsbericht, BT-Drs. 10/352 (1983), S. 5.

345 Z.B. zu einem Ausgleich der Nachteile von KMU gegenüber den großen Unternehmen; Koenig/Kühling, in: Streinz, EUV/EGV, Art. 87, Rn. 1; Nowak, EuZW 2003, S. 389 (397); Bär-Bouyssière, in: Schwarze, EUV, Art. 87, Rn. 50; Kilian, Wirtschaftsrecht, S. 106, Rn. 231.

346 Nicht enthalten sind die Beihilfen im Bereich des Schienenverkehrs.

347 Zu Einzelheiten bezüglich der Beihilfenvergabe in den einzelnen Ländern siehe Tabelle 1, Beihilfenanzeiger, Frühjahr 2004, S. 11.

Landwirtschaft und Fischerei entfielen 14 Mrd., gefolgt vom Kohlenbergbau und dem Verkehr mit etwa 5 Mrd. bzw. 1 Mrd. Euro.[348]

Auch wenn diese Summen zunächst gewaltig wirken, so zeigt der Vergleich mit den vergangenen Jahren, dass es zu einem erheblichen Rückgang der Beihilfen gekommen ist.[349] Allein von 1997 bis 1999 sank das Gesamtvolumen der Beihilfen von 67 Mrd. auf gut 52 Mrd. Euro. Dieser drastische Rückgang war zwar nicht bezeichnend und lag vornehmlich an dem Auslaufen einiger Programme in den drei großen Mitgliedstaaten Deutschland, Italien und Frankreich,[350] doch reduzierte sich auch in den folgenden Jahren das Beihilfevolumen um durchschnittlich 1 Mrd. Euro jährlich.[351]

Relativ betrachtet machten die staatlichen Beihilfen im Jahr 2002 0,56 % des EU-weiten BIP aus. Blendet man die Sektoren Landwirtschaft, Fischerei und Verkehr aus, so betrug dieser Wert nur 0,39 %.[352]

Hinter diesem Durchschnitt verbergen sich allerdings erhebliche Unterschiede zwischen den einzelnen Mitgliedstaaten. So reichte im Jahr 2002 der Anteil der Beihilfen am BIP von weniger als 0,20 % in den Niederlanden, Finnland, Schweden und Großbritannien über etwa 0,55 % in Deutschland, Spanien und Portugal bis hin zu 0,72 % in Dänemark.[353] Grundsätzlich kam es aber in allen Ländern zu einer Reduzierung der Beihilfen. Einzige Ausnahme bildete Dänemark, wobei dies mit einer beträchtlichen Erhöhung der Beihilfen für zwei horizontale Ziele (Schaffung von Arbeitsplätzen und Umweltschutz) erklärt werden kann.[354]

Beihilfen zugunsten horizontaler Ziele nehmen im europäischen Beihilferecht eine Sonderstellung ein, denn gerade in diesen Bereichen können Förderungen positive Wirkungen entfalten und ein Marktversagen ausgleichen.[355] Unter horizontalen Beihilfen versteht man Beihilfen, die auf ein von bestimmten Regionen oder Sektoren unabhängiges Kriterium abstellen, wie z.B. Beihilfen für Forschung und

---

348 Beihilfenanzeiger, Frühjahr 2004, S. 4.

349 Siehe für die Entwicklung des Gesamtvolumens der Beihilfen von 1992-2002 Beobachtungsnetz 2004, Tabelle 3, S. 13.

350 In Frankreich kam es zu einer Reduzierung der Beihilfen zur Rettung und Umstrukturierung des Bankensektors, in Italien wurden erhebliche Mittel zur Förderung der am wenigsten entwickelten Regionen gestrichen und in Deutschland lief das Programm „Aufbau Ost" aus.

351 Beobachtungsnetz 2004, Tabelle 3, S. 13.

352 Beihilfenanzeiger, Frühjahr 2004, S. 11, 12, Schaubild 1.

353 Die Werte beziehen sich auf das Gesamtvolumen der Beihilfen ohne Landwirtschaft, Fischerei und Verkehr. Siehe zu den Werten der einzelnen Mitgliedsländer Beihilfenanzeiger, Frühjahr 2004, S. 12, Schaubild 1.

354 Siehe bezüglich der Reduzierung der Beihilfen im Verhältnis zum BIP von 1998-2000 bis 2000-2002 Beihilfenanzeiger, Frühjahr 2004, S. 14, Schaubild 2.

355 Kilb, JuS 2003, S. 1072 (1074).

Entwicklung, die Umwelt, Beschäftigung, Ausbildung und auch für KMU.[356] Welcher Stellenwert ihnen auf europäischer Ebene beigemessen wird, offenbart sich vor allem an den Forderungen des Europäischen Rates auf den Tagungen in Stockholm (23./24.03.2001)[357] und Barcelona (15./16.03.2002)[358]. Diese enthielten nicht nur eine Aufforderung der Mitgliedstaaten ihre Subventionen – gemessen am BIP – weiter zu reduzieren, sondern auch, ihre Beihilfen auf horizontale Ziele von gemeinsamem europäischem Interesse umzulenken.[359]

Lag der Anteil der horizontalen Beihilfen im Jahr 2000 EU-weit noch bei 47 % der Gesamtbeihilfen (ohne Landwirtschaft, Fischerei und Verkehr),[360] machte er zwei Jahre später bereits einen Anteil von 73 % aus.[361]

In den Ländern Belgien, Dänemark, Finnland, Griechenland, Italien, Niederlande und Österreich betrug der Anteil der horizontalen Beihilfen im Jahr 2002 gar an die 100 %. Deutschland belegte mit nur 66 % einen der hinteren Plätze. Lediglich Frankreich (60 %), Irland (48 %) und Portugal (39 %) vergaben verhältnismäßig weniger Beihilfen zur Erreichung horizontaler Ziele.[362] Es ist jedoch davon auszugehen, dass auch diese Länder in naher Zukunft ihren Anteil horizontaler Beihilfen weiterhin erhöhen werden. Aufgrund der positiven Effekte, die mit den horizontalen Beihilfen erreicht werden können, ist diese Neuausrichtung in den einzelnen Mitgliedsländern zu begrüßen.

Trotz des z.T. erheblichen Rückgangs des Gesamtvolumens der Beihilfen in den letzten Jahren, nehmen Beihilfen noch immer einen bedeutenden Platz in den einzelnen Finanzhaushalten ein. Ihre Bedeutung sollte daher nicht unterschätzt werden.

Wie sich die Beihilfenvergabe in den kommenden Jahren entwickeln wird, ist im Hinblick auf die Integration der zehn Beitrittsländer noch ungewiss. Bislang waren diese nämlich mit staatlichen Beihilfen eher großzügig. Gerade in den Jahren

---

356 Mähring, JuS 2003, S. 448 (451); Mederer, in: Schröter/Jakob/Mederer, Europäisches Wettbewerbsrecht, Art. 87, Rn. 194; Koenig/Kühling, in: Streinz, EUV/EGV, Art. 87, Rn. 70.

357 Im Internet einzusehen unter http://www.ue.int/ueDocs/cms_Data/docs/pressData/de/ec/ACF 191B.html (5.11.2004)

358 Im Internet einzusehen unter http://www.ue.eu.int/ueDocs/cms_Data/docs/pressData/de/ec/ 71067.pdf (5.11.2004)

359 Siehe die Schlussfolgerungen des Europäischen Rates vom 23. und 24. März 2001 (Stockholm), Ziffer 21 und vom 15. und 16. März 2002 (Barcelona), Ziffer 18; Kilb, EWS 2004, S. 55 (61). Dies entspricht auch dem Ziel der Kommission - XXXII. Bericht über die Wettbewerbspolitik 2002, SEK (2003) 467 endg., S. 102, Rn. 338. Zu Einzelheiten bezüglich der Neuausrichtung der Beihilfen siehe die Mitteilung der Kommission: Fortschrittsbericht der Kommission über die Reduzierung und Neuausrichtung der staatlichen Beihilfen, KOM (2002) 555 endg.

360 Beihilfenanzeiger, Frühjahr 2002, S. 20.

361 Siehe zu Einzelheiten bezüglich der Beihilfen für horizontale Ziele den Beihilfenanzeiger, Frühjahr 2004, S. 23, Tabelle 10.

362 Beihilfenanzeiger, Frühjahr 2004, S. 23, Tabelle 10.

des wirtschaftlichen Umbaus ergriffen all zu oft recht eindeutig gegen die existierenden EG-Beihilferegeln verstoßende Maßnahmen (z.B. Steuerbefreiungen), um ausländische Investoren anzuziehen.[363]

2. Gesamtwirtschaftliche Bedeutung der KMU-Beihilfen

Beihilfen an KMU gehören zu den horizontalen Zielen des Beihilferechts. Bereits seit Jahren fordert die EU die Mitgliedstaaten dazu auf, ihre Beihilfen auf solche Ziele und damit auch auf KMU, umzulenken.

14 % des Gesamtvolumens der Beihilfen in der EU (ohne Landwirtschaft, Fischerei und Verkehr) entfielen im Jahr 2002 auf KMU.[364] Dies waren ca. 5 Mrd. Euro, wobei der Anteil der KMU-Beihilfen von Mitgliedstaat zu Mitgliedstaat erheblich variierte. Er reichte mit einem Anteil am Gesamtvolumen (außer Landwirtschaft, Fischerei und Verkehr) von gerade einmal 1-2 % in Dänemark und Irland über 20 % in Belgien, Luxemburg und Spanien bis hin zu 33 % in Italien.

In Deutschland lag der Wert im Jahr 2002 bei gerade einmal 6 % und damit deutlich unter dem EU-Durchschnitt.[365]

Der für die 15 Länder der EU ermittelte Durchschnittswert von 14 % enthält jedoch nur solche Beihilfen, die primär der KMU-Förderung dienen. Im Ergebnis können auch andere Beihilfen, wie solche mit regionalpolitischer Zielsetzung oder Forschungs- und Entwicklungsbeihilfen, dem geschäftlichen Umfeld von KMU zugute kommen.[366] So waren allein im Jahr 2002 fast 1 Mrd. Euro der Beihilfen, das sind an die 3 % des Gesamtvolumens, ausschließlich für KMU als „sekundäres" Ziel bestimmt.[367] Die primäre und sekundäre Förderung für KMU lag damit im Jahr 2002 bei insgesamt 6 Mrd. Euro, was einem Anteil von 17 % am Gesamtvolumen entspricht.[368]

Ein großer Teil der Beihilfen in den einzelnen Mitgliedsländern diente somit der Förderung der KMU. Nichts anderes gilt für die neuen Mitgliedsländer. Auch dort wurde in den letzten Jahren die sogenannte Vorbeitrittsbeihilfe zunehmend zur Mittelstandsförderung verwendet.[369]

---

363 Kilb JuS 2003, S. 1072 (1076).

364 Beihilfenanzeiger, Frühjahr 2004, S. 23, Tabelle 10.

365 Beihilfenanzeiger, Frühjahr 2004, S. 23, Tabelle 10. Für einen Vergleich mit den Jahren 2000 und 2001 siehe Beihilfenanzeiger, Frühjahr 2002, S. 21, Tabelle 9 und Beihilfenanzeiger, Frühjahr 2003, S. 22, Tabelle 7.

366 Beihilfenanzeiger, Frühjahr 2003, S. 11; Beihilfenanzeiger, Frühjahr 2004, S. 24.

367 Das Primärziel dieser Beihilfemaßnahmen war in den meisten Fällen Forschung und Entwicklung.

368 Beihilfenanzeiger, Frühjahr 2004, S. 24.

369 Siehe die Internetseite der Europäischen Kommission unter http://www.europa.eu.int/scadplus/leg/de/lvb/n26025.htm (18.02.2006).

Auch auf Gemeinschaftsebene hat die Förderung der KMU großes Gewicht, doch nimmt die Kommission dabei eine andere Rolle ein als die Mitgliedstaaten.

Zwar weist die Mehrzahl der Gemeinschaftspolitiken und -programme eine beträchtliche KMU-Dimension auf, doch besteht sie schwerpunktmäßig nicht aus finanzieller Förderung. Sie konzentriert sich vielmehr auf die Verbesserung der Rahmenbedingungen, dem Vergleich und der Verbreitung vorbildlicher Instrumente („Benchmarking") und der Weiterentwicklung einer mittelstandsfreundlichen Wettbewerbspolitik.[370] Der Großteil der finanziellen KMU-Förderung liegt im nationalen oder regionalen Bereich und soll auch dort verbleiben.[371] Obwohl allein im Zeitraum 2000 bis 2006 16 Mrd. Euro, das entspricht 11 % der gesamten Strukturfondsmittel, für Projekte zur Förderung der KMU bereitgestellt werden sollen,[372] schätzt die Kommission ihr finanzielles Engagement auf lediglich rund 5 %.[373]

Auch für die Unternehmen hat die Bedeutung der KMU-Beihilfen zugenommen. Das hängt mit der Rückführung der Fördergebietsbevölkerungshöchstgrenzen für Regionalbeihilfen zusammen, die seit dem 1.1.2000 besteht. In der Gemeinschaft wurde der Wert um 4 Prozentpunkte auf 42,7 % gesenkt. Dadurch ergab sich für Deutschland eine Reduzierung der Fördergebietsbevölkerungsgrenze 34,9 %.[374] Das hatte zur Folge, dass eine Vielzahl der Unternehmen, die bislang in den Genuss der Regionalförderung im Rahmen der Gemeinschaftsaufgabe „Verbesserung der regionalen Wirtschaftsstruktur" kamen, sich nunmehr außerhalb eines Fördergebietes befinden. Sofern nicht ein spezieller Förderungsgrund einschlägig ist, kommt für diese Unternehmen zumeist nur noch die Förderung gemäß den Grundsätzen über die KMU-Förderung in Betracht.[375]

Die KMU-Beihilfen spielen demnach sowohl für die EU, die einzelnen Mitgliedstaaten als auch für die Unternehmen eine ganz entscheidende Rolle.

3. Zwischenergebnis

Beihilfen kommt sowohl auf nationaler als auch auf europäischer Ebene eine große Bedeutung zu. Allein im Jahr 2002 wurden in der EU-15 Beihilfen i.H.v.

---

370 Siehe ausführlicher zu den Fördermaßnahmen der EU unter C. III.

371 Zourek, WPg Sonderheft 2003, S. 240 (242).

372 Mitteilung der Kommission an den Rat und das Europäische Parlament: „Thinking small" in einer größer werdenden Union, KOM (2003) 26 endg., S. 7.

373 Zourek, WPg Sonderheft 2003, S. 240 (242).

374 Mitteilung der Kommission über die nationalen Fördergebietsbevölkerungshöchstgrenzen im Rahmen der Ausnahmebestimmungen des Artikel 92 III a), c) EG für den Zeitraum 2000-2006, ABl. 1998 C 74/9; Mederer, in: Groeben/Schwarze, EG, Art. 87, Rn. 170, 173; Koenig/Kühling, DVBl 2000, 1025 (1028); siehe ausführlicher zur Regionalförderung Jung/Hassold, DÖV 2000, S. 190 (190 ff.).

375 Koenig/Kühling, DVBl 2000, S. 1025 (1028).

49 Mrd. Euro vergeben. In den letzten Jahren ist es jedoch zu einem steten Rückgang des Beihilfenvolumens gekommen. Neben einer Reduzierung des Beihilfenvolumens kam es aber auch zu einer Neuausrichtung der Beihilfenvergabe. Großer Gewinner dieser Neuausrichtung sind die KMU. Bereits im Jahr 2002 nahmen KMU-Beihilfen 14 % des Beihilfegesamtvolumens in der EU-15 ein. Aufgrund des anhaltenden Neuausrichtungsprozesses ist aber davon auszugehen, dass ihr Anteil noch steigen wird.

II. System und Reichweite der Kontrolle staatlicher Beihilfen

Das EG-Beihilfenrecht unterlag durch den Erlass der VO 70/2001 EG im Bereich der KMU-Beihilfen erheblichen Veränderungen. Zum besseren Verständnis der rechtlichen und tatsächlichen Bedeutung der VO 70/2001 EG, ist zunächst auf die normativen Grundlagen, die Art. 87 ff. EG einzugehen.[376]

Die nationalen Rechtsordnungen selbst enthalten keine spezifischen wettbewerbsrechtlichen Grenzen für die Subventionierung von Unternehmen oder gar Beihilfenverbote. Subventionen wurden daher häufig großzügig eingesetzt.[377]

Subventionen können jedoch eine Reihe von negativen Wirkungen haben. Diese reichen von einer Lähmung der Unternehmerinitiative bis zur Behinderung der Innovationen (sogenannte Subventionsmentalität).[378] Darüber hinaus fördern sie Mitnahmeeffekte, Gewöhnungseffekte, Besitzstandsdenken, Kumulationseffekte und einen Subventionswettlauf.[379] Um dieser umfassenden nationalen „Subventionierungsfreiheit" einen Riegel vorzuschieben, haben die Väter der Römischen Verträge die Art. 87-89 EG in das EG-Recht eingeführt.[380] Diesen Regelungen liegt der Gedanke zugrunde, dass in einem gemeinsamen Europa ein Gemeinsamer Markt und ein funktionierender Wettbewerb nur dann möglich sind, wenn für alle Marktteilnehmer gleiche Chancen bestehen.[381] Daher ist die Gewährung staat-

---

376 So auch Wiedemann, GVOen des EWG-Kartellrechts, S. 1, Rn. 1.

377 Schroth/Koch, Subventionsbeschwerde, S. 3; Schäfer, Wirtschaftsrecht der EG, S. 227.

378 Der Staat fördert häufig gerade diejenigen Unternehmen, die sonst im EG-weiten Wettbewerb nicht bestehen können. Träge, marktferne, innovationsscheue Firmen würden so für die Versäumnisse der Vergangenheit noch belohnt, wodurch die Konkurrenzfähigkeit der gesamten europäischen Wirtschaft Schaden nehme. Schlimmer noch: Innovative Betriebe würden am Markt scheitern, weil die subventionierte Konkurrenz sie aussticht, siehe Schäfer, Wirtschaftsrecht der EG, S. 227.

379 Siehe dazu Stober, Allgemeines Wirtschaftsverwaltungsrecht, § 31 III, S. 292 f. m.w.N.

380 Die Vorschriften über die Vergabe von staatlichen Beihilfen finden sich in der Verfassung der EU unter Artikel III-167 bis III-169 mit nahezu unverändertem Wortlaut. Lediglich Art. III-168 (Art. 88 EG) fügt einen zusätzlichen Abs. 4 ein: „Die Kommission kann Europäische Verordnungen zu den Arten von staatlichen Beihilfen erlassen, die, wie vom Rat nach Art. III-169 festgelegt, von dem Verfahren nach Abs. 3 ausgenommen werden können." Der Text der Verfassung ist einzusehen unter ABl 2004 C 310/1.

381 Schroth/Koch, Subventionsbeschwerde, S. 3.

licher Beihilfen - wie auch staatliche Handelshemmnisse und wettbewerbsbeschränkende Vereinbarungen - gem. Art. 87 I EG grundsätzlich verboten.[382]

Dieses Verbot ist allerdings nicht absolut.

Art. 87 II und III EG enthalten Tatbestände, die eine Ausnahme von diesem grundsätzlichen Verbot gestatten. Daher wird beim Beihilfeverbot oft von einem „Verbot unter Erlaubnisvorbehalt" gesprochen.[383]

Die Genehmigung solcher Beihilfen unterliegt jedoch einer strengen Überwachung durch die Kommission nach dem in Art. 88 EG vorgesehenen Aufsichtsverfahren.[384]

Letzte primärrechtlich verankerte Beihilfenvorschrift ist Art. 89 EG. Dieser Artikel dient als Ermächtigungsgrundlage für gesetzgeberische Maßnahmen des sekundären Beihilferechts. Auf seiner Grundlage kann der Rat zweckdienliche Verordnungen erlassen, die die Durchführung der Art. 87 und 88 EG regeln. Fristete Art. 89 EG jahrelang eine Art „Schattendasein", kam ihm in den letzten Jahren eine überragende Bedeutung in der Entwicklung des Beihilfenrechts zu. Dies gilt auch in Bezug auf die Entstehung der VO 70/2001 EG.

1. Beihilfeverbot - Art. 87 I EG

Nach Art. 87 I EG sind „staatliche oder aus staatlichen Mitteln gewährte Beihilfen gleich welcher Art, die durch die Begünstigung bestimmter Unternehmen oder Produktionszweige den Wettbewerb verfälschen oder zu verfälschen drohen mit dem Gemeinsamen Markt unvereinbar, soweit sie den Handel mit dem Gemeinsamen Markt beeinträchtigen".

Dem Wortlaut nach enthält Art. 87 I EG zwar kein explizites Verbot, wie etwa Art. 81 I EG, doch impliziert die „Unvereinbarkeit" ein Beihilfeverbot, weshalb Art. 87 I EG als Verbotsnorm anzusehen ist.[385]

a) Definition des Beihilfenbegriffs

Zunächst gilt es zu klären, was unter einer Beihilfe zu verstehen ist. Dies ist deshalb von besonderer Bedeutung, weil durch die Art. 87 ff. EG die Souveränität der Mitgliedstaaten stark eingeschränkt und ihr wirtschaftspolitischer Handlungsspiel-

---

[382] Cremer, in: Calliess/Ruffert, EGV, Art. 87, Rn. 1, 1a; Mederer, in: Groeben/Thiesing/Ehlermann, EU-/EG-Vertrag, Art. 92, Rn. 154.

[383] Bär-Bouyssière, in: Schwarze, EUV, Art. 87, Rn. 2; Ysendyck/Mederer, in: Schröter/Jakob/Mederer, Europäisches Wettbewerbsrecht, Art. 87, Rn. 2.

[384] Rawlinson, in: Lenz/Borchardt, EG-Vertrag, Art. 88, Rn. 1; Bär-Bouyssière, in: Schwarze, EUV, Art. 88, Rn. 1; Koenig/Kühling/Ritter, EG-Beihilfenrecht, S. 20.

[385] Schroth/Koch, Subventionsbeschwerde, S. 3.

raum beschränkt wird.[386] Ausmaß der Kontroll- und Aufsichtspflichten der Kommission über die Mitgliedstaaten werden entscheidend von der Reichweite des Beihilfebegriffs bestimmt.[387]

aa) Keine Definition im EG-Recht

Zwar legt Art. 87 I EG fest, aus welcher Quelle Beihilfen kommen (staatliche oder aus staatlichen Mitteln gewährte Beihilfen) und welche Auswirkungen sie haben (Wettbewerbsverfälschung durch Begünstigung bestimmter Unternehmen oder Produktionszweige, Handelsbeeinträchtigung), er enthält aber weder eine Definition des Begriffs „Beihilfe“ noch Angaben darüber, welche Art von Maßnahmen untersagt sind.[388]

In den übrigen Vorschriften des EG-Vertrages findet sich ebenfalls keine Definition des Begriffs der Beihilfe. Der Grund dafür dürfte nicht nur in der Schwierigkeit einer vollständigen und abschließenden Begriffsbestimmung liegen, sondern auch in der Tatsache, dass der Beihilfebegriff nicht statisch ist, sondern sich allmählich fortentwickelt und somit einer gewissen Flexibilität bedarf.[389] Um eine Anpassung an die sich ändernden wirtschaftspolitischen und konjunkturellen Umstände, die in der Beihilfenpolitik eine wesentliche Rolle spielen, zu ermöglichen, wurde der Begriff der Beihilfe von den Vertragsparteien somit bewusst offengelassen.[390]

Die VO 70/2001 EG enthält ebenfalls keine Ausführungen zum Vorliegen einer Beihilfe. Sie knüpft insoweit ausschließlich an den Beihilfenbegriff des Vertrages an. Dies ergibt sich aus ihrem Art. 1 i.V.m. der Definition des Beihilfebegriffs in Art. 2 lit. a) VO 70/2001 EG. Für die Qualifizierung als Beihilfe gelten somit die allgemeinen Prinzipien.

bb) Definitionsversuche

Eine präzise Definition des Begriffs der Beihilfe findet sich auch in der Literatur und der Rechtsprechung nicht. Zwar werden Beispiele genannt, doch wird durch-

---

386 Mederer/Ysendyck, in: Groeben/Schwarze, EG, Art. 87, Rn. 4. Bär-Bouyssière, in: Schwarze, EUV, Art. 87, Rn. 26.

387 Mederer/Ysendyck, in: Groeben/Schwarze, EG, Art. 87, Rn. 4. Bär-Bouyssière, in: Schwarze, EUV, Art. 87, Rn. 26; Wössner, Deutschlandklausel im EG-Beihilfenrecht, S. 50.

388 XXX. Bericht über die Wettbewerbspolitik 2000, SEK (2001) 694 endg., S. 122, Rn. 314; Rengeling, in: Börner/Neundörfer, Beihilfen im Gemeinsamen Markt, S. 26; v. Friesen, Staatliche Haftungszusagen, S. 81.

389 Sinnaeve, Rückforderung nationaler Beihilfen, S. 29; Hoischen, Beihilferegelung in Art. 92 EWGV, S. 6; Schina, State Aids, S. 13; Stockhausen, Beihilfenrechtliche Grenzen, S. 28; Bleckmann/Koch, in: Bleckmann, Europarecht, S. 744, Rn. 2051.

390 Schina, State Aids, S. 13; Stockhausen, Beihilfenrechtliche Grenzen, S. 28; Hoischen, Beihilferegelung in Art. 92 EWGV, S. 6; Sinnaeve, Rückforderung nationaler Beihilfen, S. 29.

weg vermieden, eine abschließende Aufzählung oder gar eine erschöpfende Begriffsbestimmung zu geben.[391] Grund dafür ist, dass nach Auffassung der Rechtsprechung und Kommission eine abschließende Erfassung sämtlicher Beihilfeformen und –typen den Beihilfebegriff der Gefahr einer unzulässigen Verengung aussetzen würde,[392] wofür es nach Wortlaut, Systematik, sowie Sinn und Zweck der beihilfebezogenen Regelungen des Gemeinschaftsrechts keine Grundlage gebe und dem Ziel des Art. 3 lit. g) EG zuwiderlaufen würde.[393] Wegen der Formulierung „Beihilfen gleich welcher Art" wird jedoch überwiegend eine weite Auslegung befürwortet.[394] Dementsprechend werden Beihilfen ganz allgemein als eine in beliebiger Form gewährte Zuwendung beschrieben, die keine marktgerechte Gegenleistung für eine von diesem Wirtschaftsteilnehmer erbrachte Leistung darstellen und ihn daher in besonderer Form gegenüber seinen Wettbewerbern wirtschaftlich begünstigt.[395] Eine solche extensive Auslegung des Beihilfebegriffs sei insbesondere deshalb geboten, weil den Art. 87 ff. EG auch eine Funktion der Lückenschließung zukomme. Sie sollen verhindern, dass die Mitgliedstaaten die Vorschriften durch eine Kombination mehrerer, isoliert nicht zu beanstandender Maßnahmen umgehen.[396]

cc) Erfordernis einer Definition

Das Fehlen einer kodifizierten Definition für den Begriff der Beihilfe ist indes nicht unproblematisch. Ohne eine solche stehen die beihilfevergebenden Stellen stets vor dem Problem, eine Maßnahme ex ante als Beihilfe einzustufen. Daraus ergeben sich erhebliche Schwierigkeiten bei der Einhaltung der Pflichten des Beihilfeaufsichtsrechts; so kann es z.B. unklar sein, wann die Mitgliedstaaten eine Maßnahme bei der Kommission anzumelden haben. Gleichzeitig laufen die Begünstigten Gefahr, die erhaltenen Vergünstigungen zurückzahlen zu müssen, weil der Mitgliedstaat der Notifizierungsverpflichtung nicht nachgekommen ist. Inso-

---

391 Wössner, Deutschlandklausel im EG-Beihilfenrecht, S. 51.

392 GA Lenz in: Schlussanträge in der Rechtssache 40/85, Slg. 1986, I-2321 Belgien/Kommission; Stockhausen, Beihilfenrechtliche Grenzen, S. 28; v. Friesen, Staatliche Haftungszusagen, S. 82; Koenig/Sander, EuR 2000, S. 743 (745).

393 GA Lenz in: Schlussanträge in der Rechtssache 234/84, Slg. 1986, I-2263 Belgien/Kommission; Evans, State Aid, S. 27; Stockhausen, Beihilfenrechtliche Grenzen, S. 28; Staebe, Rechtsschutz bei gemeinschaftswidrigen Beihilfen, S. 31.

394 Der EuGH artikulierte sein weites Verständnis des Begriffs der Beihilfe erstmals in dem sogenannten „Bergmannsprämien-Urteil" aus dem Jahr 1961, EuGH Slg. 1961, I-3 De Gezamenlijke Steenkolenmijen in Limburg/Hohe Behörde; Bleckmann/Koch, in: Bleckmann, Europarecht, S. 744, Rn. 2052; Wössner, Deutschlandklausel im EG-Beihilfenrecht, S. 51 m.w.N.

395 EuGH Slg. 1984, I-3809 Intermills/Kommission; EuG Slg. 1999, II-17 Neue Maxhütte Stahlwerke/Kommission; Koenig/Sander, EuR 2000, S. 743-767 (745).

396 Mederer/Ysendyck, in: Groeben/Schwarze, EG, Art. 87, Rn. 2; Rengeling, in: Börner/Neundörfer, Beihilfen im Gemeinsamen Markt, S. 26; Wössner, Deutschlandklausel im EG-Beihilfenrecht, S. 52.

fern stellt sich die Frage, ob das Bestreben der Gemeinschaftsorgane, den Beihilfenbegriff offen zu halten, erforderlich ist.

Dem steht entgegen, dass im Rahmen der intensiven Beihilfeaufsicht der letzten Jahre hinreichend Erfahrungen gesammelt werden konnten, um ein transparentes Beihilfeaufsichtsrecht sicherzustellen. Allein die Schwierigkeit eine solche Definition zu formulieren, kann für die Kommission und den EuGH daher kein „Freibrief“ sein, den Begriff offen zu lassen und kasuistisch auszubauen, wenn sich eine Gelegenheit bietet. Dies muss gerade in Anbetracht der Vielzahl von unterschiedlichen potentiellen Beihilfen und der Tatsache gelten, dass sich dieses Problem bei dem Begriff der Beihilfe nicht wesentlich stärker stellt, als in anderen Bereichen der Gesetzgebung.

Zwar kann das Problem der Begriffsumschreibung ein Argument dafür sein, bei der Definition selbst noch einen gewissen Interpretationsraum zu belassen, nicht aber dafür, auf eine Definition gänzlich zu verzichten. Dies erfordert schon der Grundsatz der Rechtssicherheit. Es spricht also vieles dafür, den Begriff der Beihilfe verbindlich festzulegen, so wie auch andere für die Beihilfeüberwachung relevanten Begriffe inzwischen definiert wurden (z.B. öffentliche Unternehmen, öffentliche Hand, beherrschender Einfluss).[397] Geeignetes Instrumentarium dafür wäre eine Durchführungsverordnung gem. Art. 89 EG in Betracht.[398]

Angesichts der angestrebten und durch die Gruppenfreistellungsverordnungen bereits realisierten Dezentralisierung des Beihilfenrechts gewinnt die Überlegung einer rechtsgültigen Definition des Begriffs der Beihilfe sogar noch an Bedeutung. Denn je mehr Kompetenzen die Kommission aus der Hand gibt, desto präziser müssen die von den einzelnen Mitgliedstaaten anzuwenden Vorschriften formuliert sein.

b) Begünstigung von Unternehmen oder Produktionszweigen

Gem. Art. 87 I EG müssen die gewährten Mittel zu einer Begünstigung von Unternehmen oder Produktionszweigen führen.

aa) Definition der Begünstigung

Das Merkmal der Begünstigung ist das zentrale Tatbestandsmerkmal des Art. 87 I EG.[399] Eine Definition hierfür findet sich im Gemeinschaftsrecht allerdings nicht,

---

397 Sinnaeve, Rückforderung nationaler Beihilfen, S. 213; Stockhausen, Beihilfenrechtliche Grenzen, S. 28-29.

398 Sinnaeve, Rückforderung nationaler Beihilfen, S. 213-214; Mederer, Art. 89, Rn. 3; a.A. v. Wallenberg, in: Grabitz/Hilf, Recht der EU, Art. 89.

399 Koenig/Kühling, NJW 2000, S. 1065 (1065).

doch ist es nach ständiger Rechtsprechung des EuGH[400] und allgemeiner Auffassung in der Literatur ebenfalls weit auszulegen.[401] Eine staatliche Maßnahme ist - unabhängig von ihrer Form und Ausgestaltung - immer dann als Begünstigung i.S.d. Art. 87 I EG anzusehen, wenn das Unternehmen eine Leistung ohne angemessene Gegenleistung (Kompensation) erlangt. Unter einer Leistung ist dabei jeder geldwerte Vorteil für den Empfänger zu verstehen. Zwar erfolgen Leistungen regelmäßig durch positive Handlungen, wie im Fall des klassischen Subventionsbegriffs durch Zuführung von Geldmitteln, aber auch Maßnahmen, die die Belastung eines Unternehmens mindern, sind erfasst.[402] Die Motivation der Gewährung ist dabei unerheblich, entscheidend ist allein die Wirkung der Leistung.[403] Dies dürfte nicht nur dem Wortlaut („...gleich welcher Art...") entsprechen, sondern auch der an Art. 3 lit. g) EG ausgerichteten Ratio des Art. 87 EG.[404] Nur so kann der Wettbewerb innerhalb des Gemeinsamen Marktes effektiv vor Verfälschungen durch staatliche Beihilfen geschützt werden.[405] Auch eine Maßnahme, die allgemeine konjunktur- oder steuerpolitische Ziele verfolgt, kann somit eine Beihilfe darstellen.[406]

Keine Begünstigung liegt hingegen nach neuerer Rechtsprechung vor, wenn der Staat einem Unternehmen einen Vorteil als Ausgleich für eine von diesem zu leistende gemeinwirtschaftliche Aufgabe und die daraus entstehenden Kosten gewährt (Begünstigung durch Ausgleichszahlungen für das Erbringen von „Dienstleistungen von allgemeinem wirtschaftlichem Interesse").[407]

---

400 Bereits 1961 hat der EuGH entschieden, dass dieses Merkmal weit auszulegen ist, vgl. EuGH Slg. 1961, I-3 De Gezamenlijke Steenkolenmijen in Limburg/Hohe Behörde.

401 Cremer, in: Calliess/Ruffert, EGV, Art. 87, Rn. 7; Geiger, EGV, Art. 87, Rn. 7; Koenig/Kühling, in: Streinz, EUV/EGV, Art. 87, Rn. 27; Schmidt, Besonderes Verwaltungsrecht, S. 384.

402 Demzufolge sind z.B. Befreiungen von Soziallasten, die Gewährung eines Vorzugsrediskontsatzes für Ausfuhren, Zahlungserleichterungen, Steuer- und Abgabenerleichterungen, Sondertarife und Investitionszulagen als Beihilfen anzusehen; EuGH Slg. 1961, I-3 De Gezamenlijke Steenkolenmijen in Limburg/Hohe Behörde; Koenig/Haratsch, Europarecht, S. 325, Rn. 847-848.

403 EuGH 1987, Slg. I-901, Tz. 8. Deufil/Kommission; Remlinger, Rechtswidrige Beihilfeverhältnisse, S. 127; v. Friesen, Staatliche Haftungszusagen, S. 83.

404 Caspari, in: FS für v. d. Groeben, S. 76.

405 V. Friesen, Staatliche Haftungszusagen, S. 83.

406 Koenig/Kühling, NJW 2000, S. 1065 (1065); Koenig/Haratsch, Europarecht, S. 325, Rn. 848.

407 Vgl. EuGH Slg. 2001, I-9067, Tz. 27 Ferring/Acoss; Slg. 2001, I-9067, Tz. 27 ff., 87 Altmark Trans GmbH und Regierungspräsidium Magdeburg/Nahverkehrsgesellschaft Altmark GmbH. Keine Begünstigung liegt nach Rspr. des EuGH demnach vor, wenn das begünstigte Unternehmen tatsächlich mit der Erfüllung gemeinwirtschaftlicher Verpflichtungen betraut und diese Verpflichtungen klar definiert wurden. Die Parameter, anhand deren der Ausgleich berechnet wird, zuvor objektiv und transparent aufgestellt wurden. Der Ausgleich nicht über das hinausgeht, was erforderlich ist, um die Kosten der Erfüllung der gemeinwirtschaftlichen Verpflichtungen unter Berücksichtigung der dabei erzielten Einnahmen und eines angemessenen

bb) Begriff der Unternehmen

Für die Definition des Beihilfeempfängers stützt sich Art. 87 I EG auf den Begriff des Unternehmens.[408] Ein Unternehmen ist, wie gezeigt, jede eine wirtschaftliche Tätigkeit ausübende Einheit, unabhängig von ihrer Rechtsform und der Art ihrer Finanzierung.[409]

cc) Begriff des Produktionszweiges.

Die zweite Tatbestandsalternative des Art. 87 I EG, der Begriff des Produktionszweiges, ist ebenfalls weit zu verstehen.[410] Er enthält praktisch alle Gewerbezweige und freien Berufe, soweit ihre Wirtschaftstätigkeiten auf Dauer angelegt sind. Er soll alle Beihilfen erfassen, die einer ganzen Branche zugute kommen.[411]

c) Staatlich oder aus staatlichen Mitteln stammende Beihilfe

Art. 87 I EG setzt weiterhin voraus, dass die Beihilfen „staatlich" oder „aus staatlichen Mitteln" gewährt werden.[412] Beihilfen aus Mitteln der EG sind demnach nicht vom Beihilfenverbot des Art. 87 I EG erfasst. Sie unterfallen lediglich dem Vertragsgrundsatz des freien unverfälschten Wettbewerbs (Art. 3 I lit. g), 4 I EG), der den Gemeinschaftsorganen jedoch einen viel größeren Spielraum als Art. 87 ff. EG den Mitgliedstaaten lässt.[413]

Gewinns aus der Erfüllung dieser Verpflichtungen ganz oder teilweise zu decken. Und die Höhe des erforderlichen Ausgleichs, wenn die Wahl des Unternehmens, das mit der Erfüllung gemeinwirtschaftlicher Verpflichtungen betraut werden soll, nicht im Rahmen eines Verfahrens zur Vergabe öffentlicher Aufträge erfolgt, auf der Grundlage einer Analyse der Kosten bestimmt wurde, die ein durchschnittliches, gut geführtes Unternehmen, das so angemessen mit Transportmitteln ausgestattet ist, dass es den gestellten gemeinwirtschaftlichen Anforderungen genügen kann, bei der Erfüllung der betreffenden Verpflichtungen hätte, wobei die dabei erzielten Einnahmen und ein angemessener Gewinn aus der Erfüllung dieser Verpflichtungen zu berücksichtigen sind.

408 Entscheidung der Kommission vom 15.1.2002, ABl. 2002 L 165/15, Tz. 64 - Klausner Nordic Timber GmbH & Co. KG; Lübbig/Martín-Ehlers, Beihilfenrecht der EU, S. 31, Rn. 73.

409 Siehe näher dazu unter B. I.

410 V. Wallenberg, in: Grabitz/Hilf, Art. 92 EGV, Rn. 22; Koenig/Kühling, in: Streinz, EUV/EGV, Art. 87, Rn. 50; Schmidt, Besonderes Verwaltungsrecht, S. 385.

411 Koenig/Kühling, NJW 2000, S. 1065 (1068); Koenig/Kühling, in: Streinz, EUV/EGV, Art. 87, Rn. 50; Mederer, in: Groeben/Schwarze, EG, Art. 87, Rn. 35.

412 Die Verfassung sieht eine Änderung bezüglich des Wortlautes vor, die jedoch nicht zu einer inhaltlichen Änderung führen dürfte. In Art. III-167 heißt es: „... Soweit in der Verfassung nicht etwas anderes bestimmt ist, sind Beihilfen der Mitgliedstaaten oder aus staatlichen Mitteln gewährte Beihilfen gleich welcher Art, ...", ABl. 2004 C 310/1.

413 Giegerich, in: Marauhn/Heselhaus, Staatliche Förderung, S. 254; Cremer, in: Calliess/Ruffert, EGV, Art. 87, Rn. 45.

Die erste Tatbestandsalternative erfasst die gewöhnlichen Beihilfen, die aus öffentlichen Mitteln finanziert und unmittelbar durch den Staat gewährt werden. Ob die Beihilfen dabei durch den Bund, die Länder, Kreise und Gemeinden oder sonstige öffentliche Institutionen gewährt werden, ist unerheblich.[414]

Die zweite Tatbestandsalternative, „aus staatlichen Mitteln gewährte Beihilfen", bezieht sich auf die seltenere und subsidiäre Kategorie der Beihilfen, die zwar aus staatlichen Mitteln finanziert, aber nicht unmittelbar durch den Staat, sondern durch vom Staat benannte oder errichtete öffentliche oder private Einrichtungen, die der Staat errichtet oder ernannt hat, um Beihilfen zu verwalten, gewährt werden. Sie soll einer Umgehung der Bestimmungen über staatliche Beihilfen durch eine dezentralisierte und/oder privatisierte Beihilfeauszahlung verhindern.[415]

Beiden Alternativen ist gemein, dass sie zu einer Belastung der öffentlichen Haushalte führen müssen. Diese lange Zeit umstrittene Frage hatte der EuGH in der Rechtssache Preussen Elektra im Jahr 2001[416] eindeutig geklärt.[417]

Beide Begriffe zielen somit darauf ab, jegliche staatliche oder mit öffentlichen Mitteln finanzierte Interventionen, seien sie mittel- oder unmittelbar, zu erfassen. Den Mitgliedstaaten soll es unmöglich gemacht werden, die Beihilfebestimmungen dadurch zu umgehen, dass sie die Beihilfengewährung auf andere als staatliche Institutionen delegieren. Auf diese Weise begründet Art. 87 EG die staatliche Zurechenbarkeit für jegliche Art der Beihilfegewährung, die mit staatlichen Finanzmitteln in Zusammenhang gebracht werden kann.[418]

d) Bestimmte Unternehmen oder Produktionszweige

aa) Allgemeine Grundsätze

Art. 87 I EG setzt darüber hinaus die Begünstigung „bestimmter" Unternehmen oder Produktionszweige voraus. Dieses Merkmal der Selektivität soll verhindern, dass allgemeine Maßnahmen, die zugunsten aller Marktteilnehmer eines Mitgliedstaates ergehen und somit wettbewerbsneutral sind, dem Anwendungsbereich des

---

414 Mähring, Grundzüge des EG-Beihilfenrechts, JuS 2003, S. 448 (449); Mestmäcker/Schweitzer, Europäisches Wettbewerbsrecht, § 43, Rn. 58.

415 GA Jacobs in: Schlussanträge in der Rechtssache C-379/98, Slg. 2001, I-2099, Tz. 152 PreussenElektra AG gegen Schleswag AG.

416 EuGH Slg. 2001, I-2099 PreussenElektra AG gegen Schleswag AG; siehe auch Koenig/Haratsch, Europarecht, S. 327, Rn. 856.

417 Siehe umfassend zu dem Meinungsstreit GA Jacobs in: Schlussanträge in der Rechtssache C-379/98, Slg. 2001, I-2099, Tz. 150-159 PreussenElektra AG gegen Schleswag AG.

418 Mederer/Triantafyllou, in: Groeben/Schwarze, EG, Art. 87, Rn. 23.

Art. 87 I EG unterfallen.[419] Schließlich zielt Art. 87 I EG weder darauf ab, die Führung einer eigenständigen Wirtschaftspolitik durch die Mitgliedstaaten zu verhindern noch den damit einhergehenden wirtschaftlichen Wettbewerb der Mitgliedstaaten untereinander aufzuheben.[420] Aus diesem Grund sind allgemeine wirtschaftspolitische Maßnahmen der gemeinschaftlichen Beihilfeaufsicht entzogen[421] und unterliegen lediglich den Vorschriften des EG-Vertrages über die wirtschaftlichen Grundfreiheiten bzw. die harmonisierende Rechtssetzung der Gemeinschaft.[422] Ist die Maßnahme hingegen auf bestimmte Unternehmen, oder eine regional oder sektoriell definierte Gruppe von Unternehmen beschränkt, so ist sie als spezifisch i.S.v. Art. 87 I EG zu bewerten.[423]

bb) Beihilfeprogramme zugunsten von KMU

Viele Mitgliedstaaten haben mittlerweile spezielle Förderprogramme für KMU ins Leben gerufen und in nahezu allen Mitgliedstaaten liegt der Anteil dieser Unternehmensgruppe bei über 99 % aller Unternehmen. Es stellt sich somit die Frage, ob Maßnahmen, die eine Begünstigung von KMU bezwecken, überhaupt als selektiv im Sinne von Art. 87 I EG einzustufen sind. Eine Abgrenzung zu allgemeinen Maßnahmen der Wirtschaftsförderung ist gerade bei Beihilferegelungen[424] oftmals problematisch.[425]

Die Haltung der Kommission ist diesbezüglich eindeutig. Sie bewertet auch solche Begünstigungen als selektiv, die, obgleich sie einem breiten Kreis von Unternehmen zugute kommen mögen, doch an allgemein und objektiv formulierte Zu-

---

419 XXIV. Bericht über die Wettbewerbspolitik 1994, S. 184, Rn. 347; Heskamp, Horizontale Beihilfen, S. 25; Mederer, in: Groeben/Schwarze, EG, Art. 87, Rn. 30; Koenig/Kühling, NJW 2000, S. 1065 (1068).

420 Die Kompetenz für Maßnahmen der allgemeinen Wirtschaftspolitik verbleibt gem. Art. 99 EG bei den Mitgliedstaaten; Bonkamp, Beteiligung der öffentlichen Hand, S. 101; Stockhausen, Beihilfenrechtliche Grenzen, S. 76; v. Friesen, Staatliche Haftungszusagen, S. 93.

421 Müller-Graff, ZHR 1988, S. 403 (428); Lefèvre, Staatliche Ausfuhrförderung, S. 122; Stockhausen, Beihilfenrechtliche Grenzen, S. 75.

422 XXVI. Bericht über die Wettbewerbspolitik 1996, SEK (1997) 628 endg., S. 82-83, Rn. 172; XXVII. Bericht über die Wettbewerbspolitik 1997, SEK (1998) 636 endg., S. 92, Rn. 227; XXX. Bericht über die Wettbewerbspolitik 2000, SEK (2001) 694 endg., S. 107, Rn. 320.

423 Mederer, in: Groeben/Schwarze, EG, Art. 87, Rn. 37; Lübbig/Martín-Ehlers, Beihilfenrecht der EU, EG-Beihilfenrecht, S. 53; Geiger, EGV, Art. 87, Rn. 12; Hasselmann, Art. 87 EGV, S. 30.

424 Der Begriff Beihilferegelung ist in Art. 1 lit. d) VVO legaldefiniert: „Regelung, wonach Unternehmen, die in der Regelung in einer allgemeinen und abstrakten Weise definiert werden, ohne nähere Durchführungsmaßnahmen Einzelbeihilfen gewährt werden können, bzw. eine Regelung, wonach einem oder mehreren Unternehmen nicht an ein bestimmtes Vorhaben gebundene Beihilfen für unbestimmte Zeit und/oder in unbestimmter Höhe gewährt werden können."

425 Koenig/Kühling, in: Streinz, EUV/EGV, Art. 87, Rn. 53.

gangsvoraussetzungen geknüpft sind.[426] KMU sind ihrer Größe nach allgemein und objektiv bestimmbar, so dass sie begünstigende Förderprogramme selektiv sind und demnach auch unter das Beihilfenrecht fallen.[427]

Diese Position vertritt auch der EuGH. Mehrfach stellte er fest, dass allein die Tatsache, dass sehr viele Unternehmen eine Maßnahme in Anspruch nehmen können, allein noch nicht genügt, um die Selektivität der Maßnahme und damit ihre Eigenschaft als staatliche Beihilfe zu verneinen.[428] Dem folgend bewertete er erst im Jahr 2003 eine von Spanien eingeführte Beihilferegelung zugunsten natürlicher Personen und KMU als selektiv.[429]

Für eine derart weite Auslegung des Bestimmtheitsbegriffes spricht auch das Risiko, dass die Beihilfevorschriften umgangen werden.[430] Würden bereits auf der Ebene des Tatbestandsmerkmals der „Bestimmtheit" ganze Maßnahmegruppen mit möglicherweise stark wettbewerbsverfälschender Wirkung aus der EG-Beihilfeaufsicht ausgesondert, würde die Erreichung des Normzwecks erschwert. Hinzu kommt, dass eine eindeutige Abgrenzung zwischen bestimmten und unbestimmten Maßnahmen sich nicht in jedem Fall aus dem Sachverhalt ergibt,[431] so dass die Wahrscheinlichkeit von Umgehungsversuchen gerade in diesem Bereich sehr groß ist. Um im Einzelfall auf solche Umgehungsversuche reagieren zu können, erscheint es zweckmäßig, die Bestimmtheit einer Maßnahme im Zweifelsfall zu bejahen und interessenwidrige Ergebnisse auf der Ebene der Ausnahmenbestimmungen des Art. 87 II, III EG zu korrigieren. Die Aufgabe des Bestimmtheitsgebotes, die wirtschaftspolitischen Kompetenzen der Mitgliedstaaten zu wahren, muss damit zum Teil von den Ausnahmebestimmungen der Abs. 2 und 3 mitübernommen werden.[432]

Demnach sind auch Beihilfen zugunsten von KMU als spezifisch i.S.v. Art. 87 I EG anzusehen.

---

426 Siehe den Bericht über die Umsetzung der Unternehmenssteuer vom 26.11.2003, S. 7 f., Rn. 25-29; Mestmäcker/Schweitzer, Europäisches Wettbewerbsrecht, § 43, Rn. 48.

427 Siehe die Mitteilung der Kommission gem. Art. 93 II (Art. 88 II) EG an die Mitgliedstaaten und Beteiligten über staatliche Beihilfen zugunsten von Existenzgründern, ABl 1998 C 334/6 und Ziffer 2.1 des Gemeinschaftsrahmen für KMU; Mestmäcker/Schweitzer, Europäisches Wettbewerbsrecht, § 43, Rn. 48.

428 EuGH Slg. 2003, I-1487, Tz. 48 Spanien/Kommission m.w.N.

429 EuGH Slg. 2003, I-1487 Spanien/Kommission.

430 Mederer, in: Groeben/Schwarze, EG, Art. 87, Rn. 38; Hasselmann, Art. 87 EGV, S. 30.

431 Selbst die Kommission bezeichnet die Beurteilung des Spezifitätskriteriums als mitunter schwierig, siehe XXVI. Bericht über die Wettbewerbspolitik 1996, SEK (1997) 628 endg., S. 83, Rn. 172; XXVII Bericht über die Wettbewerbspolitik 1997, SEK (1998) 636 endg. S. 92, Rn. 227; XXX. Bericht über die Wettbewerbspolitik 2000, SEK (2001) 694 endg., S. 107, Rn. 320.

432 Heskamp, Horizontale Beihilfen, S. 160-161.

e) Wettbewerbsverfälschung

aa) Allgemeine Grundsätze

Beihilfen sind gem. Art. 87 I EG nur dann verboten, wenn sie zu einer tatsächlichen oder drohenden Verfälschung des Wettbewerbs führen. Dieses Tatbestandsmerkmal entspringt dem Gedanken, dass Art. 87 EG dem Schutz des unverfälschten Wettbewerbs im Binnenmarkt dient (Art. 3 lit. g) EG).[433] Trotz der begrifflichen und inhaltlichen Nähe zu den allgemeinen Kartellrechtsvorschriften wird das beihilfenrechtliche Merkmal der Wettbewerbsverfälschung unabhängig von der Begriffsbestimmung bei Art. 81 I EG interpretiert.[434] Die Anforderungen an den Nachweis der Wettbewerbsverfälschung sind geringer als bei den Art. 81 und 82 EG.[435]

Nach der Rechtsprechung des EuGH reicht es aus, wenn die Beihilfe die Wettbewerbsposition des Begünstigten gegenüber seinen Konkurrenten stärkt und dadurch den Wettbewerb verfälscht.[436] Weder das Wettbewerbsverhältnis noch die Verfälschung müssen jedoch tatsächlich vorliegen, in beiderlei Hinsicht ist jeweils die Möglichkeit ausreichend. Selbst eine Beihilfe, die lediglich potenziell in ein möglicherweise zur Entstehung kommendes Wettbewerbsverhältnis eingreift, wird danach von Art. 87 I EG erfasst. Diese weite Auslegung soll verhindern, dass die Marktzutrittschancen einzelner Unternehmen durch eine Beihilfengewährung beeinflusst werden können, was in Einzelfällen wiederum die Entstehung eines Wettbewerbsverhältnisses verhindern kann.[437] An das Merkmal der Wettbewerbsverfälschung werden mithin nur geringe Anforderungen gestellt.

Zum Teil wird sogar die Auffassung vertreten, dass einer Beihilfengewährung grundsätzlich eine wettbewerbsverfälschende Wirkung zukomme.[438]

---

433 Bonkamp, Beteiligung der öffentlichen Hand, S. 102; Schroth/Koch, Subventionsbeschwerde, S. 29; Stockhausen, Beihilfenrechtliche Grenzen, S. 94; Mederer, in: Groeben/Schwarze, EG, Art. 87, Rn. 41.

434 Die für Art. 81 EG und 82 EG geltenden Auslegungsgrundsätze auf das EG-Beihilfenrecht zu übertragen wird allgemein abgelehnt. Das hängt mit der Verschiedenheit der Normadressaten und der ihnen zu Gebote stehenden Handlungsmöglichkeiten zusammen. Grundlegend insoweit das Urteil des EuGH Slg. 1980, I-2671 ff. Philip Morris/Kommission.

435 Rawlinson, in: Lenz/Borchardt, EG-Vertrag, Art. 87, Rn. 11; Schroth/Koch, Subventionsbeschwerde, S. 30.

436 Siehe den XXXII. Bericht über die Wettbewerbspolitik 2002, SEK (2003) 467 endg., S. 113, Rn. 402 mit Nachweisen aus der Rechtsprechung.

437 GA Capotorti in: Schlussanträge in der Rechtssache 730/79, Slg. 1980, I-2671 Philip Morris/Kommission; Koenig/Kühling, NJW 2000, S. 1065 (1069); v. Friesen, Staatliche Haftungszusagen, S. 94; Wössner, Deutschlandklausel im EG-Beihilfenrecht, S. 61.

438 GA Capotorti in: Schlussanträge in der Rechtssache 730/79, Slg. 1980, I-2671 Philip Morris/Kommission; Thiesing, in: Groeben/Boeckh/Thiesing/Ehlermann, EWGV, Art. 92, Rn. 31.

Diese Auffassung vertrat ursprünglich auch die Kommission.[439] Dem ist der EuGH jedoch entgegengetreten.[440] Zwar könne sich bereits aus den Umständen, unter denen eine Beihilfe gewährt werde, ergeben, dass sie den Wettbewerb verfälsche oder zu verfälschen drohe, doch sei die Kommission stets verpflichtet, darzulegen, inwieweit die Maßnahme auch tatsächlich die Wettbewerbssituation beeinträchtigt oder dazu geeignet ist.[441] Dies erscheint sinnvoll, da es keineswegs ausgeschlossen ist, dass es in bestimmten Einzelfällen an einer solchen Wettbewerbsverfälschung fehlt.[442]

bb) Wettbewerbsverfälschung bei Förderung von KMU

Die Kommission befürwortet nicht nur Fördermaßnahmen zugunsten von KMU, sondern fordert die Mitgliedstaaten sogar ausdrücklich dazu auf, die von ihnen vergebenen Beihilfen auf horizontale Ziele und damit auch auf KMU umzulenken. Dies begründet sie unter anderem mit den Wettbewerbsnachteilen dieser Unternehmensgruppe gegenüber den größeren Unternehmen.

Es stellt sich somit die Frage, ob bei der Förderung von KMU nicht ein höherer Maßstab an das Kriterium der Wettbewerbsverfälschung gestellt werden sollte.

Dafür ließe sich anführen, dass Maßnahmen zugunsten von KMU oftmals dazu dienen, die im Markt herrschenden Ungleichheiten zu kompensieren. Sie sollen also keine Wettbewerbsverfälschung im engeren Sinne bewirken, sondern vielmehr einen redlichen Wettbewerb im Sinne gleicher Ausgangspositionen ermöglichen.

Dem lässt sich jedoch wiederum die Systematik des Art. 87 EG entgegenhalten. Wird eine Maßnahme auf der Ebene des Art. 87 I EG als nicht wettbewerbsverfälschend eingestuft, so endet die Zuständigkeit der Kommission. Das hat zur Folge, dass die in Art. 88 I EG vorgesehene und angesichts der zahlreichen allgemeinen Risiken des Beihilfewesens auch erforderliche fortlaufende Kontrolle bestehender Beihilferegelungen nicht mehr in Betracht kommt.[443] Die Lückenlosigkeit und Effizienz der Beihilfeaufsicht könnte damit durch nicht zweifelsfrei verifizierbare wettbewerbstheoretische Argumentationen unterlaufen werden.[444] Eine umfassende Abwägung der wettbewerbsverfälschenden Wirkungen der Beihilfe mit ihren vorteilhaften Wirkungen für andere Vertragsziele oder berechtigte Interessen, wie z.B. die Förderung der KMU, sollte daher erst auf der Ebene der Ausnahmebestimmungen des Art. 87 II, III EG vorgenommen werden.

---

439 Siehe das Vorbringen der Kommission zu EuGH Slg. 1987, I-871 Falck/Kommission.

440 St. Rspr. seit EuGH Slg. 1985, I-809, Tz. 24 Leeuwarder Papierwarenfabrik/Kommission.

441 EuGH Slg. 1985, I-809, Tz. 24 Leeuwarder Papierwarenfabrik/Kommission.

442 So auch v. Friesen, Staatliche Haftungszusagen, S. 96; Koenig/Kühling, NJW 2000, S. 1065 (1069).

443 Heskamp, Horizontale Beihilfen, S. 194.

444 Heskamp, Horizontale Beihilfen, S. 195.

Dafür spricht auch, dass eine solche Ausgleichsargumentation zu einem (ruinösen) Beihilfewettlauf zwischen den Mitgliedstaaten führen könnte. Denn in nahezu jedem Fall der Beihilfengewährung ließe sich vertreten, dass es sich bei der Unterstützung eines Unternehmens lediglich um einen Ausgleich der im Vergleich zu den großen Unternehmen bestehenden Wettbewerbsnachteile handle. Damit wäre eine „Protektionsspirale“ in Gang gesetzt, die dem Ziel des Art. 3 lit. g) EG gänzlich zuwiderlaufen und dieses letztlich wohl auch vereiteln würde.

Beihilfen an KMU sollten demzufolge grundsätzlich als wettbewerbsverfälschend eingestuft und eine genauere Bewertung ihrer Auswirkungen erst auf der Ermessensebene vorgenommen werden. Nur so dürfte sich effektiv und mit relativ geringem Aufwand ein übermäßiger Missbrauch vermeiden lassen.

f) Handelsbeeinträchtigung

aa) Allgemeine Grundsätze

Der durch die Beihilfe für das Unternehmen eingetretene wirtschaftliche Vorteil muss zu einer Beeinträchtigung des Handels zwischen den Mitgliedstaaten führen.

Der Begriff des Handels umfasst ganz allgemein den gesamten Wirtschaftsverkehr zwischen den Mitgliedstaaten, also den Dienstleistungs- und Warenaustausch.[445]

Unter einer Beeinträchtigung ist nach allgemeiner Ansicht die künstliche Erschwerung der Einfuhren oder die künstliche Erleichterung der Ausfuhren zu verstehen.[446] Wie bereits beim Merkmal der Wettbewerbsverfälschung ist eine wahrscheinliche oder mögliche Auswirkung auf den zwischenstaatlichen Handel ausreichend.[447]

Angesichts der fortschreitenden Verwirklichung des Gemeinsamen Marktes und der immer dichter werdenden Handels-, Dienstleistungs- und Kapitalströme besteht Einigkeit, dass die Tragweite dieses Tatbestandsmerkmals im Verhältnis zur Wettbewerbsverfälschung in den Hintergrund gedrängt wird und an dessen Bejahung keine hohen Anforderungen mehr zu stellen sind.[448] Anders gesagt besteht, wie auch der EuGH bereits betont hat, bei einer Verfälschung des innergemein-

---

445 Heskamp, Horizontale Beihilfen, S. 196 m.w.N.

446 Becker, EuR, 2002, S. 418 (437); Mederer/Strohschneider, in: Groeben/Schwarze, EG, Art. 87, Rn. 48; Stockhausen, Beihilfenrechtliche Grenzen, S. 97.

447 EuGH Slg. 1980, I-2671, Tz. 11-12 Philip Morris; Koenig/Kühling, NJW 2000, S. 1065 (1069); Rawlinson, in: Lenz/Borchardt, EG-Vertrag, Art. 87, Rn. 13.

448 GA Jacobs in: Schlussanträge in der verb. Rechtssache C-278/92, C-279/92 und C-280/92, Slg. 1994, I-4103, Tz. 33 Spanien/Kommission; GA Léger in: Schlussanträge in der Rechstsache C-280/00, Slg. 2001, I-9067Altmark Trans GmbH/Nahverkehrsgesellschaft Altmark GmbH; Koenig/Kühling, in: Streinz, EUV/EGV, Art. 87, Rn. 58.

schaftlichen Wettbewerbs eine (widerlegbare) Vermutung dafür, dass auch der zwischenstaatliche Handel beeinträchtigt wird.[449]

Aus diesem Grund ist das Merkmal der Wettbewerbsverfälschung in der Literatur schon als „anachronistisches Relikt aus der Gründerzeit" bezeichnet worden.[450]

Der Grund für die Existenz und die ausdrückliche Beibehaltung des Kriteriums der Handelsbeeinträchtigung wird klar, wenn man sich dessen Funktion vor Augen führt. Er soll die Anwendung des Europarechts legitimieren und die Souveränitätsinteressen der Mitgliedstaaten wahren. Innerstaatliche Sachverhalte, die sich in keiner Weise wirtschaftlich auf andere Mitgliedstaaten auswirken, sind eigene Angelegenheiten und sollen auch solche bleiben und nicht vom Beihilfeaufsichtsrecht des EGV erfasst werden.[451]

Lediglich bei rein lokal oder regional tätigen Unternehmen, die in einem Bereich agieren, in dem kein Handel zwischen Mitgliedstaaten stattfindet, kann das Kriterium der Handelsbeeinträchtigung somit verneint werden.[452] Als praktischer Leitfaden zur Abgrenzung von solchen Beihilfen, die an rein lokal oder regional agierende Unternehmen vergeben werden, lässt sich der im Jahr 1997 von der Kommission veröffentlichte „Gemeinschaftsrahmen für staatliche Beihilfen an Unternehmen in benachteiligten Stadtvierteln"[453] heranziehen. In Anhang I zu diesem Gemeinschaftsrahmen sind diejenigen Tätigkeiten kleiner Unternehmen in benachteiligten städtischen Gebieten aufgeführt, die, soweit sie nicht in grenzüberschreitender Weise ausgeübt werden, nicht in den Anwendungsbereich von Art. 87 I EG fallen.

bb) Spürbarkeitserfordernis

Umstritten ist, ob ein bestimmter Grad der Handelsbeeinträchtigung erforderlich ist. Einige Stimmen in der Literatur sind der Auffassung, dass Beihilfen, die nur sehr geringe Auswirkungen auf den innergemeinschaftlichen Handel haben, vom Anwendungsbereich des Art. 87 I EG ausgenommen werden sollten. Als Argu-

---

449 EuGH Slg. 1980, I-2671, Tz. 9 Philip Morris/Kommission; dem folgend Schroth/Koch, Subventionsbeschwerde, S. 32; Koenig/Kühling, in: Streinz, EUV/EGV, Art. 87, Rn. 58; Cremer, in: Calliess/Ruffert, EGV, Art. 87, Rn. 17.

450 Müller-Graff, ZHR 1988, S. 403 (433); Schroth/Koch, Subventionsbeschwerde, S. 32.

451 GA Tesauro in: Schlussanträge in der Rechtssache C-142/87, Slg. 1990, I-959 Belgien/Kommission; Stockhausen, Beihilfenrechtliche Grenzen, S. 96; Heskamp, Horizontale Beihilfen, S. 202; Hasselmann, Art. 87 EGV, S. 43; v. Friesen, Staatliche Haftungszusagen, S. 97.

452 Bspw. eine Beihilfe zugunsten eines Freizeitbades, das aufgrund seines begrenzten Einzugskreises keine grenzüberschreitenden Infrastrukturdienstleistungen anbietet. Stockhausen, Beihilfenrechtliche Grenzen, S. 98; Koenig/Kühling/Ritter, EG-Beihilfenrecht, S. 86 ff.

453 ABl 1997 C 146/6. Zum 14.05.2002 wurde der Gemeinschaftsrahmen jedoch außer Kraft gesetzt, da keines der Mitgliedstaaten von den dort gewährten Befugnissen Gebrauch gemacht hat - Bekanntmachung hinsichtlich des Außerkrafttretens des Gemeinschaftsrahmens für staatliche Beihilfen an Unternehmen in benachteiligten Stadtvierteln, ABl 2002 C 119/21.

ment dafür führen sie vor allem die stark ausgeweitete Beihilfenkontrolle der letzten Jahre an. Die Einführung einer solchen Schwelle stelle für sie ein notwendiges Korrektiv dar, um eine Arbeitsüberlastung der Kommission zu verhindern. Desweiteren sei der Verwaltungsaufwand für die Kontrolle geringfügiger, kaum spürbarer Beihilfen nicht gerechtfertigt, denn letztlich überwiege das Interesse an einer effektiven Kontrolle wirklich bedeutender Marktbeeinflussungen.[454] Außerdem ziehe eine nicht spürbare Wettbewerbsverfälschung keine oder nur eine unbedeutende Marktbeeinflussung nach sich.[455]

Vom EuGH[456] und der herrschenden Lehre[457] wird ein solches Spürbarkeitserfordernis jedoch abgelehnt.[458] Angesichts der grundlegenden Bedeutung eines nicht künstlich beeinträchtigten innergemeinschaftlichen Handels für den Gemeinsamen Markt sowie zur Vermeidung von Umgehungsversuchen und unnötigen Abgrenzungsproblemen, seien auch die nur schwach wirkenden Beeinträchtigungen im Hinblick auf die den Mitgliedstaaten abverlangte Gemeinschaftstreue (Art. 5 II EG) grundsätzlich mit einzubeziehen.[459] Dafür ließe sich sowohl der Wortlaut des Art. 87 I EG, der auf jede Intensitätsbeschreibung verzichtet, als auch die Systematik der Art. 87 II und III EG anführen, die mit ihrem differenzierten System von Ausnahmeregelungen ebenfalls gegen weitere ungeschriebene Ausnahmen vom Beihilfeverbot sprechen.[460] Zudem erscheint ein strenger, auch geringe Wettbewerbsverschiebungen erfassender Maßstab bei Art. 87 I EG schon deshalb gerechtfertigt, weil sich die Vorschrift nicht – wie bei Art. 85 a.F. EG – an Private, sondern ausschließlich an die Mitgliedstaaten wendet,[461] an die angesichts ihrer Verpflichtungen aus Art. 5 EG strengere Anforderungen zu stellen sind.[462]

---

454 XXVII. Bericht über die Wettbewerbspolitik 1997, SEK (1998) 636 endg., S. 84 ff., Rn. 201 ff.; Bonkamp, Beteiligung der öffentlichen Hand, S. 105; Mederer/Strohschneider, in: Groeben/Schwarze, EG, Art. 87, Rn. 49.

455 Bonkamp, Beteiligung der öffentlichen Hand, S. 105.

456 Siehe nur EuGH Slg. 1990, I-959 Belgien/Kommission; so auch EuG Slg. 2000, II-3207, Tz. 92 m.w.N. CETM/Kommission.

457 Siehe statt vieler Stockhausen, Beihilfenrechtliche Grenzen, S. 98 und Koenig/Kühling, in: Streinz, EGV, Art. 87, Rn. 56.

458 Zu den Argumenten der Gegner des Spürbarkeitserfordernisses siehe statt vieler Müller-Graff, ZHR 1988, S. 403 (434); Heskamp, Horizontale Beihilfen, S. 200-201; zu den Argumenten der Befürworter des Spürbarkeitserfordernisses siehe statt vieler Mederer/Strohschneider, in: Groeben/Schwarze, EG, Art. 87, Rn. 49.

459 Mederer/Strohschneider, in: Groeben/Schwarze, EG, Art. 87, Rn. 49; v. Friesen, Staatliche Haftungszusagen, S. 99-100; GA Capotorti in: Schlussanträge in der Rechtssache 730/79, Slg. 1980, I 2671 Philip Moris/Kommission.

460 Bonkamp, Beteiligung der öffentlichen Hand, S. 105; Stockhausen, Beihilfenrechtliche Grenzen, S. 96.

461 Rengeling, in: Börner/Neundörfer, Beihilfen im Gemeinsamen Markt, S. 31; Bonkamp, Beteiligung der öffentlichen Hand, S. 105; Caspari, in: FS für v. d. Groeben, S. 80.

462 V. Friesen, Staatliche Haftungszusagen, S. 97.

Die Auffassung der Rechtsprechung und der herrschenden Lehre vermag zu überzeugen, zumal gerade in den letzten Jahren zahlreiche Bemühungen unternommen wurden, Beihilfen mit nur geringen Auswirkungen auf den Handel eine besondere Behandlung zuteil werden zu lassen, um den Arbeitsaufwand für die Mitgliedstaaten und die Kommission in Grenzen zu halten. Erwähnt seien nur die neue Gruppenfreistellungsverordnung für de minimis Beihilfen[463] oder die sich in Arbeit befindenden „Leitlinien für die Prüfung staatlicher Beihilfen von relativ geringer Höhe"[464], sowie der „Gemeinschaftsrahmen für die Bewertung staatlicher Beihilfen mit begrenzten Auswirkungen auf den innergemeinschaftlichen Handel"[465]. Gleichzeitig verdeutlichen diese Bemühungen aber auch, dass die Kommission weiterhin von der Notwendigkeit ausgeht, Maßnahmen mit nur geringen Auswirkungen auf den zwischenstaatlichen Handel als Beihilfen zu qualifizieren.

Demnach sollte es grundsätzlich nicht auf eine besondere Intensität bei der Handelsbeeinträchtigung ankommen.

cc) Keine Handelsbeeinträchtigung bei de minimis Beihilfen

Zwar hat der EuGH festgestellt, dass der verhältnismäßig geringe Umfang einer Beihilfe nicht die Möglichkeit einer Beeinträchtigung des Handels zwischen den Mitgliedstaaten ausschließt,[466] doch entspricht es langjähriger Kommissionspraxis, Beihilfen von geringem Umfang („de minimis Beihilfen") von der Beihilfeaufsicht auszunehmen.

Erstmals geschah dies im Jahr 1992 im „Gemeinschaftsrahmen für staatliche Beihilfen an kleine und mittlere Unternehmen".[467] Vier Jahre später wurde die sogenannte de minimis Regel neu gefasst und als eigenständige Mitteilung veröffentlicht.[468]

Als de minimis Beihilfen gelten danach alle Zuwendungen, die einen Schwellenwert von 100.000 Euro pro Unternehmen innerhalb von drei Jahren nicht überschreiten.[469] Nach Auffassung der Kommission sind derartige Zuwendungen so

---

463 Siehe ausführlich dazu unter D. II. 1. f) cc).

464 Siehe ausführlich dazu unter D. II. 1. f) dd).

465 Siehe ausführlich dazu unter D. II. 1. f) ee).

466 EuGH Slg. 1990, I-959, Tz. 43 Belgien/Kommission; Slg. 1994, I-4103, Tz. 42 Spanien/Kommission.

467 ABl 1992 C 213/2. Obwohl die de minimis Regelung in den Gemeinschaftsrahmen für KMU aufgenommen wurde, galt sie für alle Beihilfen unabhängig der Unternehmensgröße. Entscheidend war einzig und allein der Umfang der Beihilfe.

468 Mitteilung über de minimis Beihilfen, ABl 1996 C 68/9.

469 Bei den Vorarbeiten zu den neuen Leitlinien „Beihilfen von geringer Höhe" hatte die Kommission erwogen, die Höchstgrenze für de minimis Beihilfen gegebenenfalls deutlich anzuheben. Letzten Endes entschied sie sich sowohl aus rechtlichen als auch aus wirtschaftlichen Gründen jedoch dagegen, siehe den Mitteilungsentwurf der Kommission für Leitlinien für die Prüfung staatlicher Beihilfen von relativ geringer Höhe, Rn. 12.

gering, dass sie grundsätzlich nicht den innergemeinschaftlichen Wettbewerb und Handel beeinträchtigen. De minimis Beihilfen erfüllen demnach qua definitionem nicht alle Tatbestandsmerkmale von Art. 87 I EG, so dass sie auch nicht gem. Art. 88 III EG anzumelden sind.[470] Der EuGH hat die von der Kommission ins Leben gerufene de minimis Regel nicht beanstandet, sondern als legitimes Mittel zur Verwaltungsvereinfachung gebilligt.[471]

Dessen ungeachtet blieben angesichts der Auslegung von Art. 87 I EG durch die Rechtsprechung[472] Zweifel hinsichtlich der Vereinbarkeit der de minimis Regel mit primärem Gemeinschaftsrecht.[473]

Dies betraf vor allem die Frage, ob die Kommission befugt war, die Nichtanwendbarkeit des Art. 87 I EG auf de minimis Beihilfen entgegen der Rechtsprechung des EuGH in Form einer einfachen Mitteilung festzustellen.[474] Vor diesem Hintergrund hat die Kommission die Rechtsgrundlage für die de minimis Regel geändert.[475] Rechtsgrundlage ist nunmehr die im Jahr 2001 erlassene Gruppenfreistellungsverordnung 69/2001 EG,[476] welche wiederum auf Art. 2 der VO 994/98 EG[477] beruht, in der der Rat die Kommission ermächtigte, durch Verordnung den Höchstbetrag festzustellen, unterhalb dessen Art. 87 I EG als nicht anwendbar zu

---

470 Mähring, JuS 2003, S. 448 (449); Sinnaeve, EuZW 2001, S. 69 (75).

471 Vgl. EuGH 2002, Slg. I-2289, Tz. 94 Italien/Kommission: die de minimis Regel diene den Erfordernissen einer Verwaltungsvereinfachung sowohl für die Mitgliedstaaten als auch für die Dienststellen der Kommission, die ihren Personaleinsatz auf Fälle von wirklicher Bedeutung konzentrieren können müssen.

472 „Weder die verhältnismäßig geringe Größe des Beihilfeempfängers noch der verhältnismäßig geringe Umfang der Beihilfe schließen von vornherein die Möglichkeit einer Beeinträchtigung des zwischenstaatlichen Handels aus“ - EuGH Slg. 1990, I-959, Tz. 43 Belgien/Kommission; EuG Slg. 1998, II-717, Tz. 48 f. Vlaams Gewest/Kommission.

473 Zweifelnd insoweit GA Léger in: Schlussanträge in der Rechtssache C-382/99, Slg. 2002, I-5163, Tz. 45 Niederlande/Kommission; Sinnaeve, EuZW 2001, S. 69 (75).

474 Soltész, ZIP 2001, S. 278 (283); Sinnaeve, EuZW 2001, S. 69 (75); Heidenhain, in: Heidenhain, Europäisches Beihilfenrecht, § 5, Rn. 14. Die aufgrund der Verwendung einer Mitteilung bestehende Rechtsunsicherheit wurde noch verstärkt, als die Kommission in einem Verfahren um niederländische Tankstellen die Auffassung vertrat, dass die de minimis Regel nur eine widerlegbare Vermutung sei (ABl 1998 C 307/10). Zwar kam die Kommission in ihrer Entscheidung aus Rechtssicherheitsgründen von dieser Haltung ab (ABl. 1998 L 280/87), doch wurden die Zweifel dadurch nicht restlos ausgeräumt.

475 Mestmäcker/Schweitzer, Europäisches Wettbewerbsrecht, § 43, Rn. 89.

476 Bei der de minimis VO handelt es sich nicht um eine „echte“ Freistellungsverordnung. Im Gegensatz zu den anderen Gruppenfreistellungsverordnungen stellt sie nicht eine bestimmte Gruppe von Beihilfen von der Beihilfeaufsicht frei, sondern legt fest, dass de minimis Maßnahmen nicht den Tatbestand einer Beihilfe erfüllen, so dass für sie auch nicht das ex-ante Beihilfekontrollverfahren einschlägig ist. Siehe dazu Schnelle/Bartosch, Europarecht in der Unternehmens- und Beratungspraxis, S. 292 und Sinnaeve, EuZW 2001, S. 69 (75).

477 VO 994/98 EG des Rates vom 7.5.1998 über die Anwendung der Art. 92 und 93 des Vertrages zur Gründung der Europäischen Gemeinschaften auf bestimmte Gruppen horizontaler Beihilfen, ABl. 1998 L 142/1.

betrachten und folglich eine Anmeldung nicht erforderlich ist.[478] Damit sollte die de minimis Regelung eine transparente und Rechtssicherheit vermittelnde Rechtsgrundlage erhalten.[479]

Trotz der neuen Rechtsgrundlage bleibt die de minimis Regel eine problematische Konstruktion. Kann im Einzelfall nachgewiesen werden, dass eine Maßnahme, die unterhalb der de minimis Obergrenze bleibt, gleichwohl den Handel zwischen den Mitgliedstaaten beeinträchtigt und den Wettbewerb verfälscht, würde dies bedeuten, dass die de minimis Verordnung und die VO 994/98 EG, auf die sie gestützt ist, gegen den EG-Vertrag selbst verstoßen. Denn Kommission und Rat hätten dann ihre Kompetenzen überschritten, indem sie die Schwelle, ab wann eine Maßnahme zur Beihilfe wird, pauschal und im Voraus festlegten bzw. dies ermöglichten. Auch die Kodifizierung der de minimis Regel in einer Verordnung ändert daran nichts. Zwar ist es wenig wahrscheinlich, dass dieser Nachweis im Einzelfall erbracht wird, zumal man der Kommission für die Beurteilung der Merkmale Handelsbeeinträchtigung und Wettbewerbsverfälschung einen gewissen Spielraum zubilligen muss, doch ist es theoretisch denkbar.[480]

Im Ergebnis ist die de minimis Regel jedoch zu begrüßen. Sie erspart durch den Wegfall des sonst üblichen aufwendigen Anmelde- und Genehmigungsverfahrens allen Parteien einen erheblichen - in keinem Verhältnis stehenden - Arbeitsaufwand. Dies gilt vor allem für die Kommission, für die die Genehmigung solcher Anmeldungen zumeist eine reine Formsache war. Darüber hinaus ermöglicht sie ihr, ihre begrenzten Ressourcen auf die wirklich wichtigen, den Wettbewerb stark verzerrenden Fälle zu konzentrieren.

dd) Neue Leitlinien für die Prüfung staatlicher Beihilfen von relativ geringer Höhe

Jenseits der de minimis Regel will die Kommission künftig auf der Grundlage des Art. 87 III lit. c) EG eine neue Kategorie von Beihilfen – die sogenannten „Beihilfen von relativ geringer Höhe" – einführen.[481]

Diese neue Kategorie von Beihilfen überschreitet zwar die für die de minimis Beihilfen geltenden Obergrenzen, doch sind auch sie nach Ansicht der Kommission von ihrem Umfang her zu geringfügig, als dass sie den Wettbewerb auf Gemeinschaftsebene und den Handel zwischen den Mitgliedstaaten erheblich beeinträchtigen könnten. Voraussetzung ist, dass sie 30 % der Projektkosten nicht über-

---

478 Sinnaeve, EuZW 2001, S. 69 (75); Soltész, ZIP 2001, S. 278 (283).

479 Mähring, JuS 2003, S. 448 (449), Fn. 20; Bartosch, NJW 2001, S. 921 (923).

480 Siehe dazu ausführlich Sinnaeve, EuZW 2001, S. 69 (75); Heidenhain, in: Heidenhain, Europäisches Beihilfenrecht, § 5, Rn. 15.

481 Im Internet abrufbar unter http://europa.eu.int/comm/competition/state_aid/others/lesser/de.pdf (18.08.2004).

steigen, ein Unternehmen innerhalb von drei Jahren nicht mit mehr als 1.000.000 Euro fördern, eine Obergrenze (im Entwurf noch nicht beziffert) für sämtliche Beihilfen dieser Art einhalten und für ein „Gemeinschaftsziel“ vergeben werden.[482]

Der Erreichung eines horizontalen Gemeinschaftszieles dienlich zu sein, worunter die Kommission explizit auch die Entwicklung der KMU zählt, kommt dabei besonderer Bedeutung zu.[483]

Die Kommission verspricht sich von der Einführung dieser neuen Beihilfenkategorie mehr Flexibilität bei der Prüfung relativ geringer staatlicher Fördermaßnahmen, die mit Gemeinschaftszielen in Zusammenhang stehen, ohne allerdings den Grundsatz einer strengen Beihilfenkontrolle in Frage zu stellen.[484] Denn im Gegensatz zu den de minimis Beihilfen sollen diese Beihilfen – auch wenn sie den Wettbewerb und Handel nur geringfügig beeinträchtigen - den Tatbestand einer Beihilfe i.S.v. Art. 87 I EG erfüllen. Das bedeutet, dass sie vor ihrer Einführung entweder als Beihilferegelung oder als Einzelbeihilfe nach Art. 88 III EG bei der Kommission angemeldet werden müssen.[485]

Die von der Kommission geplanten Leitlinien für „Beihilfen von relativ geringer Höhe“ führen somit keine weiteren Ausnahmen i.S.d. de minimis Beihilfen auf, sondern stellen vielmehr einen weiteren Schritt in Richtung Beihilfen zugunsten horizontaler Ziele und damit auch zugunsten von KMU dar.

ee) Beihilfen mit begrenzten Auswirkungen auf den innergemeinschaftlichen Handel

Neben den neuen Leitlinien von „Beihilfen von relativ geringer Höhe“ plant die Kommission auch einen neuen „Gemeinschaftsrahmen für die Bewertung staatlicher Beihilfen mit begrenzten Auswirkungen auf den innergemeinschaftlichen Handel“. Einen entsprechenden Entwurf hat sie bereits veröffentlicht.[486]

Damit will die Kommission ihre Bemühungen fortführen, die Regeln für staatliche Beihilfen zu modernisieren und zu vereinfachen, um den Mitgliedstaaten mehr Flexibilität in ihren Beihilfemaßnahmen einzuräumen. Vom Grundsatz einer

---

482 Mitteilungsentwurf der Kommission für Leitlinien für die Prüfung staatlicher Beihilfen von relativ geringer Höhe, Rn. 21 ff.

483 Mitteilungsentwurf der Kommission für Leitlinien für die Prüfung staatlicher Beihilfen von relativ geringer Höhe, Rn. 21.

484 Mitteilungsentwurf der Kommission für Leitlinien für die Prüfung staatlicher Beihilfen von relativ geringer Höhe, Rn. 10, 45.

485 Mitteilungsentwurf der Kommission für Leitlinien für die Prüfung staatlicher Beihilfen von relativ geringer Höhe, Rn. 2, 14.

486 Im Internet abrufbar unter http://europa.eu.int/comm/competition/state_aid/others/limited/de.pdf (20.8.2004).

strengen Beihilfenkontrolle will sie allerdings nicht abkehren,[487] denn an der Einstufung solcher Maßnahmen als Beihilfe soll sich nichts ändern, so dass auch sie weiterhin gem. Art. 88 III EG der Kommission zu melden sind, bevor sie genehmigt werden.[488]

Inhalt der Mitteilung ist weder die Rechtsprechung der Gemeinschaftsgerichte neu auszulegen, noch den Begriff der Auswirkungen auf den Handel in Frage zu ziehen. Die Kommission beabsichtigt lediglich, für die Bewertung der wirtschaftlichen Auswirkungen von Beihilfen diejenigen Merkmale zu benennen, anhand derer zu erkennen ist, dass eine Maßnahme sich nur begrenzt auf den Handel auswirkt, weshalb sie einem vereinfachten Bewertungsverfahren unterzogen werden kann.[489]

Als Faktoren, die für eine Bewertung der Auswirkungen von Beihilfemaßnahmen auf den Handel besonders wichtig sind, benennt die Kommission den Beihilfebetrag, die Förderung handelsfähiger/nicht handelsfähiger Waren oder Dienstleistungen, die Wettbewerbsstruktur der betreffenden Märkte, die mögliche Marktmacht der Begünstigten und die Verfügbarkeit der Beihilfe für andere Anbieter im Markt.[490]

Wie bereits bei den geplanten Leitlinien von „Beihilfen von relativ geringer Höhe“ sieht allerdings auch der Gemeinschaftsrahmen vor, dass diese Beihilfen nachweisbar die Erfüllung eines Gemeinschaftszieles erleichtern. Dabei führt die Kommission wiederum explizit die Entwicklung der KMU auf.[491]

Sowohl die geplanten Leitlinien als auch der Gemeinschaftsrahmen haben demnach nicht zum Ziel, neue Ausnahmen i.S.d. de minimis Beihilfen zu schaffen, sondern vielmehr, das Beihilfenrecht zu modernisieren und auf horizontale Ziele auszurichten.

---

487 Mitteilungsentwurf der Kommission für einen neuen Gemeinschaftsrahmen für die Bewertung staatlicher Beihilfen mit begrenzten Auswirkungen auf den innergemeinschaftlichen Handel, Rn. 1.

488 Mitteilungsentwurf der Kommission für einen neuen Gemeinschaftsrahmen für die Bewertung staatlicher Beihilfen mit begrenzten Auswirkungen auf den innergemeinschaftlichen Handel, Rn. 7, 29.

489 Mitteilungsentwurf der Kommission für einen neuen Gemeinschaftsrahmen für die Bewertung staatlicher Beihilfen mit begrenzten Auswirkungen auf den innergemeinschaftlichen Handel, Rn. 7.

490 Mitteilungsentwurf der Kommission für einen neuen Gemeinschaftsrahmen für die Bewertung staatlicher Beihilfen mit begrenzten Auswirkungen auf den innergemeinschaftlichen Handel, Rn. 15.

491 Mitteilungsentwurf der Kommission für einen neuen Gemeinschaftsrahmen für die Bewertung staatlicher Beihilfen mit begrenzten Auswirkungen auf den innergemeinschaftlichen Handel, Rn. 25.

ff) Handelsbeeinträchtigung bei Förderung von KMU

Der EuGH hat mehrfach klargestellt, dass weder die verhältnismäßig geringe Größe des begünstigten Unternehmens noch der verhältnismäßig geringe Umfang einer Beihilfe von vornherein die Möglichkeit einer Beeinträchtigung des Handels zwischen den Mitgliedstaaten ausschließen.[492] Erst im Jahr 2002 entschied er, dass selbst nur sehr kleine Beträge von durchschnittlich nicht einmal 1.000 Euro in Sektoren mit lebhaftem Wettbewerb zu einer Beeinträchtigung des Handels führen können.[493] Dies erscheint aus zwei Gründen nachvollziehbar. Zum einen führen zahlreiche KMU ihre Produktion in andere Mitgliedstaaten aus und zum anderen erschwert die verstärkte nationale oder lokale Marktstellung von KMU anderen Gemeinschaftsherstellern die Durchdringung dieser Märkte.[494] Dies muss gerade in Zeiten der fortschreitenden Verwirklichung des Gemeinsamen Marktes und der immer dichter werdenden Handels-, Dienstleistungs- und Kapitalströme gelten.

Ähnlicher Auffassung dürfte die Kommission sein. Andernfalls wären sowohl ihre Bemühungen um die VO 70/2001 EG als auch um die neuen Leitlinien und den neuen Gemeinschaftsrahmen obsolet. Denn nur wenn Förderungen von KMU grundsätzlich unter den Tatbestand von Art. 87 I EG fallen, machen die von ihr ins Leben gerufenen Ausnahmeregelungen für diese Unternehmensgruppe Sinn.

Um eine ausgewogene Beihilfengewährung in den Mitgliedsländern zu gewährleisten, sollten die de minimis Beihilfen daher die einzige Gruppe von Fördermaßnahmen sein, der grundsätzlich qua definitionem kein handelsbeeinträchtigender Charakter zukommt.

Alle anderen Fördermaßnahmen, auch die zugunsten der KMU, sollten grundsätzlich im Beihilfenregime der Kommission verbleiben. Im Hinblick auf den Spielraum, der der Kommission bei der Genehmigung von finanziellen Fördermaßnahmen der Mitgliedstaaten durch die Art. 87 II, III EG verbleibt, erscheint dieses Ergebnis sachgerecht.

2. Genehmigungsmöglichkeit für Beihilfen - Art. 87 II, III EG

Auch wenn staatliche Beihilfen wegen ihrer volkswirtschaftlichen und integrationshemmenden Auswirkungen im Prinzip unerwünscht sind, so können sie in bestimmten Fällen einen Beitrag zur Verwirklichung der im EG-Vertrag genannten Ziele leisten. Art. 87 II, III EG enthalten daher Ausnahmen vom Grundsatz der

---

492 EuGH Slg. 1990, I-959, Tz. 43 Belgien/Kommission; Slg. 1994, I-4103, Tz. 40-42 Spanien/Kommission.

493 Siehe EuGH 2002 Slg. I-7601, Tz. 30-33 Spanien/Kommission. In seinem Urteil befand der Gerichtshof, dass selbst eine Beihilfe mit einem Durchschnittsbetrag von rund 750 EUR an spanische Gartenbauhersteller den Handel zwischen Mitgliedstaaten beeinträchtigt.

494 Hasselmann, Art. 87 EGV, S. 46.

Unvereinbarkeit von Beihilfen mit dem Gemeinsamen Markt, d. h. Fälle, in denen bestimmte Arten von Beihilfen mit diesem als vereinbar angesehen oder zumindest für vereinbar erklärt werden können.[495]

Die Genehmigung solcher Beihilfen unterliegt jedoch einer strengen Überwachung durch die Kommission nach dem in Art. 88 EG vorgesehenen Aufsichtsverfahren.[496] Neben den in Art. 87 II und III EG eingeräumten Ausnahmen sieht der EG-Vertrag noch beihilfenrechtliche Spezialregelungen für die Bereiche Landwirtschaft (Art. 36 EG) und Verkehr (Art. 73, 76 und 78 i.V.m. Art. 80 EG) vor.

Ferner kann Art. 86 II EG eine Ausnahme vom Beihilfenverbot begründen, sofern dessen Durchsetzung die Bereitstellung einer Dienstleistung von allgemeinem wirtschaftlichen Interesse durch das mit dieser Aufgabe betraute Unternehmen verhindern würde. Der insgesamt breite Ausnahmekatalog verdeutlicht, dass die EG-Beihilfenpolitik nicht auf einen maximalen Abbau nationaler Beihilfen gerichtet ist, sondern vielmehr ein Konzept der Kontrolle, Koordinierung und Begrenzung verfolgt.[497]

Ist keine der genannten Ausnahmevorschriften einschlägig, so verbleibt als letzte Möglichkeit Art. 88 II UAbs. 3 EG, der einen begrenzten Politikvorbehalt enthält.[498] Er ermächtigt den Rat, unter Durchbrechung der allgemeinen Grundsätze der Beihilfeaufsicht, auf Antrag eines Mitgliedstaates eine Beihilfe einstimmig zu erlauben, wenn „außergewöhnliche Umstände eine solche Entscheidung rechtfertigen“.[499] Diese Ausnahmebestimmung sollte allerdings nur auf absolut notwendige Fälle beschränkt werden.[500]

a) Legalausnahmen - Art. 87 II EG

Die in Art. 87 II EG aufgezählten Beihilfen betreffen bestimmte soziale, schadensbeseitigende und nachteilsausgleichende Beihilfen. Zwar erfüllen auch sie alle Tatbestandsmerkmale des Art. 87 I EG, doch werden ihre Auswirkungen vom

---

495 Koenig/Kühling, in: Streinz, EUV/EGV, Art. 87, Rn. 1; Nowak, EuZW 2003, S. 389 (397); Bär-Bouyssière, in: Schwarze, EUV, Art. 87, Rn. 50; Kilian, Wirtschaftsrecht, S. 106, Rn. 231.

496 Rawlinson, in: Lenz/Borchardt, EG-Vertrag, Art. 88, Rn. 1; Bär-Bouyssière, in: Schwarze, EUV, Art. 88, Rn. 1; Koenig/Kühling/Ritter, EG-Beihilfenrecht, S. 20.

497 Mestmäcker/Schweitzer, Europäisches Wettbewerbsrecht, § 44, Rn. 3.

498 Art. 88 II UAbs. 3 gibt dem Rat die Möglichkeit, vertragswidriges Verhalten zu sanktionieren und nicht zur Disposition stehendes Vertragsrecht zu dispensieren. Kritisch Mederer, in: Groeben/Schwarze, EG, Art. 88, Rn. 72.

499 Zu außergewöhnlichen Beihilfen siehe die Entscheidungen des Rates Nr. 2000/808/EG, Nr. 2000/809/EG und Nr. 2000/810/EG vom 19.12.2000, ABl 2000 L 328/49, 51, 53. Der EuGH bejahte das Vorliegen von außergewöhnlichen Umständen in seiner Entscheidung vom 29.2.1996, Slg. 1996, I-881, Tz. 17 ff. Kommission/Rat.

500 Mederer, in: Groeben/Schwarze, EG, Art. 88, Rn. 72.

Vertrag hingenommen, um die eng umgrenzten wirtschaftlichen oder sozialen Nachteile der durch die Beihilfe Begünstigten auszugleichen.[501]

Sind die Voraussetzungen eines in Art. 87 II EG genannten Tatbestandes gegeben, so ist die Beihilfe ipso iure mit dem Gemeinsamen Markt vereinbar.[502] Zwar unterliegen auch sie der Pflicht zur Notifikation gem. Art. 88 III EG, allerdings ist die Kommission bei ihrer Prüfung nicht befugt, sich zur Zweckmäßigkeit der Anwendung der darin enthaltenen Ausnahmen zu äußern. Sie prüft lediglich, ob die betreffenden Beihilfen tatsächlich in den Anwendungsbereich der in Art. 87 II EG vorgesehenen Ausnahmen fallen.[503] In der Anwendungspraxis kommt den Legalausnahmen nur geringe Bedeutung zu.[504]

b) Ermessenstatbestände - Art. 87 III EG

aa) Allgemeine Grundsätze

Art. 87 III EG enthält im Gegensatz zu Art. 87 II EG keine Legalausnahmen, sondern sieht die Möglichkeit vor, dass bestimmte Beihilfen mit dem Gemeinsamen Markt für vereinbar erklärt werden können.[505] Für die Genehmigung ist die Kommission (Art. 87 III lit. a)-d) EG) bzw. der Rat (Art. 87 III lit. e) EG) zuständig. Voraussetzung für eine Genehmigung ist, dass bestimmte Zielkriterien erfüllt sind,[506] wobei strenge Maßstäbe daran zu stellen sind.[507]

Die Erlaubnistatbestände in Art. 87 III EG sind von großer praktischer Bedeutsamkeit. Dies gilt vor allem für Art. 87 III lit. a)-c) EG, da die große Mehrheit aller Entscheidungen im EG-Beihilfenrecht auf diesen drei Ausnahmebestimmungen beruht.[508]

---

501 Bonkamp, Beteiligung der öffentlichen Hand, S. 112; Mederer, in: Groeben/Schwarze, EG, Art. 87, Rn. 123.

502 Mestmäcker/Schweitzer, Europäisches Wettbewerbsrecht, § 44, Rn. 8; Mederer, in: Groeben/Schwarze, EG, Art. 87, Rn. 124.

503 Cremer, in: Calliess/Ruffert, EGV, Art. 87, Rn. 19; Rawlinson, in: Lenz/Borchardt, EG-Vertrag, Art. 87, Rn. 22; Bonkamp, Beteiligung der öffentlichen Hand, S. 111.

504 Mestmäcker/Schweitzer, Europäisches Wettbewerbsrecht, § 44, Rn. 6.

505 Bieber/Epiney/Haag, Europäische Union, § 17, Rn. 19; Staebe, Rechtsschutz bei gemeinschaftswidrigen Beihilfen, S. 45.

506 Staebe, Rechtsschutz bei gemeinschaftswidrigen Beihilfen, S. 45.

507 Mederer, in: Groeben/Schwarze, EG, Art. 87, Rn. 144. m.w.N.

508 Rawlinson, in: Lenz/Borchardt, EG-Vertrag, Art. 87, Rn. 26; Mestmäcker/Schweitzer, Europäisches Wettbewerbsrecht, § 44, Rn. 9.

(1) Das Ermessen der Kommission

Wie bereits der Wortlaut des Art. 87 III EG „können“ zeigt, steht die Anwendung der Ausnahmetatbestände lit. a)-d) im Ermessen der Kommission.[509] Dieses ist grundsätzlich sehr weit und nur eingeschränkt überprüfbar.[510] Dem Gericht obliegt lediglich die Überprüfung, ob die Vorschriften über das Verfahren und die Begründung eingehalten wurden, ob die Tatsachen richtig ermittelt wurden und ob ein offensichtlicher Beurteilungsfehler oder Ermessensmissbrauch vorliegt.[511] Es ist hingegen nicht befugt, die Beurteilung der Kommission durch seine eigene zu ersetzen.[512]

Das bedeutet jedoch nicht, dass die Kommission bei der Auslegung der relativ offen formulierten Tatbestände des Art. 87 III EG gänzlich frei ist. Ihr Ermessen hat sie stets nach Maßgabe von auf die Gemeinschaft als Ganzes (und nicht etwa nur auf den betroffenen Mitgliedstaat) bezogenen wirtschaftlichen und sozialen Wertungen auszuüben.[513] Grund dafür ist, dass das Interesse der Gemeinschaft stets der übergeordnete Maßstab für die Ermessenausübung ist, unabhängig davon, ob dies im jeweiligen Ausnahmetatbestand ausdrücklich genannt ist oder nicht.[514] Zentraler Bezugspunkt der Beihilfenkontrolle ist und muss stets bleiben, gravierende Beeinträchtigungen des Binnenmarktes durch wettbewerbsverfälschende mitgliedstaatliche Beihilfen zu unterbinden.[515]

(2) Ermessensbindung durch Mitteilungen, Leitlinien und Gemeinschaftsrahmen

Am Anfang der Beihilfenkontrolle hatte die Kommission von Fall zu Fall geprüft, ob und inwieweit einer der Ausnahmetatbestände des Art. 87 III EG anwendbar war. Über einen einheitlichen Kriterienkatalog verfügte sie dabei nicht.[516] Erst in den siebziger Jahren begann sie, allgemeine Kriterien zur Auslegung und Anwendung der Ausnahmebestimmungen aufzustellen. Diese legte sie in Mitteilungen, Leitlinien oder in Gemeinschaftsrahmen nieder.[517] Durch sie kam es zu einer Vereinheitlichung der von der Kommission im Rahmen des Abs. 3 angewandten Prüfungsparameter und damit auch zu einem gewissen Maß an Vorhersehbarkeit,

---

509 Mederer, in: Schröter/Jakob/Mederer, Europäisches Wettbewerbsrecht, Art. 87, Rn. 141.

510 EuGH Slg. 1980, I-2671, Tz. 17, 24 Philip Morris/Kommission; Slg. 1990, I-307, Tz. 15, 50 Frankreich/Kommission; Nowak, EuZW 2003, S. 389 (397).

511 EuGH Slg. 2000, I 8237, Tz. 26 Deutschland/Kommission m.w.N.

512 Mestmäcker/Schweitzer, Europäisches Wettbewerbsrecht, § 44, Rn. 14.

513 St. Rspr. seit EuGH Slg. 1980, I-2671, Tz. 24 Philip Moris/Kommission.

514 Siehe z.B. EuGH Slg. 2002, I-7601, Tz. 67 Spanien/Kommission; Mestmäcker/Schweitzer, Europäisches Wettbewerbsrecht, § 44, Rn. 15.

515 Vgl. EuG Slg. 1998, II-717, Tz. 89 Vlaams Gewest/Kommissionn; Mestmäcker/Schweitzer, Europäisches Wettbewerbsrecht, § 44, Rn. 15.

516 Mederer, in: Groeben/Schwarze, EG, Art. 87, Rn. 150.

517 Mederer, in: Groeben/Schwarze, EG, Art. 87, Rn. 150; Koenig/Kühling, DVBl 2000, S. 1025 (1026).

Transparenz und Gleichbehandlung bei den Kommissionsentscheidungen.[518] In der Praxis des Beihilfenrechts kommt diesen Mitteilungen mittlerweile eine herausragende Rolle zu.[519] Auch für Beihilfen an KMU existierten bzw. existieren solche Leitlinien[520] und Gemeinschaftsrahmen[521].

(3) Gruppenfreistellungsverordnungen

Noch einen Schritt weiter als die Leitlinien und Gemeinschaftsrahmen gehen die sogenannten Gruppenfreistellungsverordnungen, die es seit Anfang 2001 im Bereich des Beihilfenrechts gibt.

Ähnlich den Leitlinien und Gemeinschaftsrahmen enthalten sie Kriterien, unter denen Beihilfen mit dem Gemeinsamen Markt für vereinbar angesehen werden. Die in den Gruppenfreistellungsverordnungen niedergelegten Kriterien dienen jedoch nicht der Auslegung und Anwendung der Ausnahmebestimmungen, sondern stellen all jene Beihilfen, die die Voraussetzungen der betreffenden Gruppenfreistellungsverordnung erfüllen, von der gem. Art. 88 EG obligatorischen Notifizierung und Genehmigungsentscheidung der Kommission frei.[522] Das nach Art. 88 EG geltende ex-ante Aufsichtsverfahren wurde damit für Beihilfen, die von einer Gruppenfreistellungsverordnung erfasst werden, in eine ex-post Kontrolle umgewandelt.[523]

Bisher erließ die Kommission Gruppenfreistellungsverordnungen für die Bereiche der de minimis Beihilfen[524], Ausbildungs-[525], KMU-[526] und Beschäftigungsbeihilfen.[527]

---

518 EuGH Slg 2002, I-2289, Tz. 52, 58 Italien Kommission; Bartosch, NJW 2001, S. 921 (922); Cremer, in: Calliess/Ruffert, EGV, Art. 87, Rn. 1b; Koenig/Haratsch, Europarecht, S. 331, Rn. 865.

519 Mestmäcker/Schweitzer, Europäisches Wettbewerbsrecht, § 44, Rn. 19.

520 Leitlinien für staatliche Beihilfen mit regionaler Zielsetzung ABl. 1998 C 74/9. Siehe ausführlicher dazu unter D. III. 2. a) bb).

521 Gemeinschaftsrahmen für staatliche Beihilfen an kleine und mittlere Unternehmen, ABl 1992 C 213/2; am 23. Juli 1996 wurde er ersetzt, ABl 1996 C 213/4. Siehe ausführlicher dazu unter D. III. 2. a) aa).

522 Siehe Art. 3 VO 70/2001 EG.

523 Bartosch, NJW 2001, S. 921 (921-922); Stober, Allgemeines Wirtschaftsverwaltungsrecht, § 31 II 2, S. 288 f.

524 VO 69/2001 EG der Kommission vom 12.1.2001 über die Anwendung der Art. 87 und 88 EG-Vertrag auf staatliche Beihilfen an kleine und mittlere Unternehmen, ABl. 2001 L 10/30.

525 VO 68/2001 EG der Kommission vom 12.1.2001 über die Anwendung der Art. 87 und 88 EG-Vertrag auf Ausbildungsbeihilfen, ABl. 2001 L 10/20. Geändert durch die VO 364/2004 EG vom 25. Februar 2004 zur Änderung der VO 68/2001 über die Anwendung der Artikel 87 und 88 EG-Vertrag auf Ausbildungsbeihilfen, ABl 2004 L 63/20.

526 VO 70/2001 EG der Kommission vom 12.1.2001 über die Anwendung der Art. 87 und 88 EG-Vertrag auf staatliche Beihilfen an kleine und mittlere Unternehmen, ABl. 2001 L 10/33. Geändert durch die VO 364/2004 EG vom 25. Februar 2004 zur Änderung der VO 70/2001 EG

bb) Horizontale Beihilfen - Art. 87 III lit. c) EG

Die in der Praxis wichtigste Bestimmung des materiellen Beihilfenrechts ist Art. 87 III lit. c) EG. Weit über die Hälfte aller Beihilfeentscheidungen entfallen auf sie.[528]

Art. 87 III lit. c) EG umfasst Beihilfen zur „Förderung der Entwicklung gewisser Wirtschaftszweige oder Wirtschaftsgebiete, soweit sie die Handelsbedingungen nicht in einer Weise verändern, die dem gemeinsamen Interesse zuwiderläuft". Ihr Wortlaut ist damit weiter gefasst als die Ausnahmevorschriften von Art. 87 II EG und des Art. 87 III lit a), b) und d) EG. Vor allem ermöglicht sie der Kommission nicht nur die Genehmigung sektoraler, sondern auch die für die Praxis bedeutsamen horizontalen Beihilfen.[529] Der Großteil der KMU Beihilfen ist unter die Ausnahmebestimmung von Art. 87 III lit. c) EG zu subsumieren.

3. Beihilfeaufsicht durch die Kommission - Art. 88 EG u. VVO

Die Genehmigung von Beihilfen unterliegt einer strengen Überwachung.

Das Verfahren dafür ist in Art. 88 EG und der im Jahr 1999 erlassenen Verfahrensverordnung 659/1999 EG (VVO)[530] geregelt. Vorbehaltlich der Regelung in Art. 88 II UAbs. 3 EG ist die Beihilfeaufsicht Aufgabe der Kommission.[531]

Allerdings hat sich die Kommission in den letzten Jahren konsequent um eine Dezentralisierung der Beihilfeaufsicht bemüht, im Rahmen derer die Mitgliedstaaten immer stärker in die Verantwortung mit einbezogen werden.

Dies gilt auch für Beihilfen an KMU. Durch den Erlass der VO 70/2001 EG hat die Kommission rechtsverbindliche Voraussetzungen geschaffen, unter denen Beihilfen nicht mehr dem in Art. 88 EG und der VVO vorgesehenen Aufsichtsverfahren unterliegen.[532] KMU-Beihilfen, die diese Voraussetzungen jedoch nicht

---

im Hinblick auf die Erstreckung ihres Anwendungsbereichs auf Forschungs- und Entwicklungsbeihilfen, ABl 2004 L 63/22. VO 1/2004 EG über die Anwendung der Artikel 87 und 88 EG-Vertrag auf staatliche Beihilfen an kleine und mittlere in der Erzeugung, Verarbeitung und Vermarktung von landwirtschaftlichen Erzeugnissen tätige Unternehmen, ABl. 2004 L 1/1.

527 VO 2204/2002 EG der Kommission vom 12.12.2002 über die Anwendung der Art. 87 und 88 EG auf Beschäftigungsbeihilfen, ABl. 2002 L 337/3.

528 Rawlinson, in: Lenz/Borchardt, EG-Vertrag, Art. 87, Rn. 26; Mederer, in: Groeben/Schwarze, EG, Art. 87, Rn. 193.

529 Mähring, JuS 2003, S. 448 (451); Koenig/Kühling, in: Streinz, EUV/EGV, Art. 87, Rn. 70; Mederer, in: Schröter/Jakob/Mederer, Europäisches Wettbewerbsrecht, Art. 87, Rn. 194.

530 VO 659/1999 EG des Rates vom 22.3.1999 über besondere Vorschriften für die Anwendung von Art. 93 (Art. 88) EG, ABl. 1999 L 83/1.

531 Gem. Art. 88 II UAbs. 3 kann auf Antrag eines Mitgliedstaates der Rat eine Beihilfe einstimmig genehmigen.

532 Siehe ausführlich dazu unter D. III.

einhalten oder von den Mitgliedstaaten freiwillig notifiziert werden[533], unterliegen auch weiterhin dem im folgenden beschriebenen Aufsichtsverfahren.

Um die mit der VO 70/2001 EG eingetretenen Veränderungen würdigen zu können, bedarf es einer genaueren Untersuchung des Beihilfeaufsichtsverfahrens

a) Kodifikation der Beihilfeaufsicht durch die VVO 659/1999 EG

Primärrechtlich geregelt ist die Beihilfeaufsicht in Art. 88 EG. Die dort normierten Verfahrensvorschriften sind jedoch unvollständig und regeln das Verfahren nur rudimentär.[534] Das hatte zur Folge, dass sich das Verfahrensrecht zunächst auf der Grundlage der Rechtsprechung des EuGH[535] und darauf aufbauend der Verwaltungspraxis der Kommission entwickelte.[536]

Um die Rechtsprechung des EuGH und die Praxis der Kommission in Verfahrensfragen zu kodifizieren und in eine juristisch bindende Form zu bringen, erließ die Kommission im Jahr 1999 die VVO 659/1999 EG.[537] Sie sollte die Interessendivergenz zwischen Kommission und Mitgliedstaat minimieren, die Transparenz und Rechtssicherheit verbessern als auch die Verwaltungsverfahren effizienter gestalten.[538] Rechtsgrundlage für diese lang ersehnte VVO war Art. 89 EG. Er ermöglichte dem Rat, zweckdienliche Durchführungsverordnungen zu den Art. 87 und 88 EG und damit auch die VVO zu erlassen.[539]

Inhaltlich gesehen stellt die VVO allerdings keine grundlegende Reform des Beihilfenrechts dar. Dies wäre mit dem Wortlaut von Art. 88 EG auch nicht vereinbar gewesen.[540] Zwar enthält sie punktuelle Änderungen und Erweiterungen, die der Klärung umstrittener Fragen bei der Auslegung von Art. 88 EG und der Beseitigung bestehender Grauzonen dienen, im Wesentlichen kodifiziert sie aber nur die

---

533 Siehe ausführlich dazu unter D. III. 5. b) aa).

534 Kilb, JuS 2003, S. 1072 (1075); Cremer, in: Calliess/Ruffert, EGV, Art. 88, Rn. 1; Mestmäcker/Schweitzer, Europäisches Wettbewerbsrecht, § 45, Rn. 3; Sinnaeve, EuZW 1999, S. 270 (270).

535 Insbesondere auf den EuGH-Urteilen „Lorenz" Slg. 1973, I-1471, Tz. 4 Lorenz/Deutschland und „Sytraval" Slg. 1998, I-1719, Tz. 35 ff. Kommission/Sytraval und Brink`s France.

536 Fischer, ZIP 1999, S. 1426 (1426); Bär-Bouyssière, in: Schwarze, EUV, Art. 88, Rn. 1; Stockhausen, Beihilfenrechtliche Grenzen, S. 173-174.

537 XXXI. Bericht über die Wettbewerbspolitik 2001, SEK (2002) 462 endg., S. 147, Rn. 475; Kilb, JuS 2003, S. 1072 (1075); sehr ausführlich zur VVO Sinnaeve/Slot, CMLR 1999, S. 1153 ff.

538 2. und 3. Erwägungsgrund - VVO 659/1999 EG; Sinnaeve/Slot, CMLR 1999, S. 1153 (1154); Stober, Besonderes Wirtschaftsverwaltungsrecht, § 55 IV 1, S. 261; Fischer, ZIP 1999, S. 1426 (1426).

539 Bär-Bouyssière, in: Schwarze, EUV, Art. 88, Rn. 2; Fischer, ZIP 1999, S. 1426 (1426); Staebe, Rechtsschutz bei gemeinschaftswidrigen Beihilfen, S. 49; Kruse NVwZ 1999, S. 1049 (1050).

540 Mederer, in: Groeben/Schwarze, EG, Art. 88, Rn. 5.

bisher praktizierten Regeln und Grundsätze.[541] Hierin liegt ihre wichtigste Bedeutung.[542]

Nichtsdestotrotz wurde ihr Erlass im Schrifttum als historischer Schritt mit Ausstrahlungswirkung auf andere Bereiche des EG-Eigenverwaltungsrechts gewertet.[543] Schließlich hatte der Rat mit der VVO in knapp zwei Jahren bereits die zweite Durchführungsverordnung auf Grundlage von Art. 89 EG erlassen, nachdem er 40 Jahre gar keinen Gebrauch von dieser Vorschrift gemacht hatte.[544]

Um die Anwendung der VVO noch effektiver zu gestalten, erließ die Kommission am 21. April 2004 die VO 794/2004 EG zur Durchführung der VO 659/1999 EG[545]. Sie befasst sich vor allem mit Einzelheiten zu den Anmeldeformalitäten, der Form und Inhalt der Jahresberichte, der Fristberechnung im Beihilfeverfahren und dem Zinssatz bei der Rückforderung rechtswidriger Beihilfen.

Im Ergebnis lässt sich sagen, dass die VVO mit den Gruppenfreistellungsverordnungen zu dem großen Reformprojekt der Kommission gehört, die staatliche Beihilfenkontrolle zu modernisieren.[546]

b) Verfahren für die Genehmigung einer Beihilfe

Für die Genehmigung von Beihilfen sieht die VVO in Kapitel II-V vier verschiedene Verfahren vor.[547]

Es handelt sich dabei um die Verfahren für angemeldete Beihilfen (Art. 2-9 VVO), für rechtswidrige Beihilfen (Art. 10-15 VVO), für die missbräuchliche Anwendung von Beihilferegelungen (Art. 16 VVO) und für bestehende Beihilfen (Art. 17-19 VVO).

In der vertraglichen Regelung des Art. 88 EG sind lediglich zwei Aufsichtsverfahren vorgesehen. Das „repressive" Verfahren in Abs. 1, das dem Verfahren für angemeldete Beihilfen in Art. 2-9 VVO entspricht und das „präventive" Verfahren

---

541 Fischer, ZIP 1999, S. 1426 (1426); Sinnaeve/Slot, CMLR 1999, S. 1153 (1194); Mederer, in: Groeben/Schwarze, EG, Art. 88, Rn. 5.

542 Sinnaeve, EuZW 1999, S. 270 (277); Sinnaeve/Slot, CMLR 1999, S. 1153 (1194).

543 Stober, Besonderes Wirtschaftsverwaltungsrecht, § 54 II 2, S. 250; Sinnaeve, EuZW 1998, 268, 273; Schneider, in: Stober/Vogel, Subventionsrecht und Subventionspolitik, S. 52.

544 Fischer, ZIP 1999, S. 1426 (1426). Bei der anderen Durchführungsverordnung handelt es sich um die Ermächtigungsverordnung 994/98 EG, die Voraussetzung für den Erlass der Gruppenfreistellungsverordnungen war, siehe ausführlich dazu unter D. III. 2. b).

545 VO 794/2004 EG der Kommission vom 21. April 2004 zur Durchführung der VO 659/1999 EG des Rates über besondere Vorschriften für die Anwendung von Art. 93 EG-Vertrag, ABl 2004 L 140/1.

546 Sinnaeve/Slot, CMLR 1999, S. 1153 (1154, 1192); Staebe, Rechtsschutz bei gemeinschaftswidrigen Beihilfen, S. 49; Mederer, in: Groeben/Schwarze, EG, Art. 88, Rn. 5.

547 In der vertraglichen Regelung des Art. 88 EG sind lediglich zwei Aufsichtsverfahren vorgesehen, das repressive Verfahren in Abs. 1 und das präventive Verfahren in Abs. 3.

in Abs. 3, welches dem Verfahren für bestehende Beihilfen in Art. 17-19 VVO nachgebildet ist. Dass es nunmehr auch Verfahrensregeln für die rechtswidrige Einführung oder missbräuchliche Anwendung von Beihilfen durch die Mitgliedstaaten gibt, trägt dem Umstand Rechnung, dass das Schwergewicht der Beihilfeaufsicht heute nicht mehr auf der Kontrolle bestehender Beihilfen i.S.d. Art. 88 I EG liegt, sondern auf der Kontrolle neuer oder umgestalteter Beihilfen i.S.d. Abs. 3.[548]

aa) Verfahren bei angemeldeten Beihilfen (Art. 2-9 VVO)

Das repressive Verfahren, das seit Bestehen der VVO als „Verfahren bei angemeldeten Beihilfen" bezeichnet wird, ist in den Art. 2-9 VVO geregelt und zugleich der wichtigste Verfahrenstyp.[549] Es bildet gewissermaßen das Grundmuster für die weiteren in der VVO vorgesehenen Verfahren.[550]

Ausgangspunkt dieses Verfahrens ist Art. 88 III 1 EG, Art. 2 I 1 VVO. Danach sind die Mitgliedstaaten verpflichtet, der Kommission ihr Vorhaben, eine Beihilfe neu einzuführen oder umzugestalten, rechtzeitig mitzuteilen, so dass diese sich dazu äußern kann. Es handelt sich dabei um die Anmelde- oder auch Notifizierungspflicht.

Bis zum Erlass einer Genehmigungsentscheidung oder der Genehmigungsfiktion (Art. 4 VI VVO) ist es den Mitgliedstaaten untersagt, die geplante Beihilfe einzuführen (Art. 88 III 3 EG, Art. 3 VVO). Hierbei handelt es sich um das Durchführungsverbot oder auch die sogenannte „stand still clause".

Anmeldepflicht und Durchführungsverbot sind die konstitutiven Verfahrensvorschriften des im EG-Vertrag verankerten Systems der präventiven Beihilfenkontrolle.[551] Sie sollen verhindern, dass vertragswidrige Beihilfen wirksam werden.[552]

---

548 Im Jahr 2002 waren gerade mal 5 der 421 beihilfenrechtlichen Entscheidungen der Kommission auf Art. 88 I EG gestützt (ausgenommen Landwirtschaft, Fischerei, Verkehr und Kohlenbergbau), vgl. XXXII. Bericht über die Wettbewerbspolitik 2002, SEK (2003) 467 endg., S.154, Schaubild 6.

549 Vgl. XXXII. Bericht über die Wettbewerbspolitik 2002, SEK (2003) 467 endg., S.154, Schaubild 6, wonach im Jahr 2002 349 der 421 beihilfenrechtlichen Entscheidungen der Kommission (ausgenommen Landwirtschaft, Fischerei, Verkehr und Kohlenbergbau) sich auf angemeldete Beihilfen bezogen.

550 Fischer, ZIP 1999, S. 1426 (1427).

551 Lumma, EuZW 2004, S. 457 (458).

552 EuGH Slg. 1964, I-1253, 1272 f. Costa/E.N.E.L.; EuGH Slg. 1973, I-1471, Tz. 4 Lorenz/Deutschland.

(1) Anmeldepflicht

Die Pflicht zur Notifizierung umfasst grundsätzlich alle geplanten „neuen Beihilfen“. Der Begriff „neue Beihilfen“ ist in Art. 1 lit. c) VVO negativ definiert. Erfasst sind alle Beihilfen, also Beihilferegelungen und Einzelbeihilfen, die keine bestehenden Beihilfen sind, einschließlich Änderungen bestehender Beihilfen.[553]

Die Pflicht der Mitgliedstaaten, eine Beihilfe anzumelden, besteht jedoch nicht in jedem Fall. Art. 2 I VVO bestimmt, dass eine Notifizierung durch die Mitgliedstaaten entbehrlich ist, sofern dies in einer Verordnung nach Art. 89 EG festgelegt wird.

Gestützt auf Art. 89 EG erließ der Rat am 7. Mai 1998 die VO 994/98 EG. Sie ermächtigt in Art. 1 I VO 994/98 EG die Kommission, per Verordnung bestimmte Gruppen von Beihilfen zu bestimmen, die von der Anmeldepflicht gem. Art. 88 III 3 EG befreit sind. Bisher hat die Kommission davon im Bereich der Ausbildungs-, Beschäftigungs-, de minimis und KMU-Beihilfen Gebrauch gemacht.

Eine weitere Ausnahme vom Anmeldeerfordernis besteht für diejenigen Beihilferegelungen, die bereits von der Kommission genehmigt wurden, deren Budget jedoch nachträglich um bis zu 20 % erhöht werden soll. Solche geringfügigen Erhöhungen der Ausgangsmittel für eine Beihilferegelung, mit denen insbesondere der Inflation Rechnung getragen wird, sind nach Auffassung der Kommission keine Änderung einer bestehenden Beihilfe, da dies kaum etwas an der ursprünglichen Bewertung der Vereinbarkeit der Beihilferegelung ändern dürfte. Dies gilt jedoch nur, wenn die sonstigen Voraussetzungen der Beihilferegelung unverändert bleiben.[554]

(2) Vorläufiges Prüfverfahren

Mit der Notifizierung einer Beihilfe beginnt das Vorverfahren gem. Art. 4 VVO.

Dieses soll der Kommission eine erste Meinungsbildung über den Charakter der Maßnahme als Beihilfe und ihre Vereinbarkeit mit dem Gemeinsamen Markt ermöglichen.[555]

Im Rahmen des Vorprüfverfahrens muss die Kommission innerhalb von zwei Monaten (sogenannte „Lorenz-Frist“[556]) Stellung zur geplanten Beihilfe beziehen,

---

[553] Als bestehende Beihilfen gelten auch Einzelbeihilfen, die im Rahmen einer genehmigten Beihilferegelung erlassen werden, siehe EuGH Slg. 2002, I-4287, Tz. 83 Arap u.a./Kommission.

[554] Siehe den 4. Erwägungsgrund und Art. 4 I 2 VO 794/2004 EG. Dieser Ausnahmentatbestand galt jedoch bereits vor Einführung der VO 794/2004 EG, siehe dazu Kruse, NVwZ 1999, S. 1049 (1051).

[555] EuGH Slg. 2001, I-1101, Tz. 53 Österreich/Kommission; EuG Slg 2001, II-867, Tz. 41 Prayon-Rupel/Kommission; v. Wallenberg, in: Grabitz/Hilf, Recht der EU, Art. 88, Rn. 24.

[556] Die Fristenregelung ist auf die Lorenz-Rechtsprechung des EuGH (Slg. 1973, I-1471, Tz. 4 Lorenz/Deutschland)gestützt, die auf einer rechtsschöpferischen Analogie zu der in Art. 230

es sei denn, die Frist wurde im Einvernehmen mit den Mitgliedstaaten verlängert oder verkürzt (Art. 4 V VVO). In der Praxis wird die 2-Monatsfrist nicht selten erheblich überschritten.[557]

Hegt die Kommission keinerlei Bedenken bezüglich der geplanten Beihilfe oder Beihilferegelung, so wird die Maßnahme mit dem Gemeinsamen Markt für vereinbar erklärt.[558] Gelangt die Kommission in dieser Zeit jedoch zu der Ansicht, dass die geplante Maßnahme mit dem Gemeinsamen Markt unvereinbar sein könnte, so leitet sie das Hauptprüfverfahren gem. Art. 88 III 2 i.V.m. II EG, Art. 4 IV, Art. 6 VVO ein.[559]

(3) Hauptprüfverfahren

Die Einleitung des förmlichen Prüfverfahrens gem. Art. 88 III 2 i.V.m. II EG, Art. 4 IV VVO ist für die Kommission bei gemeinschaftsrechtlichen Bedenken einer Maßnahme verpflichtend.[560]

Entschließt sich die Kommission zur Einleitung des förmlichen Prüfverfahrens, so hat sie dies gem. Art. 4 IV i.V.m. Art. 26 II VVO im Amtsblatt zu verkünden. Dies geschieht im Interesse der Transparenz und Rechtssicherheit.[561] Das Hauptprüfverfahren dient nämlich nicht nur der Kommission, sich vor Erlass ihrer Entscheidung umfassend über alle Umstände des Sachverhalts zu unterrichten, sondern auch die Rechte möglicherweise betroffener Dritter zu schützen.[562] Aus diesem Grund besteht im förmlichen Verfahren die Verpflichtung, interessierten Dritten Gelegenheit zur Stellungnahme zu geben (Art. 6 I VVO). Neben den Mitgliedstaaten zählen dazu insbesondere der Beihilfenempfänger, Wettbewerber sowie Berufsverbände (Art. 1 lit. h VVO).[563]

---

und 232 EGV für Nichtigkeits- und Untätigkeitsklagen vor dem EuGH getroffenen Regelung beruht, siehe dazu auch Bartosch, EuZW 2004, S. 43 (45).

557 Kruse, NVwZ 1999, S. 1049 (1052); Borchardt, Grundlagen der EU, S. 412, Rn. 902.

558 Dies geschieht mittels Entscheidung, siehe ausführlicher dazu Art. 4 II, III VVO.

559 Siehe EuGH Slg. 1993, I-3203, Tz. 33 Matra/Kommission; zu den grundlegenden Unterschieden zwischen dem vorläufigen und dem förmlichen Prüfverfahren siehe GA van Gerven in: Schlussanträge in der Rechtssache C-225/91, Slg. 1993, I-3203 ff., Tz. 33 ff. und EuGH Slg. 1998, I-1719, Tz. 39 ff. Kommission /Sytraval und Brink's France.

560 EuGH Slg. 2001, I-3175 Portugal/Kommission; XXXI. Bericht über die Wettbewerbspolitik 2001, SEK (2002) 462 endg., S. 147, Rn.476; siehe ausführlich dazu Hakenberg/Erlbacher, EWS 2003, S. 201 (209 ff.).

561 21. Erwägungsgrund - VO 659/1999 EG.

562 EuG Slg 2001, II 867, Tz. 41 Prayon-Rupel/Kommission m.w.N.

563 Das Beteiligungsrecht Dritter kann jedoch nach den Umständen des Einzelfalls in seinem Umfang beschränkt werden; EuG Slg. 1998, II-2405, Tz. 58-64 EuGH British Airways u. a./Kommission; Slg 2001, II 867, Tz. 41 Prayon-Rupel/Kommission.

Im Rahmen des Vorverfahrens besteht eine Beteiligungspflicht Dritter nicht.[564] Eine solche Verpflichtung würde die vorläufige Prüfung auch nur unnötig komplizieren und liefe letztlich auf eine Verdopplung des förmlichen Prüfverfahrens hinaus.[565]

Die Stellungnahmen müssen gem. Art. 6 I VVO innerhalb eines Monats eingeholt werden. Unter Berücksichtigung der daraus gewonnenen Erkenntnisse prüft die Kommission erneut den Beihilfecharakter der Maßnahme sowie gegebenenfalls die Vereinbarkeit der Maßnahme mit dem Gemeinsamen Markt (Art. 7 VVO).

Das Ergebnis ihrer Untersuchung stellt die Kommission - wie auch im Vorverfahren - im Rahmen einer Entscheidung (Art. 7 VVO) fest. Gem. Art. 7 VI 2 VVO hat sich die Kommission darum zu bemühen, ihre Entscheidung innerhalb einer Frist von 18 Monaten nach Eröffnung des Prüfverfahrens zu veröffentlichen.[566] Allerdings handelt es sich hierbei nicht um eine verbindliche Fristenregelung. Nach Art. 7 VI 3 VVO kann sie in Übereinstimmung mit dem betreffenden Mitgliedstaat verlängert werden, wodurch der Kommission in umfangreichen und schwierigen Fällen ein ausreichender zeitlicher Prüfungszeitraum eröffnet werden soll.[567] Nach Ablauf der Frist ist die Kommission jedoch verpflichtet, auf Wunsch des Beihilfe gewährenden Mitgliedstaates eine Entscheidung innerhalb von zwei weiteren Monaten nach Lage der Akten zu fällen (Art. 7 VII VVO). Im Gegensatz zum Vorprüfverfahren führt der Fristablauf im Rahmen des Hauptprüfverfahrens jedoch nicht zu einer impliziten Genehmigung.[568]

Die Maximaldauer eines Genehmigungsverfahrens beträgt nach der VVO demnach fast zwei Jahre[569].[570]

---

564 EuGH Slg. 1998, I-1719, Tz. 9 Kommission/Sytraval und Brink's France.

565 Mederer, in: Groeben/Schwarze, EG, Art. 88, Rn. 41.

566 Bis zur Einführung der VVO war die Kommission an keine Frist gebunden. Die Rspr. verlangte lediglich, dass das Verfahren innerhalb einer „angemessenen Frist" abzuschließen sei. Die in Art. 7 VI 2 VVO festgelegte 18-Monatsfrist entsprach der damaligen durchschnittlichen Verfahrensdauer. Ausführlich zu den Fristen Sinnaeve, EuZW 1999, S. 270 (272 ff.).

567 Harings, Europäisches Beihilferecht, S. 109, Rn. 186; Fischer, Europarecht, S. 383, Rn. 42; Sinnaeve, EuZW 1998, S. 268 (270); v. Wallenberg, in: Grabitz/Hilf, Recht der EU, Art. 88, Rn. 57.

568 Sinnaeve, EuZW 1999, S. 270 (273).

569 Zwei Monate für das Vorprüfungsverfahren, 18 Monate für das Hauptprüfungsverfahren und zwei zusätzliche Monate ab dem Ersuchen des Mitgliedstaates. Allerdings dürfte dieses durch Auskunftsersuchen der Kommission noch verlängert werden können.

570 Dies gilt nicht für bestimmte Änderungen bestehender Beihilfen, vgl. Art. 4 I, II VO 794/2004 EG. Sie sollen von einem beschleunigten Verfahren profitieren, im Rahmen dessen sich die Kommission darum bemüht, innerhalb eines Monats eine Entscheidung zu erlassen, Art. 4 II VO 794/2004 EG. Dieses beschleunigte Verfahren ist jedoch nicht neu. Bereits im Jahr 1992 sah die Kommission für die Erneuerung von genehmigten Programmen ein solches beschleunigtes Verfahren vor. Darin war sogar eine Entscheidung der Kommission innerhalb von 20 Tagen vorgesehen, ABl. 1992 C 213/10.

Beihilfen, die die einzelnen Mitgliedstaaten erstmalig gewähren wollen, unterlaufen demnach ein arbeits- und zeitintensives Verfahren. Dies gilt auch für Beihilfen an KMU. Obwohl für bestimmte Beihilfereglungen an KMU bereits seit 1992 ein beschleunigtes Prüfungsverfahren vorgesehen ist,[571] führte das Notifizierungsverfahren nicht selten zu erheblichen Verzögerungen bei der Gewährung einer Beihilfe.

Das Bemühen der Kommission, das Verfahren der Beihilfeaufsicht für bestimmte Arten von Beihilfen, wie z.B. für Beihilfen an KMU, zu modifizieren, ist daher zu begrüßen.

bb) Verfahren bei rechtswidrigen Beihilfen (Art. 10-15 VVO)

Bis zum Erlass der VVO beruhte das Verfahren bei rechtswidrigen Beihilfen im Wesentlichen auf den Grundsätzen, die der EuGH in der sogenannten „Boussac-Rechtsprechung" entwickelt hatte.[572] Nunmehr ist es in den Art. 10-15 VVO explizit geregelt. Sinn und Zweck des nunmehr ausdrücklich kodifizierten Verfahrens ist die Sicherung des Durchführungsverbots aus Art. 88 III 3 EG i.V.m. Art. 3 VVO.

Nach der Begriffsbestimmung in Art. 1 lit. f) VVO sind rechtswidrige Beihilfen solche, die gegen die Notifizierungspflicht gem. Art. 88 III EG verstoßen. Erhält die Kommission Informationen über angeblich rechtswidrige Beihilfen, so ist sie von Amts wegen verpflichtet, diesen nachzugehen.[573] Der dafür festgelegte Ablauf entspricht dabei dem zweistufigen Verfahren bei „angemeldeten Beihilfen". Zunächst überprüft sie im Rahmen des Vorverfahrens, ob es sich bei der Maßnahme um eine Beihilfe handelt und wenn ja, ob Bedenken bezüglich ihrer Vereinbarkeit mit dem Gemeinsamen Markt bestehen. Bestehen Bedenken, so eröffnet sie das Hauptprüfverfahren.[574]

Kommt die Kommission im Rahmen ihrer Prüfung zu dem Ergebnis, dass die Beihilfe auch materiell rechtswidrig war, so ist sie verpflichtet, eine endgültige Rückforderungsentscheidung zu treffen (Art. 14 VVO).[575] Ein bloß formeller Ver-

---

[571] Siehe die Mitteilung der Kommission über das beschleunigte Genehmigungsverfahren für Beihilferegelungen für KMU und von Änderungen bestehender Beihilferegelungen, ABl. 1992 C 213/10.

[572] EuGH Slg. 1990, I-307 Frankreich/Kommission – Boussac; Staebe, Rechtsschutz bei gemeinschaftswidrigen Beihilfen, S. 54.

[573] Art. 10 I und 11. Erwägungsgrund - VVO 659/1999 EG.

[574] Bieber/Epiney/Haag, Europäische Union, § 17, Rn. 28; Mestmäcker/Schweitzer, Europäisches Wettbewerbsrecht, § 45, Rn. 23.

[575] Staebe, Rechtsschutz bei gemeinschaftswidrigen Beihilfen, S. 55; Sinnaeve, EuZW 1999, S. 270 (274).

stoß gegen die Notifizierungspflicht oder das Durchführungsverbot reicht hingegen nicht aus.[576]

Um zu vermeiden, dass rechtswidrig handelnde Mitgliedstaaten genauso behandelt werden wie ihre Pflichten beachtende Mitgliedstaaten, ist die Kommission weder an die zweimonatige noch die achtzehnmonatige Frist im Vor- bzw. Hauptprüfverfahren gebunden (Art. 13 II VVO).[577] Allerdings ist sie in Übereinstimmung mit den Grundsätzen einer ordnungsgemäßen Verwaltungspraxis verpflichtet, innerhalb einer angemessenen Frist Stellung zu beziehen.[578] Die Angemessenheit der Frist richtet sich dabei anhand der Umstände des Einzelfalles.[579]

cc) Verfahren bei missbräuchlicher Anwendung von Beihilfen (Art. 16 VVO)

Auch das Verfahren bei missbräuchlichen Beihilfen ist neu (Art. 16 VVO). Eine missbräuchliche Anwendung liegt gem. Art. 1 lit. g) VVO vor, wenn der Empfänger Beihilfen unter Verstoß gegen eine die Genehmigung versagende Entscheidung verwendet. Zwar regelt auch Art. 88 II UAbs. 2 EG diesen Fall, doch ist die Regelung in Art. 16 VVO als Ergänzung zu der primärrechtlichen Vorschrift zu verstehen. Hinsichtlich der Einzelheiten des Verfahrens verweist Art. 16 VVO auf die allgemeinen Regelungen für das Prüfverfahren in Art. 6, 7 und 9 VVO als auch auf die Vorschriften über das Verfahren bei rechtswidrigen Beihilfen.

dd) Verfahren bei bestehenden Beihilferegelungen (Art. 17-19 VVO)

Das vierte und damit letzte in der VVO geregelte Verfahren ist das Verfahren bei bestehenden Beihilferegelungen (Art. 17-19 VVO). In Art. 88 I und II EG bildet es den „Grundfall" der Beihilfeaufsicht.[580] Bestehende Beihilfen sind gem. Art. 1 lit. b) VVO Beihilfen und Beihilferegelungen, die bereits vor Inkrafttreten des EG-Vertrags bzw. dem Beitritt des jeweiligen Mitgliedstaates zur EG bestanden, sowie die von der Kommission bereits genehmigten oder als genehmigt geltenden Beihilfen. Weder die Notifizierungspflicht noch das Durchführungsverbot sind auf sie anwendbar. Daher können sie zunächst ohne Genehmigung fortgeführt werden.[581]

---

576 EuGH Slg. 1990, I-307, Tz. 11 ff. Frankreich/Kommission – Boussac; Slg. 1991, I-5505, Tz. 13 Transformateurs de saumon; Stockhausen, Beihilfenrechtliche Grenzen, S. 182; Stober, Besonderes Wirtschaftsverwaltungsrecht, § 55 IV 5, S. 266.

577 11. Erwägungsgrund -VVO; Sinnaeve, EuZW 1999, S. 270 (271).

578 EuG Slg. 1998 II-3407, Tz. 73 ff. Gestevisión Telecinco.

579 Staebe, Rechtsschutz bei gemeinschaftswidrigen Beihilfen, S. 55.

580 Staebe, Rechtsschutz bei gemeinschaftswidrigen Beihilfen, S. 57.

581 GA Darmon in: Schlussanträge in der verb. Rechtssache 166/86 und 220/86, Slg. 1988, I-6473, Tz. 24-30 Irish/Cement Ltd./Kommission; Mestmäcker/Schweitzer, Europäisches Wettbewerbsrecht, § 45, Rn. 49.

Bestehende Beihilferegelungen werden jedoch im Unterschied zu Einzelbeihilfen nach Art. 88 I EG von der Kommission fortlaufend auf ihre Vereinbarkeit mit dem Gemeinsamen Markt überprüft.[582] Dabei untersucht sie insbesondere, ob die wirtschaftliche Entwicklung die Auswirkung bestehender Beihilferegelungen in einer mit dem Gemeinsamen Markt unvereinbaren Weise beeinflusst.[583]

Damit die Kommission ihre Überprüfungspflicht effektiv wahrnehmen kann, sieht die VVO sowohl eine Auskunftspflicht (Art. 17 I VVO) als auch eine jährliche Berichterstattungspflicht der Mitgliedstaaten (Art. 21 VVO) vor.[584] Weitergehende Berichtspflichten können zudem aus sekundärrechtlichen Vorgaben oder aus mit entsprechenden Auflagen verbundenen Positiventscheidungen der Kommission nach Art. 7 IV VVO erwachsen.[585]

Hält die Kommission eine bestehende Beihilferegelung für mit dem Gemeinsamen Markt unvereinbar, so informiert sie den betreffenden Mitgliedstaat über ihre vorläufige Auffassung und gibt ihm Gelegenheit zur Stellungnahme (Art. 17 II VVO). Damit sollen die Mitgliedstaaten die Möglichkeit erhalten, an einer den Anforderungen des Gemeinsamen Marktes entsprechenden Umgestaltung der Beihilfen aktiv mitzuwirken.[586]

Bestätigen die übermittelten Auskünfte die Auffassung der Kommission oder unterlässt es der Mitgliedstaat, einen Jahresbericht vorzulegen, so schlägt die Kommission dem Mitgliedstaat „zweckdienliche Maßnahmen" vor (Art. 18 VVO). Diese können in einer inhaltlichen Änderung der Beihilferegelung, in der Einführung von Verfahrensvorschriften, aber auch in der Abschaffung der Beihilferegelung selbst bestehen.[587] Stimmt der Mitgliedstaat diesen Maßnahen zu, so ist er gem. Art. 19 I VVO zu deren Umsetzung verpflichtet. Verweigert er jedoch die Zustimmung, so kann die Kommission ein förmliches Prüfverfahren einleiten (Art. 19 II i.V.m. Art. 4 IV VVO) und durch eine abschließende Entscheidung die zweckdienliche Maßnahme auferlegen. Bei der Durchführung des Verfahrens sind dabei die selben Verfahrensvorschriften anwendbar wie bei der Überprüfung einer

---

582 Genehmigte Einzelbeihilfen sind zwar auch bestehende Beihilfen, können aber nie Gegenstand zweckdienlicher Maßnahmen sein.

583 Koenig/Kühling, in: Streinz, EUV/EGV, Art. 88, Rn. 10; Cremer, in: Calliess/Ruffert, EGV, Art. 88, Rn. 4; Staebe, Rechtsschutz bei gemeinschaftswidrigen Beihilfen, S. 57.

584 Die Mitgliedstaaten haben gem. Art. 5 I VO 794/2004 EG die Jahresberichte auf Grundlage des Standardberichtsformulars in Anhang III A zusammenzustellen. Für die Herstellung, Verabreitung und Vermarktung von Agrarerzeugnissen und die Erzeugung, Verabreitung und Vermarktung von Fischereierzeugnisse gibt es wiederum spezielle Formulare (Anhang III B und C).

585 Mestmäcker/Schweitzer, Europäisches Wettbewerbsrecht, § 45, Rn. 49.

586 Mestmäcker/Schweitzer, Europäisches Wettbewerbsrecht, § 45, Rn. 49, Fn. 133.

587 Koenig/Kühling, in: Streinz, EUV/EGV, Art. 88, Rn. 11.

neuen Beihilfe, mit der Ausnahme des in Art. 3 VVO enthaltenen Durchführungsverbotes.[588]

c) Verfahrensbeteiligte in der Beihilfenkontrolle

Bei der Genehmigung von Beihilfen kommt der Kommission ein weiter Ermessensspielraum zu. Die wirksame Gewährleistung wesentlicher Verfahrensrechte, der durch die Entscheidung unmittelbar oder mittelbar Betroffenen, ist damit von besonderer Bedeutung.[589]

Art. 88 EG selbst regelt nicht, wer am Verfahren der Beihilfeaufsicht zu beteiligen ist. Er verlangt lediglich, dass die Prüfung „in Zusammenarbeit mit den Mitgliedstaaten" zu erfolgen hat und dass den „Beteiligten" Gelegenheit zu einer Äußerung zu geben ist.

Wer genau als Beteiligter am Verfahren der Beihilfeaufsicht anzusehen ist, ist Art. 1 lit. h) VVO zu entnehmen. Neben den Mitgliedstaaten sollen dies auch Personen, Unternehmen oder Unternehmensvereinigungen sein, deren Interessen aufgrund der Gewährung einer Beihilfe beeinträchtigt sein können, wie insbesondere der Beihilfeempfänger, Wettbewerber und Berufsverbände.[590]

aa) Beteiligtenrechte der Mitgliedstaaten

Die Kommission war stets der Auffassung, dass es sich bei dem im Vertrag ausgestalteten beihilfenrechtlichen Prüfungsverfahren um ein bilaterales Verfahren zwischen der Kommission und dem Mitgliedstaat handelt.[591] Diese Auslegung des Vertrages wird auch vom EuGH vertreten[592] und findet sich zudem in Art. 25 VVO wieder, wonach sämtliche Entscheidungen dem betreffenden Mitgliedstaat zuzugehen haben.[593]

---

588 Mestmäcker/Schweitzer, Europäisches Wettbewerbsrecht, § 45, Rn. 23.

589 Matthies, ZHR 1988, S. 442 (451); Mestmäcker/Schweitzer, Europäisches Wettbewerbsrecht, § 45, Rn. 52.

590 Bereits vor Erlass der VVO bestand Einvernehmen, dass auch andere als die originär verfahrensbeteiligten Mitgliedstaaten beteiligt sein können. Der Kreis der Beteiligten wurde durch die VVO im Vergleich zur früheren Rechtsprechung, der Kommissionspraxis und der Literatur somit nicht maßgeblich verändert, siehe ausführlicher dazu Staebe, Rechtsschutz bei gemeinschaftswidrigen Beihilfen, S. 59 f. m.w.N.

591 Lumma, EuZW 2004, S. 457 (458); Lübbig/Martín-Ehlers, Beihilfenrecht der EU, S. 210, Rn. 566; Wagner, Stellung der Wettbewerber im Beihilfeaufsichtsverfahren, S. 248; Sinnaeve/Slot, CMLR 1999, S. 1153 (1183).

592 EuGH Slg. 1998, I-1719, Tz. 33 ff. Kommission/Sytraval und Brink`s France; so auch das EuG Slg. 2000, II-4055, Tz. 86 Ufex u.a./Kommission.

593 Mederer, in: Groeben/Schwarze, EG, Art. 88, Rn. 23; Staebe, Rechtsschutz bei gemeinschaftswidrigen Beihilfen, S. 59.

Direkt am Verfahren beteiligt sind somit nur die Gemeinschaft und der beihilfengewährende Mitgliedstaat.[594] Das hat zur Folge, dass das Recht auf Gehör, wonach dem betroffenen Unternehmen bereits im Verwaltungsverfahren Gelegenheit zu geben ist, zum Vorliegen und zur Erheblichkeit der von der Kommission angeführten Tatsachen, Beanstandungen und Umstände zweckdienlich Stellung zu nehmen,[595] letztlich nur dem Mitgliedstaat zukommt, gegen den sich das Beihilfenverfahren richtet.[596] Welche Rechte den betroffenen Mitgliedstaaten in den verschiedenen Beihilfenverfahren im einzelnen zustehen, ist jeweils in unmittelbarem Zusammenhang mit diesen geregelt (vgl. z.B. Art. 6 I u. II; Art. 9, Art. 11 I u. II; Art. 17 II VVO).[597]

bb) Beteiligtenrechte des Wettbewerbers

Ein starkes Engagement der konkurrierenden Unternehmen im Bereich der Beihilfenkontrolle liegt grundsätzlich im Interesse eines unverfälschten Wettbewerbs.[598] Dies gilt gerade bei der Beihilfenvergabe an KMU, denn aufgrund ihrer Größe und zumeist relativ geringen Beihilfeintensitäten stehen KMU zumeist nicht so stark im Blickpunkt der Öffentlichkeit und der Kommission wie die großen Unternehmen.

Im Wesentlichen hat das beschwerdeführende Unternehmen jedoch nur das Recht, nach Eröffnung des förmlichen Prüfverfahrens eine Stellungnahme nach Art. 20 I 1 i.V.m. Art. 6 VVO abzugeben. Wird hingegen, wie in einer Vielzahl von Beschwerden der Fall, nicht einmal ein förmliches Prüfverfahren eröffnet, so bleiben dem Wettbewerber keine förmlichen Beteiligungsrechte im Kommissionsverfahren. In diesem Fall findet das Kommissionsverfahren bereits nach dem Vorprüfungsverfahren seinen Abschluss, ohne dass dem Wettbewerber ein Recht zur Abgabe einer Stellungnahme zusteht.[599] Einzig verbleibende Möglichkeit für den

---

594 Staebe, Rechtsschutz bei gemeinschaftswidrigen Beihilfen, S. 60.

595 EuG Slg. 2000, II-4055, Tz. 85 Ufex u.a./Kommission; EuG Slg. 2000, II-1885, Tz. 32 Kish Glass/Kommission.

596 Das Recht auf Gehör ist ein fundamentaler Grundsatz des Gemeinschaftsrechts, der für das Beihilfeverfahren aus Art. 88 II EG folgt, siehe m.w.N. den Beschluss des Präsidenten des EuGH Slg. 2002, I-8977, Tz. 80 Kommission/Technische Glaswerke Ilmenau. Zum Recht der Mitgliedstaaten auf rechtliches Gehör siehe auch EuGH Slg. 1990, I-307, Tz. 29 Frankreich/Kommission – Boussac.

597 Mestmäcker/Schweitzer, Europäisches Wettbewerbsrecht, § 45, Rn. 52.

598 Siehe dazu auch unter D. III. 6. d); Schütterle, EuZW 1994, S. 265 (269).

599 Lumma, EuZW 2004, S. 457 (458); Mederer, in: Groeben/Schwarze, EG, Art. 88, Rn. 23. Ein Anhörungsrecht Dritter in der Vorprüfphase ist in der VVO nicht vorgesehen. Dies entspricht auch der Rechtsprechung des EuGH, der im Interesse einer klaren Abgrenzung zum förmlichen Prüfverfahren die Existenz eines solchen Rechtes in der Vorprüfphase verneint, siehe EuGH Slg. 1998, I-1719, Tz. 33 ff. Kommission/ Sytraval und Brink`s France.

Wettbewerber ist eine Anfechtung der das Vorprüfungsverfahren abschließenden Entscheidung mittels einer Nichtigkeitsklage gem. Art. 230 IV EG.

Neben dem Recht auf Stellungnahme kommt den Wettbewerbern auch ein Beschwerderecht zu. Jeder Beteiligte kann der Kommission auf einem eigens veröffentlichten Formblatt[600] Mitteilung über mutmaßlich rechtswidrige Beihilfen und über eine mutmaßlich missbräuchliche Anwendung von Beihilfen machen und wird sodann über den Fortgang der Kommissionsermittlungen unterrichtet (Art. 20 II VVO).[601] Bleibt die Kommission auf eine Beschwerde eines Konkurrenten hin untätig, so verbleibt dem Beschwerdeführer lediglich, eine Untätigkeitsklage nach Art. 232 EG[602] bzw. eine Nichtigkeitsklage gem. Art. 230 II EG gegen die Vereinbarkeitsentscheidung der Beihilfe mit dem Gemeinsamen Markt zu erheben. Die Äußerungsrechte der Wettbewerber unterscheiden sich damit erheblich vom Recht auf Gehör der Mitgliedstaaten.[603] Im Wesentlichen wirkt sich der Unterschied auf den Informationsanspruch der Beteiligten aus. Denn die Kommission ist nicht verpflichtet, den Beteiligten Erklärungen oder Auskünfte der betroffenen Mitgliedstaaten zu übermitteln.[604]

Gem. Art. 20 III VVO haben Beteiligte darüber hinaus das Recht, auf Antrag den Text jeder Entscheidung zu erhalten, soweit diese nicht oder nicht vollständig veröffentlicht wird.[605]

In Bezug auf die Rechte der Wettbewerber hat die VVO demnach keine wesentlichen Neuerungen gebracht.[606] Auch nach ihrem Erlass bleibt es dabei, dass die Beteiligung Dritter nur der eigentlichen Prüfung der Beihilfe dient,[607] die Rolle der Beteiligten also auf eine Art Informationsquelle beschränkt ist.[608] Eine Veränderung lag aber auch weder im Interesse der Kommission noch des Rates. Beide

---

600 Formblatt für Beschwerden über mutmaßlich rechtswidrige Beihilfen, ABl. 2003 C 116/3.

601 Dass es im Beihilfenrecht kein förmliches Beschwerdeverfahren gibt, kommt auch dadurch zum Ausdruck, dass eine Beschwerde nach Art. 20 II VVO als Information an die Kommission gedeutet wird, Sinnaeve, EuZW 1999, S. 270 (275).

602 Vgl. EuG Slg. 1998, II-3407 Gestevisión Telecinco SA/Kommission.

603 EuG Slg. 2000, II-4055, Tz. 89 Ufex u.a./Kommission; Beschluss des Präsidenten des EuGH Slg. 2002, I-8977, Tz. 81 Kommission/Technische Glaswerke Ilmenau.

604 EuG Slg. 2000, II 4055, Tz. 90 Ufex u.a./Kommission; Mestmäcker/Schweitzer, Europäisches Wettbewerbsrecht, § 45, Rn. 53.

605 Sinnaeve, EuZW 1999, S. 270 (276). Die Verpflichtung der Kommission gem. Art. 6 II 1 VVO bei ihr eingegangene Stellungnahmen zu übermitteln, gilt nur gegenüber dem Mitgliedstaat und nicht gegenüber Dritte - EuG Slg. 1996, II-1399 Skibsvaerftsforeningen u.a./Kommission.

606 Soltész, EuZW 2001, S. 202 (203); Sinnaeve/Slot, CMLR 1999, S. 1153 (1183); siehe ausführlich zu den Erwartungen vieler Wagner, Stellung der Wettbewerber im Beihilfeaufsichtsverfahren, S. 212 ff.

607 Wagner, Stellung der Wettbewerber im Beihilfeaufsichtsverfahren, S. 250.

608 EuG Slg. 2000, II-4055, Tz. 89 Ufex u.a./Kommission; Beschluss des Präsidenten des EuGH Slg. 2002 I-8977, Tz. 81 Kommission/Technische Glaswerke Ilmenau.

waren der Auffassung, dass die Rechte von Beteiligten im Kontext eines bilateralen Verfahrens zwischen Kommission und Mitgliedstaat zu betrachten seien und dort bereits ausreichend geschützt[609] und andererseits von einer eventuellen Erweiterung dieser Rechte keine wesentliche Steigerung der Effizienz der Beihilfenkontrolle zu erwarten gewesen sei.[610]

Seitens der Literatur wird die schwache Stellung der Wettbewerber überwiegend kritisiert,[611] da Forderungen wie etwa ein Anhörungsrecht außerhalb des förmlichen Prüfverfahrens, regelmäßige Informationen über den Fortgang des Verfahrens oder das Recht auf Abgabe weiterer Stellungnahmen während des Verfahrens in die VVO nicht aufgenommen wurden.[612]

Der Mangel an Verfahrensrechten ist jedoch nicht nur unter Individualrechtsschutzgesichtspunkten zu bedauern. Konkurrenten eines Beihilfeempfängers können in vielen Fällen einen wertvollen Beitrag zur Sachverhaltsaufklärung leisten. Sie sind nicht nur nah am Marktgeschehen, sondern wissen zumeist auch gut über den Beihilfeempfänger Bescheid. Durch die eng begrenzten Verfahrensrechte geht somit eine wichtige Informationsquelle verloren, und die Wirksamkeit von Beihilfeverfahren vor der Kommission wird geschwächt.[613]

Die in Art. 88 II EG und der VVO statuierten Rechte werden demnach der oftmals wichtigen faktischen Rolle nicht gerecht, die die Beschwerdeführer bei der Aufdeckung rechtswidriger Beihilfen spielen.

cc) Beteiligtenrechte des Beihilfeempfängers

Ähnlich ist die Situation beim Beihilfenempfänger. Auch er wird grundsätzlich sowohl hinsichtlich des Umfangs seines Äußerungsrechts als auch seines Informationsanspruchs nicht den Mitgliedstaaten, sondern den übrigen Beteiligten i.S.d. Art. 20 I VVO gleichgestellt. Das Recht, sich zu allen im förmlichen Prüfverfahren aufgeworfenen potentiell wichtigen Fragen zu äußern, wird ihm demnach nicht zuerkannt.[614] Dem Beihilfeempfänger steht – genau wie seinen Wettbewer-

---

609 Die Rechte von anderen Beteiligten seien ausreichend durch die Beteiligung im Rahmen des in Art. 88 II EG vorgesehenen förmlichen Prüfungsverfahrens gewährleistet, siehe ausführlich und m.w.N. Wagner, Stellung der Wettbewerber im Beihilfeaufsichtsverfahren, S. 248.

610 Sinnaeve, EuZW 1999, S. 270 (275); siehe ausführlich zu den Erwartungen vieler Wagner, Stellung der Wettbewerber im Beihilfeaufsichtsverfahren, S. 212 ff. Die Einschätzung der Kommission und des Rates dürfte nicht zutreffend gewesen sein, siehe dazu unter D. III. 6. d).

611 Gross, Beihilfenrecht im Wandel, S. 56; Wagner, Stellung der Wettbewerber im Beihilfeaufsichtsverfahren, S. 250; Schmidt-Kötters, in: Heidenhain, Europäisches Beihilfenrecht, § 57, Rn. 12.

612 Siehe zu all dem sehr ausführlich Wagner, Stellung der Wettbewerber im Beihilfeaufsichtsverfahren, S. 248 ff.

613 Soltész, EuZW 2001, S. 202 (203); Lumma, EuZW 2004, S. 457 (461).

614 Siehe dazu den Beschluss des Präsidenten des EuGH Slg. 2002, I-8977, Tz. 84 Kommission/Technische Glaswerke Ilmenau: „ Es würde über das Anhörungsrecht hinausgehen und wä-

bern – nur das Recht zu, im Rahmen des Hauptprüfverfahrens, eine Stellungnahme abzugeben (Art. 20 I VVO i.V.m. Art. 6 VVO).[615] Die Kommission ist nicht einmal verpflichtet, dem Beihilfenempfänger die von Wettbewerbern abgegebenen Stellungnahmen zur Äußerung zu übermitteln.[616] Im Wesentlichen sind die Rechte des Beihilfenempfängers damit auf ein Recht auf ein ordnungsgemäßes, rechtsstaatliches und unparteiisches Verfahren beschränkt, welches sich jedoch nicht zu einem Recht auf streitige Auseinandersetzung mit der Kommission verdichtet.[617]

Meistens dürften die fehlenden Rechte des Beihilfenempfängers zwar durch die Kommunikation und Abstimmung des Beihilfenempfängers mit dem Mitgliedstaat abgemildert werden, doch sind auch Konstellationen denkbar, in denen die Interessen des betreffenden Mitgliedstaates und des Beihilfenempfängers gegenläufig sind. Das ist z.B. der Fall, wenn der betreffende Mitgliedstaat seine Anteile an dem Beihilfenempfänger an einen Dritten verkauft und überträgt. Stellt sich danach heraus, dass es zuvor (verdeckte) Beihilfen an den Beihilfenempfänger gab, so könnte dem Mitgliedstaat eine Auflösung des Kaufvertrages und insbesondere die Geltendmachung von Schadensersatzansprüchen seitens des Käufers drohen. In diesem Fall dürfte die Abstimmung zwischen dem Mitgliedstaat und dem Beihilfenempfänger schwierig sein.[618] Da nicht immer eine Interessengleichheit des Mitgliedstaats und des Beihilfenempfängers besteht, kann das Fehlen unmittelbarer Beteiligungsrechte folglich auch nicht durch die mitgliedstaatliche Interessenvertretung ausgeglichen werden. Die verfahrensrechtliche Stellung der Beihilfeempfänger im gemeinschaftsrechtlichen Beihilfeaufsichtsverfahren muss daher ebenfalls als unzureichend ausgeprägt bezeichnet werden.[619]

---

re geeignet, den Beihilfenempfängern ein Recht auf eine streitige Auseinandersetzung mit der Kommission zuzuerkennen, das allen Beteiligten im Sinne von Art. 88 II und von Art. 20 VVO bislang stets versagt wurde".

615 Lübbig/Martín-Ehlers, Beihilfenrecht der EU, S. 210, Rn. 563; Ein Recht auf individuelle Anhörung wurde vom EuG in zwei Verfahren nach dem EGKS-Vertrag abgelehnt: „Weder aus dem Wortlaut dieses Artikels (Art. 6 IV 5. Stahlbeihilfenkodex) oder aus einer anderen Vorschrift über staatliche Beihilfen noch aus der Gemeinschaftsrechtsprechung ergibt sich, dass die Kommission verpflichtet wäre, den Empfänger öffentlicher Mittel zur rechtlichen Beurteilung dieser Mittel anzuhören." EuG Slg. 1999 II-17, Tz. 230 f. Neue Maxhütte Stahlwerke und Lech-Stahlwerke/Kommission; EuG Slg. 1999, II-3927, Tz. 44 Acciaierie di Bolzano/Kommission.

616 Die den Beteiligten im Beihilfenverfahren nach der VVO zustehenden Rechte bleiben damit hinter denen zurück, die Beteiligte im Verfahren nach der VO 1/2003 EG haben (z.B. Akteneinsichtsrecht). Siehe bezüglich eines Vergleichs der Rechte der Verfahrensbeteiligten im Rahmen eines Verfahrens nach Art. 81, 82 EG Sinnaeve/Slot, CMLR 1999, S. 1153 (1186).

617 Beschluss des Präsidenten des EuGH Slg. 2002, I- 8977, Tz. 84-85 Kommission/Technische Glaswerke Ilmenau; Mestmäcker/Schweitzer, Europäisches Wettbewerbsrecht, § 45, Rn. 56.

618 Bspl. aus Lübbig/Martín-Ehlers, Beihilfenrecht der EU, S. 210, Rn. 568.

619 So auch Schmidt-Kötters, in: Heidenhain, Europäisches Beihilfenrecht, § 56, Rn. 6. Das EuG sieht die Beihilfenempfänger ebenso wie ihre Konkurrenten als bloße „Informationsquellen"

d) Überwachung der gewährten Beihilfen

Die Überwachung der Beihilfenvergabe ist in Kapitel VII der VVO geregelt. Aufgrund der mit der Notifizierungspflicht und dem Durchführungsverbot einhergehenden ex-ante Überwachung geht es dabei im Wesentlichen um eine ex-post Kontrolle bei den bestehenden Beihilferegelungen. Der Schwerpunkt liegt dabei auf der Übermittlung von Jahresberichten. Diese Pflicht ist jedoch nicht neu. Bereits vor Verabschiedung der VVO waren die Mitgliedstaaten verpflichtet, der Kommission Jahresberichte über die Anwendung bestehender Beihilfen vorzulegen.[620] Art. 21 I VVO stellt demnach lediglich eine schriftliche Niederlegung dieser Verpflichtung dar.[621]

e) Rückforderung der gewährten Beihilfen

Ist eine Beihilfe nicht mit den gemeinschaftsrechtlichen Vorgaben vereinbar, so ist sie entweder umzugestalten oder zurückzufordern (Art. 88 II EG i.V.m. Art. 14 VVO). Damit soll sichergestellt werden, dass der unverfälschte wettbewerbliche Zustand, der vor der gemeinschaftswidrigen Beihilfe bestanden hatte, wiederhergestellt wird.[622]

Entscheidet die Kommission, dass eine Beihilfe zurückzufordern ist, so ergeht an den jeweiligen Mitgliedstaat eine Rückforderungsverpflichtung im Wege einer Entscheidung.[623] In Ermangelung gemeinschaftsrechtlicher Bestimmungen richtet sich die Rückforderung dabei nach nationalem Recht.[624]

Allerdings hat das nationale Recht bestimmte gemeinschaftsrechtliche Mindestanforderungen zu berücksichtigen, insbesondere im Hinblick darauf, dass die gemeinschaftsrechtliche Rückforderung nicht praktisch unmöglich gemacht und der Gemeinschaftsgrundsatz des „effet utile“ gewährleistet wird.[625]

Beabsichtigt die Kommission, eine Beihilfe zurückzufordern, so ist für die Unternehmen oftmals von entscheidender Bedeutung, ob und inwieweit der Vertrauensgrundsatz zum Tragen kommt. Dies gilt vor allem für KMU. Die Rückforderung einer bereits gewährten und in das Unternehmen investierten Beihilfe hat für

---

der Kommission an, EuG Slg. 1998, II-2405, Tz. 59 British Airways/Kommission; Slg. 2000, II-4055, Tz. 86 Ufex u.a./Kommission. Kritisch dazu Nowak, EuZW 2001, S. 293 (301).

620 Vgl. Anhang I des Schreibens der Kommission an die Mitgliedstaaten D/20506 vom 2.8.1995 betreffend die gemeinsamen Verfahren der Berichterstattung und der Anmeldung gem. dem EGV und dem WTO Übereinkommen.

621 Zu den Handlungsmöglichkeiten der Kommission bei einem Verstoß gegen die Überwachungspflichten und Zweifeln bezüglich der Einhaltung einer genehmigenden Entscheidung siehe Art. 21 II und 22 VVO.

622 13. Erwägungsgrund - VVO; Lübbig/Martín-Ehlers, Beihilfenrecht der EU, S. 219, Rn. 587.

623 Bleckmann/Koch, in: Bleckmann, Europarecht, S. 757, Rn. 2097.

624 St. Rspr., siehe m.w.N. EuG Slg. 1995, II-1675, Tz. 82 – Siemens/Kommission.

625 EuGH Slg. 1983, I-2633, Tz. 23 Deutsche Milchkontor/Deutschland.

KMU aufgrund ihrer zumeist geringen Eigenkapitalausstattung und ihren Problemen bei der Fremdfinanzierung nicht selten existentielle Auswirkungen haben.

Die europäischen Gerichte unterscheiden bei der Anwendung nationalen Rechts auf die Rückforderung zwischen der Rückforderung von Gemeinschaftsbeihilfen und von mitgliedstaatlichen Beihilfen.

Während bei der Rückforderung einer Gemeinschaftsbeihilfe der EuGH die Grundsätze des Vertrauensschutzes und der Rechtssicherheit, wie sie z.B. in Art. 48 VwVfG Ausdruck gefunden haben, anerkennt,[626] grenzt er bei mitgliedstaatlichen Beihilfen den Vertrauenstatbestand unter Berücksichtigung des gemeinschaftsrechtlichen Kontrollverfahrens ab.[627]

Danach lehnt er ein schutzwürdiges Vertrauen bei einer mitgliedstaatlichen Beihilfe regelmäßig dann ab, wenn gegen das in Art. 88 EG normierte Kontrollverfahren verstoßen wurde.[628] Dies begründet er damit, dass die Kommission potentielle Beihilfenempfänger durch Mitteilung im Amtsblatt[629] davon in Kenntnis gesetzt hat, dass rechtswidrig gewährte Beihilfen gegebenenfalls zurückzuzahlen sind und es einem sorgfältigen Gewerbetreibenden regelmäßig möglich sei, sich zu vergewissern, dass das erforderliche Verfahren eingehalten worden ist.[630] Das bloße Vertrauen auf gemeinschaftskonformes Verhalten der Behörden des eigenen Mitgliedstaates entspricht somit nicht mehr dem gemeinschaftsrechtlichen Standard an erwarteter Sorgfalt.[631] Das gilt nicht nur für große Unternehmen, sondern auch für KMU. Dabei spielt es auch keine Rolle, dass sie durch ihre geringeren finanziellen[632] und personellen[633] Ressourcen meist weniger mit den europarechtlichen Vorgaben vertraut sind als ihre großen Konkurrenten.

Die Kenntnis der gemeinschaftsrechtlichen Vorschriften ist demnach für alle Unternehmen von erheblicher Bedeutung.

---

626 EuGH Slg. 1983, I-2633, Tz. 33 Deutsche Milchkontor/Deutschland; Mestmäcker/Schweitzer, Europäisches Wettbewerbsrecht, § 45, Rn. 39-40; Sinnaeve, Rückforderung nationaler Beihilfen, S. 161.

627 Mestmäcker/Schweitzer, Europäisches Wettbewerbsrecht, § 45, Rn. 39; Sinnaeve, Rückforderung nationaler Beihilfen, S. 162-163.

628 EuGH Slg. 1990, I-3437, Tz. 14 Kommission/Deutschland; Ludwigs, EuZW 2004, S. 577 (577); Sinnaeve, Rückforderung nationaler Beihilfen, S. 163.

629 ABl. 1983 C 318/3 und ABl. 1995 C 156/5.

630 EuGH Slg. 1990, I-3437, Tz. 14, 15 Kommission/Deutschland; Slg. 1997, I-135, Tz. 51 Spanien/Kommission; EuG Slg. 1998, II-3437, Tz. 69 BFM und EFIM/Kommission.

631 Herdegen, Europarecht, S. 200, Rn. 253.

632 KMU werden die Kosten für eine Rechtsberatung bezüglich der Rechtmäßigkeit einer Beihilfe zumeist scheuen.

633 Große Unternehmen verfügen in der Regel über eine eigene Rechtsabteilung, die die Rechtmäßigkeit einer Beihilfe überprüfen kann.

4. Rechtsschutz vor nationalen Gerichten

Angesichts ihrer schwachen Rechtsstellung im Genehmigungsverfahren der Kommission bleibt den durch eine Beihilfe in ihren Wettbewerbschancen nachteilig Betroffenen häufig nur die Möglichkeit, vor nationalen Gerichten auf die Einhaltung ihrer Rechte zu klagen.[634]

a) Rechtsgrundlage

Nationale Gerichte können mit Blick auf gemeinschaftsrechtliche Fragen von den Bürgern nur dann angerufen werden, wenn sich der Kläger auf eine unmittelbar anwendbare Vorschrift des Gemeinschaftsrechts berufen kann.[635] Eine Vorschrift ist unmittelbar anwendbar, wenn sie „rechtlich vollkommen" ist, d.h. ohne jede weitere Konkretisierung anwendbar, und unbedingt ist.[636]

Das Beihilfeverbot des Art. 87 I EG an sich entfaltet keine unmittelbare Wirkung. Grund dafür ist, dass es nicht absolut und unbedingt gilt, sondern es stets erst einer Entscheidung darüber bedarf, ob die Ausnahmetatbestände vorliegen und der Kommission bei dieser Bewertung ein gewisser Spielraum zukommt.[637]

Somit ist es dem Einzelnen verwehrt, die Unvereinbarkeit einer Beihilfe mit dem Gemeinsamen Markt vor einem nationalen Gericht geltend zu machen.[638]

Auch die von der Kommission veröffentlichten Leitlinien und Gemeinschaftsrahmen sind nicht unmittelbar anwendbar, da ihnen die erforderliche Rechtsverbindlichkeit fehlt.[639] Deshalb können Wettbewerber auch nicht die Einhaltung der Kriterien der Leitlinien und Gemeinschaftsrahmen vor nationalen Gerichten geltend machen.[640]

Das bedeutet aber nicht, dass es für den Wettbewerber gar keinen Rechtsschutz vor nationalen Gerichten gibt. Nach ständiger Rechtsprechung kommt dem

---

634 Mestmäcker/Schweitzer, Europäisches Wettbewerbsrecht, § 45, Rn. 55.

635 Wagner, Stellung der Wettbewerber im Beihilfeaufsichtsverfahren, S. 202; Staebe, Rechtsschutz bei gemeinschaftswidrigen Beihilfen, S. 153-154.

636 Streinz, Europarecht, S. 135, Rn. 349 m.w.N.

637 EuGH Slg. 1996, I-3547, Tz. 36 SFEI; Staebe, Rechtsschutz bei gemeinschaftswidrigen Beihilfen, S. 158; Maag, Verbot wettbewerbsverfälschender Beihilfen, S. 75.

638 EuGH Slg. 1992, I-3899, Tz. 25 Sanders Adour; Koenig/Kühling/Ritter, EG-Beihilfenrecht, S. 211, Fn. 853.

639 Siehe ausführlicher zur Rechtsnatur der Leitlinien und Gemeinschaftsrahmen unter D. III. 2. a) cc). Eingehender zu dieser Problematik auch Wagner, Stellung der Wettbewerber im Beihilfeaufsichtsverfahren, S. 203.

640 Das gilt nicht für die Kriterien der VO 70/2001 EG, ausführlicher zum Rechtsschutz bei Beihilfen, die nach der VO 70/2001 EG vergeben werden, unter D. III. 6. c).

Durchführungsverbot aus Art. 88 III 3 EG unmittelbare Wirkung zu.[641] Zwar richtet sich diese Norm ihrem Wortlaut nach nur an die Mitgliedstaaten, doch hat der EuGH entschieden, dass Art. 88 III 3 EG auch für betroffene Marktteilnehmer unmittelbare Wirkung entfaltet[642] und damit Rechte Einzelner begründet, die von den nationalen Gerichten zu beachten sind.[643] Inhalt dieser geschützten Rechtsposition ist der Schutz vor einer Verfälschung des Wettbewerbs durch wettbewerbswidrig gewährte Beihilfen. Die über Art. 88 III EG gewährleistete Geltung des EU-Beihilfenverbots schafft damit ein subjektiv-öffentliches Recht des Konkurrenten auf Einhaltung des Beihilfenverbots.[644]

b) Prüfungsumfang der Gerichte

Art und Weise der Wirkung des Durchführungsverbotes und der Umfang der Anfechtungslegitimation Dritter gegen Beihilfegewährungen richten sich wiederum allein nach nationalem Recht,[645] wobei allerdings die allgemeinen gemeinschaftsrechtlichen Vorgaben zu beachten sind. Dazu gehört neben dem Grundsatz des Diskriminierungsverbotes auch der Grundsatz des „effet-utile".[646] Entscheidend aber ist, dass das nationale Recht das gemeinschaftsrechtlich geforderte unmittelbar wirkende und drittschützende Durchführungsverbot nicht unmöglich macht oder wesentlich erschwert.[647]

Wird ein nationales Gericht wegen eines angeblichen Verstoßes gegen das Durchführungsverbot angerufen, so ist es gezwungen, den in Art. 87 I EG enthaltenen Begriff der Beihilfe auszulegen und anzuwenden. Der Richter muss zunächst feststellen, ob es sich bei der betreffenden Maßnahme überhaupt um eine Beihilfe

---

641 St. Rspr., siehe nur EuGH Slg. 1973, I-1471, Tz. 8 Lorenz/Deutschland; Slg. 1991, I-5505, Tz. 10 ff. FNCE; Slg 1996, I-3547, Tz. 39 SFEI; siehe auch Steindorff, in: FS für Mestmäcker, S. 497 (500).

642 EuGH Slg. 1973, I-1471, Tz. 4 Lorenz /Deutschland: „Das dem Mitgliedstaat auferlegte Verbot, geplante Beihilfemaßnahmen durchzuführen, beansprucht stets unmittelbare Geltung, wenn eine Beihilfemaßnahme durchgeführt wird, ohne dass sie angezeigt ist, oder wenn sie im Falle der Anzeige während der Vorprüfungsphase oder – falls die Kommission ein förmliches Verfahren einleitet, vor Erlass der abschließenden Entscheidung durchgeführt wird. In diesem gesamten Zeitraum begründet es Rechte der Einzelnen, welche die nationalen Gerichte zu beachten haben."

643 EuGH Slg. 1991, I-5505, Tz. 10 ff. FNCE; Slg 1996, I-3547, Tz. 40 SFEI.

644 Pechstein, EuZW 1998, S. 669 (672); Schroth/Koch, Subventionsbeschwerde, S. 6; Jaeger, EuZW 2004, S. 78 (78).

645 Papier, ZHR 1988, S. 493 (501); Schwarze, in: GS für Martens, S. 819 (840).

646 Schmidt-Kötters, in: Heidenhain, Europäisches Beihilfenrecht, § 56, Rn. 4.

647 EuGH Slg. 1997, I-1591, Tz. 24 Alcan Deutschland (Alcan II); Schmidt-Kötters, in: Heidenhain, Europäisches Beihilfenrecht, § 56, Rn. 4.

i.S.d. Art. 87 EG handelt.[648] Hat das Gericht Zweifel, ob die betreffende Maßnahme als Beihilfe zu qualifizieren ist, hat es zwei Möglichkeiten. Zum einen kann es die Kommission um Auskunft ersuchen und zum anderen ein Vorabentscheidungsverfahren nach Art. 234 EG erwirken, im Rahmen dessen sich der EuGH mit dieser Frage befasst.[649]

Erst wenn das nationale Gericht festgestellt hat, dass es sich bei der zu untersuchenden Maßnahme tatsächlich um eine Beihilfe i.S.v. Art. 87 I EG handelt, widmet es sich der Frage, ob die Beihilfe den formellen Voraussetzungen von Art. 88 III 3 EG entspricht.

Die Rolle der nationalen Gerichte ist demnach unabhängig und grundsätzlich verschieden von den Kompetenzen der Kommission und denen des EuGH bzw. des Gerichts erster Instanz. Während die Kommission die materielle Vereinbarkeit einer Maßnahme mit den Beihilfevorschriften des EG-Vertrages prüft, bei der sie einer Überprüfung durch die Gemeinschaftsgerichte unterliegt, haben die nationalen Gerichte, bis zur abschließenden Kommissionsentscheidung, die Rechte des einzelnen gegen eine Verletzung des Art. 88 III 3 EG zu wahren.[650]

Die Bedeutung des nationalen Rechtsschutzes liegt somit darin, schnell und effektiv rechtlichen Schutz vor einer Ausnutzung rechtswidriger Beihilfen zu gewähren.

Darüber hinaus reicht der nationale Rechtsschutz oftmals weiter als der Rechtsschutz vor europäischen Gerichten, denn er ist nicht nur auf Unterlassung, Aufhebung und Beseitigung rechtswidriger Beihilfen gerichtet, sondern zielt mit der Schadensersatzmöglichkeit auch auf die Rückgängigmachung nachteiliger Folgen.[651] Klagen vor den nationalen Gerichten spielen daher eine bedeutende Rolle, zumal der Wettbewerber anders als im Verfahren vor der Kommission hier „vollwertige“ Partei und mit allen prozessualen Rechten ausgestattet ist.[652]

Umso unverständlicher ist es daher, dass die Zahl der von Wettbewerbern vor Gericht gebrachten Fälle sehr gering ist.[653]

---

648 Die Prüfung der Vereinbarkeit der Beihilfe mit dem Gemeinsamen Markt nach Art. 87 II, III EG ist dagegen allein der Kommission überantwortet, siehe bereits EuGH Slg. 1977, I-595, Tz. 14 Steinike und Weinlig.

649 Vgl. Bekanntmachung über die Zusammenarbeit zwischen der Kommission und den Gerichten der Mitgliedstaaten im Bereich der staatlichen Beihilfen, ABl. 1995 C 312/8; EuGH Slg. 1996, I-3547, Tz. 51 SFEI; Koenig/Kühling/Ritter, EG-Beihilfenrecht, S. 211; Sinnaeve, CMLR 2001, S. 1479 (1494).

650 EuGH Slg. 1996, I-3547, Tz. 34 ff. SFEI; Wagner, Stellung der Wettbewerber im Beihilfeaufsichtsverfahren, S. 207; Schmidt-Kötters, in: Heidenhain, Europäisches Beihilfenrecht, § 56, Rn. 8.

651 Koenig/Kühling/Ritter, EG-Beihilfenrecht, S. 214; Soltész, EuZW 2001, S. 202 (203); Schmidt-Kötters, in: Heidenhain, Europäisches Beihilfenrecht, § 56, Rn. 7.

652 Soltész, EuZW 2001, S. 202 (203).

653 Ross, CMLR 2000, S. 401 (421).

c) Rechtsschutz von KMU

KMU steht der Rechtsschutz grundsätzlich genauso offen wie den großen Unternehmen. Oftmals stehen sie jedoch vor dem Problem, dass sie aufgrund ihres Informationsdefizits und des hohen finanziellen Risikos einer Klage, den Weg zum Gericht nicht beschreiten können.

Abhilfe verspricht in solchen Fällen eine Verbandsklage. Das deutsche Verwaltungsprozessrecht steht Verbandsklagen jedoch sehr restriktiv gegenüber.[654] Dies gilt nicht für die Gemeinschaftsgerichte, diese lassen Klagen von Vereinigungen in relativ großzügigem Umfang zu.[655] Das bedeutet, dass sowohl Beihilfeempfänger als auch Wettbewerber ihren Verband mit der gerichtlichen Wahrnehmung ihrer Interessen beauftragen können.[656] Unter Gesichtspunkten des Individualrechtsschutzes ist dies zu begrüßen, schließlich wird kleineren Wirtschaftsteilnehmern dadurch eine Klagemöglichkeit eingeräumt, die sie sonst faktisch nicht wahrnehmen würden bzw. könnten. Auch aus prozessökonomischen Gründen kann die Klage eines Verbandes sinnvoll sein, da dieser in der Regel als einheitlicher Sachwalter der Interessen seiner Mitglieder auftritt und somit eine Vielzahl von Einzelklagen vermeiden kann.[657]

Entsprechendes gilt im Hinblick auf das Verfahren vor der Kommission. Auch dort erfolgen die Stellungnahmen der Wettbewerber oft über deren Verband, der nach Art. 1 lit. h) VVO, wie die Beihilfenempfänger und Wettbewerber, eine gesetzlich verankerte Beteiligtenstellung genießt. Aus der Sicht der Mitgliedsunternehmen, die materiell von der Beihilfe betroffen sind, ist es in solchen Fällen zudem nur konsequent, wenn sich ihr Verband an der Fortsetzung des Streits vor Gericht beteiligt.[658]

Die umfangreichen Beteiligungs- und Klagemöglichkeiten der Verbände auf europäischer Ebene helfen KMU demnach, von ihren gesetzlichen Rechten Geltung zu machen.

---

654 Vgl. BVerwGE 104, 367: ein Verband kann nur wegen eigener subjektiver Rechte eine Klage erheben. Wegen der Rechte seiner Mitglieder oder sonstiger Dritter ist er nicht prozessführungsbefugt. Siehe auch VGH Mannheim, NVwZ-RR 1995, S. 17 f.: Satzungsmäßige Aufgaben vermitteln dem Verband keine subjektiven Rechte und begründen daher keine Klagebefugnis. Eine Verbandsklage ist daher nur in gesetzlich geregelten Sonderfällen zulässig.

655 Die Klagebefugnis einer Vereinigung, die die Kollektivinteressen von Unternehmen wahrnimmt, lässt sich nicht nur aus einem eigenen Interesse des Verbandes, sondern auch aus der unmittelbaren und individuellen Betroffenheit ihrer Mitglieder ableiten, EuG Slg. 2000, II-3207, Tz. 23 f. CETM/Kommission; EuGH Slg. 1986, I-2469, Tz. 16 DEFI/Kommission; Slg. 1993, I-6357, Tz. 17 Federmineraria/Kommission.

656 Soltész, in: Heidenhain, Europäisches Beihilfenrecht, § 45, Rn. 1; Lumma, EuZW 2004, S. 457 (460).

657 Soltész, in: Heidenhain, Europäisches Beihilfenrecht, § 45, Rn. 1.

658 Soltész, in: Heidenhain, Europäisches Beihilfenrecht, § 45, Rn. 2.

5. Geltung des Beihilfenrechts in den neuen Mitgliedsstaaten und im Verhältnis zum EWR und der Schweiz

a) Geltung des Beihilfenrechts in den neuen Mitgliedsstaaten

Mit dem Beitritt der neuen Mitgliedsländer am 01.05.2004 trat sowohl das materielle als auch das Beihilfenverfahrensrecht in diesen Ländern vollständig in Kraft. Seit dem müssen alle neuen Beihilfemaßnahmen, die nicht von einer Gruppenfreistellungsverordnung erfasst sind, notifiziert werden.[659]

Allerdings bestanden bereits vor Beitritt dieser Länder Abkommen, die das materielle Beihilfenrecht des Art. 87 EG rezipierten.[660] Ziel dieser Abkommen war es, eine Assoziation zwischen den EU-Staaten und den neuen Mitgliedsländern zu schaffen.[661]

In Bezug auf das Beihilfenrecht galten indes Besonderheiten. So umfasste das Beihilfeverbot zunächst nicht die Produkte der Landwirtschaft und Fischerei. Ferner sollten die von den Beitrittskandidaten gewährten Beihilfen nach dem vergleichsweise großzügigen Regionalstatus nach Art. 87 III lit. a) EG bewertet werden. Auf diese Weise konnten etwaige Beihilfen ggfs. als Regionalbeihilfen für die entwicklungsschwächsten Gebiete in der Gemeinschaft bevorzugt genehmigt werden. Dies sollte zunächst zwar nur für einen Zeitraum von fünf Jahren ab Inkrafttreten des jeweiligen Abkommens gelten, wurde für die Länder Litauen und Estland im Jahr 2000 und ein Jahr später auch für die Länder Tschechische Republik, Lettland, Polen, Slowakei und Slowenien von den Assoziierungsräten um weitere fünf Jahre verlängert.[662] Mit dem Beitritt dieser Länder wurde diese Entscheidung indes obsolet, da die Kommission die Fördergebiete und zulässigen Beihilfenobergrenzen nunmehr nach den unmittelbar geltenden Gemeinschaftsregeln, d.h. den von den einzelnen Ländern zu übermittelnden Daten, festlegt.[663]

---

659 Beihilfenrechtliche Sondervorschriften gelten noch für den Transportsektor sowie für Beihilfen für die Produktion, Verabreitung und Vermarktung von bestimmten im Anhang I zum EG-Vertrag aufgeführte Produkte. Vgl. für einen Überblick über die im Beitrittsvertrag mit den einzelnen Beitrittskandidaten vereinbarten Übergangsregelungen im Beihilfenbereich: Commission, Report on the results of the negotiations on the accession of Cyprus, Malta, Hungary, Poland, the Slovak Republic, Latvia, Estonia, Lithunia, the Czeck Republic and Slovenia to the European Union, Chap. 6, pp. 12-14.

660 Die beihilferechtlichen Vorschriften gehören zum acquis communautaire, der von den Beitrittskandidaten bereits vorab vollständig zu übernehmen war. Für Bspl. zu beihilferechtlichen Bestimmungen siehe z.B. Art. 64 I (iii) des Europa-Abkommens mit der Tschechischen Republik, ABl. 1994 L 360/1; Art. 65 des Europa-Abkommens mit Slowenien, ABl. 1999 L 51/3; Art. 62 des Europa-Abkommens mit Ungarn, ABl. 1993 L 347/2.

661 Schroth/Koch, Subventionsbeschwerde, S. 10.

662 Mestmäcker/Schweitzer, Europäisches Wettbewerbsrecht, § 1, Rn. 107; Schütterle, EuZW 2001, S. 711 (711 ff.).

663 Schütterle, EuZW 2001, S. 711 (713).

Entsprechend den aus den Europa-Abkommen folgenden Verpflichtungen erfolgte auch in Bezug auf die Beihilfenkontrolle bereits eine frühzeitige Anpassung an die europarechtlichen Vorschriften. Zwischen 1994 und 2002 führten alle neuen Mitgliedsstaaten Vorschriften in ihr innerstaatliches Recht ein, die materiellrechtlich den Vorschriften im EG-Vertrag nachgebildet waren.[664] Verfahrensrechtlich standen sie bis zur Aufnahme in die EG jedoch vor der schwierigen Aufgabe der beihilfenrechtlichen Selbstkontrolle.[665] Ungeachtet dessen, maß die EG der wirksamen Umsetzung der Beihilfenvorschriften wesentliche Bedeutung zu. Schließlich war sie Voraussetzung für den Abschluss der Beitrittsverhandlungen über das Kapitel des Wettbewerbs.[666]

Vorbehaltlich besonderer Übergangsregelungen gilt das europäische Beihilfenrecht somit seit dem 01. Mai 2004 in allen neuen Mitgliedsländern.

b) Geltung des Beihilfenrechts im EWR

Im Jahr 1992 wurde zwischen der Gemeinschaft und den Ländern der EFTA das EWR-Abkommen geschlossen.[667] Dieses geht inhaltlich deutlich über klassische Freihandelsabkommen hinaus und bezweckt eine weitgehende Erstreckung des Binnenmarktes auf die Vertragspartner. Bezüglich der Marktfreiheiten und des Wettbewerbsrechts werden die Länder des EWR den Staaten der Gemeinschaft nahezu gleichgestellt.[668]

Dies gilt auch für das Beihilfenrecht. So ist Art. 61 des EWR-Abkommens nahezu identisch mit Art. 87 EG. Darüber hinaus wird in Art. 63 des EWR-Abkommens für „besondere Bestimmungen über die staatlichen Beihilfen" auf einen eigenen Anhang verwiesen, in dem die beihilfenrelevanten Akte des Sekundärrechts sowie die zahlreichen Mitteilungen, Leitlinien und Gemeinschaftsrahmen aufgelistet sind, die die Kommission im Laufe der Zeit erlassen hat. Damit wurde der gesam-

---

[664] Vgl. z.B. das Gesetz der Tschechischen Republik Nr. 59/2000. Siehe dazu Podlesak/Lindig, WiRO 2002, S. 199 ff.; Mestmäcker/Schweitzer, Europäisches Wettbewerbsrecht, § 1, Rn. 108.

[665] In einigen Beitrittsländern wurde die Kontrolle der nationalen Kartellbehörde übertragen, in anderen, wie z.B. in der Tschechischen Republik, Bulgarien, Estland und Ungarn dem Finanzministerium. Mestmäcker/Schweitzer, Europäisches Wettbewerbsrecht, § 1, Rn. 108; Schütterle, EuZW 2001, S. 711 (712), Fn. 5.

[666] Mestmäcker/Schweitzer, Europäisches Wettbewerbsrecht, § 1, Rn. 108.

[667] ABl. 1994 L 1/3. Das Abkommen trat am 1. Januar 1994 zwischen der Gemeinschaft sowie Norwegen, Schweden, Österreich, Finnland und Island in Kraft (ABl 1994 L 1/606). Liechtenstein folgte am 1. Mai 1995 (ABl 1995 L 86/58). Seit dem Beitritt Finnlands, Österreichs und Schwedens zur Gemeinschaft mit Wirkung vom 1. Januar 1995 (vgl. ABl 1994 C 241/1) gilt das EWR Abkommen allerdings nur noch für Island, Liechtenstein und Norwegen.

[668] XXIV. Bericht über die Wettbewerbspolitik 1994, S. 180, Rn. 339; Schroth/Koch, Subventionsbeschwerde, S. 9. Gross, Beihilfenrecht im Wandel, S. 32.

te acquis communautaire des europäischen Beihilfenrechts in das EWR Abkommen übernommen.[669]

Auch in verfahrenstechnischer Hinsicht besteht im Wesentlichen Gleichlauf. So bestimmt Art. 62 des EWR Abkommens, dass bestehende und neu einzuführende Beihilfen fortlaufend zu überprüfen sind. Zuständig dafür ist die für die EFTA-Staaten neu gegründete EFTA-Überwachungsbehörde. Sie verfügt über gleichwertige Befugnisse wie die Kommission und agiert in enger Abstimmung mit ihr.[670] Entscheidungen der EFTA-Überwachungsbehörde können vor dem EFTA-Gerichtshof angegriffen werden.[671] Dessen Rechtsprechung ist - über die Institution des Gemeinsamen Ausschusses - mit der des EuGH abgestimmt.[672]

Das EWR-Abkommen hat somit eine vollständige, materiell gleichlaufende Parallelordnung zum gemeinschaftlichen System der Beihilfenkontrolle geschaffen.[673] Im Bereich des EWR gilt das Recht der staatlichen Beihilfen somit ohne Einschränkungen.

c) Geltung des Beihilfenrechts im Verhältnis zur Schweiz

Zwar hatte die Schweiz das EWR-Abkommen mit ausgehandelt, blieb ihm jedoch aufgrund des negativen Votums von Volk und Ständen im Referendum vom 6. Dezember 1992 fern. Daher gilt für das Verhältnis der Schweiz zur Gemeinschaft nach wie vor das Freihandelsabkommen aus dem Jahr 1972.[674] Damals schloss die EWG[675] mit den einzelnen nicht beitrittswilligen EFTA-Staaten[676] bilaterale Frei-

---

669 Anhang XV zum EWR-Abkommen, ABl 1994 L 1/457. Die Übernahme erfolgte durch Beschluss der EFTA-Überwachungsbehörde Nr. 4/94/KOL vom 19. Januar 1994 über die Annahme und Bekanntgabe der verfahrens- und materiellrechtlichen Vorschriften auf dem Gebiet der staatlichen Beihilfen, ABl 1994 L 231/1, geändert durch Beschlüsse vom 9. Juni 1995, ABl 1995 L 175/59, und vom 6. Dezember 1995, ABl 1996 L 124/41. Spätere Rechtsakte der Kommission werden fortlaufend übernommen. Gross, Beihilfenrecht im Wandel, S. 32.

670 Vgl. Art. 108, 109 EWR-Abkommen und die Protokolle 21, 23, 26 und 27, ABl 1994 L 1/181 ff. sowie die Vereinbarung über die Zusammenarbeit zwischen der Kommission und der EFTA-Überwachungsbehörde im Rahmen des EWR-Abkommens.

671 Siehe z.B. EFTA Court, Urt. v. 03.03.1999, Case E-4/97, Norwegian Bankers' Association /EFTA Surveillance Authority; Urt. v. 20.05.1999, Case E-6/98, Norwegen/ EFTA Surveillance Authority.

672 Art. 105 ff. EWR-Abkommen sowie Protokolle 33 und 34, ABl 1994 L 1/204; Gross, Beihilfenrecht im Wandel, S. 32 ff.

673 XXIV. Bericht über die Wettbewerbspolitik 1994, S. 219, Rn. 399; Gross, Beihilfenrecht im Wandel, S. 32 ff.

674 Abkommen zwischen der Europäischen Wirtschaftsgemeinschaft und der Schweizerischen Eidgenossenschaft, ABl. 1972 L 300/189.

675 Es handelte sich um die Gemeinschaft der Neun nach der ersten Erweiterungsrunde 1973. Mitgliedstaaten waren Belgien, Dänemark, Deutschland, Frankreich, Irland, Italien, Luxemburg, Niederlande und Grossbritannien.

handelsabkommen. Diese hatten im Wesentlichen einen einheitlichen Wortlaut und schufen eine Freihandelszone zwischen der EG und den jeweiligen Vertragspartnern.[677] Angesichts der engen wirtschaftlichen Verflechtung der Gemeinschaft mit den übrigen europäischen Staaten stellte sich bereits damals die Frage, wie Wettbewerbsverzerrungen durch Beihilfen auch im Wirtschaftsverkehr mit Nichtmitgliedern vermieden werden können. Dem sollte sich der einheitliche Art. 23 I UAbs. iii) der Abkommen annehmen, der nahezu wortgleich dem Art. 87 I EG entspricht.[678] Trotz der Ähnlichkeit dieser beiden Bestimmungen, besteht in Bezug auf die materielle Rechtslage eine wichtige Abweichung. Zum einen gilt das Freihandelsabkommen der EG mit der Schweiz gem. Art. 2 des Abkommens nur für den Bereich des Handels mit Waren, nicht aber mit Dienstleistungen. Zum anderen beinhaltet es keine Klauseln, die den Ausnahmetatbeständen des Art. 87 II und III EG vergleichbar wären. Das Abkommen zwischen der Schweiz und der EG ist demnach in Bezug auf die staatlichen Vorschriften des Beihilfenrechts deutlich strenger als der EG-Vertrag selbst.[679]

6. Zwischenergebnis

Beihilfen sind gem. Art. 87 I EG grundsätzlich verboten. Auch Fördermaßnahmen zugunsten von KMU erfüllen den Tatbestand der Beihilfe und sind damit vom Grundsatz des Beihilfenverbots erfasst. Art. 87 II und III EG enthalten jedoch Ausnahmen vom Grundsatz des Beihilfenverbots. Während Art. 87 II EG die Legalausnahmen vom Beihilfenverbot enthält, erfasst Art. 87 III EG Sachverhalte, bei deren Vorliegen die Kommission Beihilfen genehmigen kann. Art. 87 III EG vermittelt der Kommission hierbei einen weiten und nur eingeschränkt gerichtlich überprüfbaren Ermessensspielraum. Für bestimmte Arten von Beihilfen, so auch für Beihilfen an KMU, ist das der Kommission eingeräumte Ermessen aber durch Mitteilungen, Leitlinien und Gemeinschaftsrahmen gebunden. Sie führen zu einer Transparenz und Vorhersehbarkeit der Kommissionsentscheidungen.

Plant ein Mitgliedstaat eine Beihilfe zu gewähren, so hat er diese bei der Kommission anzumelden (Notifizierungspflicht). Die Kommission prüft sodann ihre Vereinbarkeit mit dem Gemeinsamen Markt. Bis zur Genehmigung der Beihilfe ist es

---

676 Damalige Mitglieder waren Norwegen, Schweden, Portugal, Österreich, Schweiz, Finnland und Island.

677 Ausführlich zum Inhalt der Abkommen Bull. EG 9-1972, S. 11 ff. Zur Zielsetzung des Abkommens aus schweizerischer Sicht siehe die Botschaft des Bundesrates, BBl 1972 II, 673. Das Freihandelsabkommen mit der Schweiz (ABl. 1972 L 300/189) trat am 1. Januar 1973 in Kraft.

678 Art. 23 I UAbs. iii): „Mit dem guten Funktionieren dieses Abkommens (ist) unvereinbar, soweit sie geeignet (ist), den Warenverkehr zwischen der Gemeinschaft und der Schweiz zu beeinträchtigen, (...) jede staatliche Beihilfe, die den Wettbewerb durch Begünstigung bestimmter Unternehmen oder Produktionszweige verfälscht oder zu verfälschen droht."

679 Gross, Beihilfenrecht im Wandel, S. 33 ff.

den Mitgliedstaaten untersagt, die geplante Maßnahme durchzuführen (Durchführungsverbot). Dieses in Art. 88 EG i.V.m. der VVO 659/1999 EG geregelte Verfahren ist ein komplizierter und langwieriger Prozess.

III. Beihilfenvergabe an KMU nach der VO 70/2001 EG – Chancen und Risiken

Am 12. Januar 2001 erließ die Kommission die Gruppenfreistellungsverordnung 70/2001 EG „über die Anwendung der Art. 87 und 88 EG-Vertrag auf staatliche Beihilfen an kleine und mittlere Unternehmen".[680]

Damit führte sie ihre grundsätzlich befürwortende Haltung in Bezug auf Beihilfen für KMU auf eine neue Ebene. Von nun an sollten die nationalen Stellen befugt sein, den Voraussetzungen der VO 70/2001 EG entsprechende Beihilfen ohne vorherige Anmeldung bei der Kommission zu vergeben. Die Kommission hatte mit der VO 70/2001 EG somit rechtsverbindlich festgelegt, unter welchen Voraussetzungen eine Beihilfe mit dem Gemeinsamen Markt vereinbar ist.

Das, was im Bereich der unmittelbar auf Unternehmen anwendbaren Kartellvorschriften des Art. 81 EG bereits seit langer Zeit existierte, hatte damit auch Einzug in die Anwendung der Vorschriften des europäischen Beihilferechts gefunden.[681]

1. Hintergrund und Ausgangspunkt der VO 70/2001 EG

Ermöglicht wurde der Erlass der VO 70/2001 EG durch den Verordnungsgebenden Rat. Dieser hielt die Erteilung der Befugnis zur gruppenweisen Freistellung in den Gebieten für angezeigt, in denen die Kommission über ausreichende Erfahrung verfügte, um allgemeine Vereinbarkeitskriterien festzulegen.[682] Im Bereich der Beihilfen für KMU waren die Voraussetzungen der Genehmigungsfähigkeit eines Vorhabens bereits durch hinreichend präzise Kriterien in Gemeinschaftsrahmen und Leitlinien definiert.[683]

Neben den Gemeinschaftsrahmen und Leitlinien spielten auch die Erfahrungen mit den Beihilferegelungen eine entscheidende Rolle beim Erlass der Gruppenfreistellungsverordnungen. Die Möglichkeit der Kommission, auf der Grundlage eines abstrakten Schemas all seine zukünftigen Anwendungen zu autorisieren, sie dabei de facto von der Anmeldepflicht nach Art. 88 EG zu befreien, wurde nie wirklich hinterfragt. Das ist nicht selbstverständlich, denn es ließe sich anführen,

---

680 ABl. 2001 L 10/33.

681 Grill, in: Lenz/Borchardt, EG-Vertrag, Art. 81, Rn. 52; Nowak, EuZW 2003, S. 389 (391); Harings, Europäisches Beihilferecht, S. 99, Rn. 165; Cremer, in: Calliess/Ruffert, EGV, Art. 87, Rn. 1a; v. Wallenberg, in: Grabitz/Hilf, Recht der EU, Art. 89, Rn. 7.

682 4. Erwägungsgrund - VO 994/98 EG; Bär-Bouyssière, in: Schwarze, EUV, Art. 89, Rn. 7; v. Wallenberg, in: Grabitz/Hilf, Recht der EU, Art. 89, Rn. 6.

683 Ausführlicher dazu unter D. III. 2. a)

dass die Kommission nicht immer in der Lage ist, auf der Basis eines abstrakten Schemas die möglichen Effekte ihrer zukünftigen Anwendung und den damit eventuell verbundenen Auswirkungen auf den Handel abzuschätzen. Da dieselben Bedenken grundsätzlich auch für die Gruppenfreistellungsverordnungen gelten, es jedoch im Rahmen der Beihilferegelungen nie zu bedeutender Kritik oder Wettbewerbsbeeinträchtigungen kam, trugen auch sie dazu bei, den Erlass der VO 70/2001 EG zu wagen.[684]

Die detaillierten Leitlinien und Gemeinschaftsrahmen sowie die guten Erfahrungen mit den Beihilferegelungen ebneten somit den Weg für die VO 70/2001 EG.

2. Entstehungsgang der VO 70/2001 EG

Die Entstehung der VO 70/2001 EG war ein langwieriger und intensiver Prozess, der von einer Beteiligung mehrerer Institutionen gekennzeichnet war.

a) Vorgänger

Lange Zeit war das EG-Beihilfenrecht durch die fast völlige Abwesenheit von Vorschriften des sekundären Gemeinschaftsrechts im Sinne von Art. 249 II und III EG geprägt, und zwar sowohl im Verfahrens- als auch im materiellen Recht. Stellvertretend für die nicht vorhandenen Sekundärrechtsnormen erließ die Europäische Kommission eine Fülle von Leitlinien, Gemeinschaftsrahmen und Mitteilungen;[685] so auch im Bereich der KMU-Beihilfen.

aa) Gemeinschaftsrahmen

Die Kommission hatte stets eine grundsätzlich befürwortende Haltung in Bezug auf Beihilfen für KMU eingenommen. Bereits im Jahr 1976 bewertete sie Beihilfen zur Überwindung der typischen Schwierigkeiten dieser Unternehmensgruppe positiv.[686] In den Jahren 1985 und 1990 führte sie sogar ein beschleunigtes Genehmigungsverfahren für Beihilfen und Beihilferegelungen von geringer Bedeutung für Unternehmen mit bis zu 100 (1985) bzw. 150 (1990) Beschäftigten ein.[687]

---

684 Sinnave, CMLR 2001, S. 1479 (1482 ff.).

685 Lübbig/Martín-Ehlers, Beihilfenrecht der EU, S. 13, Rn. 31.

686 Vgl. VI., VII., und XXI. Bericht über die Wettbewerbspolitik (1976, 1978 und 1991), Rn. 253 ff., Rn. 241, Rn. 165; Mederer, in: Groeben/Thiesing/Ehlermann, EU-/EG-Vertrag, Art. 92 EGV, Rn. 152; Heskamp, Horizontale Beihilfen, S. 280; Ysendyck/Mederer, in: Groeben/Schwarze, EG, Art. 87 III, Rn. 264.

687 Schreiben der Kommission an die Mitgliedstaaten SG (85) D/2611 vom 28.2.1985 – Beurteilung von Beihilfen geringer Bedeutung und Mitteilung der Kommission über die Anmeldung von Beihilferegelungen von geringer Bedeutung, ABl. 1990 C 40/2.

Doch erst im Jahr 1992 präzisierte sie ihre grundsätzlich positive Einstellung in einem eigens für KMU erlassenen Gemeinschaftsrahmen.[688] In ihm legte sie die Kriterien fest, welche zur Anwendbarkeit der Ausnahmebestimmung des Art. 87 III lit. c) EG führen sollte.[689] Vier Jahre später wurde der „Gemeinschaftsrahmen für staatliche Beihilfen an kleine und mittlere Unternehmen" überarbeitet und mit einer einheitlichen Definition für KMU versehen.[690]

bb) Leitlinien

Neben dem Gemeinschaftsrahmen erließ die Kommission auch „Leitlinien für staatliche Beihilfen mit regionaler Zielsetzung"[691]. Auch sie enthielten die Grundsätze der Kommissionspolitik im Hinblick auf staatliche KMU-Beihilfen und räumte den KMU eine privilegierte Fördermöglichkeit ein.

cc) Rechtsnatur und rechtliche Wirkung

Die Leitlinien und Gemeinschaftsrahmen führten zwar zu einer gewissen Transparenz und Vorhersehbarkeit der Kommissionsentscheidungen und damit auch zu mehr Rechtssicherheit, doch fehlte ihnen die für eine Freistellung erforderliche Verbindlichkeit. Dies hängt mit ihrer Rechtsnatur zusammen.

Leitlinien sind Akte, die die Kommission einseitig verkünden kann und denen die Mitgliedstaaten nicht zustimmen müssen.[692] Ihr Inhalt bezieht sich auf die Ausübung des Ermessens der Kommission bei der Beurteilung von neuen Beihilfen im Rahmen der Ausnahmetatbestände des Art. 87 III EG. Sofern sie mit dem Primärrecht vereinbar sind, führen sie über den Gleichheitssatz und den Vertrauensschutzgrundsatz zu einer Selbstbindung der Kommission.[693] Das bedeutet, dass die Kommission verpflichtet ist, in gleichgelagerten Fällen die von ihr erlassenen Regelwerke gleichförmig einzusetzen.[694] Die Mitgliedstaaten sind ihrerseits jedoch rechtlich nicht an die Leitlinien gebunden; d.h. sie sind nach wie vor berech-

---

688 ABl 1992 C 213/2; am 23. Juli 1996 wurde er ersetzt, ABl 1996 C 213/4.

689 Ziffer 3.1. des Gemeinschaftsrahmens für KMU; Ysendyck/Mederer, in: Schröter/Jakob/Mederer, Europäisches Wettbewerbsrecht, Art. 87, Rn. 270.

690 wichtigste Änderung betraf den Bereich sogenannter immaterieller Investitionen in Form von Technologietransfers. Sie wurden den materiellen Investitionen gleichgestellt. Darüber hinaus wurden kleine Änderungen in Bezug auf materiellen Investitionen vorgenommen.

691 Leitlinien für staatliche Beihilfen mit regionaler Zielsetzung, ABl. 1998 C 74/9. Siehe ausführlich dazu Erlbacher, EuZW 1998, S. 517 ff.

692 Gross, Beihilfenrecht im Wandel, S. 103.

693 EuG Slg. 1998, II-717, Tz. 6 Vlaams Gewest/Kommission; Jestaedt/Häsemeyer, EuZW 1995, S. 787 (792); Wagner, Stellung der Wettbewerber im Beihilfeaufsichtsverfahren, S. 114; Gornig/Trüe, JZ 2000, S. 395 (401); v. Danwitz, JZ 2000, S. 429 (434).

694 Lübbig/Martín-Ehlers, Beihilfenrecht der EU, S. 15, Rn. 34.

tigt, auch solche Beihilfen anzumelden, die den Leitlinien widersprechen.[695] Leitlinien sind demnach mit den deutschen Verwaltungsvorschriften vergleichbar.[696]

Etwas anders sieht es bei den Gemeinschaftsrahmen aus. Sie binden einerseits die Ausübung des Ermessens der Kommission, enthalten aber außerdem zweckdienliche Maßnahmen im Sinne von Art. 88 I 2 EG, Art. 18 VVO, mit denen in der Regel die Anwendung bestehender Beihilfen beschränkt wird.[697] Sie haben folglich eine Art Doppelcharakter.

Grundsätzlich haben die zweckdienlichen Maßnahmen den Charakter unverbindlicher Empfehlungen im Sinne von Art. 249 V EG. Sie können jedoch mittels Zustimmung des betreffenden Mitgliedstaates zu den zweckdienlichen Maßnahmen verbindlichen Charakter erhalten (Art. 19 I und II VVO).[698] Weigert sich der Mitgliedstaat zuzustimmen, so kann seine Zustimmung auch in einem Verfahren gem. Art. 88 II EG, Art. 19 II VVO durch Entscheidung erzwungen werden.[699] Bleibt die Zustimmung aus, so beschränkt sich die rechtliche Wirkung der Empfehlungen auf die Selbstbindung der Kommission im Rahmen der Ermessensausübung.[700] Die Bindungswirkung folgt somit nicht aus der betroffenen zweckdienlichen Maßnahme, die selbst keine „echte" Sekundärrechtsnorm im Sinne von Art. 249 EG darstellt, sondern entweder aus der Zustimmung der Mitgliedstaaten oder aus der förmlichen Entscheidung der Kommission.[701]

Leitlinien und Gemeinschaftsrahmen sind somit keine rechtlich verbindlichen Regelungen im engeren Sinne.[702]

In ihrer Entscheidungspraxis hat sich die Kommission jedoch stets an die Leitlinien und Gemeinschaftsrahmen gehalten, so dass sie sich allmählich von einem interpretierenden Text zu einer Quasigesetzgebung entwickelt haben.[703] Jedes

---

695 Gross, Beihilfenrecht im Wandel, S. 103.

696 Gornig/Trüe, JZ 2000, S. 395 (401); v. Danwitz, JZ 2000, S. 429 (434); Koenig/Kühling/Ritter, EG-Beihilfenrecht, S. 100; Lübbig/Martín-Ehlers, Beihilfenrecht der EU, S. 15, Rn. 34.

697 Jestaedt/Häsemeyer, EuZW 1995, S. 787 (790); Wagner, Stellung der Wettbewerber im Beihilfeaufsichtsverfahren, S. 151; Mestmäcker/Schweitzer, Europäisches Wettbewerbsrecht, § 44, Rn. 20; Gross, Beihilfenrecht im Wandel, S. 103-104.

698 Jestaedt/Häsemeyer, EuZW 1995, S. 787 (790); Staebe, Rechtsschutz bei gemeinschaftswidrigen Beihilfen, S. 46; Mederer, in: Schröter/Jakob/Mederer, Europäisches Wettbewerbsrecht, Art. 87, Rn. 151; Gross, Beihilfenrecht im Wandel, S. 103-104.

699 So geschehen bei der Durchsetzung des Multisektoralen Rahmens gegenüber der Bundesrepublik Deutschland - Entscheidung der Kommission vom 14.7.1998, ABl. 1998 L 304/24; Koenig/Kühling/Ritter, EG-Beihilfenrecht, S. 101; Bartosch, NJW 2001, S. 921 (922).

700 Mestmäcker/Schweitzer, Europäisches Wettbewerbsrecht, § 44, Rn. 20.

701 Gross, Beihilfenrecht im Wandel, S. 103-104.

702 Bezüglich der Rechtsverbindlichkeit der Leitlinien und Gemeinschaftsrahmen siehe ausführlich Schütterle, EuZW 1995, S. 391 (393) und Jestaedt/Häsemeyer, EuZW 1995, S. 787 (787 ff.).

703 Borchardt, Grundlagen der EU, S. 408, Rn. 894; Sinnaeve, EuZW 2001, S. 69 (70); Soltész, ZIP 2001, S. 278 (279). Gross, Beihilfenrecht im Wandel, S. 103-104.

leitlinienkonforme Beihilfeprojekt wurde genehmigt, jedes abweichende oder nicht vorgesehene normalerweise untersagt. Unter solchen Voraussetzungen sorgten die Mitgliedstaaten in der Regel selbst dafür, dass die von ihnen beabsichtigten Beihilfeprojekte den festgelegten Kriterien entsprachen, so dass sich ein aufwendiges Verfahren, das mit einer förmlichen Entscheidung durch die Kommission abgeschlossen wurde, nicht länger rechtfertigen ließ.[704]

Auch nach der ständigen Rechtsprechung ist die Kommission faktisch an die Leitlinien und Gemeinschaftsrahmen gebunden. Indes nur, wenn sie nicht von den Vorschriften des EG-Vertrags abweichen[705], sich ihnen die von der Kommission zu verfolgende Politik entnehmen lässt[706], sie die Regeln enthalten, die auf den Inhalt der Ermessensbindung hinweisen[707] und sie von den Mitgliedstaaten akzeptiert worden sind.[708]

Der EuGH bezeichnet die Gemeinschaftsrahmen und Leitlinien als selbstbindende Verhaltensmaßregeln, die zur Rechtssicherheit sowie zur Transparenz und Vorhersehbarkeit des Vorgehens der Kommission beitragen, ohne jedoch für den Gemeinschaftsrichter verbindlich zu sein.[709]

b) Rechtsgrundlage der VO 70/2001 EG

Rechtsgrundlage für den Erlass der VO 70/2001 EG ist die Ermächtigungsverordnung 994/98 (VO 994/98 EG)[710]. Sie wurde am 7.5.1998 verabschiedet und machte den Erlass von Gruppenfreistellungsverordnungen erst möglich.

aa) Entstehung der Ermächtigungsverordnung 994/98 EG

Ausgangspunkt des durch die VO 994/98 EG eingetretenen Modernisierungsprozesses ist Art. 89 EG, der die Ermächtigungsgrundlage für die VO 994/98 EG bildet.

---

704 Bartosch, NJW 2001, S. 921 (921); Sinnaeve, CMLR 2001, S. 1479 (1483-1484); Koenig/Kühling/Ritter, EG-Beihilfenrecht, S. 20-21; Stockhausen, Beihilfenrechtliche Grenzen, S. 191.

705 EuGH Slg. 2002, I-5163, Tz. 24 Niederlande/Kommission; EuG Slg. 2001, II-1587, Tz. 56 Agrana/Kommission.

706 EuGH Slg. 2002, I-2289, Tz. 52 Italien/Kommission.

707 EuG Slg. 2002, II-261, Tz. 77 Keller u.a./Kommission.

708 EuGH Slg. 2002, I-5603, Tz. 35 Deutschland/Kommission; Slg. 2002, I-8031, Tz. 53 Spanien/Kommission; Nowak, EuZW 2003, S. 389 (392); Cremer, in: Calliess/Ruffert, EGV, Art. 87, Rn. 1b.

709 Vgl. EuGH Slg. 2002, I-2289, Tz. 52 Italien/Kommission, wonach diese „Verhaltensmaßregeln" für den EuGH lediglich „einen nützlichen Bezugspunkt " darstellen.

710 VO 994/98 EG des Rates vom 7.5.1998 über die Anwendung der Art. 92 und 93 des Vertrages zur Gründung der Europäischen Gemeinschaften auf bestimmte Gruppen horizontaler Beihilfen, ABl. 1998 L 142/1.

Art. 89 EG ermächtigt den Rat, auf Vorschlag der Kommission und nach Anhörung des Europäischen Parlaments, zweckdienliche Durchführungsverordnungen zu den Art. 87 und 88 EG ins Leben zu rufen. Bereits in den 60er und 70er Jahren hatte die Kommission dem Rat mehrere Vorschläge von Durchführungsverordnungen zu Art. 89 EG unterbreitet. Diese verschwanden jedoch sämtlich nach langen Verhandlungen im Rat.[711] Seitdem hatte die Kommission, unter Hinweis auf die Gefahren einer Aufweichung der Kontrollbefugnis und einer Einengung ihres Ermessens, die Vorlage von Vorschlägen auf der Grundlage von Art. 89 EG stets abgelehnt[712] und ausschließlich auf Mitteilungen, Gemeinschaftsrahmen und Leitlinien zurückgegriffen;[713] eine Art Kompensation für die gescheiterten Versuche, das Beihilfenrecht im Wege von Durchführungsverordnungen zu präzisieren.[714]

Eine Wende brachte erst die Tagung des Rates für Industriefragen vom 14. November 1996. Rat und Kommission einigten sich auf den Erlass einer Verordnung, auf deren Grundlage die Kommission befugt war, Gruppenfreistellungsverordnungen für bestimmte Kategorien von Beihilfen zu erlassen.[715] Das Ergebnis dieser Einigung war die VO 994/98 EG „über die Anwendung der Art. 92 (jetzt Art. 87) und 93 (jetzt Art. 88) EG auf bestimmte Gruppen horizontaler Beihilfen“[716] Sie übertrug das Modell der Gruppenfreistellungsverordnungen vom Kartellrecht auf das Beihilfenrecht.[717]

bb) Inhaltliche Vorgaben der VO 994/98 EG

(1) Freigestellte Beihilfen

Die VO 994/98 EG ermächtigt die Kommission, bestimmte Gruppen von Beihilfen mit dem Gemeinsamen Markt gem. Art. 87 III EG für vereinbar zu erklären

---

711 Einen Vorschlag der Kommission zum Erlass einer Gruppenfreistellungsverordnung für Beihilfen gab es bereits 1965, aber der Vorschlag wurde vom Rat nie angenommen, vgl. Bull. EG 6-1966, S. 12 f. Ebenso erging es einem Vorschlag aus dem Jahr 1972, der die Überwachung der Koordinierungsgrundsätze für regionale Beihilfen betraf, KOM (72) 1523 endg. vom 4.12.1972.

712 Zuletzt geschah dies im Jahr 1990, siehe XX. Bericht über die Wettbewerbspolitik 1990, S. 145, Rn. 170; Mederer, in: Groeben/Schwarze, EG, Art. 89, Rn. 6; Sinnaeve/Slot, CMLR 1999, 1192-1193.

713 Bär-Bouyssière, in: Schwarze, EUV, Art. 89, Rn. 2.

714 Mederer, in: Schröter/Jakob/Mederer, Europäisches Wettbewerbsrecht, Art. 87, Rn. 150.

715 Siehe ausführlicher dazu XXVI. Bericht über die Wettbewerbspolitik 1996, SEK (1997) 628 endg., S. 77, Rn. 158; Sinnaeve/Slot, CMLR 1999, S. 1153 (1155); Schütterle, EuZW 1997, S. 33.

716 ABl. 1998 L 142/1.

717 Mederer, in: Groeben/Schwarze, EG, Art. 89, Rn. 8.

und von der vorherigen Anmeldungspflicht nach Art. 88 III EG auszunehmen.[718] Welche Gruppen von Beihilfen dies betrifft, ist in Art. 1 I VO 994/98 EG geregelt. Erfasst sind Beihilfen zugunsten KMU, Forschung und Entwicklung, Umweltschutzmaßnahmen, Beschäftigung und Ausbildung (horizontale Beihilfen) sowie Regionalbeihilfen im Einklang mit den von der Kommission für jeden Mitgliedstaat genehmigten Fördergebieten. Hinzu kommt die Möglichkeit, eine Gruppenfreistellungsverordnung für de minimis Beihilfen zu erlassen.[719]

(2) Verbindliche inhaltliche Vorgaben der VO 994/98 EG

Materiell enthält die VO 994/98 EG keinerlei Kriterien über die Vereinbarkeit der freistellbaren Beihilfegruppen. Sie legt lediglich bestimmte Determinanten fest, die von der Kommission in ihren Durchführungsverordnungen inhaltlich aufzufüllen sind. Dabei handelt es sich um den Zweck der Beihilfe, die Gruppen von Begünstigten, Beihilfeintensitäten oder –höchstbeträge, die Bedingungen für die Kumulierung von Beihilfen sowie die Modalitäten der Überwachung.[720]

(3) Fakultative Regelungsgegenstände

Weitere mögliche Regelungsgegenstände der Freistellungsverordnungen führt Art. 1 III VO 994/98 EG auf. Dabei handelt es sich um Schwellenwerte und sonstige Bedingungen für die Anmeldung von Einzelbeihilfen, die Ausnahme bestimmter Sektoren sowie weitere Bedingungen für die Freistellung.

c) Verfahren zum Erlass der VO 70/2001 EG

Das Verfahren zum Erlass von Gruppenfreistellungsverordnungen ist in den Art. 6-8 der VO 994/98 EG geregelt.

Im Jahr 2001 nahm die Kommission die ihr übertragene Befugnis erstmals wahr. Sie erließ die Verordnung über die Anwendung der Art. 87 und 88 EG auf staatliche Beihilfen an KMU[721], auf Ausbildungsbeihilfen[722] sowie auf „de minimis" Beihilfen[723]. Dass zwischen der Ermächtigungsverordnung des Rates und den ersten drei Gruppenfreistellungsverordnungen der Kommission mehr als zwei Jahre vergingen, liegt an dem aufwendigen Erlassverfahren.

---

[718] Borchardt, Grundlagen der EU, S. 409, Rn. 898; Stockhausen, Beihilfenrechtliche Grenzen, S. 191; Cremer, in: Calliess/Ruffert, EGV, Art. 89, Rn. 1; Koenig/Kühling, in: Streinz, EUV/EGV, Art. 89, Rn. 5.

[719] Art. 2 VO 994/98 EG.

[720] Art. 1 II VO 994/98 EG.

[721] VO 70/2001 EG, ABl. 2001 L 10/33.

[722] VO 68/2001 EG, ABl. 2001 L 10/20.

[723] VO 69/2001 EG, ABl. 2001 L 10/30.

Bevor die Kommission eine Gruppenfreistellungsverordnung erlassen kann, bedarf es eines Verordnungsentwurfs.[724] Dieser muss einem Beratenden Ausschuss vorgelegt werden,[725] der sich aus Vertretern der Mitgliedstaaten unter Vorsitz der Kommission zusammensetzt.[726]

Nachdem der Beratende Ausschuss seine Stellungnahme zum Verordnungsentwurf abgegeben hat, veröffentlicht die Kommission den ggf. von ihr geänderten Entwurf. Damit soll sämtlichen Interessierten Gelegenheit gegeben werden, sich zu äußern.[727]

Die Konsultation von Dritten stellt für die Transparenz der Beihilfenpolitik einen großen Fortschritt dar. Denn im Gegensatz zum Vorbereitungsprozess zu neuen Leitlinien, bei dem Dritte weder informiert noch konsultiert werden, besteht bei Erlass einer Gruppenfreistellungsverordnung für Jedermann eine reelle Einflussmöglichkeit.[728] Erst nachdem sich der Beratende Ausschuss danach ein zweites Mal über den evtl. erneut geänderten Entwurf ausgesprochen hat,[729] kann die Verordnung von der Kommission erlassen werden. Aufgrund des langwierigen Verfahrens und der damit einhergehenden Verfahrensdauer hatte die Kommission die ersten drei Verordnungsentwürfe parallel behandelt.[730]

In rechtstechnischer Hinsicht ist das Verfahren zum Erlass von Gruppenfreistellungsverordnungen somit ähnlich dem europäischen Kartellrecht zweistufig aufgebaut.[731] Der Rat bestimmt in einer Rahmenverordnung, auf welche Kategorien von Beihilfen Art. 88 III EG nicht angewendet werden muss, und ermächtigt zugleich die Kommission zum Erlass von Durchführungsvorschriften. Diese legt sodann unter Berücksichtigung ihrer in der Verwaltungspraxis gesammelten Erfahrungen die Einzelheiten der Gruppenausnahme fest.[732] Dass ein solches zweistufiges Rechtssetzungssystem zulässig ist, wurde vom EuGH bereits im Jahr 1966 bestätigt.[733]

---

724 Die drei Entwürfe wurden von der Kommission am 28.7.1999 angenommen, vgl. ABl. 2000 C 89/6, 8, 15.

725 Art. 8 VO 994/98 EG.

726 Vgl. Art. 7 und 8 VO 994/98 EG. Die erste Sitzung des Beratenden Ausschusses fand am 24.-25.11.1999 statt.

727 Vgl. Art. 6 VO 994/98 EG, der eine Anhörung Interessierter vorschreibt.

728 Mederer, in: Schröter/Jakob/Mederer, Europäisches Wettbewerbsrecht, Art. 89, Rn. 13; Sinnaeve, CMLR 2001, S. 1479 (1484).

729 Art. 8 I lit. b) VO 994/98 EG. Die zweite Sitzung des Beratenden Ausschusses fand am 5.7.2000 statt.

730 Sinnaeve, EuZW 2001, S. 69 (69); Soltész, ZIP 2001, S. 278 (280).

731 4. Erwägungsgrund - VO 994/98 EG; Soltész, ZIP 2001, S. 278 (280).

732 So in Bezug auf Absprachen gem. Art. 81 III EG, Schröter, in: Schröter/Jakob/Mederer, Europäisches Wettbewerbsrecht, Art. 81, Rn. 324.

733 EuGH Slg. 1966, I-457 Italien/Rat und Kommission; Bunte, in: Langen/Bunte, Kartellrecht, Art. 81, Rn. 195; Schröter, in: Schröter/Jakob/Mederer, Europäisches Wettbewerbsrecht, Art. 81, Rn. 324.

3. Inhalt der VO 70/2001 EG

Die VO 70/2001 EG umfasst zehn Artikel und drei Anhänge, die inhaltlich stark an den Gemeinschaftsrahmen für KMU angelehnt sind.

a) Aufbau

Der Aufbau der VO 70/2001 EG ist weitgehend identisch mit dem der Gruppenfreistellungsverordnung für Ausbildungsbeihilfen. Beide Verordnungen beginnen mit dem Anwendungsbereich (Art. 1 VO 70/2001 EG), gefolgt von den Definitionen (Art. 2 VO 70/2001 EG) und den allgemeinen Freistellungsbedingungen (Art. 3 VO 70/2001 EG). Nach diesen drei Artikeln folgen spezifische Freistellungskriterien (Art. 4-7 VO 70/2001 EG), die im Wesentlichen aus den Gemeinschaftsrahmen übernommen wurden. Den Abschluss bilden Vorschriften, die die Kumulierung von Beihilfen, Kontrollmechanismen, In-Kraft-Treten und Geltungsdauer der Verordnung regeln (Art. 8-10 VO 70/2001 EG). Dieser Aufbau soll auch für kommende Gruppenfreistellungsverordnungen als Modell dienen.[734]

b) Anwendungsbereich (Art. 1 VO 70/2001 EG)

Art. 1 VO 70/2001 EG definiert den Anwendungsbereich der Verordnung. Umfasst sind grundsätzlich sämtliche KMU-Beihilfen in allen Wirtschaftsbereichen, vorbehaltlich speziellerer beihilferechtlicher Regelungen in Verordnungen oder Richtlinien (Art. 1 I, 7. Erwägungsgrund VO 70/2001 EG). Damit ist der Anwendungsbereich sehr weit gefasst.

Ausgenommen sind gem. Art. 1 II lit. a) VO 70/2001 EG lediglich Tätigkeiten in Verbindung mit Waren, die in Anhang I des EG-Vertrags aufgeführt sind (landwirtschaftliche Produkte), Beihilfen für exportbezogene Tätigkeiten[735] gem. Art. 1 II lit. b) VO 70/2001 EG sowie Beihilfen, die heimische Erzeugnisse gegenüber Importwaren privilegieren (Art. 1 II lit. c) VO 70/2001 EG).

Die Ausklammerung der landwirtschaftlichen Erzeugnisse beruhte auf der Existenz spezieller Regelungen für Agrarbeihilfen und Beihilfen zur Werbung für Ag-

---

734 Sinnaeve, EuZW 2001, S. 69 (71).

735 Ausfuhrbeihilfen werden in Art. 1 lit. b) definiert als „Beihilfen, die unmittelbar mit den ausgeführten Mengen, der Errichtung und dem Betrieb eines Vertriebsnetzes oder den laufenden Ausgaben einer Exporttätigkeit in Zusammenhang stehen." Sie sind von der Kommission generell untersagt. Allerdings verdeutlicht der 16. Erwägungsgrund, dass bestimmte Beihilfen, die mit Ausfuhraktivitäten zusammenhängen, aber als „soft-aid" angesehen werden, in der Regel nicht unter das Verbot fallen. Es handelt sich hier um „Beihilfen, die die Teilnahme an Messen, die Durchführung von Studien oder die Inanspruchnahme von Beratungsdiensten zwecks Lancierung eines neuen Produkts oder eines bestehenden Produkts auf einem neuen Markt ermöglichen soll."

rarprodukte.[736] Seit Anfang 2004 gibt es für staatliche Beihilfen an kleine und mittlere in der Erzeugung, Verarbeitung und Vermarktung von landwirtschaftlichen Erzeugnissen tätige Unternehmen sogar eigens eine Freistellungsverordnung.[737]

Die beiden letztgenannten Ausnahmen resultieren aus dem WTO-Übereinkommen über Subventionen und Ausgleichsmaßnahmen[738].[739]

c) Definitionen (Art. 2 VO 70/2001 EG)

Art. 2 VO 70/2001 EG befasst sich mit den Begriffsbestimmungen.

Die genaue Definition der in der Verordnung verwendeten Begriffe ist äußerst wichtig, um eine korrekte und einheitliche Anwendung der VO 70/2001 EG zu gewährleisten.

Zwar können die Begriffsbestimmungen des Art. 2 VO 70/2001 EG weitgehend auf bestehende Definitionen zurückgreifen, doch ist dies keinesfalls unproblematisch.

Ein in Leitlinien verwendeter Begriff kann von der Kommission im Rahmen des Notifizierungsverfahrens noch ausgelegt werden. Bei Begriffen, die in eine unmittelbar von nationalen Verwaltungen und Richtern anzuwendende Verordnung – wie die VO 70/2001 EG - übertragen werden, geht dies nicht mehr. Um eine unterschiedliche Auslegung in den einzelnen Mitgliedsländern und damit Wettbewerbsverfälschungen zu vermeiden, müssen die in der VO 70/2001 EG verwendeten Begrifflichkeiten daher frei von Unklarheiten und Interpretationsspielräumen sein.[740]

d) Freistellungsvoraussetzungen (Art. 3 VO 70/2001 EG)

Welche Voraussetzungen an eine Beihilfe zu stellen sind, damit sie gem. Art. 87 III EG mit dem Gemeinsamen Markt vereinbar ist und keiner Anmeldung gem. Art. 88 III EG bedarf, ist in Art. 3 VO 70/2001 EG aufgeführt.

---

736 Gemeinschaftsrahmen für staatliche Beihilfen im Agrarsektor, ABl. 2000 C 28/2; Gemeinschaftsleitlinien für staatliche Beihilfen zur Werbung für in Anhang I des EG-Vertrags genannte Erzeugnisse und bestimmte nicht in Anhang I genannte Erzeugnisse, ABl. 2001 C 252/5.

737 VO 1/2004 EG über die Anwendung der Artikel 87 und 88 EG-Vertrag auf staatliche Beihilfen an kleine und mittlere in der Erzeugung, Verarbeitung und Vermarktung von landwirtschaftlichen Erzeugnissen tätige Unternehmen, ABl. 2004 L 1/1.

738 ABl 1994 L 336/156.

739 16. Erwägungsgrund - VO 70/2001 EG; Repplinger-Hach, in: Heidenhain, Europäisches Beihilfenrecht, § 21, Rn. 10; Giegerich, in: Marauhn/Heselhaus, Staatliche Förderung, S. 254.

740 Sinnaeve, EuZW 2001, S. 69 (71).

Eine Freistellung kommt zunächst sowohl für Beihilferegelungen (Art. 3 II VO 70/2001 EG), Einzelbeihilfen, die auf Grundlage einer Beihilferegelung erlassen werden (Art. 3 III VO 70/2001 EG) als auch für nicht unter Beihilferegelungen gewährte Einzelbeihilfen (Art. 3 I VO 70/2001 EG) in Betracht.

Einzelbeihilfen gem. Art. 3 I und III VO 70/2001 EG sind freigestellt, sofern sie alle Voraussetzungen der Verordnung erfüllen.

Bei Beihilferegelungen sind die Voraussetzungen strenger. Das hängt mit dem Wesen der Beihilferegelungen zusammen. Nach der Legaldefinition in Art. 1 lit. d) VVO handelt es sich bei einer Beihilferegelung um eine „Regelung, wonach Unternehmen, die in der Regelung in einer allgemeinen und abstrakten Weise definiert werden, ohne nähere Durchführungsmaßnahmen Einzelbeihilfen gewährt werden können, bzw. eine Regelung, wonach einem oder mehreren Unternehmen nicht an ein bestimmtes Vorhaben gebundene Beihilfen für unbestimmte Zeit und/oder in unbestimmter Höhe gewährt werden können."

Beihilferegelungen sind gem. Art. 3 II VO 70/2001 EG freigestellt, sofern sie selbst alle Voraussetzungen der Verordnung erfüllen, alle Beihilfen, die unter der Regelung gewährt werden können, alle Voraussetzungen der Verordnung erfüllen und sie einen ausdrücklichen Verweis auf die Verordnung enthalten sowie ihren Titel und die Fundstelle im Amtsblatt nennen.

Beihilferegelungen zugunsten von KMU sind demnach nur dann freigestellt, wenn sie so formuliert sind, dass auch alle etwaigen Beihilfen, die darunter gewährt werden können – und nicht etwa nur diejenigen, die tatsächlich darunter gewährt worden sind -, mit den inhaltlichen Vorgaben der VO 70/2001 EG vereinbar sind.[741] Regelungen, die so weit gefasst sind, dass sie auch die Gewährung anderer Beihilfen zuließen, sind damit nicht freigestellt. In diesem Zusammenhang kann sich der einzelne Mitgliedstaat auch nicht darauf berufen, dass er bei der Vergabe der Einzelbeihilfen sein Ermessen im Einklang mit den Freistellungsverordnungen ausüben werde.[742] Das Erfordernis eines ausdrücklichen Verweises auf die Gruppenfreistellungsverordnung nebst Titel und Fundstelle gilt ebenso für die Vergabe von Einzelbeihilfen.[743]

Diese Regelung hat zwei entscheidende Vorteile. Zum einen ermöglicht sie der Kommission eine wirksame Überwachung, dass die Voraussetzungen der Grup-

---

741 Siehe 6. Erwägungsgrund – VO 70/2001 EG.

742 Repplinger-Hach, in: Heidenhain, Europäisches Beihilfenrecht, § 21, Rn. 15.

743 In Art. 3 I VO 70/2001 EG heißt es, „...darin" sei auf die Gruppenfreistellungsverordnung zu verweisen. Dies dürfte sich auf die gewährte Einzelbeihilfe beziehen und so zu verstehen sein, dass der Genehmigungsbescheid einen entsprechenden Verweis enthalten muss. Dafür spricht auch der durch die VO 364/2004 EG neu eingeführte Art. 9a VO 70/2001 EG. Dort heißt es in Art. 9a II VO 70/2001 EG, dass „...bei der Vergabe ein ausdrücklicher Verweis auf diese Verordnung erfolgen muss."

penfreistellungsverordnung eingehalten werden.[744] Zum anderen fördert sie die Rechtssicherheit des Beihilfebegünstigten, indem sich dieser anhand des Verweises selbst über die Einhaltung der Freistellungsvoraussetzungen vergewissern kann.[745]

e) Beihilfefähige Kosten (Art. 4-6 VO 70/2001 EG)

Förderungsfähige Kosten sind nach der VO 70/2001 EG Investitionsbeihilfen (Art. 4 VO 70/2001 EG) und Beihilfen für Beratung und sonstige Unternehmensdienstleistungen und Unternehmenstätigkeiten (Art. 5 VO 70/2001 EG).

aa) Investitionsbeihilfen (Art. 4 VO 70/2001 EG)

Bei den Investitionsbeihilfen (Art. 4 VO 70/2001 EG) ist zwischen Investitionen in Sacheinlagen (Beihilfen für materielle Investitionen) und immateriellen Investitionen zu unterscheiden.

(1) Investitionen in Sacheinlagen

Zu den Investitionen in Sacheinlagen (materielle Investitionen) zählt die Kommission Anlageinvestitionen, die der Errichtung, der Erweiterung und der grundlegenden Änderung eines Betriebes gelten, sowie Investitionen bei der Übernahme eines Betriebes, der geschlossen worden ist oder bei nicht erfolgter Übernahme geschlossen worden wäre (Art. 2 lit. c) VO 70/2001 EG). Dies entspricht dem Gemeinschaftsrahmen für KMU und den Regionalleitlinien.[746] Nicht förderfähig sind hingegen bei Beihilfen im Bereich Verkehr, Verkehrs- und Transportmittel mit Ausnahme von Schienenfahrzeugen für den Eisenbahnverkehr (Art. 4 V 2 VO 70/2001 EG).

(2) Immaterielle Investitionen

Auch die Vergabe von Beihilfen für immaterielle Investitionen soll gefördert werden. Die Kommission versteht darunter die Kosten des Erwerbs von Patenrechten, Lizenzen, Know-how und die Überlassung nicht patentierter technischer Kenntnisse (Art. 2 lit. d) VO 70/2001 EG). Dies geschieht aufgrund der Tatsache, dass Investitionen in immaterielle Güter immer öfter zur wesentlichen Grundlage von

---

744 Vgl. 6. Erwägungsgrund - VO 70/2001 EG. Sinnaeve, EuZW 2001, S. 69 (73); Repplinger-Hach, in: Heidenhain, Europäisches Beihilfenrecht, § 21, Rn. 15.

745 Sinnaeve, EuZW 2001, S. 69 (73); Sinnaeve, CMLR 2001, S. 1479 (1494).

746 Vgl. Ziffer 4.2.1. Gemeinschaftsrahmen für KMU und Ziffer 4.4. Regionalleitlinien.

Unternehmen und damit auch immer wichtiger für das Wachstum und die Beschäftigung werden.[747]

bb) Beihilfen für Beratung und sonstige Unternehmensdienstleistungen und -tätigkeiten (Art. 5 VO 70/2001 EG)

(1) Beratungsbeihilfen

Ebenfalls förderfähig sind Beihilfen für die Beratung von KMU und sonstige Unternehmensdienstleistungen und –tätigkeiten durch externe Berater (Art. 5 VO 70/2001 EG). Davon ausgenommen sind fortlaufende oder regelmäßige Aufwendungen, z.B. für Steuer- oder Rechtsberatung oder für Werbung, die den gewöhnlichen Betriebsausgaben eines Unternehmens zuzurechnen sind (Art. 5 lit. a) VO 70/2001 EG). Hinsichtlich der Inanspruchnahme von Beratungsdienstleistungen, bezieht sich die Freistellung derartiger Fördermaßnahmen vor allem auf die Durchführung von Marktstudien für die Lancierung eines neuen Produkts oder die Einführung eines bestehenden Produkts auf einem neuen Markt.[748]

(2) Beihilfen für die Teilnahme an Messen und Ausstellungen

Als neuen Beihilfegegenstand führt die KMU-Freistellungsverordnung in Art. 5 lit. b) VO 70/2001 EG die Kosten für die Teilnahme an Messen und Ausstellungen ein. Danach sind bis zu 50 % der Bruttokosten für Miete, Aufbau und Betrieb eines Standes förderfähig.[749] Allerdings handelt es sich hierbei nicht um eine wirkliche Neuerung. Zwar enthielt der Gemeinschaftsrahmen diesbezüglich keine ausdrückliche Regelung, doch entsprach es der Praxis der Kommission, 50 % der Kosten für eine Messeteilnahme zu genehmigen.[750]

Wirklich neu ist hingegen, dass eine Förderung nur dann in Betracht kommt, wenn es sich um die erstmalige Teilnahme an der Messe oder Ausstellung han-

---

747 Schroth/Koch, Subventionsbeschwerde, S. 43.

748 16. Erwägungsgrund - VO 70/2001 EG; Lübbig/Martín-Ehlers, Beihilfenrecht der EU, S. 158, Rn. 422.

749 Als förderbare Kosten im Sinne dieser Vorschrift hat die Kommission im einzelnen anerkannt: Kosten der Miete der Ausstellungsfläche, des Auf- und Abbau des Messestandes durch Dritte, des Transports der Ausstellungsgüter, Gebühr für die Teilnahme an der Messe, Honorar eines Dolmetschers und Werbekosten, vgl. Kommission vom 24.09.2002, ABl 2003 L 91/13 – Deutschland, Programm des Freistaates Sachsen zugunsten von KMU.

750 Siehe Entscheidung der Kommission vom 21.6.2000, Staatliche Beihilfe N 740/1999. Sie gewährte die betreffende Beihilfe unter Ziffer 4.2.3. des Gemeinschaftsrahmens für KMU; siehe auch Repplinger-Hach, in: Heidenhain, Europäisches Beihilfenrecht, § 21, Rn. 32, Fn. 132.

delt.[751] Damit sollen sogenannte „Mitnahmeeffekte" verhindert werden, also die Förderung von Tätigkeiten, die auch ohne Unterstützung erfolgt wären und die Staatskassen nur unnötig belasten.[752]

cc) Einzelbeihilfen für größere Vorhaben (Art. 6 VO 70/2001 EG)

Im Rahmen der beihilfefähigen Kosten kommt Art. 6 VO 70/2001 EG entscheidender Bedeutung zu. Er bestimmt, dass Einzelbeihilfen, die bestimmte Schwellenwerte überschreiten, von der Freistellung der Verordnung ausgenommen sind und damit weiterhin notifizierungspflichtig bleiben. Das bedeutet, dass sie – wie alle übrigen Beihilfen, die nicht von einer Gruppenfreistellungsverordnung erfasst sind - das in Art. 88 EG und der VVO vorgesehene Beihilfeaufsichtsverfahren zu durchlaufen haben.

Sinn und Zweck des weiter bestehenden Notifizierungsvorbehaltes ist es, der Kommission die Überprüfung großvolumiger Fördermaßnahmen mit potenziell erheblicheren Auswirkungen auf den zwischenstaatlichen Handel und die Aufrechterhaltung eines unverfälschten Wettbewerbs zu sichern.[753]

Ein solches größeres Vorhaben liegt zumindest dann vor, wenn die Beihilfe ein Mindestvolumen von 15 Mio. Euro brutto aufweist (Art. 6 lit. b) VO 70/2001 EG).

Bei Vorhaben mit förderfähigen Gesamtkosten von 25 Millionen Euro wird nach dem Standort des Unternehmens differenziert. Befindet sich das Unternehmen außerhalb eines Regionalfördergebietes, so darf die Bruttobeihilfeintensität nicht 50 % der für Investitionsbeihilfen festgelegten Fördersätze erreichen, d.h. 15 % bei kleineren Unternehmen und 7,5 % bei mittleren Unternehmen (Art. 6 lit. a) i) VO 70/2001 EG). Liegt es hingegen innerhalb eines Fördergebietes, so darf die Nettobeihilfeintensität 50 % der in einem Fördergebiet zulässigen Nettobeihilfeobergrenzen nicht erreichen (Art. 6 lit. a) ii) VO 70/2001 EG).

Da diese Werte sehr gering angesetzt sind, wird die Kommission auch weiterhin mit der Genehmigung von KMU-Beihilfen befasst bleiben. Dabei dürften dieselben Maßstäbe Anwendung finden, wie im Fall von Vorhaben unterhalb dieser Schwellenwerte.[754] Schließlich dient die Anmeldepflicht nicht dazu, diese Beihil-

---

[751] Das Erfordernis der Erstmaligkeit ist nach Auffassung der Kommission unabdingbar, siehe Entscheidung der Kommission vom 24.10.2002, ABl. 2003 L 91/13, Tz. 75 - Deutschland, Programm des Freistaates Sachsen zu Gunsten von KMU.

[752] Heskamp, Horizontale Beihilfen, S. 88; Koenig/Kühling/Ritter, EG-Beihilfenrecht, S. 114, Fn. 50.

[753] Sinnaeve, CMLR 2001, S. 1479 (1490); Koenig/Kühling/Ritter, EG-Beihilfenrecht, S. 115.

[754] 4. Erwägungsgrund - VO 70/2001 EG; Soltész, ZIP 2001, S. 278 (280).

fen strengeren Regeln zu unterwerfen, sondern lediglich eine zusätzliche Überprüfung zu ermöglichen.[755]

f) Beihilfeintensität (Art. 4, 5 VO 70/2001 EG)

Die Beihilfeintensität der zulässigen Fördermaßnahmen richtet sich nach der Art der Ausgabenkategorie und stellt das Ergebnis einer Abwägung zwischen dem sozio-ökonomischen Nutzen und den durch die Beihilfegewährung bedingten schädlichen Auswirkungen auf den Wettbewerb dar.[756]

Dem allgemeinen System im Beihilfenrecht folgend, wird die zulässige Beihilfe als prozentualer Anteil der beihilfefähigen Kosten des Vorhabens ausgedrückt (Bruttobeihilfeintensität). Wird die Beihilfe nicht als Zuschuss, sondern in anderer Form (z.B. Bürgschaften, Abnahmezusagen) gewährt, so gilt es zunächst, das Subventionsäquivalent dieser Beihilfe zu berechnen (Art. 2 lit. e) VO 70/2001 EG). Dieses bemisst sich grundsätzlich aus der Differenz zwischen dem Marktwert der tatsächlich erbrachten Leistung und der tatsächlich erhaltenen Gegenleistungen.[757] Auch dieses Vorgehen entspricht den allgemeinen Regeln, erfordert jedoch eine genaue Untersuchung der jeweiligen Umstände im Einzelfall.[758]

Dass sich die Kommission an die in der VO 70/2001 EG niedergelegten Höchstsätze gebunden sieht,[759] machte sie bereits im Jahr 2001 deutlich, indem sie Deutschland ein Beihilfenprogramm des Freistaates Sachsen untersagte, welches höhere Intensitäten vorsah.[760]

aa) Investitionsbeihilfen (Art. 4 VO 70/2001 EG)

(1) Bemessungsgrundlage

Bemessungsgrundlage für die Berechnung der Beihilfeintensität können sowohl die beihilfefähigen Investitionskosten als auch die Lohnkosten für investitionsge-

---

755 Sinnaeve, CMLR 2001, S. 1479 (1490).

756 13. Erwägungsgrund - VO 70/2001 EG; Koenig/Kühling/Ritter, EG-Beihilfenrecht, S. 113.

757 Siehe EuG Slg. 1998, II-757, Tz. 52 ff. Cityflyer Express/Kommission.

758 Repplinger-Hach, in: Heidenhain, Europäisches Beihilfenrecht, § 21, Rn. 30; Reuter, ZIP 2002, S. 737 (746 f.). Zu Einzelheiten bezüglich der Berechnung des Beihilfenäquivalents siehe Koenig/Kühling, in: Streinz, EUV/EGV, Art. 87, Rn. 37.

759 Der Kommission verbleibt das Recht, Beihilfen, die von ihrer Intensität die VO 70/2001 EG übersteigen, nach Art. 87 III EG zu genehmigen, vgl. auch Art. 6 VO 70/2001 EG.

760 Siehe Aufforderung zur Abgabe einer Stellungnahme vom 11.12.2001, ABl. 2002 C34/2 - Deutschland, Programm des Freistaates Sachsen zu Gunsten von KMU und die Entscheidung der Kommission vom 24.10.2002, ABl. 2003 L 91/13. Die sächsische Staatsregierung hat gegen die abschließende Entscheidung Klage vor dem Gericht erster Instanz eingelegt (Rechtssache T-357/02).

bundene neu geschaffene Arbeitsplätze oder aber auch eine Mischung aus beiden sein. (Art. 4 IV VO 70/2001 EG). Bei letzterer Methode ist zu beachten, dass die Beihilfe den günstigsten Beihilfebetrag, der sich aus der Anwendung einer der Bemessungsgrundlagen ergibt, nicht überschreiten darf (Art. 4 IV VO 70/2001 EG).

(a) Investitionskosten

Bilden die Investitionskosten die Bemessungsgrundlage, ist zwischen materiellen und immateriellen Investitionen zu unterscheiden. Während bei materiellen Investitionen die realen Kosten von Grundstücken, Gebäuden, Maschinen und Ausrüstung beihilfefähig sind (Art. 4 V 1 VO 70/2001 EG), sind es bei immateriellen Investitionen die Kosten für den Erwerb von Technologien (Art. 4 V 1 VO 70/2001 EG).

(b) Lohnkosten für investitionsgebundene Arbeitsplätze

Neu ist, dass nunmehr auch die Lohnkosten für investitionsgebundene neu geschaffene Arbeitsplätze Bemessungsgrundlage sein können (Art. 4 IV VO 70/2001 EG).

Die Kommission verfolgte damit im Wesentlichen zwei Ziele. Zum einen wollte sie den Anreiz erhöhen, neue Dienstleistungsbetriebe zu gründen oder bestehende zu erweitern. Zum anderen wollte sie der Neigung, kapitalintensive Betriebe zu fördern, die durch die Bindung der Beihilfebemessung an die Investitionsvolumina hervorgerufen wird, entgegenwirken.[761]

Dieses Konzept wurde von den Leitlinien für Beihilfen mit regionalpolitischer Zielsetzung übernommen.[762] Allerdings hatte die Kommission bereits vor Einführung der VO 70/2001 EG in einigen Entscheidungen die entsprechenden Grundsätze der Regionalleitlinien auch außerhalb von Regionalfördergebieten analog herangezogen und eine lohnkostenbezogene Förderung zugelassen. Dies geschah aus oben genanntem Grund, die Förderung beschäftigungsintensiver Investitionsprojekte zu erleichtern, die durch den bis zum Erlass der VO 70/2001 EG geltenden Gemeinschaftsrahmen gegenüber kapitalintensiven Betrieben benachteiligt wurden.[763]

---

761 XXIX. Bericht über die Wettbewerbspolitik 1999, SEK (2000) 720 endg., S. 102, Rn. 245; Koenig/Kühling/Ritter, EG-Beihilfenrecht, S. 113.

762 XXIX. Bericht über die Wettbewerbspolitik 1999, SEK (2000) 720 endg., S. 102, Rn. 245.

763 Vgl. Kommission vom 17.3.1999, Staatliche Beihilfe N 6/1999 - Niederlande, Beihilferegelung für die Schaffung von Arbeitsplätzen in Süd-Limburg; vom 17.9.1990, Staatliche Beihilfe N 60/1999 – Niederlande, Beihilferegelung zur Schaffung von Arbeitsplätzen – Arnhem-Nijmegen; vom 29.2.2000, Staatliche Beihilfe N 666/1999 – Deutschland, Bayrisches Regionales Förderprogramm für die gewerbliche Wirtschaft.

Bilden neu geschaffene Arbeitsplätze die Bemessungsgrundlage, setzt sich der Beihilfebetrag als Prozentsatz der über einen Zeitraum von zwei Jahren kalkulierten Lohnkosten für diese neuen Arbeitsplätze zusammen (Art. 4 VI 1 VO 70/2001 EG). Voraussetzung ist allerdings, dass

- die Schaffung der Arbeitsplätze im Rahmen eines materiellen oder immateriellen Investitionsvorhabens erfolgt und die Arbeitsplätze innerhalb von drei Jahren nach Tätigung der Investition entstehen (Art. 4 VI lit. a) VO 70/2001 EG);
- es in dem betreffenden Unternehmen durch das Investitionsvorhaben zu einem Nettozuwachs an Beschäftigten im Verhältnis zur durchschnittlichen Beschäftigungszahl in den vergangenen zwölf Monaten kommt (Art. 4 VI lit. b) VO 70/2001 EG) und
- die neu geschaffenen Arbeitsplätze über einen Zeitraum von mindestens fünf Jahren[764] erhalten bleiben (Art. 4 VI lit. c) VO 70/2001 EG).[765]

(2) Förderhöchstsätze

Die Förderhöchstsätze hängen entscheidend davon ab, ob sich das begünstigte Unternehmen inner- oder außerhalb eines Regionalfördergebietes befindet.

(a) Außerhalb eines Regionalfördergebietes

Befindet sich das zu fördernde KMU außerhalb eines Regionalfördergebietes ist zu unterscheiden, ob es sich um ein kleines oder mittleres Unternehmen handelt. Bei mittleren Unternehmen ist eine Bruttobeihilfeintensität von bis zu 7,5 % und bei kleinen von bis zu 15 % genehmigungsfähig (Art. 4 II VO 70/2001 EG). Obwohl die Kommission im 11. Erwägungsgrund ausdrücklich hervorhebt, dass für kleine und mittlere Unternehmen unterschiedliche Beihilfehöchstintensitäten gelten sollten, hat sie dies nur für Beihilfen außerhalb von Regionalfördergebieten wahr gemacht.[766]

(b) Innerhalb eines Regionalfördergebietes

Befindet sich ein Unternehmen innerhalb eines Regionalfördergebietes, so sieht die VO 70/2001 EG eine Erhöhung der Fördersätze vor.[767] Dies soll jene Unter-

---

764 Nach Ansicht der Kommission hat sich diese Frist als zu streng herausgestellt, siehe ausführlicher dazu unter D. III. 8. d).

765 Vgl. auch schon die Regionalleitlinien, Ziffer 4.12.-4.14.

766 Zu Kritik siehe Stellungnahme Deutschlands in Entscheidung der Kommission vom 24.10.2002, ABl. 2003 L 91/13, Tz. 43 - Deutschland, Programm des Freistaates Sachsen zugunsten von KMU.

767 Art. 4 III-IV VO 70/2001 EG. Die nationale Fördergebietsbevölkerungshöchstgrenze im Rahmen der Ausnahmebestimmungen des Artikels 87 III lit. a) und c) liegt für den Zeitraum

nehmen begünstigen, die mit ihren Investitionen und den geschaffenen Arbeitsplätzen zur wirtschaftlichen Entwicklung der benachteiligten Region beitragen.[768]

Bei Regionalfördergebieten nach Art. 87 III lit. c) EG kann zu dem genehmigten regionalen Förderhöchstsatz ein zusätzlicher Aufschlag von weiteren 10 Bruttoprozentpunkten gewährt werden, wobei die Nettobeihilfeintensität 30 % der beihilfefähigen Kosten nicht überschreiten darf (Art. 4 III lit. a) VO 70/2001 EG). Für Regionalfördergebiete nach Art. 87 III lit. a) EG gilt ein Aufschlag von 15 Bruttoprozentpunkten, soweit die Beihilfen nicht eine Gesamtsumme von 75 % netto überschreiten (Art. 4 III lit. b) VO 70/2001 EG).

Allerdings gelten die Regionalaufschläge nur, wenn die Investitionen für mindestens fünf Jahre in der Empfängerregion verbleiben[769] und sich das begünstigte Unternehmen mit mindestens 25 % selbst daran beteiligt (Art. 4 III UAbs. 2 VO 70/2001 EG).[770] Ob es bei Fehlen dieser Bedingungen zu einem gänzlichen Ausschluss der regionalen Fördersätze oder aber nur der zusätzlichen Aufschläge von 10 bzw. 15 Prozentpunkte kommt, ist vom Wortlaut her nicht eindeutig zu erkennen. In Art. 4 III UAbs. 2 VO 70/2001 EG heißt es lediglich „Die Aufschläge sind nur zulässig, wenn...“. Dies lässt beide Interpretationen zu. Berücksichtigt man die bisherige Regelung in den Regionalleitlinien, so sollte Art. 4 III UAbs. 2 VO 70/2001 EG in der Form verstanden werden, dass der Erhalt der Regionalfördersätze als solches von den dort statuierten Bedingungen abhängt.[771]

bb) Beihilfen für Beratung und sonstige Unternehmensdienstleistungen und -tätigkeiten (Art. 5 VO 70/2001 EG)

Bei Beihilfen für Beratung und sonstige Unternehmensdienstleistungen und -tätigkeiten ist die Beihilfeintensität auf maximal 50 % brutto der Mehrkosten für

---

2000-2006 für Deutschland bei 34,9 %, ABl. 1999 C 16/04. Bezüglich der Fördergebietskarte für Deutschland 2004-2006 siehe das Schreiben der Kommission an Deutschland betreffend die Beihilfe N 641/2002, im Internet abrufbar unter http://europa.eu.int/comm/secretariat_ general/sgb/state_aids/comp-2002/n641-02.pdf (03.10.2004).

768 Siehe 14. Erwägungsgrund – VO 70/2001EG.

769 Dies entspricht den Regionalleitlinien, Ziffer 4.10., wobei in Ziffer 4.10. lediglich verlangt wird, dass „die Investition während eines Zeitraums von fünf Jahren erhalten bleibt“. Damit dürfte auf das Unternehmen und nicht wie in Art. 4 III UAbs. 2 VO 70/2001 EG auf die Region abgestellt worden sein.

770 Vgl. Ziffer 4.2. und Fn. 20 der Regionalleitlinien. Danach muss der 25 %ige Finanzierungsbeitrag beihilfefrei sein. Es darf sich also z.B. nicht um ein zinsbegünstigtes Darlehen handeln.

771 Repplinger-Hach, in: Heidenhain, Europäisches Beihilfenrecht, § 21, Rn. 29; durch die VO 364/2004 EG wurde der Wortlaut von Art. 4 III UAbs. 2 geändert. Nunmehr heißt es dort: „Die höheren regionalen Fördersätze...“. Sinn und Zweck dieser Neuerung dürfte in der Anpassung an die englische Textfassung („The higher regional aid ceilings shall only apply...“) und nicht in einer inhaltlichen Änderung liegen.

Miete, Aufbau und Betrieb des Standes beschränkt (Art. 5 lit. a), b) VO 70/2001 EG).

g) Notwendigkeit (Art. 7 VO 70/2001 EG)

Besondere Bedeutung kommt Art. 7 VO 70/2001 EG zu.

Er soll sicherstellen, dass die in Anspruch genommenen Beihilfen auch tatsächlich notwendig sind und den nötigen Anreizcharakter haben. Schließlich wollte die Kommission verhindern, Aktivitäten zu fördern, die auch ohne ihre Hilfe durchgeführt worden wären.[772]

Zu diesem Zweck beschränkt Art. 7 VO 70/2001 EG die Gruppenfreistellungswirkung auf Fälle, in denen bereits vor Beginn des Förderprojekts ein Beihilfeantrag beim Mitgliedstaat gestellt wurde. Fehlt es an einem solchen, so stellt nach Ansicht der Kommission der Investor unter Beweis, dass er die Investitionen auch ohne Beihilfe durchgeführt hätte, was wiederum auf den fehlenden Anreizcharakter der Beihilfe schließen lässt.[773]

Eine Ausnahme vom Gebot der vorherigen Anmeldung gilt gem. Art. 7 VO 70/2001 EG nur dann, wenn bereits objektiven Kriterien genügende, gesetzliche Vorschriften existierten, die einen Rechtsanspruch auf Beihilfe begründen, ohne dass es einer zusätzlichen Ermessensentscheidung der Behörden bedarf.

h) Kumulierung (Art. 8 VO 70/2001 EG)

Art. 8 VO 70/2001 EG setzt sich mit der Kumulierung von Beihilfen auseinander.

Art. 8 I VO 70/2001 EG stellt klar, dass die in Art. 4, 5 und 6 VO 70/2001 EG geltenden Beihilfeobergrenzen unabhängig davon gelten, ob die Maßnahme vollständig aus staatlichen Mitteln oder von der Gemeinschaft aus Strukturfondsmitteln kofinanziert wird.

Gemeinschaftsbeihilfen, die keine staatlichen Beihilfen i.S. des Art. 87 I EG darstellen, müssen demnach bei der Berechnung der zulässigen Beihilfeintensität berücksichtigt werden. Diese Bestimmung wurde aus dem Gemeinschaftsrahmen für KMU und den Regionalleitlinien entnommen.[774] Sinn und Zweck dieser Kumulierungsregel ist, eine Inkohärenz zwischen der Behandlung von Gemeinschaftsbeihilfen und staatlichen Beihilfen zu vermeiden. Zudem verhindert sie, dass sich der Begünstigte sein Vorhaben ausschließlich mit Beihilfen finanzieren lässt, ohne selbst einen Eigenbetrag zu leisten.[775]

---

772 18. Erwägungsgrund – VO 70/2001 EG.
773 18. Erwägungsgrund – VO 70/2001 EG; Soltész, ZIP 2001, S. 278 (282).
774 Vgl. Ziffer 4.2.1. Gemeinschaftsrahmen für KMU und Ziffer 4.18 der Regionalleitlinien.
775 Sinnaeve, EuZW 2001, S. 69 (74).

Art. 8 II VO 70/2001 EG enthält das Gebot, dass die freigestellten Beihilfen nicht mit sonstigen Beihilfen für das gleiche Vorhaben kumuliert werden können, wenn dadurch die zulässige maximale Beihilfeintensität überschritten wird. Im Vergleich zum Gemeinschaftsrahmen wird das Kumulierungsverbot damit insofern gelockert, dass nur noch diejenigen Beihilfen zusammengerechnet werden, die auf denselben förderfähigen Kosten beruhen.[776]

i) Transparenz und Überwachung (Art. 9 VO 70/2001 EG)

Um ausreichend Transparenz und eine ordnungsgemäße Überwachung der Beihilfenvergabe durch die Mitgliedstaaten zu gewährleisten, wurde Art. 9 VO 70/2001 EG in die Verordnung eingeführt. Er umfasst drei Aspekte:

Zunächst müssen die Mitgliedstaaten binnen 20 Arbeitstagen nach Erlass einer Beihilfe oder Beihilferegelung der Kommission eine Kurzbeschreibung der Maßnahme übermitteln (Art. 9 I VO 70/2001 EG). Diese Kurzbeschreibung wird im Amtsblatt veröffentlicht.[777] Dadurch soll sichergestellt werden, dass die interessierte Öffentlichkeit, insbesondere Unternehmen und andere Mitgliedstaaten, wie bisher über neu eingeführte Beihilferegelungen oder Einzelbeihilfen informiert werden.[778] Dies ermöglicht es beispielsweise Wettbewerbern, sich über die an ihre Konkurrenten vergebenen Beihilfen zu informieren und gegebenenfalls zur Wehr zu setzen.[779]

Darüber hinaus haben die Mitgliedstaaten ausführliche Aufzeichnungen über die freigestellten Beihilfen zur Verfügung zu halten, und zwar über einen Zeitraum von zehn Jahren (Art. 9 II VO 70/2001 EG). Dies entspricht der Frist, die Art. 15 I VVO für die Rückforderung einer Beihilfe statuiert. Die Aufzeichnungen sollen die Mitgliedstaaten in die Lage versetzen, auf alle möglichen Fragen der Kommission bezüglich freigestellter Beihilfen antworten zu können.[780] Im Gegensatz zu Art. 10 I VVO kann die Kommission bei freigestellten Beihilfen auch ohne vorherige Beschwerde, bzw. Verdachtsmomente tätig werden.[781] Hierin liegt ein bedeutender Zuwachs an Überwachungskompetenzen, denn es macht die Kommission unabhängiger von der Beteiligung von Wettbewerbern. Um eine effektive Über-

---

776 Siehe Art. 8 II VO 70/2001 EG und Ziffer 4.2.3. Gemeinschaftsrahmen für KMU.

777 Siehe Art. 3 I, II VO 994/1998 EG sowie Art. 9 I i.V.m. Anhang II VO 70/2001 EG.

778 Siehe z.B. die Veröffentlichung in ABl. 2002 C 58/19.

779 Sinnaeve, CMLR 2001, S. 1479 (1494); durch die unmittelbare Anwendbarkeit der VO 70/2001 EG kann der Wettbewerber die Einhaltung ihrer Voraussetzungen nunmehr auch von einem nationalen Gericht überprüfen lassen, siehe ausführlicher dazu unter D. III. 6. d).

780 Sinnaeve, CMLR 2001, S. 1479 (1492).

781 Repplinger-Hach, in: Heidenhain, Europäisches Beihilfenrecht, § 21, Rn. 35; Sinnaeve, CMLR 2001, S. 1479 (1496 f.).

wachung der freigestellten Beihilfen zu gewährleisten, wird in der Literatur gefordert, dass die Kommission diese neugewonnene Kompetenz aktiv nutzt.[782]

Die letzte Voraussetzung betrifft die Erstellung eines Jahresberichtes. Alle Mitgliedstaaten haben entsprechend dem Standardformular in Anhang III VO 70/2001 EG einen Jahresbericht über die Anwendung der Verordnung zu erstellen, zu denen alle Mitgliedstaaten Zugang haben (Art. 9 III VO 70/2001 EG). Das in Anhang III der VO 70/2001 EG vorgesehene Standardformular verlangt dabei im Wesentlichen die selben Informationen, die von den Mitgliedstaaten bereits bei der Anwendung der Beihilferegelungen verlangt werden. Dieser Bericht wird zudem einmal jährlich von dem nach Art. 7 VO 70/2001 EG neu einzurichtenden „Beratenden Ausschuß für staatliche Beihilfe“ erörtert und ausgewertet.[783]

Mit Art. 9 VO 70/2001 EG wurde demnach ein Kontrollsystem eingeführt, dass die Kommission trotz der ausgeweiteten Kompetenzen der Mitgliedstaaten in die Lage versetzt, ihrer Rolle als Wettbewerbshüterin gerecht zu werden. Mit seinen Vorschriften verhindert er, dass die Gruppenfreistellung von KMU-Beihilfen zu einer Schwächung der Beihilfenkontrolle führt und dient somit einer korrekten und kohärenten Anwendung der Freistellungsverordnung durch alle Verwaltungen.[784]

j) Gültigkeit (Art. 10 VO 70/2001 EG)

Der zehnte und letzte Artikel legt den Zeitpunkt des Inkrafttretens und der Gültigkeit fest. Gem. Art. 10 I VO 70/2001 EG ist die VO 70/2001 EG am 2. Januar 2001 in Kraft getreten und gilt, sofern sie nicht verlängert wird, bis zum 31. Dezember 2006. Während Einzelbeihilfen unbeschadet einer anderen Regelung ab diesem Zeitpunkt wieder anmeldepflichtig würden, blieben freigestellte Beihilferegelungen noch während einer Anpassungsfrist von weiteren sechs Monaten freigestellt (Art. 10 II, 21. Erwägungsgrund VO 70/2001 EG). Die Gültigkeit der Verordnung zu begrenzen entspricht der allgemeinen Politik der Kommission, ihre Beihilfenpolitik in regelmäßigen Abständen zu überdenken und gegebenenfalls den veränderten Gegebenheiten anzupassen.[785]

k) Anhänge

Im Anschluss an die VO 70/2001 EG finden sich noch drei Anhänge.

Anhang I der VO 70/2001 EG ist ein Auszug aus der Empfehlung 96/280 EG der

---

782 Sinnaeve, CMLR 2001, S. 1479 (1496 f.).

783 Siehe Art. 3 III 2 VO 994/98 EG.

784 V. Wallenberg, in: Grabitz/Hilf, Recht der EU, Art. 89, Rn. 8; Sinnaeve, EuZW 2001, S. 69 (74).

785 21. Erwägungsgrund – VO 70/2001 EG; Sinnaeve, CMLR 2001, S. 1479 (1487); Repplinger-Hach, in: Heidenhain, Europäisches Beihilfenrecht, § 21, Rn. 12, Fn. 38.

Kommission vom 3. April 1996 betreffend die Definition der kleinen und mittleren Unternehmen.[786] Grundsätzlich hat die Empfehlung 96/280 EG keinen rechtsverbindlichen Charakter. In Art. 2 lit. b) VO 70/2001 EG wird jedoch bei der Begriffsbestimmung von KMU auf Anhang I verwiesen. Dadurch wird die grundsätzlich rechtlich unverbindliche Definition von KMU in den Regelungsgehalt der VO 70/2001 EG mit einbezogen, wodurch sie selbst rechtlich verbindlich wird. Beabsichtigt also ein Mitgliedstaat einem Unternehmen eine staatliche Beihilfe nach der VO 70/2001 EG zu gewähren, so ist er verpflichtet, die von der Kommission im Jahr 1996 aufgestellte und in Anhang I abgedruckte KMU-Definition zu verwenden.[787]

Anhang II beinhaltet das zu verwendende Formblatt für die Kurzbeschreibung einer nach der VO 70/2001 EG freigestellten Beihilferegelung oder Einzelbeihilfe, die unabhängig von einer Beihilferegelung gewährt wurde.[788]

Anhang III enthält Angaben bezüglich der Form des der Kommission zu übermittelnden Jahresberichts über Beihilferegelungen.[789]

4. Rechtsnatur und rechtliche Wirkung der VO 70/2001 EG

Waren Gemeinschaftsrahmen und Leitlinien noch nicht rechtsverbindliche Regelungen, die nur über den Gleichheitssatz und den Vertrauensschutzgrundsatz zu einer Selbstbindung der Kommission führten,[790] so handelt es sich bei der VO 70/2001 EG um einen Rechtsakt i.S.v. Art. 249 II EG. Damit kommt ihr in den Mitgliedstaaten nicht bloß ermessensbindende Wirkung, sondern unmittelbare Geltung zu.[791] Die nationalen Verwaltungsbehörden und Gerichte sind somit, ohne dass es einer besonderen Umsetzung bedarf, zur Anwendung der VO 70/2001 EG verpflichtet.[792]

5. Veränderungen gegenüber dem Gemeinschaftsrahmen für KMU

Die VO 70/2001 EG sorgte für zahlreiche Neuerungen gegenüber ihrem Vorgänger, dem Gemeinschaftsrahmen für KMU aus dem Jahr 1996.

---

786 ABl. 2001 L 10/39.

787 Die VO 364/2004 EG hat zum 1. Januar 2005 die neue KMU-Definition als Anhang I in die VO 70/2001 EG eingeführt.

788 ABl. 2001 L 10/40.

789 ABl. 2001 L 10/42.

790 Siehe unter D. III. 2. a) cc).

791 Kilian, Wirtschaftsrecht, S. 193, Rn. 443; Ysendyck/Mederer, in: Schröter/Jakob/Mederer, Europäisches Wettbewerbsrecht, Art. 87, Rn. 263.

792 5. Erwägungsgrund - VO 994/98 EG; Soltész, ZIP 2001, S. 278 (280); Koenig/Kühling/Ritter, EG-Beihilfenrecht, S. 103; Koenig/Kühling, in: Streinz, EUV/EGV, Art. 89, Rn. 8.

a) Inhaltliche Unterschiede – materielle Änderungen

Inhaltlich entspricht die VO 70/2001 EG nahezu vollständig dem zuvor geltenden Gemeinschaftsrahmen für KMU.[793]

Ursprünglich hatte die Kommission geplant, die Freistellung nur auf eindeutige Fälle zu übertragen. Fälle, für die die Vereinbarkeitsvoraussetzungen ohne Probleme in einer Verordnung definiert werden können. Das hätte aber bedeutet, dass der Gemeinschaftsrahmen, wenn auch in reduzierter Form, neben der VO 70/2001 EG weiterhin zur Anwendung gekommen wäre. Um jedoch eine solche undurchsichtige Vervielfältigung von Regeln zu vermeiden, entschied sich die Kommission, die Kriterien des Gemeinschaftsrahmens nahezu vollständig in die VO 70/2001 EG zu überführen. Lediglich einige wenige Kriterien wurden angepasst und präziser formuliert, so dass sie in eine unmittelbar anwendbare Bestimmung eingeführt werden konnten.[794]

Insgesamt waren die Veränderungen jedoch so minimal,[795] dass der Gemeinschaftsrahmen durch die VO 70/2001 EG vom rein materiellen her lediglich in einen juristisch bindenden Verordnungstext umgewandelt wurde.[796]

b) Verfahrensrechtliche Unterschiede – formelle Änderungen

Wirkliche Veränderungen brachte die VO 70/2001 EG in verfahrenstechnischer Hinsicht.

aa) Anmeldung

Zunächst entfällt für Beihilfen, die im Einklang mit der VO 70/2001 EG vergeben werden, das in Art. 88 III 1 EG, Art. 2 I 1 VVO vorgesehene Anmeldungserfordernis und damit auch das Durchführungsverbot nach Art. 88 III 3 EG, Art. 3 VVO.[797] Beides Vorschriften, die im System der präventiven Beihilfenkontrolle als die konstitutiven Verfahrensvorschriften bezeichnet werden.[798]

Die Einführung der VO 70/2001 EG bedeutet jedoch nicht das Ende der Notifizierungen. Denn den Mitgliedstaaten verbleibt noch immer das Recht, Beihilfen an-

---

793 Zu den Unterschieden siehe unter D. III. 3.; 4. Erwägungsgrund – VO 70/2001 EG; Harings, Europäisches Beihilferecht, S. 73, Rn. 118; Stockhausen, Beihilfenrechtliche Grenzen, S. 194; Ysendyck/Mederer, in: Schröter/Jakob/Mederer, Europäisches Wettbewerbsrecht, Art. 87, Rn. 270.

794 Sinnaeve, EuZW 2001, S. 69 (70); Sinnaeve, CMLR 2001, S. 1479 (1484 f.).

795 Der Gemeinschaftsrahmen sah z.B. noch weitere Ausgabenkategorien für sonstige Zwecke (Ziffer 4.2.8.) sowie Zuschläge bei Umweltschutz- (Ziffer 4.2.5.) und Forschungs- und Entwicklungsbeihilfen (Ziffer 4.2.6.) vor.

796 Stockhausen, Beihilfenrechtliche Grenzen, S. 194; Sinnaeve, EuZW 2001, S. 69 (70).

797 Art. 3 VO 70/2001 EG; zum Anmeldeverfahren siehe ausführlich unter D. II. 3. b) aa).

798 Lumma, EuZW 2004, S. 457 (458).

zumelden.[799] Welchen Formerfordernissen eine solche Anmeldung zu genügen hat, wurde durch die im Jahr 2004 erlassene VO 794/2004 EG geklärt. Sie führte Standardformulare ein, die auf die spezifischen Kriterien der jeweiligen Beihilfeform eingehen.[800]

Eine freiwillige Anmeldung dürfte von den Mitgliedstaaten vor allem bei Zweifeln an der Vereinbarkeit mit dem Gemeinsamen Markt und zur Erlangung von Rechtssicherheit in Betracht zu ziehen sein.[801] Die Prüfung solcher freiwilligen Anmeldungen wird die Kommission in erster Linie anhand des Verordnungstextes vornehmen.[802]

Damit die Mitgliedstaaten die Notifizierungen nicht nur zur Vermeidung der Verfahrensvorschriften forcieren, lässt sich die Kommission in der Regel vom Mitgliedstaat die Einhaltung der Einzelnotifizierungspflicht, der Kumulierungsregel und der Überwachungs- und Berichtspflichten sowie die Begrenzung der Dauer der Regelung auf die Laufzeit der Gruppenfreistellungsverordnung zusichern.[803]

Neben den freiwilligen Anmeldungen haben die Mitgliedstaaten die Einzelbeihilfen für größere Vorhaben gem. Art. 6 VO 70/2001 EG anzumelden.

Diese Beihilfen sind unter Verwendung des selben Fragebogens wie bei freiwilligen Anmeldungen bei der Kommission zu notifizieren. Aufgrund der Vollständigkeit der Freistellungskriterien ist jedoch davon auszugehen, dass solche Beihilfen in der Regel nicht genehmigt werden.[804]

bb) Genehmigung

Veränderungen ergaben sich auch im Rahmen der Genehmigung von Beihilfen.

Verantwortlich für die Genehmigung einer Beihilfe ist nicht mehr die Kommission, sondern der einzelne Mitgliedstaat.[805]

---

799 4. Erwägungsgrund - VO 70/2001 EG. Die Kommission erachtet auf solche Notifizierungen das beschleunigte Genehmigungsverfahren weiterhin für anwendbar, siehe Kommission vom 22.1.2002, Staatliche Beihilfe N 837/2001 – Deutschland, Förderung der Telematik.

800 Fragebogen zu KMU-Beihilfen, ABl. 2004 L 140/17.

801 Rechtssicherheit kann nur durch eine förmliche und damit rechtsverbindliche Kommissionsentscheidung erlangt werden; Repplinger-Hach, in: Heidenhain, Europäisches Beihilfenrecht, § 21, Rn. 37, Rn. 38, Fn. 149; Sinnaeve, EuZW 2001, S. 69 (71).

802 Siehe 4. Erwägungsgrund – VO 70/2001 EG.

803 Siehe Kommission vom 13.9.2001, Staatliche Beihilfe N 212/01 – Österreich, Änderung der Richtlinien für die TOP-Tourismus Förderung 2001-2006; vom 11.12.2001, Beihilfe C 89/2001 – Programm des Freistaates Sachsen zugunsten von KMU; vom 25.7.2001, Staatliche Beihilfe N 135/2001 – Deutschland (Niedersachsen), Garantien in Reformländern.

804 Sinnaeve, EuZW 2001, S. 69 (70-71).

805 Cremer, in: Calliess/Ruffert, EGV, Art. 87, Rn. 40; Ysendyck/Mederer, in: Groeben/Schwarze, EG, Art. 87, Rn. 270-272; Koenig/Kühling/Ritter, EG-Beihilfenrecht, S. 102.

Das wurde möglich, indem die VO 70/2001 EG die unmittelbar von den Mitgliedstaaten anzuwendenden Genehmigungskriterien enthält, bei deren Erfüllung die betreffende Beihilfe mit dem Gemeinsamen Markt nach Art. 87 III EG vereinbar ist.[806]

Die Kommission hat also ihr zunächst noch konkret individuell ausgeübtes Ermessen mit den Gruppenfreistellungsverordnungen abstrakt generell ausgeübt.[807]

Zwar erscheinen die Veränderungen auf den ersten Blick gravierend, doch ist zu berücksichtigen, dass die praktischen Unterschiede zwischen der Gewährung einer Beihilfe unter einer Gruppenfreistellung und einer Einzelbeihilfe im Rahmen einer bereits genehmigten Beihilferegelung für die nationalen Verwaltungen nicht besonders groß sind. Auch die von der Kommission genehmigten Beihilferegelungen ermöglichen den Mitgliedstaaten, Beihilfen nach eigenverantwortlicher Prüfung ohne vorherige Anmeldung zu genehmigen. Die Kommissionspraxis, Beihilferegelungen zu genehmigen, hatte somit im Grunde bereits eine beträchtliche Dezentralisierung bewirkt.[808]

cc) Überwachung

Die Veränderungen im Rahmen der Anmeldung und Genehmigung von Beihilfen, machten auch eine Umstellung hinsichtlich der Überwachung der Beihilfenvergabe erforderlich. Für Beihilfen, die ein Mitgliedstaat entsprechend einer Gruppenfreistellungsverordnung in Kraft setzt, wurde die grundsätzlich geltende ex-ante Überwachung aufgehoben. An dessen Stelle ist eine ex-post Kontrolle getreten, die mittels umfangreicher Berichts- und Aufbewahrungspflichten gesichert werden soll.[809]

Wie diese Berichts- und Aufbewahrungspflichten aussehen, ist in Art. 9 VO 70/2001 EG niedergelegt, der sich ausschließlich mit der Überwachung und Transparenz der Beihilfenvergabe auseinandersetzt.[810] Er enthält Vorschriften, die dafür sorgen, dass es trotz der Veränderungen im Rahmen der Beihilfenaufsicht

---

806 Siehe Art. 3 VO 70/2001 EG; Harings, Europäisches Beihilferecht, S. 77, Rn. 127; Ysendyck/Mederer, in: Groeben/Schwarze, EG, Art. 87, Rn. 270-272.

807 Stockhausen, Beihilfenrechtliche Grenzen, S. 191, 196; Koenig/Kühling/Ritter, EG-Beihilfenrecht, S. 102; Koenig/Kühling, NJW 2000, S. 1065 (1071).

808 Sinnaeve, EuZW 2001, S. 69 (77); Sinnaeve, CMLR 2001, S. 1479 (1482 f.).

809 Stockhausen, Beihilfenrechtliche Grenzen, S. 191; Stober, Allgemeines Wirtschaftsverwaltungsrecht, § 31 II 2, S. 288f.; Schnelle/Bartosch, Europarecht in der Unternehmens- und Beratungspraxis, S. 292; Koenig/Kühling, EuZW 1999, S. 517 (522).

810 Siehe ausführlich dazu unter D. III. 3. i); auch die anderen Gruppenfreistellungsverordnungen enthalten einen solchen Artikel, vgl. Art. 10 VO 2204/2002 EG und Art. 7 VO 68/2001 EG.

nicht zu einer Schwächung der Beihilfenkontrolle kommt und die Kommission auch weiterhin ihrer Aufgabe als Wettbewerbshüterin nachkommen kann.[811]

Verfahrensrechtlich gesehen bewirkt die VO 70/2001 EG damit einen grundlegenden Strukturwandel, indem sie mit dem bisherigen System einer bei der Kommission zentralisierten, umfassenden präventiven Kontrolle der Beihilfen bricht und die Zuständigkeit für die Prüfung, ob die Freistellungskriterien vorliegen, auf die Mitgliedstaaten verlagert.[812]

c) Verhältnis von Gemeinschaftsrahmen und VO 70/2001 EG

Weder der VO 994/98 EG noch dem ursprünglichen Entwurf der VO 70/2001 EG ließen sich Aussagen über das Verhältnis der VO 70/2001 EG zum Gemeinschaftsrahmen entnehmen.[813] Erst in der Endfassung der VO 70/2001 EG ging die Kommission darauf ein. Im 4. Erwägungsgrund heißt es dazu: „Der Gemeinschaftsrahmen für staatliche Beihilfen an kleine und mittlere Unternehmen sollte mit dem Datum des Inkrafttretens dieser Verordnung abgeschafft werden, da sein Inhalt in diese Verordnung übernommen wurde." Zwar geht aus der Formulierung „sollte" nicht eindeutig hervor, dass dies tatsächlich geschehen ist, zumal es auch an einer gesonderten im Amtsblatt veröffentlichten Mitteilung der Kommission über die Abschaffung des Rahmens fehlt, doch ist davon auszugehen, dass die Kommission mit Verabschiedung der VO 70/2001 EG das Außerkrafttreten des Rahmens bei ihrem Inkrafttreten beschlossen hat.[814]

Dafür spricht auch der Umstand, dass eine Beibehaltung des Gemeinschaftsrahmens nur dann Sinn gehabt hätte, wenn er zusätzliche, den angemeldeten Beihilfen vorbehaltene Genehmigungskriterien enthalten hätte.[815] Dies ist, wie oben gezeigt, jedoch nicht der Fall.

Darüber hinaus wäre eine Verdoppelung von sich überlappenden Texten im Hinblick auf das allgemeine Ziel der Kommission, die Beihilfenpolitik transparenter zu gestalten, hinderlich gewesen.[816] Bei der Verabschiedung der VO 70/2001 EG

---

811 V. Wallenberg, in: Grabitz/Hilf, Recht der EU, Art. 89, Rn. 8; Sinnaeve, EuZW 2001, S. 69 (74).

812 Mestmäcker/Schweitzer, Europäisches Wettbewerbsrecht, § 1, Rn. 100.

813 Koenig/Kühling, DVBl 2000, S. 1025 (1027).

814 Vgl. die Entscheidung der Kommission vom 11.12.2001, ABl. 2002 C 34/2, Tz. 3.3.1 – Deutschland, Programm des Freistaates Sachsen zugunsten von KMU. Dort heißt es, die Kommission fasste den entsprechenden Beschluss (Abschaffung des Gemeinschaftsrahmens), über den die Mitgliedstaaten informiert wurden.

815 4. Erwägungsgrund - VO 70/2001 EG; Harings, Europäisches Beihilferecht, S. 76, Rn. 125; Sinnaeve, EuZW 2001, S. 69 (70); Stockhausen, Beihilfenrechtliche Grenzen, S. 195.

816 Sinnaeve, EuZW 2001, S. 69 (70).

den Gemeinschaftsrahmen für KMU außer Kraft zu setzen, war somit die logische Konsequenz.

Andere Regelwerke, die Vorschriften über Beihilfen an KMU enthalten, wie z.B. die Leitlinien für staatliche Beihilfen mit regionaler Zielsetzung[817] oder die Leitlinien für Rettungs- und Umstrukturierungsbeihilfen[818], bleiben jedoch auch weiterhin in Kraft.[819] Dabei ist zu beachten, dass es sich bei der VO 70/2001 EG um einen formalen Rechtsakt handelt und damit im Verhältnis zu den Gemeinschaftsrahmen und Leitlinien um höherrangiges Recht. Liegen die Voraussetzungen der VO 70/2001 EG vor, so stellen sich damit keine Abgrenzungsprobleme, denn die Gemeinschaftsrahmen und Leitlinien können ihrerseits die Anwendung der höherrangigen Verordnung nicht ausschließen.[820]

6. Erwartungen an die VO 70/2001 EG

Mit dem Erlass der VO 70/2001 EG wurden zahlreiche Erwartungen verknüpft.

a) Vorteile für die Kommission

Allein von 1990 bis Mai 1999 hatte die Kommission in 374 Fällen über Beihilfen an KMU zu entscheiden. Dabei eröffnete sie in nur neun Fällen das Hauptverfahren nach Art. 88 II EG.[821] Die Kommission wurde demnach durch die Prüfung einer Vielzahl unproblematischer Standardfälle blockiert.[822] Dies lag zum großen Teil an der bereits fortgeschrittenen Ausdifferenzierung der beihilferechtlichen Beurteilungskriterien mittels Leitlinien und Gemeinschaftsrahmen. Im eigenen Interesse meldeten die Mitgliedstaaten in der Regel nur noch solche Beihilfen an, die den erforderlichen Voraussetzungen entsprachen, so dass die Kommission mit einer großen Zahl von Routinefällen befasst wurde.[823] Dieses Problem der Überlastung drohte sich mit der anstehenden Erweiterung der Gemeinschaft noch zu verschärfen.

---

817 ABl. 1998 C 74/9.

818 ABl 1999 C 288/2. Geändert durch die „Leitlinien der Gemeinschaft für staatliche Beihilfen zur Rettung und Umstrukturierung von Unternehmen in Schwierigkeiten" vom 01.10.2004, ABl. 2004 C 244/2.

819 Soltész, ZIP 2001, S. 278 (281); Repplinger-Hach, in: Heidenhain, Europäisches Beihilfenrecht, § 21, Rn. 9.

820 Repplinger-Hach, in: Heidenhain, Europäisches Beihilfenrecht, § 21, Rn. 8.

821 Koenig/Kühling, NJW 2000, S. 1065 (1072).

822 XXX. Bericht über die Wettbewerbspolitik 2000, SEK (2001) 694 endg., S. 102, Rn. 294; Koenig/Kühling, DVBl 2000, S. 1025 (1026-1027); Nowak, EuZW 2003, S. 389 (391).

823 Gross, Beihilfenrecht im Wandel, S. 129.

Um nicht in einer Flut von Anmeldungen zu ersticken und der Arbeit nicht mehr nachkommen zu können, bot es sich somit an, das Modell der Gruppenfreistellung vom Kartellrecht auf das Beihilferecht zu übertragen.[824]

Hierfür sprach auch die Erfahrung, dass das oft lange dauernde Notifizierungsverfahren für solche Routinefälle keinen wesentlichen Mehrwert bot und die Kommission lediglich daran hinderte, ihre Ressourcen auf die großen, den Wettbewerb am meisten verzerrenden Fälle zu konzentrieren.[825]

Zwar dürfen die sich aus der Anwendung der VO 70/2001 EG für die Kommission ergebenden Überwachungspflichten nicht unterschätzt werden;[826] doch führt der Erlass der VO 70/2001 EG wohl zu einer erheblichen Entlastung der Kommission.

b) Vorteile für die Beihilfenempfänger

Für die Beihilfeempfänger liegen die wesentlichen Vorteile der VO 70/2001 EG in der Beschleunigung der Verfahren und einer erhöhten Transparenz der Beihilfenvergabe. Bis zur tatsächlichen Genehmigung einer Beihilfe konnte viel Zeit vergehen. Verantwortlich für die vielfach beträchtliche Verfahrensdauer von bis zu zwei Jahren war das Notifizierungsverfahren. Dieses wirkte sich zunehmend als Investitionshemmnis aus und barg sowohl für den zuwendenden Staat als auch für den Zuwendungsempfänger eine immense Unsicherheit.[827] Indem die Beihilfen nunmehr unmittelbar von den beihilfevergebenden Stellen gewährt werden können, dürften Beihilfenbegünstigte schneller in den Genuss von Fördermitteln kommen.

Einen weiteren Vorteil für die Beihilfeempfänger versprach sich die Kommission von der erhöhten Transparenz bei der Beihilfenvergabe, vor allem von Art. 3 VO 70/2001 EG. Während im herkömmlichen Verfahren die Beihilfeempfänger kaum erkennen konnten, ob eine ihnen gewährte Förderung eine Beihilfe i.S.v. Art. 87 I EG darstellte und ob diese noch dazu ordnungsgemäß bei der Kommission angemeldet und von ihr genehmigt wurde, dürften sich diese Probleme bei einer Beihilfe unter der VO 70/2001 EG nur noch selten stellen. Durch das Gebot in Art. 3 VO 70/2001 EG, dass Beihilfen stets einen ausdrücklichen Verweis auf die VO 70/2001 EG enthalten müssen, können sich die Beihilfeempfänger unmittelbar

---

824 Schroth/Koch, Subventionsbeschwerde, S. 14; Stockhausen, Beihilfenrechtliche Grenzen, S. 192; Soltész, ZIP 2001, S. 278 (279); Sinnaeve, EuZW 2001, S. 69 (70); Kilb, JuS 2003, S. 1072 (1073); Mestmäcker/Schweitzer, Europäisches Wettbewerbsrecht, § 1, Rn. 98, § 44, Rn. 25.

825 Stober, Allgemeines Wirtschaftsverwaltungsrecht, § 31 II 2, S. 288f.; Stockhausen, Beihilfenrechtliche Grenzen, S. 192; Soltész, ZIP 2001, S. 278 (279); Sinnaeve, EuZW 2001, S. 69 (70); Kilb, JuS 2003, S. 1072 (1073).

826 Sinnaeve, CMLR 2001, S. 1479 (1501).

827 Koenig, in: Koenig/Roth/Schön, Aktuelle Fragen des Beihilfenrechts, S. 9.

vergewissern, ob die ihnen gewährte Förderung tatsächlich die Voraussetzungen der Verordnung erfüllt und damit freigestellt ist.[828] Hierin ist ein bedeutender Zuwachs an Transparenz und damit auch an Rechtssicherheit für den Beihilfeempfänger zu sehen.

Auch die Beihilfenempfänger dürften demnach vom Erlass der VO 70/2001 EG profitieren.

c) Vorteile für die beihilfevergebenden Stellen

Auch für die nationalen, regionalen und lokalen Behörden der Mitgliedstaaten erhoffte sich die Kommission positive Auswirkungen. Sie sollten, da sie die einzelnen Beihilfekategorien nunmehr frei verwalten, entsprechende Beihilferegelungen ohne den durch das Notifizierungsverfahren und die Stillhaltepflicht bedingten Zeitverlust und mit weniger Verwaltungsaufwand in Kraft setzen können.[829]

Hinzu kommt, dass mit den entstehenden Kontrollkompetenzen auf nationaler Ebene dem Subsidiaritätsgedanken Rechnung getragen wurde.[830]

d) Vorteile für Wettbewerber

Vorteile verspricht die VO 70/2001 EG auch für die Wettbewerber eines Beihilfebegünstigten.

Die umfangreichen Berichts- und Überwachungspflichten der Mitgliedstaaten ermöglichen Dritten, sich über die an ihre Konkurrenten vergebenen Beihilfen schnell und unproblematisch zu informieren und gegebenenfalls zur Wehr zu setzen.[831]

Ein weiterer Vorteil dürfte sich aus den Veränderungen in Bezug auf den Rechtsschutz vor nationalen Gerichten ergeben. Gruppenfreistellungsverordnungen sind Rechtsakte i.S. des Art. 249 II EG. Damit kommt ihnen automatisch Rechtsquel-

---

828 Sinnaeve, CMLR 2001, S. 1479 (1493-1494).

829 XXX. Bericht über die Wettbewerbspolitik 2000, SEK (2001) 694 endg., S. 102, Rn. 294; XXXI. Bericht über die Wettbewerbspolitik 2001, SEK (2002) 462 endg., S. 113, Rn. 339; Gross, Beihilfenrecht im Wandel, S. 129; Koenig/Kühling/Ritter, EG-Beihilfenrecht, S. 104.

830 Sinnaeve, EuZW 2001, S. 69 (70); Bartosch, NJW 2001, S. 921 (921, 926). Es handelt sich aber nicht um einen „echten" Anwendungsfall des Subsidiaritätprinzips i.S.v. Art. 5 UAbs. 2 EG, da dieses nur in Bereichen anwendbar ist, in denen konkurrierende Zuständigkeiten von Gemeinschaft und Mitgliedstaaten bestehen. Die Beihilfenkontrolle ist der Gemeinschaft ausschließlich zugewiesen, so dass es sich hier um einen Fall der (Rück-)Delegation gemeinschaftlicher Befugnisse an die Mitgliedstaaten handelt, Gross, Beihilfenrecht im Wandel, S. 129.

831 Siehe zu den Einzelheiten der Berichts- und Überwachungspflichten unter D. III. 3. i).

lencharakter und Bindungswirkung auf mitgliedstaatlicher Ebene zu.[832] Das bedeutet, dass sowohl nationale Verwaltungsbehörden als auch nationale Gerichte verpflichtet sind, die Gruppenfreistellungsverordnungen unmittelbar anzuwenden.[833]

Wird ein nationales Gericht von einem Wettbewerber angerufen, so ist die Rolle der nationalen Richter zunächst vergleichbar mit der bei rechtswidrigen Beihilfen. Vorab haben die nationalen Richter zu klären, ob die betreffende Maßnahme unter den Begriff der Beihilfe gem. Art. 87 I EG fällt. Sofern notwendig, können sie dafür Rat bei der Kommission einholen oder aber ein Vorabentscheidungsersuchen gem. Art. 234 EG anstrengen.[834] In einem zweiten Schritt ist sodann zu untersuchen, ob die Beihilfe rechtmäßig gewährt wurde. Das ist der Fall, wenn sie die Voraussetzungen der VO 70/2001 EG erfüllt.[835] Kommt das nationale Gericht bei seiner Prüfung zu der Feststellung, dass die Freistellungskriterien nicht eingehalten wurden, so stellt es die Unvereinbarkeit der Maßnahme mit dem Gemeinsamen Markt fest und trifft alle Vorkehrungen zum Schutze der Rechte des Dritten.[836]

Für Beihilfen, die unter der VO 70/2001 EG gewährt werden, geht die Aufgabe der nationalen Gerichte somit über die traditionelle Anwendung von Art. 88 III EG hinaus. Durch die Prüfung der einzelnen Voraussetzungen der Verordnung, obliegt ihnen nunmehr auch eine materiell-rechtliche Prüfungskompetenz. Eine solche war bisher den Gemeinschaftsgerichten vorbehalten. Hierin liegt die Besonderheit der VO 70/2001 EG.[837] Möglich wurde diese Kompetenzverlagerung, indem die sonst offene Frage der materiell rechtlichen Vereinbarkeit einer Beihilfe mit Art. 87 I EG durch die VO 70/2001 EG geklärt wurde.[838] Diese neue Kompetenz der nationalen Gerichte stellt sowohl eine Aufwertung des Rechtsschutzes[839] als auch eine Verbesserung der dezentralen Kontrolle staatlicher Beihilfen dar.[840]

---

[832] Bartosch, NJW 2001, S. 921 (923); Koenig/Kühling, DVBl 2000, S. 1025 (1026).

[833] 5. Erwägungsgrund – VO 994/98 EG; Sinnaeve, EuZW 1999, S. 270 (270); Schmidt-Kötters, in: Heidenhain, Europäisches Beihilfenrecht, § 57, Rn. 120.

[834] Siehe unter D. II. 4. b).

[835] Sinnaeve, CMLR 2001, S. 1479 (1494).

[836] Koenig/Kühling, EuZW 1999, S. 517 (522); Mestmäcker/Schweitzer, Europäisches Wettbewerbsrecht, § 44, Rn. 24; Wagner, Stellung der Wettbewerber im Beihilfeaufsichtsverfahren, S. 205.

[837] Sinnaeve, CMLR 2001, S. 1479 (1494); Schmidt-Kötters, in: Heidenhain, Europäisches Beihilfenrecht, § 57, Rn. 122.

[838] Schmidt-Kötters, in: Heidenhain, Europäisches Beihilfenrecht, § 57, Rn. 122.

[839] Koenig/Kühling/Ritter, EG-Beihilfenrecht, S. 210; Schroth/Koch, Subventionsbeschwerde, S. 44.

[840] Wagner, Stellung der Wettbewerber im Beihilfeaufsichtsverfahren, S. 205; Sinnaeve, EuZW 1999, S. 270 (270).

Trotzdem ist sie nicht gänzlich unproblematisch. Wettbewerber stehen nämlich vor der Schwierigkeit, dass sie nicht nur den Verstoß gegen das Durchführungsverbot zu beweisen haben, sondern zusätzlich auch das Bestehen der Notifizierungspflicht.[841] Noch schwieriger dürften es die Gerichte haben, da die Anwendbarkeit und die Voraussetzungen der VO 70/2001 EG z.T. noch erhebliche Probleme bereiten.[842] Andererseits verbleibt den Gerichten stets die Möglichkeit, bei Auslegungs- und Anwendungsproblemen dem EuGH vorzulegen.

Im Ergebnis lässt sich daher sagen, dass mit der neu gewonnenen Kompetenz der nationalen Gerichte, die Wettbewerber nunmehr besser geschützt sind als vorher, so dass die reichhaltige Kritik betreffend ihrer mangelnden Rechte in diesem Bereich wohl nicht mehr zutreffend erscheint.[843]

Insgesamt kann bei der Einführung der Gruppenfreistellungsverordnungen von einer Evolution für alle Parteien im Rahmen der staatlichen Beihilfeaufsicht gesprochen werden.[844]

7. Bedenken bei Erlass der VO 70/2001 EG

Die VO 70/2001 EG hatte ohne Zweifel das Potential, das Beihilferecht zu verbessern. Doch gab es gerade bei ihrem Erlass eine Reihe von Bedenken bezüglich ihrer Effektivität.

a) Rechtsunsicherheit durch Verkürzung des Vertrauensschutzes

Zunächst erschien zweifelhaft, ob die Gruppenfreistellungen tatsächlich zu einem „Mehr“ an Rechtssicherheit für die Unternehmen führen. Das Freistellungsverfahren ist nicht so konzipiert, dass mit der mitgliedstaatlichen Mitteilung über die Gewährung einer Beihilfe zugleich auch eine unwiderrufliche Genehmigung dieser Regelungen verbunden ist. Auch nach Einführung der Gruppenfreistellungsverordnungen liegt die Letztentscheidung über die Rechtmäßigkeit gewährter Beihilfen bei der Kommission.

Das hat zur Folge, dass Beihilfen, die aufgrund falscher mitgliedstaatlicher Subsumtion unter die Freistellungsverordnungen rechtswidrig gewährt wurden, stets einem Rückzahlungsrisiko unterliegen.

---

841 Schmidt-Kötters, in: Heidenhain, Europäisches Beihilfenrecht, § 57, Rn. 122.

842 Dies galt vor allem für die Bestimmung der KMU-Eigenschaften. Zu Problemen bei der Auslegung der VO 70/2001 EG siehe unter D. III. 8. Schmidt-Kötters, in: Heidenhain, Europäisches Beihilfenrecht, § 57, Rn. 122.

843 So auch Sinnaeve, CMLR 2001, S. 1479 (1494).

844 Sinnaeve, CMLR 2001, S. 1479 (1487).

Dies kann für die Unternehmen zu einer Verkürzung ihres Vertrauensschutzes führen. Denn bislang musste die Kommission zumindest dann auf die Rückforderung rechtswidriger Beihilfen verzichten, wenn das beihilfenbegünstigte Unternehmen aufgrund des Verhaltens der Kommission berechtigterweise auf die Rechtmäßigkeit der Beihilfe vertrauen durfte.[845] Indem die Kommission jedoch nicht mehr in diesem Umfang in das Verfahren involviert ist, entfällt dieses Rückforderungshindernis.

Im Interesse der Vermeidung späterer Rückforderungen sind die Beihilfenempfänger somit gezwungen, voll umfänglich nachzuprüfen, ob eine bestimmte Maßnahme unter die Bestimmungen der VO 70/2001 EG subsumiert werden kann und daher nicht angemeldet werden muss.[846] Sowohl den Beihilfeempfängern als auch den Mitgliedstaaten wird damit im Ergebnis eine hohe Verantwortung bei der Überprüfung der Rechtmäßigkeit ihrer Einzelbeihilfen und Beihilferegelungen aufgebürdet.

Dies mag auf den ersten Blick zwar eine große „Last" erscheinen, doch ist zu bedenken, dass die Unternehmen auch bisher gehalten waren, die Rechtmäßigkeit der ihnen gewährten Beihilfen nachzuprüfen und sowohl die Kommission als auch der EuGH hieran sehr hohe Anforderungen an die Unternehmen stellten.[847] Letztlich dürfte die Zunahme der Verantwortung demnach moderater ausfallen als auf den ersten Blick zu befürchten ist.

Ein Verlust an Rechtssicherheit für die Unternehmen ist daher nicht zu befürchten, zumal sie durch eine sorgfältige Überprüfung der Kriterien es selbst in der Hand halten, sich über die Rechtmäßigkeit zu informieren und so einer Rückforderung zu entgehen. Dabei kommt ihnen wiederum die gewonnene Transparenz zugute.

b) Keine Arbeitsentlastung der Kommission

Einer der Hauptgründe für die Modernisierung des Beihilfenrechts mittels Gruppenfreistellungsverordnungen lag in der Straffung der Verfahren und einer Arbeitsentlastung der Kommission.

Gerade unter Berücksichtigung der Tatsache, dass die Beteiligten in Grenzfragen aber wieder „auf eigenes Risiko" handeln, wenn sie sich auf die VO 70/2001 EG verlassen und von einer Anmeldung nach der VVO absehen,[848] waren Zweifel angebracht, ob die VO 70/2001 EG tatsächlich zu einer solchen Arbeitsentlastung

---

845 EuG Slg. 1998, II-609, Tz. 9 Preussag Stahl AG/Kommission; Mederer, in: Groeben/Schwarze, EG, Art. 88, Rn. 67; Bartosch, NJW 2001, S. 923 (926 f.).

846 Bartosch, NJW 2001, S. 923 (926 f.); Harings, Europäisches Beihilferecht, S. 99, Rn. 165; Koenig/Kühling/Ritter, EG-Beihilfenrecht, S. 104.

847 Siehe oben unter D. II. 3. e).

848 Reuter, ZIP 2002, S. 737 (747).

beitragen kann. Es bestand nämlich die Gefahr, dass die Mitgliedstaaten und Unternehmen, ob ihrer Verantwortung, auch weiterhin das Notifizierungsverfahren in Anspruch nehmen würden, um Rechtssicherheit zu erlangen.

Die Erfahrungen mit der VO 70/2001 EG haben jedoch gezeigt, dass diese Befürchtungen nicht eingetreten sind. Während im Jahr 2000 die Anzahl der Notifizierungen zwischen Februar und November noch bei 400 lag, ging sie im gleichen Zeitraum des Jahres 2001 auf 286 zurück.[849] Dieser rückläufige Trend setzte sich in den folgenden Jahren fort. So fiel die Zahl der notifizierten Beihilfen von 473 im Jahr 2000 auf 322 im Jahr 2001 und 349 im Jahr 2002.[850]

Dieser Rückgang war auf die häufige Anwendung der Gruppenfreistellungsverordnungen, vor allem die der VO 70/2001 EG zurückzuführen. Bereits im Jahr 2001 gingen bei der Kommission insgesamt 153 Kurzbeschreibungen ein, wovon 106 auf Beihilfen an KMU entfielen.[851] Dies entspricht nahezu exakt der Anzahl der Notifizierungen, die die Kommission weniger zu bearbeiten hatte. Im Jahr 2003 betrug die Zahl der Kurzbeschreibungen bereits 203, von denen wiederum 142 Beihilfen an KMU zum Inhalt hatten.[852] Dies zeigt, dass die Gruppenfreistellungsverordnungen nicht nur theoretisch dazu geeignet sind, die Kommission zu entlasten, sondern bereits frühzeitig Wirkung zeigten. Dies gilt vor allem für die VO 70/2001 EG. Bedenkt man, dass 90 % der Formblätter aus den vier Mitgliedstaaten Italien (35 %), Vereinigtes Königreich (33 %), Deutschland (12 %) und Spanien (9 %) stammen und die meisten anderen Mitgliedstaaten von den gebotenen Möglichkeiten noch keinen Gebrauch gemacht haben,[853] so wird deutlich, dass das Entlastungspotential der Gruppenfreistellungsverordnungen zudem noch lange nicht ausgeschöpft ist.

Im Ergebnis dürften die Bedenken, dass die Mitgliedstaaten zur Erlangung von Rechtssicherheit auch weiterhin sämtliche ihrer Beihilfen notifizieren, unbegründet sein. Trotz des bisherigen Erfolgs der Gruppenfreistellungsverordnungen sollte sich die Kommission aber weiter darum bemühen, die Mitgliedstaaten dazu zu animieren, von den ihnen gewährten Kompetenzen auch tatsächlich Gebrauch zu machen.

---

849 Vgl. XXXI. Bericht über die Wettbewerbspolitik 2001, SEK (2002) 462 endg., S. 113-114, Rn. 340.

850 Vgl. XXXII. Bericht über die Wettbewerbspolitik 2002, SEK (2003) 467 endg., S.154, Schaubild 6.

851 In den 153 Kurzbeschreibungen sind nur Beihilfen an KMU und Ausbildungsbeihilfen enthalten.

852 Beihilfenanzeiger, Frühjahr 2004, S. 45.

853 Beihilfenanzeiger, Frühjahr 2004, S. 45. Ähnlich sah die Verteilung nach der ersten Erhebung Ende 2001 aus, siehe dazu XXXI. Bericht über die Wettbewerbspolitik 2001, SEK (2002) 462 endg., S. 113-114, Rn. 340.

c) Rechtsunsicherheit durch fehlende Abstimmung zwischen Kommission und Mitgliedstaaten

Beihilfen und Beihilferegelungen können auf Grundlage der Freistellungsverordnungen ohne vorherige Notifikation von den einzelnen Mitgliedstaaten genehmigt werden. Dadurch ist das bisher übliche Abstimmungsverhalten zwischen Kommission und Mitgliedstaaten außer Kraft gesetzt. Dieses diente aber oftmals dazu, Rechtsunsicherheiten auszuräumen.

Gerade Beihilferegelungen durchlaufen das vorgelagerte Prüfverfahren nur in seltenen Fällen ohne Modifikationen. Um sicher zu gehen, dass eine angemeldete Beihilferegelung auch wirklich allen Bestimmungen entspricht, sind Auskunftsbegehren der Kommission die Regel. Zwei und mehr dieser Begehren mit Fragen oder Antworten sind in der Praxis Standard. Die Verständigung zwischen der Kommission und den Mitgliedstaaten in dieser Phase hat den Vorteil, dass kleinere Fehler berichtigt oder notwendige Ergänzungen an dem Entwurf vorgenommen werden können. Außerdem ermöglicht es der Kommission, Missinterpretationen von Begrifflichkeiten seitens der Mitgliedstaaten in den Gemeinschaftsrahmen aufzudecken, bevor diese in einen nationalen legislativen Text niedergeschrieben werden. Vergibt ein Mitgliedstaat eine Beihilfe unter einer Freistellungsverordnung, findet dieses Verfahren nicht mehr statt. Durch das Fehlen jeglicher Prüfungsmechanismen liegt die Verantwortung, dass eine Beihilferegelung von Anfang an alle Voraussetzungen der Freistellungsverordnung erfüllt, einzig und allein bei den innerstaatlichen Stellen, die die Beihilfe gewähren.[854]

Das Abstimmungsverhalten zwischen der Kommission und den Mitgliedstaaten diente oftmals dazu, Zweifel und Ungereimtheiten aus dem Wege zu räumen. Ob das Fehlen dieser Abstimmung jedoch automatisch eine gewisse Rechtsunsicherheit hervorruft, erscheint zweifelhaft.

Zum einen orientiert sich die VO 70/2001 EG stark an dem bisher geltenden Gemeinschaftsrahmen. Durch dessen jahrelange Anwendung dürfte die Gefahr von Auslegungsunsicherheiten relativ gering sein. Zum anderen setzte die Kommission bereits vor Erlass der VO 70/2001 EG alles daran, die aus dem Gemeinschaftsrahmen bekannten Interpretationsunsicherheiten zu beseitigen. Dies ist bei einer Verordnung, die von den Mitgliedstaaten unmittelbar angewendet werden soll, nicht nur von größter Bedeutung, sondern auch Voraussetzung für ihren Erlass. Schließlich hat die Kommission bei einer Beihilfenvergabe im Rahmen einer Gruppenfreistellungsverordnung nicht mehr wie sonst die Möglichkeit einer lenkenden Einflussnahme. Sollte es doch einmal zu Unklarheiten oder Unsicherheiten kommen, verbleibt den Mitgliedstaaten darüber hinaus noch immer die Möglichkeit, Rücksprache mit der Kommission zu halten.

---

[854] Sinnaeve, CMLR 2001, S. 1479 (1487-1488).

Im übrigen dürfte sich die Einstellung der Mitgliedstaaten bei der Beihilfengewährung gewandelt haben. Dies gilt vor allem für den Erlass von Beihilferegelungen. Bis zum Erlass der VO 70/2001 EG mussten alle Beihilferegelungen vorab bei der Kommission notifiziert werden. Im Falle einer Genehmigung durch die Kommission, konnten die Mitgliedstaaten - ohne weitere Genehmigung - Einzelbeihilfen aufgrund dieser Beihilfenregelung erlassen. Daraus folgt, dass die Mitgliedstaaten bei der Anmeldung einer Beihilfenregelung stets darum bemüht waren, eine möglichst große Freiheit für die Beihilfenvergabe zu erreichen. Dementsprechend enthielten zahlreiche Anmeldungen Passagen, die sich - sicherlich oft nicht ganz unbewusst - im Grenzbereich des Zulässigen bewegten. Indem die Beihilferegelungen nunmehr jedoch nicht mehr von der Kommission abgesegnet werden und auf ihrer Grundlage gewährte Beihilfen nicht automatisch Rechtsschutz vermitteln, unterliegen die Beihilfenempfänger einer ständigen Rückgewährungsgefahr. Das führt dazu, dass die Mitgliedstaaten bei der Verabschiedung von Beihilfen und Beihilferegelungen mehr darum bemüht sein dürften, die Vorgaben einzuhalten und zwar zum Wohle der Beihilfenempfänger.

Die Befürchtung, dass es durch den fehlenden Abstimmungsprozess zwischen Kommission und Mitgliedstaat zu Rechtsunsicherheiten kommt, ist daher zwar nachvollziehbar, dürfte aber zum einen relativ gering sein und zum anderen im Hinblick auf die Vorteile, die die Freistellungsverordnungen mit sich bringen, in den Hintergrund treten.

d) Bedenken bezüglich einer effektiven Beihilfekontrolle

Art. 88 EG bestimmt, dass die Überwachung mitgliedstaatlicher Beihilfen der Kommission obliegt. Hintergrund dieser Entscheidung war die Einsicht, dass nur eine neutrale, von den Mitgliedstaaten unabhängige Instanz die Gewähr für eine strikte und gleichmäßige, am Gemeinschaftsinteresse ausgerichtete Beihilfenkontrolle bieten würde.[855]

Dieser Gesichtspunkt hat an Gültigkeit nichts eingebüßt.[856]

Bei Einführung der VO 70/2001 EG wurden vielfach Bedenken geäußert, ob die damit einhergehende Dezentralisierung des Beihilfenrechts nicht kontraproduktiv für eine effiziente Beihilfeaufsicht sei. Schließlich wurde die Beihilfenkontrolle ausgerechnet denjenigen mitgliedstaatlichen Stellen übertragen, deren Subventi-

---

855 Siehe die Rede von Wettbewerbskommissar Monti vom 30.5.2000 (Speech/00/113) - The Community's state aid Policy: „...In my view it was well understood, when the Commission was entrusted with the role to supervise State aid, that this role has to be exercised independently and centrally. Member States are all tempted to lend support to their own favourite companies or industries without what is seen as interference from Brussels. However, the same Member State would demand strict control of state aid in a neighbouring region. Everyone must realise that this will not work and that we need a neutral referee."

856 Mestmäcker/Schweitzer, Europäisches Wettbewerbsrecht, § 1, Rn. 101.

onsvergabe überwacht werden sollte. Dass eine solche Selbstkontrolle nicht immer zu größerer Beihilfedisziplin führt, liegt nahe. Vor allem an der Vielzahl der Rückforderungsentscheidungen habe sich gezeigt, dass die Mitgliedstaaten bisher nicht immer gewillt waren, das Beihilfeverbot zu beachten.[857]

Auf europäischer Ebene war man sich dieser Bedenken bewusst. Aus diesem Grund stellte Wettbewerbskommissar Monti noch vor Erlass der VO 70/2001 EG ausdrücklich fest, dass trotz der Veränderungen durch die VO 70/2001 EG keineswegs eine inhaltliche Änderung der Beihilfenpolitik oder gar Lockerung der Beihilfekontrolle eintreten sollte. Ziel der Verordnung war lediglich, das Verfahren zu vereinfachen und eine zeitgemäßere Gestaltung des Beihilfeverfahrens[858] herbeizuführen.[859]

Zwar sind die Bedenken nachvollziehbar, doch letztlich wohl unbegründet. Schließlich hat die Kommission die Beihilfenkontrolle nicht vollends aus der Hand gegeben. Ihr verbleibt eine umfassende Überwachungstätigkeit und die Möglichkeit, jederzeit ein förmliches Prüfverfahren gem. Art. 16 i.V.m. Art. 4 IV VVO einzuleiten.[860] Wahrscheinlicher ist daher, dass die Beihilfeaufsicht durch die Dezentralisierung des Beihilfenrechts an Effektivität gewinnt. Dafür spricht auch, dass sich die Kommission nunmehr auf die wirklich problematischen Fälle konzentrieren kann.

Hinzu kommt, dass die Unternehmen durch die erhöhte Eigenverantwortung zur Vermeidung einer ungewollten Rückforderung selber mehr darauf Acht geben werden, dass die Beihilfe auch tatsächlich den Voraussetzungen der VO 70/2001 EG entspricht.

Darüber hinaus konnte in den letzten Jahren eine Kontrollinstanz aktiviert werden, die bisher nur ein Schattendasein führte. Gemeint sind die Wettbewerber, die von Jahr zu Jahr mehr Gebrauch von der ihnen gegebenen Beschwerdemöglichkeit bei der Kommission machten. Lag die Anzahl der Beschwerden zwischen 1997 und 1999 noch bei unter fünf stieg sie im Jahr 2000 bereits auf 94, im Jahr 2001 auf 152 und im Jahr 2002 sogar auf 192 pro Jahr.[861]

Dieser enorme Anstieg dürfte zum einen auf die neue VVO als auch vor allem auf die Gruppenfreistellungsverordnungen zurückzuführen sein. Beide haben zu mehr

---

857 Soltész, ZIP 2001, S. 278 (284).

858 Gemeint ist die Modernisierung des Beihilfenaufsichtsrechts durch mehr Transparenz und einer Dezentralisierung der Beihilfenvergabe.

859 Pressemitteilung der Kommission vom 6.12.2000, IP/00/1415; XXXI. Bericht über die Wettbewerbspolitik 2001, SEK (2002) 462 endg., S. 113, Rn. 339; XXX. Bericht über die Wettbewerbspolitik 2000, SEK (2001) 694 endg., S. 102, Rn. 294.

860 Stockhausen, Beihilfenrechtliche Grenzen, S. 199; Bartosch, NJW 2001, S. 921 (927); Koenig/Kühling/Ritter, EG-Beihilfenrecht, S. 104.

861 Vgl. XXXII. Bericht über die Wettbewerbspolitik 2002, SEK (2003) 467 endg., S.154, Schaubild 6.

Transparenz im Beihilfenrecht geführt und damit auch zu einer regeren Überwachungstätigkeit der Wettbewerber. Das Ziel der Gruppenfreistellungsverordnungen, die Konkurrenten im Bereich der Beihilfenvergabe zu sensibilisieren und in die Kontrolle einzuspannen, scheint damit Früchte getragen zu haben. Dies ist auch deshalb so erfreulich, da hierdurch der Druck auf die Beihilfebegünstigten und die beihilfevergebenden Stellen erhöht wird, den Vorschriften aus der VO 70/2001 EG zu entsprechen.

Insgesamt ist demnach davon auszugehen, dass sich die Bedenken einer ineffektiven Beihilfenkontrolle nicht bewahrheiten werden.

8. Probleme im Zusammenhang mit der Auslegung der VO 70/2001 EG

Die VO 70/2001 EG verspricht zwar erhebliche Vereinfachungen sowie eine Modernisierung des Beihilfenrechts, allerdings ist der Rechtsanwender bei ihrer Auslegung vor zahlreiche Probleme gestellt.

a) Kein Recht der Unternehmen zur Notifikation gem. Art. 88 III EG

Ein Nachteil für Unternehmen offenbart sich, wenn diese Zweifel an der Vereinbarkeit einer Beihilfe mit der VO 70/2001 EG hegen.

In einem solchen Fall bietet allein eine Anmeldung der Beihilfe bei der Kommission gem. Art. 88 III EG Rechtssicherheit für die Mitgliedstaaten und die Unternehmen. Das Recht einer Anmeldung obliegt jedoch nur den Mitgliedstaaten, ohne dass die Unternehmen eine Einflussmöglichkeit darauf haben.[862] Weigert sich also der Mitgliedstaat unter Hinweis auf die Einhaltung der Vorschriften der Verordnung, die Beihilfe nach Art. 88 III EG zu notifizieren, hat das Unternehmen keine Möglichkeit, eine ex-ante Prüfung der beihilfenrechtlichen Zulässigkeit zu erwirken.[863] Bewahrheiten sich im nachhinein bei einer Beschwerde oder Klage eines Wettbewerbers die Zweifel an der beihilferechtlichen Zulässigkeit, muss gegebenenfalls ein angerufenes nationales Gericht prüfen, ob die Gruppenfreistellungsverordnung einschlägig ist. Gelangt es bei dieser Prüfung zu dem Ergebnis, dass die Bestimmungen der VO 70/2001 EG nicht eingehalten wurden, so ist die

---

862 Vgl. 4. Erwägungsgrund - VO 70/2001 EG. Dort weist die Kommission darauf hin, dass die Möglichkeit der Mitgliedstaaten, Beihilfen an KMU anzumelden, von der Gruppenfreistellungsverordnung unberührt bleibt. Das Verfahren der Beihilfeaufsicht ist allein ein Verfahren zwischen Mitgliedstaat und der Europäischen Kommission. Siehe zur Kritik Harings, EWS 1999, S. 286 (286 ff.).

863 Sinnaeve, CMLR 2001, S. 1479 (1494); Bartosch, NJW 2001, S. 923, 926f.; Harings, Europäisches Beihilferecht, S. 99, Rn. 165; a.A. Ludwigs, EuZW 2004, S. 577 (577). Er geht von einem Anspruch gegen die öffentlichen Stellen auf Notifikation aus. Als Grundlage eines derartigen Anspruchs sieht er das bestehende Subventionsverhältnis zwischen dem Subventionsempfänger und dem öffentlichem Subventionsgeber und die sich aus diesem vertragsähnlichen Rechtsverhältnis begründenden Verhaltens- und Sorgfaltspflichten.

Beihilfengewährung wegen eines Verstoßes gegen Art. 88 III EG zu untersagen bzw. die Beihilfe zurückzufordern.[864]

Die Tatsache, dass ein Beihilfenempfänger sich nicht ohne Mithilfe des jeweiligen Mitgliedstaates Rechtssicherheit verschaffen kann, erscheint unbillig. Daher sollte auch ihnen in der VO 70/2001 EG, ähnlich dem Kartellrecht,[865] die Möglichkeit eröffnet werden, bei Zweifeln die Kommission anzurufen. Der Aufwand für die Kommission dürfte sich in Grenzen halten. Zum einen, weil Unternehmen wohl nur äußerst selten Zweifel an ihnen gewährten Beihilfen geltend machen werden und zum anderen, weil die beihilfevergebenden Stellen dem Wunsch einer Notifikation zumeist nachkommen dürften. Sollte ein solcher Fall allerdings doch einmal eintreten, so wäre dadurch ein erhebliches Stück Rechtssicherheit für die Unternehmen gewonnen.

b) Fehlen von Übergangsregelungen

Ein weiterer Nachteil der VO 70/2001 EG ist das Fehlen sogenannter Übergangs bestimmungen, wie sie z.B. die Beschäftigungsbeihilfenverordnung 2204/2002 EG aus dem Jahr 2002 enthält.

aa) Anhängige Anmeldungen zum Zeitpunkt des Erlasses der VO 70/2001 EG

Ist eine Beihilfe vor Erlass der VO 70/2001 EG bei der Kommission angemeldet worden und zum Zeitpunkt des In-Kraft-Tretens noch anhängig gewesen, so stellte sich die Frage, auf welchen Zeitpunkt bei der Beurteilung der Rechtmäßigkeit dieser Beihilfe abzustellen war.

In Betracht kam sowohl der Zeitpunkt der Anmeldung als auch der der Bewilligung.

Diese Frage war bei Einführung der VO 70/2001 EG von erheblicher Bedeutung. Schließlich ging es für die Betroffenen darum, ob bei bereits notifizierten, aber noch nicht genehmigten Beihilfen, noch der Gemeinschaftsrahmen aus dem Jahr 1996 oder aber bereits die neue VO 70/2001 EG zur Anwendung kam. Für die

---

864 Bartosch, NJW 2001, S. 923, 926 f.; Harings, Europäisches Beihilferecht, S. 99, Rn. 165; Koenig/Kühling/Ritter, EG-Beihilfenrecht, S. 104. Die Grundsätze des Vertrauensschutzes finden in diesem Fall zu Lasten des betroffenen Unternehmens keine Anwendung, da das Unternehmen bei einem Verstoß gegen Art. 88 III EG grds. nicht schutzbedürftig ist, siehe näher dazu unter D. II. 3. e).

865 Im Kartellrecht haben die Unternehmen grundsätzlich die Möglichkeit, bei der Kommission einen Antrag auf Erteilung eines Negativtests oder hilfsweise einer Freistellung nach Art. 81 III EG zu stellen. Seit dem 1. Mai 2005 wurde das System der Einzelfreistellungen jedoch durch sogenannte Legalausnahmen ersetzt. Siehe ausführlicher dazu die VO 1/2003 EG, ABl. 2003 L 1/1.

Betroffenen konnte dies einen erheblichen Unterschied bedeuten. Die VO 70/2001 EG selbst regelt dieses Problem der sogenannten consecutio legis nicht. Es ist auch keine einheitliche Behandlung des Problems durch die Kommission ersichtlich. Während im neuen Multisektoralen Regionalbeihilferahmen[866] der Anmeldezeitpunkt und nicht der Entscheidungszeitpunkt ausschlaggebend sein sollte[867], entschied man sich in der Ende 2002 erlassenen Freistellungsverordnung für Beschäftigungsbeihilfen für die entgegengesetzte Variante. Sie legte in Art. 11 II UAbs. 1 VO 2204/2002 EG fest, dass zum Zeitpunkt des In-Kraft-Tretens der VO anhängige Anmeldungen nach den Bestimmungen der Verordnung zu prüfen seien. Die Kommission folgte in einer Entscheidung aus dem Jahr 2001 der in der VO 2204/2002 EG niedergelegten Regelung und erklärte den Zeitpunkt der Entscheidung und nicht den der Anmeldung bei KMU-Beihilfen für maßgeblich.[868] Dies begründete sie damit, dass der Gemeinschaftsrahmen mit dem Datum des Inkrafttretens der VO 70/2001 EG abgeschafft wurde und es keine Übergangsregelung gebe.[869] Das hatte für den Betroffenen zur Folge, dass seine vor Inkrafttreten der Verordnung angemeldete Beihilfe nicht nach dem Gemeinschaftsrahmen, sondern nach der neuen VO 70/2001 EG beurteilt wurde.

Führt man sich die Wirkung der Freistellungsverordnungen vor Augen, so erscheint die Entscheidung der Kommission die einzig vertretbare. Dies gilt zumindest für die Fälle, in denen die Anwendung der VO 70/2001 EG für die Betroffenen günstiger ist als der Gemeinschaftsrahmen. Die von den Mitgliedstaaten angemeldeten Beihilfen konnten ab dem Tag des Inkrafttretens der VO 70/2001 EG ohne Anmeldung genehmigt werden, vorausgesetzt, sie erfüllten die in der Verordnung festgelegten Kriterien. Damit ist jegliche Anmeldung hinfällig, denn auch wenn die Kommission bei einer angemeldeten Beihilfe den Gemeinschaftsrahmen herangezogen hätte und zu einem ablehnenden Ergebnis gekommen wäre, hätte der Mitgliedstaat die Beihilfe noch am selben Tag auf Grundlage der VO 70/2001 EG genehmigen können.

In Fällen, in denen für die Betroffenen die Anwendung des Gemeinschaftsrahmens günstiger gewesen wäre, hätte die Kommission daran denken können, die für den Beihilfenempfänger günstigere Rechtsgrundlage anzuwenden. Der Vorteil wäre gewesen, dass die Betroffenen auf diese Art und Weise nicht für die lange Verfahrensdauer bei der Genehmigung einer Beihilfe bestraft worden wären. An-

---

866 Mitteilung der Kommission „Multisektoraler Regionalbeihilferahmen für große Investitionsvorhaben", ABl. 2002 C 70/8.

867 Siehe Rn. 40 des Multisektoralen Regionalbeihilferahmens für große Investitionsvorhaben.

868 Staatliche Beihilfe C 89/2001 – Programm des Freistaates Sachsen zu Gunsten von KMU. Die Verfahrenseröffnung ist abgedruckt in ABl 2002 C 34/2. Die teilweise Negativentscheidung wurde am 24.9.2002 erlassen, ABl. 2003 L 91/13. Die sächsische Staatsregierung hat gegen die abschließende Entscheidung Klage vor dem Gericht erster Instanz eingelegt (Rechtssache T-357/02).

869 Siehe Ziffer 3.3.1, 3.3.3 der Verfahrenseröffnung.

dererseits hätte dies im Widerspruch zu dem Ziel gestanden, einen Gemeinsamen Markt ohne Wettbewerbsverfälschungen zu schaffen. Da es sich hierbei um eines der wesentlichen Vertragsziele des EG-Vertrages (Art. 3 lit. g) EG) und vor allem des Beihilfenrechts handelt, erscheint das Vorgehen der Kommission somit vorzugswürdig.

bb) Vor Einführung der VO 70/2001 EG rechtswidrig gewährte Beihilfen

Ein weiteres Problem, das sich aus den fehlenden Übergangsregelungen stellt, ist, ob die VO 70/2001 EG auch auf nicht notifizierte Beihilfen Anwendung findet, die bereits vor ihrem Inkrafttreten gewährt wurden, über die die Kommission jedoch erst nach ihrem Inkrafttreten entscheidet.

Für alle Rahmenregelungen, Leitlinien, Mitteilungen und Bekanntmachungen, die die Vereinbarkeit von Beihilfen zum Gegenstand haben, hat die Kommission die Frage des anzuwendenden Rechts bereits im Frühjahr 2002 in einer Bekanntmachung geregelt. Danach ist die Vereinbarkeit dieser Beihilfen anhand der zum Zeitpunkt der Gewährung der Beihilfen in Kraft befindlichen Texte zu beurteilen.[870] Auf Freistellungsverordnungen nimmt die Bekanntmachung jedoch nicht Bezug.

Während die VO 70/2001 EG und die mit ihr erlassenen VOen 68/2001 EG und 69/2001 EG dieses Problem ausklammern, enthält die im Jahr 2002 erlassene VO 2204/2002 EG als erste Freistellungsverordnung eine ausdrückliche Regelung diesbezüglich.

Gem. Art. 11 II UAbs. 2 VO 2204/2002 EG sind Beihilfen, die vor Inkrafttreten der Verordnung ohne Genehmigung der Kommission unter Verstoß gegen Art. 88 III EG eingeführt wurden, im Sinne von Art. 87 III EG mit dem Gemeinsamen Markt vereinbar und werden durch die Verordnung freigestellt, wenn sie die Freistellungsvoraussetzungen erfüllen. Sollte dies nicht der Fall sein, zieht die Kommission zur Prüfung die einschlägigen Gemeinschaftsrahmen, Leitlinien, Mitteilungen und Bekanntmachungen heran. Damit weicht sie von der für Gemeinschaftsrahmen und Leitlinien getroffenen Regelung inhaltlich ab.

Art. 11 II UAbs. 2 VO 2204/2002 EG enthält damit zwei wesentliche Aussagen:

Zum einen stellt er klar, dass die Verordnung auch für die Prüfung von Beihilfen vor ihrem Inkrafttreten heranzuziehen ist und zum anderen, dass Gemeinschaftsrahmen und Freistellungsverordnung parallel angewendet werden. Dies stellt eine Begünstigung für den Beihilfenempfänger dar, da die ihm gewährte Beihilfe auf diese Weise aufgrund zwei verschiedener Rechtsgrundlagen gerechtfertigt sein kann.

---

[870] Siehe Bekanntmachung der Kommission über die zur Beurteilung unrechtmäßiger staatlicher Beihilfen anzuwendenden Regeln, ABl 2002, C 119/22.

Obwohl die Kommission bezüglich der VO 70/2001 EG noch keine explizite Entscheidung getroffen hat, dürfte sie sich bei der Prüfung von Beihilfen an KMU an der Regelung in der VO 2204/2002 EG orientieren. Dies gilt sowohl für die Anwendung der Verordnung vor ihrem Inkrafttreten als auch der parallelen Anwendung von Gemeinschaftsrahmen und Verordnung.

Dafür spricht zunächst die Tatsache, dass die Kommission die Grundsätze aus Art. 11 II VO 2204/2002 EG bereits auf die de minimis Regel übertragen hat.[871]

Ausschlaggebend für diese Vermutung sind aber zwei Entscheidungen aus dem Jahr 2001. In der Entscheidung vom 19.9.2001 über das „Programm des Landes Thüringen zur Förderung von Beschäftigungs- und Qualifizierungsprojekten für Arbeitslose, insbesondere Langzeitarbeitslose, ältere Arbeitslose und Schwerbehinderte",[872] prüfte die Kommission, ob eine Beihilfe, die Deutschland am 1. Januar 2000 ohne Anmeldung in Kraft setzte, mit der VO 70/2001 EG vereinbar sei. Damit gab sie zu verstehen, dass sie auch auf Beihilfen, die vor Inkrafttreten der Verordnung ohne Notifizierung vergeben wurden, die Voraussetzungen der VO 70/2001 EG heranziehen würde.[873]

Dass die Kommission parallel auch die Voraussetzungen des Gemeinschaftsrahmens prüfen würde, wurde in ihrer Entscheidung vom 6. Juni 2001 in der Sache „Réime d`aide pour des actions de formations collectives" deutlich. Zwar musste sich die Kommission in diesem Fall mit einer nach der VO 68/2001 EG vergebenen Beihilfe auseinandersetzen, doch ist davon auszugehen, dass ihre Haltung auf die VO 70/2001 EG übertragbar ist. In dieser Entscheidung prüfte die Kommission die von Belgien ins Leben gerufene Maßnahme bereits vor Inkrafttreten der VO 68/2001 EG auf der Grundlage der Verordnung und parallel anhand des zum Zeitpunkt der Gewährung der Beihilfe geltenden Gemeinschaftsrahmen.[874]

Beihilfen, die ohne ordnungsgemäße Genehmigung vergeben wurden, prüft die Kommission demnach sowohl anhand der VO 70/2001 EG als auch dem zum Zeitpunkt der Gewährung geltenden Gemeinschaftsrahmen. Dies stellt eine Begünstigung für den Beihilfenempfänger dar, die auf den ersten Blick ungerechtfertigt erscheint.

---

871 Repplinger-Hach, in: Heidenhain, Europäisches Beihilfenrecht, § 5, Rn. 8.

872 Entscheidung der Kommission vom 19.9.2001, Staatliche Beihilfe NN 89/2000 – Deutschland, Programm des Landes Thüringen zur Förderung von Beschäftigungs- und Qualifizierungsprojekten für Arbeitslose, insbesondere Langzeitarbeitslose, ältere Arbeitslose und Schwerbehinderte, SEC (2001) 1388 fin, im Internet abrufbar unter http://europa.eu.int/comm/secretariat_general/sgb/state_aids/comp-2000/nn089-00.pdf (18.02.2006).

873 In ihrer Entscheidung stellte sie die Beihilfe auf der Grundlage der VO 68/2001 EG frei, Ziffer 2.10.3.

874 Entscheidung der Kommission vom 6.6.2001, Staatliche Beihilfe NN 92/2000 – Belgien, Réime d`aide pour des actions de formations collectives - SG (2001) D/289005, im Internet abrufbar unter http://europa.eu.int/comm/secretariat_general/sgb/state_aids/comp-2000/nn092- 00_fr.pdf (18.02.2006).

Beihilfen, die entgegen den Gemeinsamen Vorschriften vergeben werden, werden nicht sanktioniert, sondern „unter allen Umständen“ freigestellt. Dies lässt den Sanktionscharakter missen und die Bemühungen der Kommission, die Mitgliedstaaten zur Berücksichtigung des geltenden Rechts zu bewegen.

Berücksichtigt man, dass auf zum Zeitpunkt des Inkrafttretens der VO 70/2001 EG anhängige Beihilfen nur die Voraussetzungen der Verordnung Anwendung finden, so erscheint dieses Ergebnis ebenfalls unbillig. Hat die beihilfevergebende Stelle den Vorschriften entsprechend gehandelt und eine Beihilfe notifiziert, so steht sie am Ende schlechter dar als wenn sie die Beihilfe ohne vorherige Notifizierung vergeben hätte. Denn dann wäre bei ihrer Überprüfung sowohl die VO 70/2001 EG als auch der zum Gewährungszeitpunkt noch gültige Gemeinschaftsrahmen herangezogen worden. Diese Besserstellung der unrechtmäßig agierenden nationalen Stellen erscheint ungerechtfertigt. Darüber hinaus animiert sie die Mitgliedstaaten dazu, von geltendem Recht abzuweichen.

Allerdings ist der Kommission zu gute zu halten, dass sich die Zahl dieser missbräuchlichen Fälle in einem sehr kleinen Rahmen bewegt haben dürfte und eine andere praktikable und sinnvolle Lösung wohl nicht bestand.

Denn hätte sie in derart gelagerten Fällen den Gemeinschaftsrahmen als Maßstab genommen, hätten die Mitgliedstaaten unter der Voraussetzung, dass die betreffende Maßnahme die Kriterien der VO 70/2001 EG erfüllt, noch am Tag der negativen Entscheidung eine inhaltlich identische Beihilfe auf Grundlage dieser Verordnung erlassen können. Von Beginn an die VO 70/2001 EG bei der Prüfung dieser Beihilfen parallel zum Gemeinschaftsrahmen heranzuziehen, ist demnach konsequent.

Lediglich die VO 70/2001 EG anzuwenden, erscheint ebenfalls unbillig. Schließlich sind die Mitgliedstaaten bei der Vergabe der Beihilfen noch von ganz anderen rechtlichen Voraussetzungen ausgegangen. Zudem handelte es sich bei der VO 70/2001 EG zum Zeitpunkt der Gewährung der Beihilfe nicht um geltendes Recht.[875] Zwar können Rechtsakte rückwirkend anwendbar sein, doch ist dies bei belastenden Rechtsakten nur der Fall, wenn das angestrebte Ziel eine solche Rückwirkung verlangt und die betroffenen Wirtschaftsteilnehmer nicht in ihrem berechtigten Vertrauen verletzt werden.[876] Diese Voraussetzungen dürften in den meisten Fällen jedoch nicht vorgelegen haben, so dass die VO 70/2001 EG nicht bereits vor ihrem Erlass zu Lasten der Beihilfenempfänger herangezogen werden sollte.

---

875 Gem. Art. 254 II 2 EG treten die von der Kommission erlassenen Verordnungen erst zu dem durch sie festgelegten Zeitpunkt oder aber am zwanzigsten Tag nach ihrer Veröffentlichung in Kraft.

876 Ruffert, in: Calliess/Ruffert, EGV, Art. 254, Rn. 1.

Im Ergebnis war das Vorgehen der Kommission in den Fällen der noch vor Erlass der VO 70/2001 EG rechtswidrig eingeführten Beihilfen somit konsequent und nachvollziehbar.

c) Nicht konforme Beihilferegelung - Art. 3 II, III VO 70/2001 EG

Während eine Einzelbeihilfe[877] bei Vorliegen aller Voraussetzungen der Freistellungsverordnung gem. Art. 3 I VO 70/2001 EG freigestellt ist, bedarf es bei Beihilferegelungen eines doppelten Tests. Sowohl die Beihilferegelung als auch die einzelnen, darauf beruhenden Beihilfen müssen die Voraussetzungen der Verordnung erfüllen (Art. 3 II VO 70/2001 EG).

Nicht eindeutig geregelt ist, wie eine Beihilfe bewertet werden soll, die zwar für sich genommen den Voraussetzungen der Verordnung entspricht, aber auf eine nicht mit der Verordnung konforme Beihilferegelung gestützt ist.

Der Wortlaut von Art. 3 III VO 70/2001 EG könnte so zu verstehen sein, dass eine solche Beihilfe nur dann von der Freistellungswirkung erfasst ist, wenn auch die zugrunde liegende Beihilferegelung den Voraussetzungen der Freistellungsverordnung entspricht. Schließlich verweist Art. 3 III VO 70/2001 EG auf Abs. 2 („Auf der Grundlage der in Absatz 2 genannten Regelungen gewährte Beihilfen ...“), in dem die Freistellungsvoraussetzungen für Beihilferegelungen statuiert sind. Hieraus ließe sich folgern, dass auch die zugrunde liegende Beihilferegelung die Voraussetzungen der Freistellungsverordnung erfüllen muss.[878]

Eine kombinierte Leseweise der Absätze 2 und 3 des Art. 3 VO 70/2001 EG hingegen scheint darauf hinzudeuten, dass Beihilfen, die auf einer Beihilferegelung beruhen, stets unabhängig von dieser beurteilt werden sollten. Das bedeutet, dass eine Beihilfe, die den Anforderungen der Verordnung genügt, freigestellt wird, auch wenn die ihr zugrundeliegende Beihilferegelung die Voraussetzungen der Verordnung nicht erfüllt.[879]

Die strengen Kriterien bei Beihilferegelungen dienen dem Zweck, eine auf ihrer Grundlage beruhende Vielzahl nicht konformer Beihilfen zu verhindern. Bedenkt man, dass nicht die Beihilferegelungen selbst, sondern erst die auf ihrer Grundlage erlassenen Beihilfen eine Wettbewerbsverfälschung verursachen, sie also lediglich das „Mittel zum Zweck“ sind, erscheint es konsequent, auch solche Beihilfen mit dem Gemeinsamen Markt für vereinbar zu erklären, die zwar den Voraussetzungen der VO 70/2001 EG entsprechen, aber auf einer nicht konformen Beihilferegelung beruhen. Andernfalls wären – ohne das hierfür ein sachlicher Grund

---

[877] In Art. 3 der VO 70/2001 EG wird die Begrifflichkeit „Einzelbeihilfe“ für Beihilfen verwendet, die nicht unter einer Beihilferegelung gewährt werden. Für Beihilfen, die unter einer Beihilferegelung gewährt werden, wir der Begriff „Beihilfen“ verwendet.

[878] Soltész, ZIP 2001, S. 278 (280).

[879] Sinnaeve, CMLR 2001, S. 1489.

besteht - Beihilfen, die auf eine Beihilferegelung gestützt sind, strenger zu behandeln als Einzelbeihilfen.

Die Beihilferegelung, die das Verbindungsstück zwischen der Verordnung und der Beihilfe darstellt, ist demzufolge zu ignorieren und die Beihilfe direkt an den Voraussetzungen der Verordnung zu prüfen.[880] Art. 3 der VO 70/2001 EG sollte demnach dahingehend ausgelegt werden, dass konforme Einzelbeihilfen, die auf einer nicht konformen Beihilferegelung gestützt sind, unter die Freistellungswirkung der Verordnung fallen.

d) Investitionsgebundene Beschäftigungsbeihilfen

Am 12. Dezember 2002 schuf die Kommission einen weiteren Baustein im Modernisierungsprozess des Beihilfenrechts. Sie erließ mit Wirkung zum 1. Februar 2003 die neue Freistellungsverordnung für Beschäftigungsbeihilfen (VO 2204/2002 EG).[881]

Die VO 2204/2002 EG ermöglicht den Mitgliedstaaten, Beihilfen zur Schaffung von Arbeitsplätzen und Beihilfen zur Förderung der Einstellung benachteiligter oder behinderter Arbeitnehmer ohne vorherige Anmeldung bei der Kommission zu gewähren. Davon erhofft sich die Kommission eine raschere Umsetzung der von den Mitgliedstaaten ergriffenen Maßnahmen zur Schaffung von Arbeitsplätzen und eine bessere Bekämpfung der andauernden hohen Arbeitslosigkeit in der EG.[882] Die bisher in Leitlinien für Beschäftigungsbeihilfen und Regionalleitlinien verteilten Bestimmungen für investitionsungebundene und investitionsgebundene Beschäftigungsbeihilfen wurden damit in einen rechtsverbindlichen Text zusammengefasst.

Da auch die VO 70/2001 EG Bestimmungen für die Freistellung von investitionsgebundenen Beschäftigungsbeihilfen enthält, überschneiden sich die Anwendungsbereiche beider Verordnungen. Zwar sind die Vorschriften für Beschäftigungsbeihilfen weitgehend auf die für KMU-Beihilfen abgestimmt,[883] doch besteht eine Ausnahme für den Zeitraum, über den die neu geschaffenen Arbeitsplätze erhalten bleiben müssen.

---

880 So auch Sinnaeve, CMLR 2001, S. 1489.

881 VO 2204/2002 EG der Kommission vom 12.12.2002 über die Anwendung der Art. 87 und 88 EG auf Beschäftigungsbeihilfen, ABl. 2002 L 337/3. Die Kommission nahm den Vorschlag am 2. Oktober 2001 an und hörte die Mitgliedstaaten am 7. Dezember 2001 im Rahmen des Beratenden Ausschusses für staatliche Beihilfen an. Am 12.4.2002 forderte sie Interessierte zu einer Stellungnahme auf, ABl. 2002 C 88/2 .

882 5. Erwägungsgrund - VO 2204/2002 EG; XXXII. Bericht über die Wettbewerbspolitik 2002, SEK (2003) 467 endg., S. 103, Rn. 343-344.

883 XXXI. Bericht über die Wettbewerbspolitik 2001, SEK (2002) 462 endg., S. 113-114, Rn. 341; XXXII. Bericht über die Wettbewerbspolitik 2002, SEK (2003) 467 endg., S. 103, Rn. 346.

Nach Art. 4 VI lit. c) VO 70/2001 EG müssen die Arbeitsplätze für einen Zeitraum von mindestens fünf Jahre erhalten bleiben, während in der VO 2204/2002 EG gem. Art. 4 IV lit. b) VO 70/2001 EG dieser Zeitraum auf drei Jahre bzw. im Fall von KMU auf zwei Jahre verkürzt ist.

Welchem Verbleibenszeitraum im Falle einer Überschneidung der Vorrang eingeräumt wird, ist in den Verordnungen nicht geklärt. Im 18. Erwägungsgrund der VO 2204/2002 EG wird lediglich betont, dass der kürzere Verbleibenszeitraum der VO 2204/2002 EG dem fünfjährigen Verbleibenszeitraum in Ziffer 4.14 der Regionalleitlinien (entspricht dem in VO 70/2001 EG) vorgeht. Dem ließe sich entnehmen, dass dies auch im Verhältnis zur VO 70/2001 EG gelten sollte.

Diese Auslegung scheint auch die Kommission zu vertreten. Sie begründete die abweichende Fristenregelung zum Zeitpunkt des Erlasses der VO 2204/2002 EG mit ihren bisherigen Erfahrungen, wonach sich herausgestellt habe, dass die Anforderung, die Arbeitsplätze über fünf Jahre hinweg erhalten zu müssen, insbesondere für KMU zu streng sei und der Arbeitsmarkt in diesem Bereich flexibler gestaltet werden müsse.[884]

Da beide Verordnungen jedoch geltendes Recht sind, ist davon auszugehen, dass den Mitgliedstaaten ein Wahlrecht bei der Anwendung der Verordnung verbleibt. Gerade im Bereich multipler Beihilferegelungen[885] kann es hierbei jedoch zu Problemen kommen. Das ist z.B. der Fall, wenn der Mitgliedstaat, um den größtmöglichen Freiraum zu nutzen, reine Investitionsbeihilfen unter der VO 70/2001 EG, investitionsgebundene Einstellungsbeihilfen aber nach der VO 2204/2002 EG freistellen möchte.[886] Um möglichem Missbrauch vorzubeugen, wäre eine einheitliche Gestaltung der Regeln bezüglich investitionsgebundener Beschäftigungsbeihilfen auf jeden Fall wünschenswert.

e) Verstoß gegen Verfahrensvorschriften

Die formellen Vorschriften, die es bei einer Beihilfenvergabe einzuhalten gilt, sind in den Art. 3 und 9 VO 70/2001 EG aufgeführt. Um eine ordnungsgemäße Beihilfenvergabe durch die einzelnen Mitgliedstaaten zu gewährleisten, sind diese äußerst streng gehalten.

aa) Verstoß gegen Art. 3 I 2. Hs, Art. 3 II lit. b) VO 70/2001 EG – Verweis auf die VO 70/2001 EG

Gem. Art. 3 VO 70/2001 EG sind Beihilferegelungen und Einzelbeihilfen nur dann mit dem Gemeinamen Markt vereinbar und von der Anmeldepflicht befreit,

884 XXXII. Bericht über die Wettbewerbspolitik 2002, SEK (2003) 467 endg., S. 104, Rn. 346.
885 Beihilferegelungen, die mehrere Beihilfearten umfassen.
886 Zuleger, EuZW 2003, S. 270 (275).

wenn sie alle Voraussetzungen der Verordnung erfüllen und „darin ausdrücklich auf diese Verordnung[887] verwiesen und der Titel der Verordnung sowie die Fundstelle im Amtsblatt der Europäischen Gemeinschaften angegeben wird".

Es stellt sich die Frage, welche Konsequenzen es hat, wenn ein Mitgliedstaat seinen formellen Pflichten, d.h. dem Verweis auf die Verordnung, nicht nachkommt. Der Wortlaut scheint diesbezüglich auf eine Rechtswidrigkeit der Beihilfe hinzudeuten. Berücksichtigt man, welche Bedeutung die Rechtsprechung den formellen Vorschriften im Beihilfenrecht bisher beigemessen hat und überträgt diese auf die Freistellungsverordnungen, so müsste man ebenfalls zu dem Ergebnis gelangen, dass die Beihilfe aufgrund der formellen Missstände nicht freigestellt sein kann und es sich bei ihr damit um eine rechtswidrige Beihilfe im Sinne von Art. 1 lit. f) VVO handelt. Dies gilt unabhängig davon, ob sie die materiellen und damit wirklich entscheidenden (substantiellen) Kriterien erfüllt und mit dem Gemeinsamen Markt vereinbar ist.

Eine derart strenge Auslegung von Art. 3 I 2. Hs. und Art. 3 II lit. b) VO 70/2001 EG ist aber wohl nicht mit dem Sinn und Zweck dieser Vorschrift vereinbar.

Die Situation unterscheidet sich doch erheblich von der bei rechtswidrigen Beihilfen im „herkömmlichen Sinne".

In den „klassischen Fällen" der rechtswidrigen Beihilfe aufgrund eines formellen Fehlers liegt das Problem in der Gewährung der Beihilfe ohne vorherige Autorisation der Kommission. Anmeldepflicht und Durchführungsverbot sind jedoch die zentralen Bestandteile der ex-ante Beihilfekontrolle, ohne die eine Überwachung der Beihilfenvergabe nicht möglich ist.

Bei dem Erfordernis, auf die Freistellungsverordnung zu verweisen, verhält es sich anders. Dieser Verweis geschieht lediglich aus Transparenzgründen für Dritte und ist daher eher abdingbar als die formellen Vorschriften im ex-ante Verfahren. Das in Art. 3 I 2. Hs. und Art. 3 II lit. b) VO 70/2001 EG statuierte Formerfordernis sollte demnach möglichst restriktiv ausgelegt werden. Zumindest sollte der beihilfevergebenden Stelle noch die Möglichkeit belassen werden, diesem formellen Fehler mittels einer Nachbesserung abzuhelfen.[888]

bb) Verstoß gegen Art. 9 VO 70/2001 EG – Transparenz und Überwachung

Art. 9 VO 70/2001 EG enthält Vorschriften zur Überwachung und Transparenz der Beihilfenvergabe. Durch die dezentralisierte Vergabe der Beihilfen kommt den dort normierten Vorschriften eine entscheidende Kontrollfunktion zu. Sie bilden sozusagen des Kernstück der ex-post Kontrolle.

---

[887] Gemeint ist die VO 70/2001 EG.

[888] So auch Sinnaeve, CMLR 2001, S. 1479 (1488 f.); Sinnaeve, EuZW 1999, S. 69 (73); Soltész, ZIP 2001, S. 278 (280).

Umso erstaunlicher ist, dass die VO 70/2001 EG keinerlei Ausführungen darüber enthält, welche Konsequenzen ein Verstoß gegen diese Vorschriften mit sich bringt.

Es stellt sich daher die Frage, ob z.B. eine den Voraussetzungen der Freistellungsverordnung entsprechende Beihilfe nur deshalb unrechtmäßig wird, weil der Mitgliedstaat es versäumt hat, der Kommission die erforderliche Kurzbeschreibung zu übersenden oder dieses zu spät erfolgte oder welche Folgen es hat, wenn ein Mitgliedstaat keinen Jahresbericht erstellt oder keine Aufzeichnungen über die vergebenen Beihilfen bereithält.

Mangels ausdrücklicher Regelung in der VO 70/2001 EG kommen zwei Möglichkeiten in Betracht.

Die eine wäre, streng nach Wortlaut von Art. 3 VO 70/2001 EG zu verfahren. Art. 3 I VO 70/2001 EG schreibt vor, dass für eine Freistellung „alle“ Voraussetzungen der Verordnung erfüllt sein müssen. Bei einem Verstoß gegen die Berichts- und Überwachungspflichten wären nicht alle Voraussetzungen erfüllt. Konsequenz wäre, dass immer dann, wenn Kurzbeschreibungen oder Jahresberichte nicht rechtzeitig übersandt oder Aufzeichnungen nicht erstellt werden, die Beihilfe ihren Freistellungsstatus verlieren würde und von dem Moment an oder sogar rückwirkend als rechtswidrig anzusehen wäre. In einem solchen Fall wäre die Kommission gem. Art. 10 VVO verpflichtet, diesem nachzugehen. Kommt sie im Rahmen ihrer Untersuchung jedoch zu dem Schluss, dass die gewährte Maßnahme alle anderen Bedingungen der Verordnung erfüllt, so müssten die Verstöße gegen Art. 9 VO 70/2001 EG folgenlos bleiben.[889]

Dieses Vorgehen steht jedoch in keinem Verhältnis zu dem mit den Vorschriften von Art. 9 VO 70/2001 EG angestrebten Ziel, das Beihilfenrecht transparenter zu gestalten. Aus diesem Grund erscheint eine zweite Ansicht überzeugender.

Art. 3 VO 70/2001 EG sollte teleologisch reduziert werden. Der Begriff „alle Voraussetzungen“ sollte dahingehend ausgelegt werden, dass darunter „alle substantiellen Voraussetzungen“ der Verordnung zu verstehen sind. Dies sind die in den Art. 4-8 VO 70/2001 EG statuierten materiellen Vorschriften und nicht die formellen Berichts- und Überwachungspflichten aus Art. 9 VO 70/2001 EG.[890]

Zwar mag auf den ersten Blick eine solche Auslegung von Art. 3 VO 70/2001 EG die Befürchtung wecken, dass die Überwachungs- und Berichtspflichten aufgeweicht werden könnten, doch dürfte dies unbegründet sein. Der Kommission verbleiben noch genügend Möglichkeiten, um sicherzustellen, dass die Mitgliedstaaten auch tatsächlich ihren Pflichten aus Art. 9 VO 70/2001 EG nachkommen. So könnte sie z.B. drohen, die betreffende Maßnahme gem. Art. 21 II i.V.m.

---

[889] Sinnaeve, CMLR 2001, S. 1479 (1491 f.).

[890] Sinnaeve, CMLR 2001, S. 1479 (1492).

Art. 18 VVO aufzuheben oder aber bei beharrlicher Weigerung eine Vertragsverletzungsklage gem. Art. 226 EG ins Auge fassen.[891]

Auch eine Parallele mit der VVO spricht für eine teleologische Reduktion. Art. 21 I VVO sieht vor, dass die Mitgliedstaaten der Kommission für alle bestehenden Beihilferegelungen einen Jahresbericht übermitteln. Kommen die Mitgliedstaaten ihrer Pflicht nicht nach, so führt dies nicht automatisch zur Rechtswidrigkeit der betreffenden Beihilferegelungen, bzw. der unter diesen gewährten Einzelbeihilfen. Da die Situation bei Beihilferegelungen und Gruppenfreistellungsverordnungen vergleichbar ist, sollten auch formelle Verstöße gegen die Pflichten aus Art. 9 VO 70/2001 EG nicht automatisch zu einer Rechtswidrigkeit der Beihilfe führen.

Es lässt sich daher vertreten, dass die Vorschriften in Art. 9 VO 70/2001 EG keine substantiellen Voraussetzungen enthalten, von denen eine Freistellung abhängt.[892] Ein Verstoß gegen die Verfahrensvorschriften sollte somit möglichst restriktiv bewertet werden.

f) Weitergabe der Finanzmittel – Anknüpfungsunternehmen

Angesichts verschachtelter Konstruktionen der Finanzzufuhr stellt sich häufig die Frage, auf welches Unternehmen die VO 70/2001 EG ratione personae anzuwenden ist.

In der Praxis sind vielfach Modelle zu beobachten, in denen der unmittelbare Empfänger der öffentlichen Finanzzufuhr die Gelder an ein anderes Unternehmen, das sie letztendlich verwenden soll, weiterreicht. Weder die VO 70/2001 EG noch die Empfehlungen 96/280 und 2003/361 EG nahmen bzw. nehmen sich dieses Problems an.

Grundsätzlich richtet sich der Adressat einer Beihilfe nach dem im Beihilfenbegriff enthaltenen Begünstigungskriterium, wonach Adressat nicht derjenige ist, der eine Beihilfe erhält, sondern derjenige, den sie begünstigt.[893] Empfänger und Begünstigter können somit auseinanderfallen. Entscheidend ist einzig und allein die Wirkung der Subvention.[894] Dies muss auch bei Beihilfen für KMU gelten, wobei stets im Vordergrund stehen sollte, dass von den privilegierten Fördermöglichkeiten nur solche Unternehmen profitieren, die auch tatsächlich ein KMU sind, d.h. mit den typischen Problemen von KMU zu kämpfen haben. Um dies zu gewähr-

---

891 Sinnaeve, CMLR 2001, S. 1479 (1492).

892 So auch Sinnaeve, CMLR 2001, S. 1479 (1491 f.).

893 Siehe Mitteilungsentwurf der Kommission für einen neuen Gemeinschaftsrahmen für die Bewertung staatlicher Beihilfen mit begrenzten Auswirkungen auf den innergemeinschaftlichen Handel, Rn. 31 und Mitteilungsentwurf der Kommission für Leitlinien für die Prüfung staatlicher Beihilfen von relativ geringer Höhe, Rn. 29.

894 EuGH Slg. 1991, I-1433, Tz. 57 Italien/Kommission; GA Léger in: Schlussanträge in der Rechtssache C-382/99, Slg. 2002, I-5163, Tz. 119 Niederlande/Kommission.

leisten, muss die teleologische Auslegung des KMU-Regelwerks im Ergebnis zu einem „Meistbeungünstigungsprinzip“ führen. Das bedeutet, dass immer wenn ein KMU eine Beihilfe mit dem Ziel bzw. mit der Absprache erlangt, diese an ein Nicht-KMU weiterzuleiten, auf das Nicht-KMU abgestellt werden muss. Andernfalls könnte das KMU als eine Art „Strohmann“ fungieren, um dem Nicht-KMU die KMU Privilegien zu verschaffen.

Genauso ist zu verfahren, wenn das empfangende Unternehmen kein KMU ist, jedoch versichert, die Fördergelder an ein KMU weiterzureichen. Anknüpfungspunkt muss auch hier nicht das KMU, sondern das durchreichende Unternehmen sein. Denn formal gelangt das Nicht-KMU Verfügungsmöglichkeiten über Beihilfen, die ausschließlich KMU vorbehalten sind. Da eine effektive Kontrolle der Richtigkeit der Angaben und damit der Beachtung des EG-Beihilfenrechts mit vertretbarem Veraltungsaufwand nicht möglich ist, gilt es solche Konstruktionen grundsätzlich auszuschließen. [895]

Aus diesem Grund sollte bei Konstellationen, in denen sich die Weitergabe der gewährten Finanzzufuhr abzeichnet, nach dem „Meistbeungünstigungsprinzip“ verfahren werden, also stets das Nicht-KMU Anknüpfungsunternehmen i.S. der VO 70/2001 EG sein. Andernfalls wäre die Gefahr eines Missbrauchs zu groß.

Im Bereich des Kartellrechts (Art. 81 III EG) hat die Kommission eine Möglichkeit geschaffen, in Fällen, in denen die Anwendung einer Gruppenfreistellungsverordnung Wirkungen hat, die mit den dort verankerten Regelungen (Art. 81 III EG) unvereinbar sind, durch ausdrückliche Entscheidung den Rechtsvorteil der Verordnung zu entziehen.[896] Auf eine entsprechende Vorschrift wurde im Rahmen der VO 70/2001 EG verzichtet. In Anbetracht der daraus resultierenden Rechtsunsicherheit für die Unternehmen und beihilfevergebenden Stellen ist dies zu begrüßen.

g) Rechtsfolge bei nachträglichen Veränderungen im KMU-Status

Erfüllt ein Unternehmen bereits bei Vergabe der Beihilfe die erforderlichen Kriterien für eine KMU-Förderung nicht, so ist der Subventionsbescheid von Anfang an rechtswidrig und kann mittels Bescheid nach § 48 I und II VwVfG zurückgenommen werden.

---

[895] Bartosch, NJW 2001, S. 921 (926); Harings, Europäisches Beihilferecht, S. 74, Rn. 121; Koenig/Kühling, DVBl 2000, S. 1025 (1030); Koenig/Kühling/Ritter, EG-Beihilfenrecht, S. 111.

[896] Vgl. Art. 6 VO 2790/1999 EG der Kommission vom 22. 12. 1999 über die Anwendung von Art. 81 III EG auf Gruppen von vertikalen Vereinbarungen und aufeinander abgestimmten Verhaltensweisen, ABl 1999 L 336/21: „...kann die Kommission im Einzelfall den Vorteil der Anwendung dieser Verordnung entziehen, wenn eine vertikale Vereinbarung, die unter diese Verordnung fällt, gleichwohl Wirkungen hat, die mit den Voraussetzungen des Artikels 81 Absatz 3 des Vertrages unvereinbar sind...“. Bartosch, NJW 2001, S. 921 (926).

Verliert ein Unternehmen hingegen erst nachträglich den Status eines KMU, etwa weil es infolge Wachstums die Schwellenwerte überschreitet oder weil es infolge eines Wechsels der Anteilseigner nicht mehr als unabhängig zu qualifizieren ist, bleibt der Subventionsbescheid hingegen rechtmäßig.

Es stellt sich jedoch die Frage, ob der Bescheid wegen der nachträglich eingetretenen Veränderungen widerrufen werden kann.[897]

aa) Handhabung in der deutschen Verwaltungspraxis

Die deutschen Behörden sind bei der Vergabe und Rückforderung von Subventionen nicht frei, sondern in erheblichem Maße durch die Vorgaben des EG-Rechts beeinflusst.

Das gilt im Besonderen für die gemeinschaftsrechtlichen Regelungen zu den staatlichen Beihilfen, da sie für die nationalen Behörden verbindlichen Charakter besitzen. Bei der nationalen behördlichen Praxis muss daher stets auf die europarechtliche Unbedenklichkeit geachtet werden.

Welche Folgen der nachträgliche Verlust des KMU-Status eines geförderten Unternehmens auf die bewilligten und ausgezahlten Fördermittel hat, wird von der VO 70/2001 EG nicht beantwortet. Auch die alte und neue KMU-Definition enthalten diesbezüglich keinerlei Ausführungen. Somit lässt sich aus dem Europäischen Gemeinschaftsrecht keine Pflicht zur Rückforderung von Subventionen bei nachträglichem Entfallen des KMU-Status begründen.

Das Vorgehen der nationalen Behörden obliegt demnach ihrem Ermessen.

Eventuelle Leitlinien könnten sich aber dem maßgeblichen Rahmenplan der Gemeinschaftsaufgabe „Verbesserung der regionalen Wirtschaftsstruktur“[898] entnehmen lassen. Er besagt, dass Fördermittel grundsätzlich immer dann zurückzufordern sind, wenn „dem Zuwendungsbescheid zugrunde liegende Fördervoraussetzungen des Rahmenplans“ nach Abschluss des Investitionsvorhabens nicht erfüllt sind (Ziff. 4.1. des 32. Rahmenplans). Das würde auf eine generelle, also auch bei nachträglichen Änderungen des KMU-Status bestehende Widerrufspflicht hindeuten.

Andererseits wird der Begriff der Fördervoraussetzungen in Teil II, Ziffer 2.2. des Rahmenplans auf spezifische Fördervoraussetzungen in Bezug auf Arbeitsplatzverpflichtungen und Investitionsvolumina beschränkt. Vom KMU-Status ist dort nicht die Rede. Dieser gehört vielmehr zu den allgemeinen Anforderungen an die Förderfähigkeit, für den der Rahmenplan auf die Sach- und Rechtslage im Zeitpunkt der Bewilligung abstellt (Ziffer 1.1.4. des 32. Rahmenplans).

---

[897] Töpfer/Butler, ZIP 2003, S. 1677 (1684).

[898] Teil II des 32. Rahmenplans: „Regelungen über Voraussetzungen, Art und Intensität der Förderung“, Bundesanzeiger Nr. 12 vom 18.01.03, S. 814 ff.

Ob auch nachträgliche Veränderungen des KMU-Status von dem Grundsatz der Rückforderung umfasst sind, bleibt damit unklar, so dass dem Rahmenplan keine eindeutigen Leitlinien für die deutsche Verwaltungspraxis zu entnehmen sind.[899]

Damit bleibt die Entscheidung der Verwaltungspraxis der einzelnen Bundesländer überlassen.

Zwar ist noch keine einheitliche Praxis erkennbar, doch scheinen die Länder bei der Rückforderung eher zurückhaltend zu sein.

In Sachsen-Anhalt bestehen beispielsweise interne Arbeitsanweisungen, die die Überschreitung der Schwellenwerte durch Wachstum von innen heraus als gänzlich unschädlich bewerten.[900] Dies ist konsequent, schließlich führt die Überschreitung der Schwellenwerte nach Art. 4 II 2003/361 EG auch erst dann zum Verlust des KMU-Status, wenn sich dies in zwei aufeinander folgenden Jahren wiederholt.

Bei dem Verlust des Unabhängigkeitskriteriums hingegen soll eine Differenzierung danach stattfinden, ob die zum Verlust der Unabhängigkeit führende Maßnahme aufgrund aktueller Entwicklungen oder Ereignisse erforderlich wurde oder bereits vor der Bewilligung geplant war. Nur im Falle einer Umgehung solle eine Rückforderung angeordnet werden.

Angesichts der Selbstständigkeit der einzelnen Bundesländer können diese Grundsätze jedoch nicht verallgemeinert werden. Vielmehr bedarf es im Einzelfall einer Ermittlung der jeweiligen Praxis des Bundeslandes.[901]

Sollte sich eine Behörde zur Rückförderung gewährter Begünstigungen entscheiden, stellt sich für sie darüber hinaus die Frage der Rechtsgrundlage. Das hängt vor allem von der Einordnung des KMU-Status ab. Sieht man in der Aufrechterhaltung des KMU-Status einen Bestandteil der Förderbedingungen, so kommt insbesondere ein Widerruf auf Grundlage des in Subventionsbescheiden regelmäßig enthaltenen Widerrufsvorbehaltes für den Fall der Verletzung der Förderbedingungen gem. § 49 II Nr. 1 VwVfG in Betracht. Die Folge wäre, dass die Fördergelder mit einer Wirkung ex nunc entfallen. Fasst man die besondere Zielsetzung der Förderung eines KMU als Teil des Förderzwecks auf, so kommt auch ein rückwirkender Widerruf gem. § 49 III Nr. 1 VwVfG in Betracht. Ein solcher hätte für den Begünstigten erhebliche Auswirkungen, da er verpflichtet wäre, die bisher erhaltenen Fördergelder zurückzuzahlen. In der Praxis enthalten Zuwendungsbescheide vielfach einen Hinweis darauf, dass bei nachträglicher Verletzung des Unabhängigkeitskriteriums ein rückwirkender Widerruf des erhöhten Fördersatzes möglich ist.[902]

---

[899] Töpfer/Butler, ZIP 2003, S. 1677 (1684 ff.).

[900] Töpfer/Butler, ZIP 2003, S. 1677 (1685).

[901] Töpfer/Butler, ZIP 2003, S. 1677 (1685 f.).

[902] Töpfer/Butler, ZIP 2003, S. 1677 (1684).

bb) Handhabung in der europäischen Verwaltungspraxis

Die Kommission beurteilt die europarechtliche Zulässigkeit einer Beihilfe allein nach der Sach- und Rechtslage im Zeitpunkt der Bewilligung. Dies wurde anhand zweier Entscheidungen aus dem Jahr 2002[903] deutlich, in denen sich die Kommission eingehend mit dem Zeitpunkt der Beihilfengewährung auseinander zu setzen hatte. Während in der Sache „Klausner Nordic Timber GmbH & Co. KG“ das zu fördernde Unternehmen im Zeitpunkt der Beihilfengewährung noch die Voraussetzungen der KMU-Definition erfüllte, sie jedoch später verlor, verhielt es sich in der Sache „Pollmeier GmbH & Co. KG“ genau umgekehrt. Dort erfüllte das geförderte Unternehmen zwar im Zeitpunkt der Kommissionsentscheidung die erforderlichen Kriterien, nicht jedoch im Zeitpunkt der Beihilfengewährung.

In beiden Fällen erklärte die Kommission die Sach- und Rechtslage des Beurteilungszeitraums für maßgebend.

Da beide Entscheidungen Besonderheiten aufweisen, kann die von der Kommission in diesen Fällen eingenommene Stellung zwar nicht als unbedingt angesehen werden, allerdings weisen sie auf eine grundsätzliche Tendenz hin.

Auch auf europäischer Ebene führt ein nachträglicher Verlust des KMU-Status aufgrund Unternehmenserwerbs oder Umstrukturierung demnach nicht zu einer Rückforderung der gewährten Beihilfen.

h) Probleme aufgrund der KMU-Definition

Die größten Probleme bei der Anwendung der VO 70/2001 EG resultierten jedoch aus der KMU-Definition selbst.

Die KMU-Definition aus dem Jahr 1996 wurde gem. Art. 2 lit. b) i.V.m. Anhang I VO 70/2001 EG unmittelbar in den Regelungsbereich der VO 70/2001 EG mit einbezogen. Probleme bei ihrer Auslegung wirkten sich damit auch unmittelbar auf die Verordnung selbst aus.

Die Überarbeitung der KMU-Definition verspricht diesbezüglich jedoch einen erheblichen Gewinn an Rechtssicherheit für die VO 70/2001 EG.

9. Überarbeitung der VO 70/2001 EG

Nach gut dreijähriger Anwendung wurde die VO 70/2001 EG zum ersten Mal überarbeitet. Der Schwerpunkt der Überarbeitung lag auf der Vereinfachung und Erleichterung der staatlichen Forschungs- und Entwicklungsbeihilfen (F&E-Beihilfen) zugunsten von KMU.[904] Dem maß die Kommission angesichts der

---

903 Entscheidung der Kommission vom 15.1.2002, ABl. 2002 L 296/20 - Pollmeier GmbH & Co. KG; ABl. 2002 L 165/15 - Klausner Nordic Timber GmbH & Co. KG.

904 Pressemitteilung der Kommission vom 7.05.2003 - IP/03/641.

strukturbedingten Probleme von KMU, sich Zugang zu neuen technologischen Entwicklungen und zum Technologietransfer zu verschaffen, große Bedeutung zu. Bedenken begegnete die Privilegierung von F&E-Beihilfen nach Auffassung der Kommission deshalb nicht, weil F&E-Beihilfen auf der einen Seite nur in sehr beschränktem Maße geeignet sind, den Wettbewerb nachteilig zu beeinflussen, auf der anderen Seite jedoch dazu beitragen, KMU zu zusätzliche Anstrengungen in diesem Bereich zu bewegen.[905] Das Ergebnis der Überarbeitung bildete die von der Kommission am 25. Februar 2004 veröffentlichte VO 364/2004 EG „zur Änderung der Verordnung (EG) Nr. 70/2001 im Hinblick auf die Erstreckung ihres Anwendungsbereichs auf Forschungs- und Entwicklungsbeihilfen".[906]

a) Entstehungsgang der VO 364/2004 EG

Die Kommission hatte stets eine positive Haltung zu staatlichen Beihilfen in den Bereichen Forschung und Entwicklung.[907] Grundlage dafür bildeten die Art. 3n, 157 I UAbs. 2 4. Spiegelstrich und 167 EG.[908]

aa) Gemeinschaftsrahmen für staatliche Forschungs- und Entwicklungsbeihilfen

Als Beleg für diese positive Haltung dient auch der Gemeinschaftsrahmen für staatliche F&E-Beihilfen[909]. Er war nicht nur Wegbereiter für die Erweiterung der VO 70/2001 EG, sondern diente zugleich auch als Vorlage für die neu eingeführten Vorschriften.

Der derzeit geltende Gemeinschaftsrahmen stammt aus dem Jahr 1996 und fasst ähnlich dem KMU-Gemeinschaftsrahmen die auf Art. 87 III lit. b) und c) EG beruhende Aufsichtspolitik der Kommission über Beihilfen zugunsten von Forschung und Entwicklung zusammen.[910] Im Jahr 1998 wurde er überarbeitet[911] und auf die Förderung von Forschungs- und Entwicklungsprojekte im Agrarsektor erweitert.[912]

---

905 5. Erwägungsgrund - VO 364/2004 EG.

906 ABl. 2004 L 63/22.

907 Gross, Beihilfenrecht im Wandel, S. 51; siehe zur Kritik Möschel in: FS für Beusch, S. (593) 599 f. mit zahlreichen Beispielen fehlgeschlagener staatlicher Forschungsförderung.

908 Kilb, JuS 2003, S. 1072 (1075); Lübbig/Martín-Ehlers, Beihilfenrecht der EU, S. 149, Rn. 401; Gross, Beihilfenrecht im Wandel, S. 51.

909 ABl. 1996 C 45/5. Der erste Gemeinschaftsrahmen stammt aus dem Jahr 1986, ABl. 1986 C 83/1, doch befürwortet die Kommission F&E-Beihilfen bereits seit Anfang der siebziger Jahre.

910 Lübbig/Martín-Ehlers, Beihilfenrecht der EU, S. 149, Rn. 401.

911 Mitteilung der Kommission zur Änderung des Gemeinschaftsrahmens für staatliche Forschungs- und Entwicklungsbeihilfen, ABl. 1998 C 48/2.

912 Ziffer 5.14. Gemeinschaftsrahmen für F&E.

Obwohl die Kommission durch die VO 994/98 EG befugt war, im Bereich der F&E-Beihilfen eine Gruppenfreistellungsverordnung zu erlassen (Art. 1 I lit. a) ii) VO 994/98 EG), entschied sie sich im Jahr 2002 für eine Verlängerung des Gemeinschaftsrahmens in unveränderter Form und zwar bis zum 31. Dezember 2005.[913] Dies begründete sie mit ihren positiven Erfahrungen bei seiner Anwendung.[914]

bb) Entwurf zur Änderung der VO 70/2001 EG

Einen Entwurf zur Überarbeitung der VO 70/2001 EG veröffentlichte die Kommission am 7. Mai 2003.[915]

In ihm erklärte sie bestimmte F&E-Beihilfen an KMU mit dem Gemeinsamen Markt für vereinbar und nahm sie aus der Anmeldepflicht heraus. Alle anderen Arten von staatlichen F&E-Beihilfen hingegen sollten weiterhin angemeldet und von der Kommission von Fall zu Fall auf Grundlage des Gemeinschaftsrahmens geprüft werden.[916] Im Gegensatz zum KMU-Gemeinschaftsrahmen sollte der Gemeinschaftsrahmen für staatliche F&E-Beihilfen demnach nicht abgeschafft, sondern neben der erweiterten VO 70/2001 EG fortbestehen.[917]

cc) Überarbeitete VO 70/2001 EG - VO 364/2004 EG

Nachdem die Kommission den Entwurf der VO 364/2004 EG entsprechend den Vorschriften der Art. 6-8 VO 994/98 EG im Amtsblatt veröffentlichte und danach ein zweites Mal dem Beratenden Ausschuss präsentierte,[918] erließ sie am 25. Februar 2004 die VO 364/2004 EG.

Besonders hervorzuheben war dabei die schnelle Verfahrensweise. Während die Zeit zwischen Erlass des Entwurfs und Verkündung der Verordnung im Amtsblatt bei den ersten Gruppenfreistellungsverordnungen noch über zwei Jahre betrug, betrug sie bei der VO 364/2004 EG gerade einmal zehn Monate.

---

913 Mitteilung der Kommission zur Verlängerung des Gemeinschaftsrahmens für staatliche Forschungs- und Entwicklungsbeihilfen, ABl. 2002 C 111/3 .

914 Vgl. Pressemitteilung der Kommission vom 24.04.2004 - IP/02/606. Zur Kritik siehe Repplinger-Hach, in: Heidenhain, Europäisches Beihilfenrecht, § 17, Rn. 122.

915 Entwurf zur Änderung des Anwendungsbereichs der VO 70/2001 EG durch Einbeziehung von Forschungs- und Entwicklungsbeihilfen, ABl. 2003 C 190/3.

916 11. Erwägungsgrund des Entwurfs der VO 364/2004 EG; 12. Erwägungsgrund - VO 364/2004 EG; Pressemitteilung der Kommission vom 7.5.2003 - IP/03/641.

917 Pressemitteilung der Kommission vom 7.5.2003 - IP/03/641.

918 Zu Einzelheiten bezüglich des Verfahrens bei Erlass einer Gruppenfreistellungsverordnung siehe oben unter D. III. 2. c).

b) Inhaltliche Veränderungen durch die VO 364/2004 EG

Die inhaltlichen Veränderungen, die die VO 364/2004 EG der VO 70/2001 EG bringen, liegen im Wesentlichen in der Erweiterung des Anwendungsbereiches auf F&E Beihilfen.

Dies geschieht vornehmlich durch die Einführung der Art. 5a, b und c in die VO 70/2001 EG.[919] Die übrigen Veränderungen bzw. Ergänzungen stellen zumeist nur notwendige Anpassungen an den erweiterten Anwendungsbereich dar, ohne inhaltlich eine tatsächliche Veränderung zu bewirken.

aa) Art. 5a VO 70/2001 EG – Forschungs- und Entwicklungsbeihilfen

Der neu in die VO 70/2001 EG eingefügte Art. 5a VO 70/2001 EG besteht aus fünf Absätzen und trägt die Überschrift Forschungs- und Entwicklungsbeihilfen. Gem. Abs. 1 sind Beihilfen, die den Voraussetzungen der Absätze 2-5 entsprechen, mit dem Gemeinsamen Markt vereinbar und von der Anmeldepflicht gem. Art. 88 III 3 EG befreit.

(1) Beihilfefähige Kosten

Welche Kosten beihilfefähig sind, ist in Art. 5a V VO 70/2001 EG geregelt. Es handelt sich dabei um Personalkosten (lit. a)), Kosten für Instrumente und Ausrüstung (lit. b)), für Gebäude und Grundstücke (lit. c)), für Beratungs- und gleichartige Dienstleistungen (lit. d)), zusätzliche Gemeinkosten (lit.e)) sowie sonstige Betriebskosten (lit. f)). Dies entspricht der Liste in Anhang II des Gemeinschaftsrahmens für F&E, wenn auch mit kleinen Änderungen.[920] Diese waren erforderlich, um der unmittelbaren Anwendbarkeit der Verordnung in den Mitgliedstaaten Rechnung tragen zu können.[921]

(2) Beihilfeintensität

Die beihilfefähigen Kosten bilden die Grundlage für die Berechnung der Bruttobeihilfenintensität[922] (Art. 5a III VO 70/2001 EG). Während bei der Grundlagenforschung bis zu 100 % der Kosten förderfähig sind (Abs. 3 lit. a) VO 70/2001 EG), sind es bei der industriellen Forschung bis zu 60 % (Abs. 3 lit. b) VO 70/2001 EG) und bei der vorwettbewerblichen Forschung bis zu 35 % der Kosten

---

919 Art. 1 Nr. 4 VO 364/2004 EG.

920 Anlage II des Gemeinschaftsrahmens für F&E, ABl. 1996 C45/15.

921 7. Erwägungsgrund - VO 364/2004 EG.

922 Die Berechnungsmethode für die Bruttobeihilfeintensität von F&E Beihilfen wurde in Art. 2 lit. e) VO 70/2001 EG neu eingeführt, siehe Art. 1 Nr.2 a) VO 364/2004 EG.

(Abs. 3 lit. c) VO 70/2001 EG).[923] Die beiden letztgenannten Werte wurden gegenüber dem Gemeinschaftsrahmen damit um jeweils zehn Prozent erhöht.[924]

Unter bestimmten Voraussetzungen können die Beihilfeintensitäten für industrielle Forschung und vorwettbewerbliche Entwicklung (Art. 5a IV lit. a)-c) VO 70/2001 EG) auf maximal 75 % bzw. 50 % der Bruttobeihilfeintensität erhöht werden (Art. 5a IV VO 70/2001 EG).

Sollte sich das Vorhaben aus verschiedenen F&E-Stufen zusammensetzen, so bemisst sich die zulässige Beihilfenintensität nach dem gewogenen Mittel der für die jeweiligen Stufen zulässigen Beihilfeintensitäten (Art. 5a III UAbs. 2 VO 70/2001 EG).[925] Im Falle gemeinsam durchgeführter Forschungsvorhaben darf der Höchstbetrag der den einzelnen Empfängern gewährten Beihilfe die zulässige Beihilfeintensität nicht überschreiten (Art. 5a III UAbs. 3 VO 70/2001 EG).

bb) Art. 5b VO 70/2001 EG – Beihilfen für technische Durchführbarkeitsstudien

Art. 5b VO 70/2001 EG führt Beihilfen für technische Durchführbarkeitsstudien ein. Danach sind Beihilfen, die der Prüfung technischer Durchführbarkeit industrieller Forschungstätigkeiten oder der vorwettbewerblichen Entwicklungstätigkeit dienen, unter der Voraussetzung freigestellt, dass die auf der Grundlage der Kosten der Studie berechnete Bruttobeihilfeintensität maximal 75 % beträgt. Im Vergleich zum Gemeinschaftsrahmen ist die überarbeitete VO 70/2001 EG somit günstiger, denn der Gemeinschaftsrahmen sieht für die vorwettbewerbliche Entwicklungstätigkeit nur eine Förderung i.H.v. 50 % der Bruttobeihilfeintensität vor.[926]

cc) Art. 5c VO 70/2001 EG – Beihilfen für Patentkosten

Freigestellt sind auch die im Zusammenhang mit der Erlangung und Validierung von Patenten und sonstigen gewerblichen Schutzrechten anfallenden Beihilfen. Damit will die Kommission die Verbreitung von Forschungsergebnissen fördern.[927] Eine Freistellung setzt jedoch voraus, dass die Beihilfe nicht über die Intensität hinausgeht, bis zu der F&E-Beihilfen für die den Patenten vorausgehen-

---

923 Die Begriffe „Grundlagenforschung“, „industrielle Forschung“ und „vorwettbewerbliche Entwicklung“ werden nunmehr in Art. 2 lit. h)-j) VO 70/2001 EG definiert, siehe Art. 1 Nr.2 b) VO 364/2004 EG. Sie wurden nahezu unverändert aus Anhang I des Gemeinschaftsrahmens für F&E entnommen.

924 Vgl. Ziffer 5.3. und 5.5. Gemeinschaftsrahmen für F&E.

925 In ähnlicher Form ist diese Vorschrift auch im Gemeinschaftsrahmen für F&E enthalten, siehe Ziffer 5.9.

926 Siehe Ziffer 5.4. Gemeinschaftsrahmen für F&E.

927 9. Erwägungsgrund - VO 364/2004 EG.

den Forschungstätigkeiten vereinbar gewesen wären (Art. 5c I VO 70/2001 EG). Welche Kosten im einzelnen förderfähig sind, ist in Art. 5c II VO 70/2001 aufgeführt.

dd) Art. 6 VO 70/2001 EG – Einzelbeihilfen für größere Beihilfen

Modifiziert wurde auch Art. 6 VO 70/2001 EG[928], der sich mit der Anmeldepflicht von größeren Einzelvorhaben auseinandersetzt. Art. 6 I VO 70/2001 EG wurde lediglich leicht umformuliert, ohne dass es zu einer inhaltlichen Veränderung gekommen ist. Neu hingegen ist Art. 6 II VO 70/2001 EG, der Schwellenwerte für Einzelbeihilfen im Sinne von Art. 5a, 5b und 5c VO 70/2001 EG einführt. Danach entfällt eine Freistellung, sofern die Kosten des geplanten Vorhabens sich auf mindestens 25 Mio. Euro belaufen (Art. 6 II lit. a VO 70/2001 EG) und einem oder mehreren der beteiligten Unternehmen eine Beihilfe mit einem Bruttosubventionsäquivalent von mindestens 5 Mio. Euro gewährt werden soll (Art. 6 II lit. b VO 70/2001 EG). Diese Schwellenwerte entstammen dem Gemeinschaftsrahmen.[929]

Neu ist auch Art. 6 II UAbs. 2. VO 70/2001 EG. Er sieht eine Anhebung der Schwellenwerte auf 40 Mio. bzw. 10 Mio. Euro vor, sofern sich die Beihilfen auf ein EUREKA-Vorhaben beziehen. Dies sind Vorhaben von gemeinsamem europäischem Interesse, die von der Erklärung der Ministerkonferenz in Hannover am 6. November 1985[930] erfasst werden.[931] Diese Sonderbehandlung ist zwar im Vergleich zum Gemeinschaftsrahmen neu, doch entspricht sie der Kommissionspraxis.[932]

Darüber hinaus wird in die VO 70/2001 EG ein Art. 6a eingeführt. Nach Art. 6a I VO 70/2001 EG sollen Beihilfen, die in Form eines oder mehrerer nur im Erfolgsfall rückzahlbarer Vorschüsse vergeben werden, nicht von der Freistellungswirkung profitieren. Dies gilt jedoch nur für die Fälle, in denen der prozentuale Anteil der Vorschüsse insgesamt gemessen an den beihilfefähigen Kosten die in den Art. 5a, 5b oder 5c VO 70/2001 EG festgelegten Beihilfeintensitäten oder die in Art. 6 II VO 70/2001 EG genannte Obergrenze überschreitet. Diese im Gemeinschaftsrahmen vorgesehene Möglichkeit wollte die Kommission nicht in die Ver-

---

928 Siehe Art. 1 Nr. 5 VO 364/2004 EG.

929 Siehe Ziffer 4.7. Gemeinschaftsrahmen für F&E.

930 Hannover Declaration, im Internet abrufbar unter http://www.eureka.be/ifs/files/public/eureka/vademecum/basicdocuments/hanoverDeclaration.pdf (10.10.2004).

931 10. Erwägungsgrund -VO 364/2004 EG. Zu Einzelheiten bzgl. der EUREKA-Vorhaben siehe den Leitfaden EUREKA Dokumentation 2002, im Internet abrufbar unter http://www.eureka.be/ifs/files/public/Eureka/Members/Germany/Publications/leitfaden2002.pdf (10.10.2004).

932 Vgl. Schreiben der Kommission an die Mitgliedstaaten SG (97) D/3466 vom 2.5.1997 betreffend die Einzelanmeldeschwellen für EUREKA-Projekte.

ordnung übernehmen, da sie rückzahlbare Beihilfen unter Berücksichtigung der vorgesehenen Rückzahlungskonditionen von Fall zu Fall prüfen möchte.[933]

Art. 6a II VO 70/2001 EG stellt darüber hinaus klar, dass die Verpflichtung der Mitgliedstaaten, einzelne Beihilfen anzumelden durch den Erlass dieser Verordnung unberührt bleibt, wenn sonstige Vorschriften über die Gewährung staatlicher Beihilfen dies erfordern.

ee) Art. 9a VO 70/2001 EG – Übergangsbestimmungen

Neu eingeführt wurde auch Art. 9a in die VO 70/2001 EG[934]. Er enthält sogenannte Übergangsbestimmungen, die bei Erlass der VO 70/2001 EG fehlten.

Gem. Art. 9a I VO 70/2001 EG sind Beihilfen, deren Anmeldungen bis zum Inkrafttreten der überarbeiteten VO 70/2001 EG am 19. März 2004 anhängig sind, weiterhin auf der Grundlage des Gemeinschaftsrahmens zu prüfen. Alle anderen anhängigen Anmeldungen sollen nach den Bestimmungen der Verordnung geprüft werden. Damit weicht die Kommission von ihrem Verordnungsentwurf[935] und ihrer bei Erlass der VO 70/2001 EG eingenommenen Position, dass zum Zeitpunkt des Inkrafttretens der Verordnung anhängige Beihilfen nach der Freistellungsverordnung zu beurteilen sind, ab. Dies dürfte mit den unterschiedlichen Voraussetzungen beim Erlass der VO 70/2001 EG und der VO 364/2004 EG zusammenhängen. Während durch den Erlass der VO 70/2001 EG der Gemeinschaftsrahmen für KMU abgeschafft wurde, besteht der Gemeinschaftsrahmen für F&E-Beihilfen neben der überarbeiteten VO 70/2001 EG fort. Das von der Kommission angeführte Argument, dass zum Zeitpunkt des Inkrafttretens der Verordnung der Gemeinschaftsrahmen keine Gültigkeit mehr habe und somit auch nicht Maßstab für die Vergabe von Beihilfen sein könne, kann demnach nicht angeführt werden.

Nicht ersichtlich ist jedoch, warum die Kommission in Art. 9a I VO 70/2001 EG nicht festgelegt hat, dass sie bei bereits anhängigen Anmeldungen die überarbeitete VO 70/2001 EG und den Gemeinschaftsrahmen parallel heranziehen wird. Letztlich dürfte sie dazu nämlich, wie gezeigt, gezwungen sein. Schließlich haben die Mitgliedstaaten mit Inkrafttreten der überarbeiteten VO 70/2001 EG die Möglichkeit, bereits vor diesem Zeitpunkt angemeldete Beihilfen unmittelbar auf der Grundlage der Freistellungsverordnung zu gewähren. Eine Prüfung der betreffenden Beihilfen anhand des Gemeinschaftsrahmens und der VO 70/2001 EG wäre somit konsequent gewesen.

---

933 11. Erwägungsgrund - VO 364/2004 EG.

934 Siehe Art. 1 Nr. 9 VO 364/2004 EG.

935 Entwurf einer Verordnung der Kommission zur Änderung des Anwendungsbereichs der VO 70/2001 EG durch Einbeziehung von Forschungs- und Entwicklungsbeihilfen, ABl. 2003 C 190/3.

Art. 9a II VO 70/2001 EG besagt, dass Beihilfen, die vor Inkrafttreten dieser Verordnung unter Verstoß gegen Art. 88 III EG genehmigt wurden, mit dem Gemeinsamen Markt vereinbar und von der Anmeldepflicht freigestellt sind, sofern sie die Voraussetzungen der Verordnung erfüllen. Sollte dies nicht der Fall sein, so sind sie nach Maßgabe der einschlägigen Gemeinschaftsrahmen, Leitlinien, Mitteilungen und Bekanntmachungen zu prüfen.[936] Art. 9a II VO 70/2001 EG entspricht damit der Bestimmung von Art. 11 II VO 2204/2002 EG, die als erste Freistellungsverordnung Übergangsbestimmungen enthielt. Dies entspricht darüber hinaus der bisherigen Haltung der Kommission bei Beihilfen zugunsten von KMU.

ff) Anhang I – Definition der kleinen und mittleren Unternehmen

Die VO 364/2004 EG führt ferner die überarbeitete KMU-Definition als Anhang I in die VO 70/2001 EG ein.[937] Gültigkeit erlangte sie allerdings erst zum 1. Januar 2005.[938] Mit ihr können zurecht große Erwartungen in Bezug auf die Verbesserung der Rechtssicherheit der VO 70/2001 EG verbunden werden.

c) Erwartungen an die VO 364/2004 EG

Die EU hat sich in Lissabon zum Ziel gesetzt, Forschung und Entwicklung zu fördern. Bis Ende 2010 sollen nach dem im Jahr 2004 verabschiedeten Aktionsplan zur Erhöhung der Forschungs- und Entwicklungsausgaben die Ausgaben für diesen Bereich auf 3 % des BIP steigen. Die Erweiterung der VO 70/2001 EG auf F&E-Beihilfen soll das Erreichen dieses Ziels fördern. Neben einer zusätzlichen Vereinfachung und Straffung der beihilferechtlichen Vorschriften und der Vermeidung unnötigen Verwaltungsaufwands erhofft sich die Kommission von der VO 364/2004 EG eine raschere Umsetzung von Forschungs- und Entwicklungsinitiativen der Mitgliedstaaten zugunsten von KMU.[939]

Ähnliche Erwartungen äußerte der für Forschung zuständige EU-Kommissar Philippe Busquin. Auch er versprach sich von der VO 364/2004 EG, den Einsatz von Forschungsmitteln durch die Unternehmen zu fördern und forschungsfreundlichere Rahmenbedingungen für KMU zu schaffen. Dies sei von größter Bedeutung, da sich die europäische Forschung aufgrund fehlender Koordination, unzulänglicher staatlicher Unterstützung, erschwertem Zugang zu Kapital und ungünstigen steuerlichen und sonstigen gesetzlichen Rahmenbedingungen ihren Weg mühsam bahnen müsse. Denn nur durch das Ausräumen dieser Stolpersteine könne es tat-

---

936 Siehe Art. 1 Nr. 9 II VO 364/2004 EG.
937 Siehe Art. 1 Nr.10 VO 364/2004 EG.
938 Siehe Art. 2 II VO 364/2004 EG.
939 Pressemitteilung der Kommission vom 7.5.2003 - IP/03/641.

sächlich gelingen, Europa zur wettbewerbsfähigsten wissensbasierten Wirtschaft der Welt zu machen.[940]

Die Erweiterung der VO 70/2001 EG auf den Bereich der Forschungs- und Entwicklungsbeihilfen war demnach mit großen Hoffnungen und Zielen verknüpft, vor allem damit, die europäische Wirtschaft weiter voranzutreiben.

d) Ausblick

Die VO 364/2004 EG ist nicht nur ein weiterer Schritt in Richtung Modernisierung des Beihilfenrechts, sondern zeigt auch, dass sich das Modell der Gruppenfreistellungsverordnungen im Beihilfenrecht bewährt hat. Durch ihren Erlass hat die Kommission verdeutlicht, dass sie in der Freistellung von bestimmten Arten von Beihilfen ein geeignetes Mittel sieht, die von ihr verfolgte Dezentralisierung im Beihilfenrecht und die damit einhergehenden Vorteile voranzutreiben.

Die mit einer Freistellung stets verbundenen Risiken sind im Bereich der FE-Beihilfen als gering zu erachten. Dies hängt zum einen mit der jahrelangen Erfahrung der Kommission bei der Vergabe von F&E-Beihilfen zusammen und zum anderen damit, dass sich die eingeführten Bestimmungen sehr stark am Gemeinschaftsrahmen orientieren. Sie wiegen die Vorteile, die mit einer Gruppenfreistellungsverordnung verbunden sind, nicht auf. Vielmehr dürfte die VO 364/2004 EG dazu führen, dass die Wettbewerbsposition der KMU im Bereich der Forschung und Entwicklung gestärkt wird und es nunmehr auch kleinen Unternehmen möglich ist, sich den Weg zu den neuesten Technologien zu bahnen. Dies dürfte ihre Nachteile gegenüber den großen Unternehmen verringern.

Mit einer Stärkung der Wettbewerbsposition der KMU ist zugleich ein positiver Effekt für die Gesamtwirtschaft zu erwarten. Voraussetzung hierfür ist aber, dass die beihilfevergebenden Stellen die ihnen übertragenen Kompetenzen sowohl zum Wohle der KMU als auch zu dem der Gemeinschaft nutzen. Davon ist jedoch aufgrund der positiven Erfahrungen mit der VO 70/2001 EG auszugehen.

10. Zwischenergebnis

Am 12. Januar 2001 wurde durch die VO 70/2001 EG das System der Gruppenfreistellungsverordnungen vom Kartellrecht auf das Beihilfenrecht übertragen. Beihilfen an KMU, die den in der Verordnung festgelegten Voraussetzungen entsprechen, sind mit dem Gemeinsamen Markt gem. Art. 87 III EG vereinbar.

Ziel dieser Freistellungsregelung war es, die Beihilfenvergabe zu dezentralisieren und transparenter zu gestalten. Inhaltlich entspricht die VO 70/2001 im Wesentli-

---

[940] Pressemitteilung der Kommission vom 7.5.2003 - IP/03/641.

chen ihrem Vorgänger dem Gemeinschaftsrahmen für KMU aus dem Jahr 1996. In verfahrensrechtlicher Hinsicht brachte sie jedoch zahlreiche Veränderungen. Beihilfen, die im Einklang mit der VO 70/2001 EG stehen, müssen nicht mehr bei der Kommission gem. Art. 88 III 1 EG, Art. 2 I 1 VVO angemeldet werden und unterliegen damit nicht mehr dem Durchführungsverbot. Die Genehmigung einer Beihilfe für KMU kann nunmehr unmittelbar und eigenverantwortlich von den einzelstaatlichen beihilfevergebenden Stellen erfolgen. Das im EG-Vertrag vorgesehene ex-ante Kontrollverfahren musste dementsprechend auf eine ex-post Überwachung umgestellt werden.

Im Ergebnis dürften alle am Beihilfeverfahren Beteiligten vom Erlass der VO 70/2001 profitieren. Die Kommission wird von einer Vielzahl unproblematischer Anmeldungen befreit, so dass sie sich auf die großen, den Wettbewerb stark verzerrenden Fälle konzentrieren kann. Die Beihilfeempfänger profitieren von dem beschleunigten Verfahren und einer erhöhten Transparenz bei der Beihilfenvergabe und die beihilfevergebenden Stellen können KMU mit weniger Verwaltungsaufwand und ohne den durch das langwierige Genehmigungsverfahren einhergehenden Zeitverlust fördern. Auch Wettbewerber dürften von der VO 70/2001 profitieren, denn durch die hinzugewonnene Transparenz werden sie in die Lage versetzt, sich schnell und unproblematisch über die an ihre Konkurrenten vergebenen Beihilfen zu informieren und gegebenenfalls zur Wehr zu setzen. Aufgrund der unmittelbaren Anwendbarkeit der VO 70/2001 EG können sie zudem die materielle Vereinbarkeit der Beihilfe von den nationalen Gerichten überprüfen lassen.

Noch vor Einführung der VO 70/2001 EG bestanden zahlreiche Bedenken hinsichtlich der mit ihr verbunden Ziele. Diese betrafen vor allem die hohe Verantwortung für die beihilfevergebenden Stellen und Beihilfeempfänger, die mangelnde Rechtssicherheit durch fehlende Abstimmung zwischen Kommission und Mitgliedstaaten bei Genehmigung einer Beihilfe als auch die Erwartungen hinsichtlich einer effektiveren Beihilfenkontrolle sowie einer Arbeitsentlastung der Kommission. Diese im Vorfeld geäußerten Bedenken haben sich jedoch entweder nicht erfüllt oder aber waren unbegründet.

Die meisten Probleme im Zusammenhang mit der VO 70/2001 EG resultierten aus der unzureichenden Definition für KMU. Die neue Empfehlung 2003/361 EG verspricht diesbezüglich aber Abhilfe.

Im Jahr 2004 wurde die Empfehlung zum ersten Mal überarbeitet. Im Ergebnis wurde durch die VO 364/2004 EG allerdings nur der Anwendungsbereich der Verordnung auf Forschungs- und Entwicklungsbeihilfen erweitert. Ihr Erlass ist jedoch symptomatisch dafür, dass sich die Gruppenfreistellungsverordnungen im Bereich des Beihilfenrechts bewährt haben.

E. Zusammenfassung der Ergebnisse

Im folgenden werden kurz die wesentlichen Ergebnisse der vorstehenden Untersuchungen thesenartig zusammengefasst:

I. Teil B. Merkmale der KMU

1. Die im Jahr 1996 verabschiedete Empfehlung 96/280 EG bezweckte eine stärkere Abstimmung zwischen den verschiedenen Gemeinschaftsmaßnahmen zugunsten der KMU und den auf nationaler Ebene bestehenden Maßnahmen.

   Die Rechtsnatur der Empfehlung und damit auch ihre Anwendung war für die Mitgliedstaaten unverbindlich.

2. Im Laufe der Anwendung der Empfehlung 96/280 EG offenbarten sich zahlreiche Auslegungsprobleme. Als besonderer Schwachpunkt der Empfehlung erwies sich das Kriterium der Unabhängigkeit, welches nicht geeignet war, „verbundenen Unternehmen" die KMU-Privilegien zu verwehren. Eine Reform war daher geboten.

3. Am 1. Januar 2005 wurde die Empfehlung 96/280 EG durch die Empfehlung 2003/361 EG ersetzt. Diese ist das Ergebnis der aus dem Beihilfenrecht gezogenen Erfahrungen mit ihrem Vorgänger.

4. Die mit dem Erlass der Empfehlung 2003/361 EG verbundenen Erwartungen sind zahlreich. Darunter fallen eine Verringerung des Verwaltungsaufwands, eine Verfahrensbeschleunigung, eine Förderung der Kleinstunternehmen und des Unternehmenswachstums, eine Vereinfachung der Eigenfinanzierung, eine Erhöhung der Rechtssicherheit, die Verhinderung von Missbrauch sowie die Förderung beruflicher Bildung und Vereinbarkeit von Beruf und Familie .

5. Die Empfehlung 2003/361 EG nahm sich eines Großteils der bestehenden Auslegungsprobleme an. Vor allem die zahlreichen Umgehungsversuche im Bereich der Unabhängigkeit eines KMU dürften durch die neu eingeführte Unternehmenseinteilung, die zwischen „eigenständigen", „Partner-" und „verbundenen Unternehmen" differenziert und das Kriterium der Unabhängigkeit ersetzt, unterbunden werden.

6. Die Empfehlung 2003/361 EG schafft mit ihren detaillierten und transparenten Regelungen mehr Rechtssicherheit. Dies ist vor allem in Anbetracht der Verantwortung, die den Mitgliedstaaten mittlerweile bei der Vergabe von KMU-Beihilfen durch die VO 70/2001 EG obliegt, zu begrüßen.

II. Teil C. Bedeutung der KMU

7. KMU werden zu Recht auf europäischer Ebene als das „Rückgrat der europäischen Wirtschaft" bezeichnet, die durch ihren Unternehmergeist und Innovation zur Sicherung der Wettbewerbsfähigkeit der Union einen entscheidenden Teil beitragen.

8. Der Vergleich mit der Unternehmens- und Beschäftigungsstruktur in den USA zeigt, dass die herausragende Stellung der KMU für den europäischen Wirtschaftsraum nicht selbstverständlich ist.

9. In den neuen Mitgliedsstaaten entspricht die Bedeutung der KMU weitgehend der der bisherigen Mitgliedsstaaten. Eine Einschränkung gilt für die Mittel- und Osteuropäischen Länder, die historisch bedingt noch einen relativ hohen Anteil an Großunternehmen haben. Im Rahmen des andauernden Umbruchprozesses in diesen Ländern ist aber damit zu rechnen, dass sich auch dort die Unternehmenslandschaft noch deutlicher in Richtung KMU verändern wird.

10. Die deutsche Wirtschaftslandschaft weist einen verhältnismäßig hohen Anteil großer Unternehmen auf. Dessen ungeachtet müssen die KMU auch in Deutschland als das „Herz der Sozialen Marktwirtschaft und Motor für mehr Wachstum und Beschäftigung" betrachtet werden.

11. KMU sind gegenüber den Großunternehmen in vieler Hinsicht benachteiligt. Wichtigster Nachteil ist der Zugang zu Kapital und Kredit, wobei Basel II diesbezüglich Abhilfe verspricht. Probleme bereiten den KMU zudem mangelnde Informationen auf wichtigen Gebieten wie den neuen Technologien oder der Erschließung neuer Märkte, administrative Belastungen sowie die verhältnismäßig höheren Kosten für die Einhaltung der staatlichen Vorschriften über Gesundheit und Arbeitsschutz, die Finanzbuchhaltung, der Steuererhebung sowie die Steuerbelastung.

Sofern das Ausmaß der Wettbewerbsverfälschung auf der einen und die Förderung der wirtschaftlichen Tätigkeit der KMU auf der anderen Seite in einem angemessenen Verhältnis zueinander stehen, ist die Kommission daher bemüht, KMU zu fördern.

12. Auf europäischer Ebene liegt der Schwerpunkt der KMU-Förderung nicht auf einer finanziellen Förderung, sondern in der Verbesserung der Rahmenbedingungen und einer besseren Interessenvertretung der KMU. Zu diesem Zweck hat die Kommission eine Reihe von Fördermaßnahmen ins Leben gerufen. Darunter sind das vierte Mehrjahresprogramm, die Euro-Info-Centren, der Aktionsplan BEST, die Europäische Charta für Kleinunternehmen sowie das Amt eines KMU-Beauftragten. Sie alle sind wesentlicher Bestandteil des Ziels, die Europäische Union zum wettbewerbsfähigsten und dynamischsten, wissensbasierten Wirtschaftsraum der Welt zu machen.

III. Teil D. Beihilfen an KMU

13. KMU sind die großen Gewinner der Neuausrichtung der Beihilfenvergabe. Bereits im Jahr 2002 nahmen KMU-Beihilfen 14 % des Beihilfegesamtvolumens in der EU-15 ein. Aufgrund des anhaltenden Neuausrichtungsprozesses ist davon auszugehen, dass ihr Anteil noch steigen wird.

14. Beihilfen sind gem. Art. 87 I EG verboten. Auch Fördermaßnahmen zugunsten von KMU erfüllen den Tatbestand der Beihilfe und sind damit vom Grundsatz des Beihilfenverbots erfasst.

15. Art. 87 II und III EG enthalten Ausnahmen vom Grundsatz des Beihilfenverbots. Während Art. 87 II EG die Legalausnahmen vom Beihilfenverbot enthält, erfasst Art. 87 III EG Sachverhalte, bei deren Vorliegen die Kommission Beihilfen genehmigen kann. Art. 87 III EG vermittelt der Kommission hierbei einen weiten und nur eingeschränkt gerichtlich überprüfbaren Ermessensspielraum. Das der Kommission eingeräumte Ermessen ist für bestimmte Arten von Beihilfen, so auch für Beihilfen an KMU, durch Mitteilungen, Leitlinien und Gemeinschaftsrahmen gebunden. Sie führen zu einer Transparenz und Vorhersehbarkeit der Kommissionsentscheidungen.

16. Die Genehmigung von Beihilfen unterliegt einer strengen Überwachung durch die Kommission. Das Verfahren hierzu ist in Art. 88 EG i.V.m. der VVO 659/1999 EG geregelt. Bevor die Mitgliedstaaten eine Beihilfe gewähren können, ist diese bei der Kommission anzumelden. Die Kommission prüft sodann ihre Vereinbarkeit mit dem Gemeinsamen Markt. Bis zur Genehmigung der Beihilfe ist es den Mitgliedstaaten untersagt, die geplante Maßnahme durchzuführen. Das Notifizierungsverfahren ist ein komplizierter und langwieriger Prozess.

17. Am 12. Januar 2001 wurde durch die VO 70/2001 EG das System der Gruppenfreistellungsverordnungen vom Kartellrecht auf das Beihilfenrecht übertragen.

Beihilfen an KMU, die den in der Verordnung festgelegten Voraussetzungen entsprechen, sind mit dem Gemeinsamen Markt gem. Art. 87 III EG vereinbar. Die Kommission verfolgte mit dieser Freistellungsregelung das Ziel, die Beihilfenvergabe zu dezentralisieren und transparenter zu gestalten.

18. Inhaltlich entspricht die VO 70/2001 im Wesentlichen ihrem Vorgänger dem Gemeinschaftsrahmen für KMU aus dem Jahr 1996.

In verfahrensrechtlicher Hinsicht brachte sie jedoch zahlreiche Veränderungen. Beihilfen, die im Einklang mit der VO 70/2001 EG stehen, müssen nicht mehr bei der Kommission gem. Art. 88 III 1 EG, Art. 2 I 1 VVO angemeldet werden und unterliegen damit nicht mehr dem Durchführungsverbot. Die Genehmigung einer Beihilfe für KMU kann unmittelbar und eigenverantwortlich von den einzelstaatlichen beihilfevergebenden Stellen erfolgen. Das im EG-Vertrag vorgesehene ex-ante Kontrollverfahren musste dementsprechend auf eine ex-post Überwachung umgestellt werden.

19. Die VO 70/2001 bringt allen am Beihilfeverfahren Beteiligten Vorteile:

Die Kommission wird von einer Vielzahl unproblematischer Anmeldungen befreit. Die damit einhergehende Arbeitsentlastung ermöglicht es ihr, sich auf die großen, den Wettbewerb stark verzerrenden Fälle zu konzentrieren.

Die Beihilfeempfänger profitieren von dem beschleunigten Verfahren und einer erhöhten Transparenz bei der Beihilfenvergabe.

Die beihilfevergebenden Stellen können KMU mit weniger Verwaltungsaufwand und ohne den durch das langwierige Genehmigungsverfahren einhergehenden Zeitverlust fördern.

Die Wettbewerber werden durch die hinzugewonnene Transparenz in die Lage versetzt, sich schnell und unproblematisch über die an ihre Konkurrenten vergebenen Beihilfen zu informieren und gegebenenfalls zur Wehr zu setzen. Aufgrund der unmittelbaren Anwendbarkeit der VO 70/2001 EG können sie zudem die materielle Vereinbarkeit der Beihilfe von den nationalen Gerichten überprüfen lassen.

20. Bei Einführung der VO 70/2001 EG bestanden zahlreiche Bedenken. Diese betrafen vor allem die hohe Verantwortung für die beihilfevergebenden Stellen und Beihilfeempfänger, die mangelnde Rechtssicherheit durch fehlende Abstimmung zwischen Kommission und Mitgliedstaaten bei Genehmigung einer Beihilfe als auch die Erwartungen hinsichtlich einer effektiveren Beihilfenkontrolle sowie einer Arbeitsentlastung der Kommission. Diese im Vorfeld geäußerten Bedenken haben sich jedoch entweder nicht erfüllt oder aber waren unbegründet.

21. Die meisten Probleme im Zusammenhang mit der VO 70/2001 EG resultierten aus der unzureichenden Definition für KMU. Die neue Empfehlung 2003/361 EG verspricht diesbezüglich Abhilfe.

22. Die Überarbeitung der VO 70/2001 EG durch die VO 364/2004 EG bewirkte im Wesentlichen nur eine Erweiterung des Anwendungsbereichs auf Forschungs- und Entwicklungsbeihilfen. Ihr Erlass ist jedoch symptomatisch dafür, dass sich die Gruppenfreistellungsverordnungen im Bereich des Beihilfenrechts bewährt haben.

Literaturverzeichnis

Bartosch, Andreas, Die neuen Gruppenfreistellungsverordnungen im EG Beihilfenrecht, NJW 2001, S. 921-927

Bartosch, Andreas, 5 Jahre Verfahrensverordnung in Beihilfesachen, eine Zwischenbilanz, EuZW 2004, S. 43-49

Baseler Ausschuss für Bankenaufsicht, Konsultationspapier, Die neue Baseler Eigenkapitalvereinbarung, im Internet abrufbar unter http://www.bundes bank. de/download/bankenaufsicht/pdf/CP3_Deutsch.pdf (18.02.2006)

Becker, Yvonne, Gemeinschaftsrechtliche Zulässigkeit staatlicher Produktinformationen und –empfehlungen, EuR 2002, S. 418-440

Belitz, Heike, Ein neuer Ansatz zur Förderung der Kooperation von öffentlichen Forschungseinrichtungen mit kleinen und mittleren Unternehmen, Wochenbericht des DIW Berlin 6/03, im Internet abrufbar unter http://www. diw.de/deutsch/produkte/publikationen/wochenberichte/docs/03-06-2.html (18.02.2006), zit.: Belitz, Wochenbericht des DIW Berlin 6/03

Bennicke, Christoph, Zum Unternehmensbegriff des Europäischen Wettbewerbsrechts, EWS 1997, S. 373-379

Bieber, Roland / Epiney, Astrid / Haag, Marcel, Die Europäische Union, Europarecht und Politik, 6. Auflage, Baden-Baden 2005, zit.: Bieber/Epiney/ Haag, Europäische Union, §, Rn.

Bleckmann, Albert, Europarecht, Das Recht der Europäischen Union und der Europäischen Gemeinschaft, 6. Auflage, München 1997, zit.: Bearbeiter, in: Bleckmann, Europarecht, S., Rn.

Bonkamp, Josef, Die Bedeutung des gemeinschaftsrechtlichen Beihilfeverbotes für die Beteiligung der öffentlichen Hand an einer Kapitalgesellschaft, Dissertation, München 2000, zit.: Bonkamp, Beteiligung der öffentlichen Hand, S.

Borchardt, Klaus-Dieter, Die rechtlichen Grundlagen der Europäischen Union, 2. Auflage, Heidelberg 2001, zit.: Borchardt, Grundlagen der EU, S., Rn.

Börner, Bodo / Neundörfer, Konrad, Recht und Praxis der Beihilfen im Gemeinsamen Markt, Das Beihilferecht der Europäischen Gemeinschaften, Bd. 32, München 1984, zit.: Bearbeiter, in: Börner/Neundörfer, Beihilfen im Gemeinsamen Markt

Bundesministerium für Bildung und Forschung, EUREKA Dokumentation 2002, Leitfaden, im Internet abrufbar unter http://www.eureka.be/ifs/files/public/ Eureka/Members/Germany/Publications/leitfaden2002.pdf (10.10.2004)

Bundesregierung, Umsetzungsbericht Deutschlands zur Europäischen Charta für Kleinunternehmen aus dem Jahr 2003, im Internet abrufbar unter http://

europa.eu.int/comm/enterprise/enterprise_policy/charter/2004_charter_docs/report_germany_2003.pdf (18.02.2006)

Calliess, Christian / Ruffert, Matthias, Kommentar zu EU-Vertrag und EG-Vertrag, 2. Auflage, Darmstadt 2002, zit.: Bearbeiter, in: Calliess/Ruffert, Kommentar zum EGV, Art., Rn.

Caspari, Manfred, Die Beihilferegeln des EWG-Vertrages und ihre Anwendung, Festschrift für Hans von der Groeben zu seinem 80. Geburtstag, S. 69-91, 1. Auflage, Baden-Baden 1987, zit.: Caspari, in: FS für v. d. Groeben, S.

Danwitz, Thomas von, Grundfragen der Europäischen Beihilfeaufsicht, JZ 2000, S. 429-434

Dreher, Meinrad, Die staatliche Eigenkapitalzufuhr an Gesellschaften als Beihilfe im Sinne des EG-Vertrages, Gedächtnisschrift für Brigitte Knobbe-Keuk, S. 583-607, Köln 1997, zit.: Dreher, in: GS für Knobbe-Keuk, S.

Dreher, Meinrad, Der neue Einfluss des europäischen Kartellrechts – der Unternehmensbegriff als Beispiel, WuW 2004, S. 471

Erlbacher, Friedrich, Die neuen Leitlinien der Kommission für die Vergabe staatlicher Regionalbeihilfen, EuZW 1998, S. 517-522

Europäische Kommission, Anzeiger für staatliche Beihilfen, Ausgabe vom Frühjahr 2002, KOM (2002) 242 endg., im Internet abrufbar unter http://europa.eu.int/eurlex/de/com/rpt/2002/com2002_0242de01.pdf (12.05.2004), zit.: Beihilfenanzeiger, Frühjahr 2002, S.

Europäische Kommission, Folgenabschätzungsbogen, Auswirkungen des vorgeschlagenen Rechtsakts auf die Unternehmen unter besonderer Berücksichtigung der kleinen und mittleren Unternehmen (KMU), im Internet abrufbar unter http://europa.eu.int/comm/enterprise/consultations/sme_definiton/consultation2/153_sme_definition_25_6_2002_pp13_28_de.pdf (18.2.2006), zit.: Vorentwurf für ein Muster zur Selbsteinstufung der KMU - Folgenabschätzungsbogen, S.

Europäische Kommission, Arbeitsdokument der Kommissionsdienststellen, Ein unter-nehmerisches Europa schaffen, Die Aktivitäten der Europäischen Union zur Förderung von kleinen und mittleren Unternehmen (KMU), KOM (2003) 26 endg., im Internet abrufbar unter http://europa.eu.int/comm/enterprise/entrepreneurship/promoting_entrepreneurship/doc/2003sec58_de.pdf (18.02.2006), zit.: Die Aktivitäten der Europäischen Union zur Förderung von kleinen und mittleren Unternehmen, KOM (2003) endg. 26, S

Europäische Kommission, XXXII. Bericht über die Wettbewerbspolitik 2002, SEK (2003) 467 endg.

Europäische Kommission, Pressemitteilung der Kommission vom 24.04.2004 IP/02/606, im Internet abrufbar unter http://europa.eu.int/rapid/pressReleasesAction.do?reference=IP/02/606&format=HTML&aged=0&language=DE&guiLanguage=en (18.02.2006), zit.: Pressemitteilung der Kommission vom 24.04.2004 - IP/02/606

Europäische Kommission, Mitteilung der Kommission an den Rat und das Europäische Parlament, „Thinking small" in einer größer werdenden Union, KOM (2003) 26 endg., im Internet abrufbar unter http://europa.eu.int/smartapi/cgi/sga_doc?Smartapi!celexplus!prod!DocNumber&lg=de&type_doc=COMfinal&an_doc=2003&nu_doc=26 (18.02.2006), zit.: Mitteilung der Kommission an den Rat und das Europäische Parlament: „Thinking small" in einer größer werdenden Union, KOM (2003) 26 endg., S.

Europäische Kommission, Entwurf einer Mitteilung der Kommission, Neue Leitlinien für die Prüfung staatlicher Beihilfen von relativ geringer Höhe, im Internet abrufbar unter http://europa.eu.int/comm/competition/state_aid/others/lesser/de.pdf (18.08. 2004), zit.: Mitteilungsentwurf der Kommission für Leitlinien für die Prüfung staatlicher Beihilfen von relativ geringer Höhe, Rn.

Europäische Kommission, Entwurf einer Mitteilung der Kommission, Ein neuer Gemeinschaftsrahmen für die Bewertung staatlicher Beihilfen mit begrenzten Auswirkungen auf den innergemeinschaftlichen Handel, im Internet abrufbar unter, http://europa.eu.int/comm/competition/state_aid/others/limited/de.pdf (20.08.2004), zit.: Mitteilungsentwurf der Kommission für einen neuen Gemeinschaftsrahmen für die Bewertung staatlicher Beihilfen mit begrenzten Auswirkungen auf den innergemeinschaftlichen Handel, Rn

Europäische Kommission, Mitteilung der Kommission an den Rat, Fortschrittsbericht der Kommission über die Reduzierung und Neuausrichtung der staatlichen Beihilfen, KOM (2002) 555 endg., im Internet abrufbar unter http://europa.eu.int/comm/competition/state_aid/others/progress_report/de.pdf (18.02.2006), zit.: Mitteilung der Kommission: Fortschrittsbericht der Kommission über die Reduzierung und Neuausrichtung der staatlichen Beihilfen, KOM (2002) 555 endg., S.

Europäische Kommission, Anzeiger für staatliche Beihilfen, Ausgabe vom Frühjahr 2003, KOM (2003) 225 endg., im Internet abrufbar unter http://europa.eu.int/eur-lex/de/com/rpt/2003/com2003_0225de01.pdf (18.02.2006), zit.: Beihilfenanzeiger, Frühjahr 2003, S.

Europäische Kommission, Anzeiger für staatliche Beihilfen, Ausgabe vom Frühjahr 2004, - Entwurf -, KOM (2004) 256 endg., im Internet abrufbar unter http://europa.eu.int/eur-lex/de/com/rpt/2004/com2004_0256de01.pdf (18.02.2006), zit.: Beihilfenanzeiger, Frühjahr 2004, S.

Europäische Kommission, Vorentwurf einer Empfehlung der Kommission zur Änderung der Empfehlung 96/280 EG vom 25. Juni 2002, im Internet abrufbar unter http://europa.eu.int/comm/enterprise/consultations/ sme_definition/consultation2/153_sme_definition_25_6_2002_pp1_11_de.pdf (18.02.2006), zit.: Art. / Erwägungsgrund - Vorentwurf

Europäische Kommission, Vorentwurf einer Mitteilung der Kommission, Beispiel für eine Erklärung über die zur Einstufung als KMU erforderlichen Angaben, im Internet abrufbar unter http://europa.eu.int/comm/enterprise/consultations/sme_definition/consultation2/153_sme_definition_25_6_2002_pp13_28_de.pdf (19.12. 2003), zit.: Vorentwurf für ein Muster zur Selbsteinstufung der KMU, S.

Europäische Kommission, Europäische Charta für Kleinunternehmen, im Internet abrufbar unter http://europa.eu.int/comm/enterprise/enterprise_policy/ charter/charter_de.pdf (28.12.2003), zit.: Europäische Charta für Kleinunternehmen, S.

Europäische Kommission, Bericht über die Umsetzung der Europäischen Charta für Kleinunternehmen in den Beitrittsländern, SEK (2003) 57, im Internet abrufbar unter http://europa.eu.int/scadplus/leg/de/lvb/n26002.htm (18.02. 2006), zit.: Bericht über die Umsetzung der Europäischen Charta für Kleinunternehmen in den Beitrittsländern, SEK (2003) 57, S.

Europäische Kommission, Abänderung der KMU-Definition, Resultate der ersten externen Konsultation und in Betracht gezogene Folgerungen, im Internet abrufbar unter http://europa.eu.int/comm/enterprise/consultations/sme_ definition/consultation2/internet_infonote_702_de.pdf (18.02.2006), zit.: Resultate der ersten externen Konsultation, S.

Europäische Kommission, Entwurf einer Empfehlung der Kommission zur Änderung der Empfehlung 96/280 EG, im Internet abrufbar unter http://europa.eu.int/comm/enterprise/consultations/sme_definition/documents/com_smes_de.pdf (18.02.2006), zit.: Art. / Erwägungsgrund - Änderungsentwurf

Europäische Kommission, Arbeitspapier der Kommissionsdienststellen, Der KMU-Beauftragte: eine aktive Schnittstelle zwischen der Kommission und dem Mittelstand, SEK (2003) 60, im Internet abrufbar unter http://europa.eu.int/comm/enterprise/entrepreneurship/sme_envoy/pdf/rapport_sme_envoy_de.pdf (18.02.2006), zit.: Der KMU-Beauftragte: eine aktive Schnittstelle zwischen der Kommission und dem Mittelstand, SEK (2003) 60, S.

Europäische Kommission, VI. Bericht über die Wettbewerbspolitik 1976

Europäische Kommission, VIII. Bericht über die Wettbewerbspolitik 1978

Europäische Kommission, XX. Bericht über die Wettbewerbspolitik 1990

Europäische Kommission, XXI. Bericht über die Wettbewerbspolitik 1991

Europäische Kommission, XXIV. Bericht über die Wettbewerbspolitik 1994

Europäische Kommission, XXVI. Bericht über die Wettbewerbspolitik 1996, SEK (1997) 628 endg.
Europäische Kommission, XXVII. Bericht über die Wettbewerbspolitik 1997, SEK (1998) 636 endg.
Europäische Kommission, XXIX. Bericht über die Wettbewerbspolitik 1999, SEK (2000) 720 endg.
Europäische Kommission, XXX. Bericht über die Wettbewerbspolitik 2000, SEK (2001) 694 endg.
Europäische Kommission, XXXI. Bericht über die Wettbewerbspolitik 2001, SEK (2002) 462 endg.
Europäische Kommission, KMU-Definition, interne Mitteilung von Herrn Liikanen an die Kommission - ENTR PE 2001/153/A1, nicht veröffentlicht, zit.: interne Mitteilung an die Kommission, S.
Europäische Kommission, Bericht der Kommission an den Rat, an das Europäische Parlament, an den Wirtschafts- und Sozialausschuss und an den Ausschuss der Regionen, Ein unternehmerisches Europa schaffen – Die Aktivitäten der Union zur Förderung von KMU, KOM (2001) 98 endg., zit.: Mitteilung der Kommission: Ein unternehmerisches Europa schaffen – Die Aktivitäten der Union zur Förderung von KMU, KOM (2001) 98 endg., S.
Europäische Kommission, Bericht der Kommission an den Rat, an das Europäische Parlament, an den Wirtschafts- und Sozialausschuss und an den Ausschuss der Regionen, Ein unternehmerisches Europa schaffen – Die Aktivitäten der Union zur Förderung von KMU, KOM (2001) 98 endg., im Internet abrufbar unter http://europa.eu.int/comm/enterprise/entrepreneurship/promoting_entrepreneurship/doc/com2001-98_de.pdf (10.01. 2005), zit.: Mitteilung der Kommission: Ein unternehmerisches Europa schaffen – Die Aktivitäten der Union zur Förderung von KMU, KOM (2001) 98 endg., S.
Europäische Kommission, Auswirkungen der Erweiterung auf die Industrie, SEC (2003) 234, im Internet abrufbar unter http://europa.eu.int/comm/enterprise/enterprise_policy/industry/doc/sec_234_2003_de.pdf (22.10.2004), zit.: Auswirkungen der Erweiterung auf die Industrie, SEC (2003) 234
Europäische Kommission, Pressemitteilung der Kommission vom 8. Mai 2003, im Internet abrufbar unter, http://europa.eu.int/rapid/start/cgi/guesten.ksh?p_action.Gettxt=gt&doc=IP/03/652|0|RAPID&lg=DE&display= (22.11.2003), zit.: Pressemitteilung der Kommission vom 8. Mai 2003
Europäische Kommission, Pressemitteilung der Kommission vom 7.5.2003, IP/03/641, im Internet abrufbar unter http://europa.eu.int/rapid/pressReleasesAction.do?reference=IP/03/641&format=HTML&aged=0&language=DE&guiLanguage=en (18.02.2006), zit.: Pressemitteilung der Kommission vom 7.05.2003 - IP/03/641

Europäische Kommission, Pressemitteilung der Kommission vom 6.12.2000, IP/00/1415, zit.: Pressemitteilung der Kommission vom 6.12.2000 - IP/00/1415

Europäischer Rat, Schlussfolgerungen des Vorsitzes, Europäischer Rat (Stockholm), 23. und 24. März 2001, im Internet abrufbar unter http://www.ue.eu.int/ueDocs/cms_Data/docs/pressData/de/ec/ACF191B.html (5.11.2004), zit.: Schlussfolgerungen des Europäischen Rates vom 23. und 24. März 2001 (Stockholm), Ziffer

Europäischer Rat, Schlussfolgerungen des Vorsitzes, Europäischer Rat (Barcelona), 15. und 16. März 2002, im Internet abrufbar unter http://www.ue.eu.int/ueDocs/cms_Data/docs/pressData/de/ec/71067.pdf (5.11.2004), zit.: Schlussfolgerungen des Europäischen Rates vom 15. und 16. März 2002 (Barcelona), Ziffer

Eurostat, SMEs in Europe – Candidate countries, Theme 4 – Industry, trade and services, Luxemburg 2003, im Internet abrufbar unter http://epp.eurostat.cec.eu.int/cache/ITY_OFFPUB/KS-CJ-04-001/FR/KS-CJ-04-001-FR.PDF (10.01.2005), zit.: Eu-rostat, SMEs in Europe – Candidate Countries, 2003, S.

Evans, Andrew, European Community law of state aid, Oxford 1997, zit.: Evans, state aid, S.

Fischer, Hans Georg, Die neue Verfahrensordnung zur Überwachung staatlicher Beihilfen nach Art. 93 (jetzt Art. 88) EGV, ZIP 1999, S. 1426-1433

Fischer, Hans Georg, Europarecht, 3. Auflage, München 2001, zit.: Fischer, Europarecht, S., Rn.

Friesen, Alexander von, Staatliche Haftungszusagen für öffentliche Kreditinstitute aus europarechtlicher Sicht, Dissertation, Stuttgart 1998, zit.: v. Friesen, Staatliche Haftungszusagen, S.

Geiger, Rudolf, EUV/EGV, Vertrag über die Europäische Union und Vertrag zur Gründung der Europäischen Gemeinschaft, 4. Auflage, München 2004, zit.: Geiger, EGV, Art., Rn.

Generaldirektion Unternehmen, Beobachtungsnetz der europäischen KMU 2002, KMU im Brennpunkt, Hauptergebnisse des Beobachtungsnetzes der europäischen KMU 2002, zit.: Beobachtungsnetz der europäischen KMU 2002, Hauptergebnisse 2002, S.

Generaldirektion Unternehmen, Beobachtungsnetz der europäischen KMU 2002, Nr.2, KMU in Europa – inklusive einer ersten Betrachtung der Beitrittsländer, zit.: Beobachtungsnetz der europäischen KMU 2002, Nr. 2 - KMU in Europa – inklusive einer Betrachtung der Beitrittsländer, S.

Generaldirektion Unternehmen, Beobachtungsnetz der europäischen KMU 2002, Nr. 5, Unternehmensdemografie in Europa, zit.: Beobachtungsnetz der europäischen KMU 2002, Nr. 5, S.

Generaldirektion Unternehmen, Bericht über „Förderprogramme der Europäischen Union für KMU Überblick über die wichtigsten Finanzierungsmöglichkeiten für europäische KMU" von Mai 2003, im Internet abrufbar unter http://europa.eu.int/comm/enterprise/entrepreneurship/sme_envoy/pdf/sme_support_programmes_de.pdf (12.10.2004).

Generaldirektion Unternehmen, Beobachtungsnetz der europäischen KMU 2003, Nr. 6, Die Auswirkungen der EU-Erweiterung auf europäische KMU, zit.: Beobachtungsnetz der europäischen KMU 2003, Nr. 6, S.

Generaldirektion Unternehmen, Beobachtungsnetz der europäischen KMU 2003, Nr. 7, KMU in Europa 2003, zit.: Beobachtungsnetz der europäischen KMU 2003, Nr. 7, S.

Generaldirektion Unternehmen, Beobachtungsnetz der europäischen KMU 2003, Nr. 8, Ausgewählte Ergebnisse des Beobachtungsnetzes 2003, zit.: Beobachtungsnetz der europäischen KMU 2003, Nr. 8, S.

Gornig, Gilbert / Trüe, Christiane, Die Rechtsprechung des EuGH und des EuG zum Europäischen Verwaltungsrecht – Teil 1, JZ 2000, S. 395-406

Grabitz, Eberhard / Hilf, Meinhard, Das Recht der Europäischen Union, Band II: EUV/EGV, München, Stand: April 2003, zit.: Bearbeiter, in: Grabitz/Hilf, Recht der EU, Art., Rn.

Grabitz, Eberhard / Hilf, Meinhard, Das Recht der Europäischen Union, Band III: EUV/EGV, München, Stand: Januar 2005, zit.: Bearbeiter, in: Grabitz/ Hilf, Recht der EU, Art., Rn.

Groeben, Hans von der / Boeckh, Hans von / Thiesing, Jochen / Ehlermann, Claus-Dieter, EWGV Kommentar, 3. Auflage, Baden-Baden 1983, zit.: Bearbeiter, in: Groeben/Boeckh/Thiesing/Ehlermann, EWGV, Art., Rn.

Groeben, Hans von der / Thiesing, Jochen / Ehlermann, Claus-Dieter, Kommentar zum EU-/EG-Vertrag, Band 2 / II: Art. 88-102 EGV, 5. Auflage, Baden-Baden 1999, zit.: Bearbeiter, in: Groeben/Thiesing/Ehlermann, EU-/EG-Vertrag, Art., Rn.

Groeben, Hans von der / Schwarze, Jürgen, Kommentar zum EU-/EG-Vertrag, Band 2: Art. 81-97 EGV, 6. Auflage, Baden-Baden 2003, zit.: Bearbeiter, in: Groeben/ Schwarze, EG, Art., Rn.

Gross, Ivo, Das europäische Beihilfenrecht im Wandel – Probleme, Reformen und Perspektiven, Dissertation, St. Gallen 2003, zit.: Gross, Beihilfenrecht im Wandel, S.

Günterberg, Brigitte / Kayser, Gunter, Institut für Mittelstandsforschung Bonn, SMEs in Germany Facts and Figures 2004, IFM-Materialien Nr. 161, im Internet abrufbar unter http://www.ifm-bonn.org/ (18.02.2006), zit.: Günterberg/Kayser, SMEs in Germany Facts and Figures 2004, S.

Hakenberg, Waltraud / Erlbacher, Friedrich, Die Rechtsprechung des EuGH und EuG auf dem Gebiet der staatlichen Beihilfen in den Jahren 2001 und 2002, EWS 2003, S. 201-216

Harings, Lothar, Europäische Beihilfenkontrolle zwischen Konkurrentenschutz und Staatsbezogenheit, EWS 1999, S. 286-291

Harings, Lothar, Praxis des Europäischen Beihilferechts, Köln 2001, zit.: Harings, Europäisches Beihilferecht, S., Rn.

Hasselmann, Anja, Die Ausschlusstatbestände für den Beihilfebegriff des Art. 87 EGV am Beispiel von Anstaltslast und Gewährträgerhaftung im öffentlich-rechtlichen Bankensystem der Bundesrepublik Deutschland, Dissertation, Bonn 2000, zit.: Hasselmann, Art. 87 EGV, S.

Heidenhain, Martin (Hrsg.) / *Donat, Christoph von*, Praxishandbuch Europäisches Beihilferecht, München 2003, zit.: Bearbeiter, in: Heidenhain, Europäisches Beihilfenrecht, §, Rn.

Herdegen, Matthias, Europarecht, 4. Auflage, München 2004

Heskamp, Dieter, Die Vereinbarkeit allgemeiner und horizontaler Beihilfen und Beihilferegelungen mit Art. 87 EGV, Dissertation, Münster 2001, zit.: Heskamp, Horizontale Beihilfen, S.

Hoischen, Stefan, Die Beihilferegelung in Art. 92 EWGV, München 1989, zit.: Hoischen, Beihilferegelung in Art. 92 EWGV, S.

Hommel, Ulrich / Schneider, Hilmar, Financing the German Mittelstand, EIB Papers 2003, Volume 8 N° 2, S. 52-90, im Internet abrufbar unter http://www.eib.org/efs/eibpapers/y03n2v8/y03n2all.pdf (10.01.2005), zit.: Hommel/Schneider, EIB Pa-pers 2003, Volume 8 N° 2, S.

Institut für Mittelstandsforschung, SMEs in Germany 2004, im Internet abrufbar unter http://www.ifm-bonn.org/ (18.02.2006)

ipr helpdesk, Die neue Definition kleiner und mittlerer Unternehmen (KMU), im Internet abrufbar unter http://www.ipr-helpdesk.org/documentos/docsPublicacion/html_xml/8_SME-New-Definition%5B0000004167_01%5D.html (22.06.2004), zit.: ipr helpdesk: Die neue Definition kleiner und mittlerer Unternehmen (KMU), S.

Jaeger, Thomas, Nachträgliche Beihilfengenehmigung und der Rechtsschutz von Kon-kurrenten vor nationalen Gerichten, EuZW 2004, S. 78-80

Jennert, Carsten, Wirtschaftliche Tätigkeit als Voraussetzung für die Anwendbarkeit des europäischen Wettbewerbsrechts, WuW 2004, S. 37-47

Jestaedt, Thomas / Häsemeyer, Ulrike, Die Bindungswirkung von Gemeinschaftsrahmen und Leitlinien im EG-Beihilfenrecht, EuZW 1995, S. 787-792

Jung, Lothar / Hassold, Helge, Die Neuordnung der deutschen und europäischen Regio-nal-/ Strukturförderung vor dem Hintergrund der Beihilfenkontrolle und der Agenda 2000, DÖV 2000, S. 190-198

Kilb, Wolfgang, Beihilfenkontrolle: Reform der Rettungs- und Umstrukturierungsleitlinien, EWS 2004, S. 55-62

Kilb, Wolfgang, Subventionskontrolle durch europäisches Beihilferecht – Eine Übersicht, JuS 2003, S. 1072-1076

Kilian, Wolfgang, Europäisches Wirtschaftsrecht, 2. Auflage, München 2003, zit.: Kilian, Wirtschaftsrecht, S., Rn.

Klein, Eckart / Haratsch, Andreas, Mitgliedstaatliche Regionalförderung insbesondere zugunsten kleiner und mittlerer Unternehmen (KMU) aus der Sicht des EG-Rechts, EWS 1997, S. 410-420

Koenig, Christian, Fremd- und Eigenkapitalzufuhr an Unternehmen durch die öffentliche Hand auf dem Prüfstand des EG-Beihilfenrechts, ZIP 2000, S. 53-59

Koenig, Christian / Roth, Wulf-Henning / Schön, Wolfgang, Aktuelle Fragen des Beihilfenrechts, Weichenstellung im EG-Beihilfentatbestand: „Market Economy Investor" – Test und Marktabgrenzung, Heidelberg 2001, zit.: Bearbeiter, in: Koenig/Roth/Schön, Aktuelle Fragen des Beihilfenrechts, S.

Koenig, Christian / Sander, Claude, Die verbrauchervermittelte Unternehmensbegünstigung auf dem Prüfstein des EG-Beihilfenrechts, EuR 2000, S. 743-767

Koenig, Christian / Haratsch, Andreas, Europarecht, 4. Auflage, Tübingen 2003, zit.: Koenig/Haratsch, Europarecht, S., Rn.

Koenig, Christian / Kühling, Jürgen, Beihilfen an kleine und mittlere Unternehmen (KMU) unter Berücksichtigung der geplanten EG-Verordnung für KMU, DVBl 2000, S. 1025-1035

Koenig, Christian / Kühling, Jürgen, Grundfragen des EG-Beihilfenrechts, NJW 2000, S. 1065-1074

Koenig, Christian / Kühling, Jürgen / Ritter, Nicolai, EG-Beihilfenrecht, Heidelberg 2002, zit.: Koenig/Kühling/Ritter, EG-Beihilfenrecht, S.

Koenig, Christian / Ritter, Nicolai, Die EG-beihilfenrechtliche Behandlung von Gesellschafterdarlehen, ZIP 2000, S. 769-777

Koenig, Christian / Kühling, Jürgen, Reform des EG-Beihilfenrechts aus der Perspektive des mitgliedstaatlichen Systemwettbewerbs, EuZW 1999, S. 517-523

Koenig, Christian / Haratsch, Andreas, Europarecht, 4. Auflage, Tübingen 2003, zit.: Koenig/Haratsch, Europarecht, S., Rn.

Krause, Rüdiger, Die Stellung von KMU im europäischen Gesellschaftsrecht, EuZW 2003, S. 747-751

Kruse, Eberhard, Bemerkungen zur gemeinschaftlichen Verfahrensverordnung für die Beihilfenkontrolle, NVwZ 1999, S. 1049-1056

Langen, Eugen / Bunte, Hermann-Josef, Kommentar zum deutschen und europäischen Kartellrecht, Band 1, 9. Auflage, Berlin 2001, zit.: Bearbeiter, in: Langen/Bunte, Kartellrecht, §, Rn.

Lefèvre, Dieter, Staatliche Ausfuhrförderung und das Verbot wettbewerbsverfälschender Beihilfen im EWG-Vertrag, Baden-Baden 1977, zit.: Lefèvre, Staatliche Ausfuhrförderung, S.

Lenz, Carl Otto (Hrsg.) */ Birk, Rolf,* EG-Handbuch Recht im Binnenmarkt, Herne 1991, zit.: Bearbeiter, in: Lenz/Birk, EG-Handbuch, S.

Lenz, Carl Otto / Borchardt, Klaus-Dieter, EU- und EG-Vertrag, Kommentar, 3. Auflage, Köln 2003, zit.: Bearbeiter, in: Lenz/Borchardt, EG-Vertrag, Art., Rn.

Lübbig, Thomas / Martín–Ehlers, Andrés, Beihilfenrecht der EU, München 2003, zit.: Lübbig/Martín-Ehlers, Beihilfenrecht der EU, S., Rn.

Ludwigs, Markus, Dezentralisierung der Europäischen Beihilfenkontrolle: Ein Dilemma für den Beihilfenempfänger?, EuZW 2004, S. 577

Lumma, Moritz, Die Stellung Dritter in der Beihilfenkotrolle, EuZW 2004, S. 457-462

Maag, Andreas, Das Verbot wettbewerbsverfälschender Beihilfen im EWG-Vertrag und im Freihandelsabkommen zwischen der europäischen Wirtschaftsgemeinschaft, Dissertation, Zürich 1979, zit.: Maag, Verbot wettbewerbsverfälschender Beihilfen, S.

Mähring, Matthias, Grundzüge des EG-Beihilfenrechts, JuS 2003, S. 448-453

Marauhn, Thilo (Hrsg.) / *Heselhaus, Sebastian* (Hrsg.), Staatliche Förderung für regionale Produkte – Protektionismus oder Umwelt- Verbraucherschutz?, Tübingen 2004, zit.: Bearbeiter, in: Marauhn/Heselhaus, Staatliche Förderung, S.

Matthies, Heinrich, Grundlagen des Subventionsrechts und Kompetenzen aus EG-rechtlicher Sicht, ZHR 1988, S. 442-454

Mestmäcker, Ernst-Joachim / Schweitzer, Heike, Europäisches Wettbewerbsrecht, 2. Auf-lage, München 2004, zit.: Mestmäcker/Schweitzer, Europäisches Wettbewerbsrecht, §, Rn.

Monti, Mario, Rede von Wettbewerbskommissar Monti vom 30. Mai 2000, Speech/ 00/113 – The Community´s state aid Policy, im Internet abrufbar unter http://europa.eu.int/rapid/pressReleasesAction.do?reference=SPEECH/00/113&format=HTML&aged=0&language=EN&guiLanguage=en (10.10.2005), zit.: Rede von Wettbewerbskommissar Monti vom 30.5.2000 (Speech/00/113) - The Community´s state aid Policy

Möschel, Wernhard, Industriepolitik auf dem Vormarsch?, Festschrift für Karl Beusch zum 68. Geburtstag, S. 593–603, Berlin 1993, zit.: Möschel, in: FS für Beusch, S.

Müller-Graff, Peter-Christian, Die Erscheinungsformen der Leistungssubventionstatbestände aus wirtschaftsrechtlicher Sicht, ZHR 1988, S. 403-438

Nowak, Carsten, Die Entwicklung des EG-Beihilfekontrollrechts in den Jahren 1998, 1999 und 2000, EuZW 2001, S. 293-306

Nowak, Carsten, Die Entwicklung des EG-Beihilfenkontrollrechts in den Jahren 2001 und 2002, EuZW 2003, S. 389-403

Papier, Hans-Jürgen, Rechtsformen der Subventionierung und deren Bedeutung für die Rückabwicklung, ZHR 1988, S. 493-508

Pechstein, Matthias, Anmerkung zu VG Magdeburg: Verbilligte Vergabe forstwirtschaftlicher Flächen und EG-Beihilfenrecht, EuZW 1998, S. 671-672

Podlesak, Thomas / Lindig, Stefan, Staatliche Beihilfe in der Tschechischen Republik aus wettbewerbsrechtlicher Sicht, WiRO 2002, S. 199-202

Remlinger, Utz, Die Einwirkung des Gemeinschaftsrechts auf die Rückabwicklung rechtswidriger Beihilfeverhältnisse, Berlin 2001, zit: Remlinger, rechtswidrige Beihilfeverhältnisse, S

Reuter, Alexander, Die Projektfinanzierung öffentlich-rechtlicher Aufgaben aus dem Blickwinkel des Beihilferechts: Public-Private Partnerships nach EuGH-Ferring aus Bankensicht, ZIP 2002, S. 737-747

Ross, Malcolm, State aids and national courts: Definitions and other problems – a case of premature emancipation?, CMLR 2000, S. 401–423

Schäfer, Marcus / Singer, Stefan, Mittelstand und EG-Richtlinien, Heidelberg 1995

Schäfer, Peter, Studienbuch Europarecht, Das Wirtschaftsrecht der EG, 2. Auflage, Stuttgart 2003, zit.: Schäfer, Wirtschaftsrecht der EG, S.

Schina, Despina, State Aids under the EEC Treaty, Oxford 1987, zit.: Schina, State Aids, S.

Schmidt, Rolf, Besonderes Verwaltungsrecht, 6. Auflage, München 2002, zit.: Schmidt, Besonderes Verwaltungsrecht, S.

Schnelle, Ulrich / Bartosch, Andreas (Hrsg.), Europarecht in der Unternehmens- und Beratungspraxis, Heidelberg 2004, zit.: Schnelle/Bartosch, Europarecht in der Unternehmens- und Beratungspraxis, S.

Schröter, Helmuth / Jakob, Thinam / Mederer, Wolfgang, Kommentar zum Europäischen Wettbewerbsrecht, 1. Auflage, Baden-Baden 2003, zit.: Bearbeiter, in: Schröter/Jakob/Mederer, Europäisches WR, Art., Rn.

Schroth, Hans-Jürgen / Koch, Christian, Subventionsbeschwerde, München 2001, zit.: Schroth/Koch, Subventionsbeschwerde, S.

Schütterle, Peter, Das Interesse der Konkurrenten in der EG-Beihilfenkontrolle nach Art. 92 ff. EGV, EuZW 1994, S. 265-269

Schütterle, Peter, Wende in der Europäischen Beihilfenkontrolle?, Anmerkungen zum Entwurf einer Durchführungsverordnung gem. Art. 94 EGV und zur Anwendbarkeit des Art. 92 II lit. c EGV, EuZW 1997, S. 33

Schütterle, Peter, Die Beihilfenkotrollpraxis der Europäischen Kommission im Spannungsfeld zwischen Recht und Politik, EuZW 1995, S. 391-396

Schütterle, Peter, Effiziente Kontrolle staatlicher Beihilfen in den mittel- und osteuropäischen Ländern als Beitrittskriterium, EuZW 2001, S. 711-714

Schwarze, Jürgen, „Subventionen im Gemeinsamen Markt und der Rechtsschutz des Konkurrenten", Gedächtnisschrift für Wolfgang Martens, Berlin 1987, S. 819-850, zit.: Schwarze, in: GS für Martens, S.

Schwarze, Jürgen, EU-Kommentar, 1. Auflage, Baden-Baden 2000, zit.: Bearbeiter, in: Schwarze, EUV, Art., Rn.

Sinnaeve, Adinda, Die ersten Gruppenfreistellungen: Dezentralisierung der Beihilfenkontrolle?, EuZW 2001, S. 69-77

Sinnaeve, Adinda, Block exemptions for state aid: More scope for state aid control by memeber states and competitors, CMLR 2001, S. 1479-1501

Sinnaeve, Adinda, Die neue Verfahrensverordnung in Beihilfesachen, EuZW 1999 S. 270-277

Sinnaeve, Adinda, Der Kommissionsvorschlag zu einer Verfahrensverordnung für die Beihilfenkontrolle, EuZW 1998, S. 268-273

Sinnaeve, Adinda, Die Rückforderung gemeinschaftsrechtswidriger nationaler Beihilfen, Dissertation, Berlin 1997, zit.: Sinnaeve, Rückforderung nationaler Beihilfen, S.

Sinnaeve, Adinda / Slot, Piet Jan, The new regulation on state aid procedures, CMLR 1999, S.1153–1194

Soltész, Ulrich, Der Rechtsschutz des Konkurrenten gegen gemeinschaftswidrige Beihilfen vor nationalen Gerichten, EuZW 2001, S. 202-207

Soltész, Ulrich, Kein Freifahrschein für nationale Subventionspolitik – die neuen Gruppenfreistellungsverordnungen im Europäischen Beihilferecht, ZIP 2001, S. 278-284

Staebe, Erik, Rechtsschutz bei gemeinschaftswidrigen Beihilfen vor europäischen und deutschen Gerichten, Dissertation, Hamburg 2001, zit.: Staebe, Rechtsschutz bei gemeinschaftswidrigen Beihilfen, S.

Steindorff, Ernst, Beihilfeverbote im Gemeinschaftsrecht und nationales Privatrecht, Festschrift für Ernst-Joachim Mestmäcker, S. 497-520, Baden-Baden 1996, zit.: Steindorff, in: FS für Mestmäcker, S.

Stober, Rolf, Besonderes Wirtschaftsverwaltungsrecht, 13. Auflage, Stuttgart 2004, zit.: Stober, Besonderes Wirtschaftsverwaltungsrecht, §, S.

Stober, Rolf, Allgemeines Wirtschaftsverwaltungsrecht, 14. Auflage, Stuttgart 2004, zit.: Stober, Allgemeines Wirtschaftsverwaltungsrecht, §, S.

Stober, *Rolf / Vogel, Hanspeter*, Subventionsrecht und Subventionspolitik auf dem Prüfstand, Köln 1999, zit.: Bearbeiter, in: Stober/Vogel, Subventionsrecht und Subventionspolitik, S.

Stockhausen, Dirk Hendrik, Beihilfenrechtliche Grenzen einer nationalen Beschäftigungspolitik, Dissertation, Bonn 2003, zit.: Stockhausen, Beihilfenrechtliche Grenzen, S.

Streinz, Rudolf, Europarecht, 6. Auflage, Heidelberg 2003, zit.: Streinz, Europarecht, S., Rn.

Streinz, Rudolf, Kommentar zum EUV/EGV, München 2003, zit.: Bearbeiter, in: Streinz, EUV/EGV, Art., Rn.

Töpfer, Frank-Rainer / Butler, Janet Kerstin, Der Erwerb subventionierter Unternehmen: Rechtsprobleme und Risiken, ZIP 2003, S. 1677-1686

Wagenvoort, Rien, Are finance constraints hindering the growth of SMEs in Europe?, EIB Papers 2003, Volume 8 N° 2, S. 22-50, im Internet abrufbar unter http://www.eib.org/efs/eibpapers/y03n2v8/y03n2all.pdf (10.01.2005), zit.: Wagenvoort, EIB Papers 2003, Volume 8 N° 2, S.

Wagenvoort, Rien, SME finance in Europe: introduction and overview, EIB Papers 2003, Volume 8 N° 2, S. 10-20, im Internet abrufbar unter http://www.eib.org/efs/ eibpapers/y03n2v8/y03n2all.pdf (10.01.2005), zit.: Wagenvoort, EIB Papers 2003, Volume 8 N° 2, S.

Wagner, Anne, Die Stellung der Wettbewerber im Beihilfeaufsichtsverfahren der EG, Dissertation, Münster 2000, zit.: Wagner, Stellung des Wettbewerbers im Beihilfeaufsichtsverfahren, S.

Wiedemann, Gerhard, Kommentar zu den Gruppenfreistellungsverordnungen des EWG-Kartellrechts, Band I AT, Köln 1989, zit.: Wiedemann, GVOen des EWG-Kartellrechts, S., Rn.

Wössner, Barbara, Die Deutschlandklausel im EG-Beihilfenrecht (Art. 87 Abs. 2 lit. c EGV), Dissertation, Tübingen 2001, zit.: Wössner, Deutschlandklausel im EG-Beihilfenrecht, S.

Zourek, Heinz, Die Mittelstandsförderung der EU, WPg-Sonderheft 2003, S. 240-243

Zuleger, Volker, Die neue Gruppenfreistellungsverordnung für Beschäftigungsbeihilfen, EuZW 2003, S. 270-275

Schriften zum internationalen und zum öffentlichen Recht

Herausgegeben von Gilbert Gornig

Band 1 Michael Waldstein: Das Asylgrundrecht im europäischen Kontext. Wege einer europäischen Harmonisierung des Asyl- und Flüchtlingsrechts. 1993.

Band 2 Axel Linneweber: Einführung in das US-amerikanische Verwaltungsrecht. Kompetenzen, Funktionen und Strukturen der "Agencies" im US-amerikanischen Verwaltungsrecht. 1994.

Band 3 Tai-Nam Chi: Das Herrschaftssystem Nordkoreas unter besonderer Berücksichtigung der Wiedervereinigungsproblematik. 1994.

Band 4 Jörg Rösing: Beamtenstatut und Europäische Gemeinschaften. Eine Untersuchung zu den gemeinschaftsrechtlichen Anforderungen an die Freizügigkeit der Arbeitnehmer im Bereich des öffentlichen Dienstes. 1994.

Band 5 Wolfgang Wegel: Presse und Rundfunk im Datenschutzrecht. Zur Regelung des journalistischen Umgangs mit personenbezogenen Daten. 1994.

Band 6 Sven Brandt: Eigentumsschutz in europäischen Völkerrechtsvereinbarungen. EMRK, Europäisches Gemeinschaftsrecht, KSZE – unter Berücksichtigung der historischen Entwicklung. 1995.

Band 7 Alejandro Alvarez: Die verfassunggebende Gewalt des Volkes unter besonderer Berücksichtigung des deutschen und chilenischen Grundgesetzes. 1995.

Band 8 Martin Thies: Zur Situation der gemeindlichen Selbstverwaltung im europäischen Einigungsprozeß. Unter besonderer Berücksichtigung der Vorschriften des EG-Vertrages über staatliche Beihilfen und der EG-Umweltpolitik. 1995.

Band 9 Rolf-Oliver Schwemer: Die Bindung des Gemeinschaftsgesetzgebers an die Grundfreiheiten. 1995.

Band 10 Holger Kremser: "Soft Law" der UNESCO und Grundgesetz. Dargestellt am Beispiel der Mediendeklaration. 1996.

Band 11 Michael Silagi: Staatsuntergang und Staatennachfolge: mit besonderer Berücksichtigung des Endes der DDR. 1996.

Band 12 Reinhard Franke: Der gerichtliche Vergleich im Verwaltungsprozeß. Auch ein Beitrag zum verwaltungsrechtlichen Vertrag. 1996.

Band 13 Christoph Eichhorn: Altlasten im Konkurs. 1996.

Band 14 Dietrich Ostertun: Gewohnheitsrecht in der Europäischen Union. Eine Untersuchung der normativen Geltung und der Funktion von Gewohnheitsrecht im Recht der Europäischen Union. 1996.

Band 15 Ulrike Pieper: Neutralität von Staaten. 1997.

Band 16 Harald Endemann: Kollektive Zwangsmaßnahmen zur Durchsetzung humanitärer Normen. Ein Beitrag zum Recht der humanitären Intervention. 1997.

Band 17 Jochen Anweiler: Die Auslegungsmethoden des Gerichtshofs der Europäischen Gemeinschaften. 1997.

Band 18 Henrik Ahlers: Grenzbereich zwischen Gefahrenabwehr und Strafverfolgung. 1998.

Band 19 Heinrich Hahn: Der italienische Verwaltungsakt im Lichte des Verwaltungsverfahrensgesetzes vom 7. August 1990 (Nr. 241/90). Eine rechtsvergleichende Darstellung. 1998.

Band 20 Christoph Deutsch: Elektromagnetische Strahlung und Öffentliches Recht. 1998.

Band 21 Cordula Fitzpatrick: Künstliche Inseln und Anlagen auf See. Der völkerrechtliche Rahmen für die Errichtung und den Betrieb künstlicher Inseln und Anlagen. 1998.

Band 22 Hans-Tjabert Conring: Korporative Religionsfreiheit in Europa. Eine rechtsvergleichende Betrachtung. Zugleich ein Beitrag zu Art. 9 EMRK. 1998.

Band 23 Jörg Karenfort: Die Hilfsorganisation im bewaffneten Konflikt. Rolle und Status unparteiischer humanitärer Organisationen im humanitären Völkerrecht. 1999.

Band 24 Matthias Schote: Die Rundfunkkompetenz des Bundes als Beispiel bundesstaatlicher Kulturkompetenz in der Bundesrepublik Deutschland. Eine Untersuchung unter besonderer Berücksichtigung natürlicher Kompetenzen und der neueren Entwicklung im Recht der Europäischen Union. 1999.

Band 25 Hermann Rothfuchs: Die traditionellen Personenverkehrsfreiheiten des EG-Vertrages und das Aufenthaltsrecht der Unionsbürger. Eine Gegenüberstellung der vertraglichen Gewährleistungen. 1999.

Band 26 Frank Alpert: Zur Beteiligung am Verwaltungsverfahren nach dem Verwaltungsverfahrensgesetz des Bundes. Die Beteiligtenstellung des § 13 Abs. 1 VwVfG. 1999.

Band 27 Matthias Reichart: Umweltschutz durch völkerrechtliches Strafrecht. 1999.

Band 28 Nikolas von Wrangell: Globalisierungstendenzen im internationalen Luftverkehr. Entwicklung der Regulierung und Liberalisierung unter Berücksichtigung strategischer Allianzen und des Code-Sharing. 1999.

Band 29 Marietta Hovehne: Ein demokratisches Verfahren für die Wahlen zum Europäischen Parlament. Legitimation gemeinschaftlicher Entscheidungsstrukturen im europäischen Integrationsprozeß. 1999.

Band 30 Nina Kaden: Der amerikanische Clean Air Act und das deutsche Luftreinhalterecht. Eine rechtsvergleichende Untersuchung. 1999.

Band 31 Brigitte Daum: Grenzverletzungen und Völkerrecht. Eine Untersuchung der Rechtsfolgen von Grenzverletzungen in der Staatenpraxis und Folgerungen für das Projekt der International Law Commission zur Kodifizierung des Rechts der Staatenverantwortlichkeit. 1999.

Band 32 Andreas Fürst: Die bildungspolitischen Kompetenzen der Europäischen Gemeinschaft. Umfang und Entwicklungsmöglichkeiten. 1999.

Band 33 Gilles Despeux: Die Anwendung des völkerrechtlichen Minderheitenrechts in Frankreich. 1999.

Band 34 Michael Reckhard: Die rechtlichen Rahmenbedingungen der Sanktionierung von Beitragsverweigerung im System der Vereinten Nationen. 1999.

Band 35 Carsten Pagels: Schutz- und förderpflichtrechtliche Aspekte der Religionsfreiheit. Zugleich ein Beitrag zur Auslegung eines speziellen Freiheitsrechts. 1999.

Band 36 Bernhard Mehner: Die grenzüberschreitende Wirkung direktempfangbaren Satellitenfernsehens aus völkerrechtlicher Sicht. 2000.

Band 37 Karl-Josef Ulmen: Pharmakologische Manipulationen (Doping) im Leistungssport der DDR. Eine juristische Untersuchung. 2000.

Band 38 Jochen Starke: Die verfassungsgerichtliche Normenkontrolle durch den Conseil constitutionnel. Zum Kompetenztitel des Art. 61 der französischen Verfassung. 2000.

Band 39 Marco Herzog: Rechtliche Probleme einer Inhaltsbeschränkung im Internet. 2000.

Band 40 Gilles Despeux: Droit de la délimitation maritime. Commentaire de quelques décisions plutoniennes. 2000.

Band 41 Christina Hackel: Der Untergang des Landes Braunschweig und der Anspruch auf Restitution nach der Wiedervereinigung Deutschlands. 2000.

Band 42 Peter Aertker: Europäisches Zulassungsrecht für Industrieanlagen. Die Richtlinie über die integrierte Vermeidung und Verminderung der Umweltverschmutzung und ihre Auswirkungen auf das Anlagenzulassungsrecht der Bundesrepublik Deutschland. 2000.

Band 43 Karsten Bertram: Die Gesetzgebung zur Neuregelung des Grundeigentums in der ersten Phase der Französischen Revolution (bis 1793) und deren Bedeutung für die deutsche Eigentumsdogmatik der Gegenwart. 2000.

Band 44 Ulrike Hartmann: Die Entwicklung im internationalen Umwelthaftungsrecht unter besonderer Berücksichtigung von *erga omnes*-Normen. 2000.

Band 45 Thomas Jesch: Die Wirtschaftsverfassung der Sonderverwaltungsregion Hongkong. Eine Darstellung vor dem Hintergrund der Wiedereingliederung in die Souveränität der Volksrepublik China. 2001.

Band 46 Sven Gottschalkson: Der Ausschluß des Zivilrechtsweges bei Eigentumsverlusten an Immobilien in der ehemaligen DDR. 2002.

Band 47 Gilbert Hanno Gornig/Gilles Despeux: Seeabgrenzungsrecht in der Ostsee. Eine Darstellung des völkerrechtlichen Seeabgrenzungsrechts unter besonderer Berücksichtigung der Praxis der Ostseestaaten. 2002.

Band 48 Andreas Zühlsdorff: Rechtsverordnungsersetzende Verträge unter besonderer Berücksichtigung des Umweltrechts. 2003.

Band 49 Katja Schmitz: Durchgriffswirkung von Maßnahmen der UN und ihrer Sonderorganisationen unter besonderer Berücksichtigung von Resolutionen des UN-Sicherheitsrates - Die Entwicklung supranationaler Strukturen. 2003.

Band 50 Stefanie Rothenberger: Die angemessene Nutzung gemeinschaftlicher Ressourcen am Beispiel von Flüssen und speziellen Ökosystemen. Eine vergleichende Betrachtung zum modernen Verständnis eines klassischen völkerrechtlichen Nutzungsprinzips. 2003.

Band 51 Christoph von Burgsdorff: Die Umsetzung der EG-Datenschutzrichtlinie im nicht-öffentlichen Bereich. Möglichkeit einer zukunftsorientierten Konzeption des Datenschutzes in der Privatwirtschaft unter besonderer Berücksichtigung des BDSG. 2003.

Band 52 Frank Reinhardt: Powerline. Verfassungs-, verwaltungs- und telekommunikationsrechtliche Probleme. 2003.

Band 53 Chie Sato: Immunität Internationaler Organisationen. 2004.

Band 54 Johannes Thoma: EU-Recht und Schranken hoheitlicher Staatstätigkeit. 2004.

Band 55 Wolf Peterhoff: Rechtsansprüche enteigneter Volksgruppen und ihre Durchsetzbarkeit. 2004.

Band 56 Do-Hyub Kim: Das deutsche parlamentarische Regierungssystem als mögliches Modell für Korea. 2004.

Band 57 Alexander Koberg: Die Exilregierung im Völkerrecht. Eine Untersuchung ihrer rechtlichen Klassifikation. 2005.

Band 58 Nils Christian Carstensen: Das Verhältnis des Seerechtsübereinkommens der Vereinten Nationen von 1982 zu fischereirechtlichen Übereinkommen und deren Streitbeilegungsvorschriften. 2005.

Band 59 Oliver Franz: Osttimor und das Recht auf Selbstbestimmung. Eine Untersuchung zur Anwendung des Selbstbestimmungsrechts der Völker am Beispiel Osttimors. 2005.

Band 60 Michael Kadgien: Das Habsburgergesetz. 2005.

Band 61 Felix Wolf: Terrorversicherungen und europäisches Wettbewerbsrecht. Verschiedene Modelle staatlicher Beteiligung an einer Terrorversicherung für Wirtschaftsbetriebe und ihre Vereinbarkeit mit dem europäischen Wettbewerbsrecht. 2005.

Band 62 Heiko Bertelmann: Die Europäisierung des Staatshaftungsrechts. Eine Untersuchung zum Einfluss des Europäischen Gemeinschaftsrechts auf das deutsche Staatshaftungsrecht unter besonderer Berücksichtigung der Haftung für judikatives Unrecht. 2005.

Band 63 Cedric Christian Meyer: Konkretisierung unbestimmter Rechtsbegriffe im deutschen und französischen Anlagenzulassungsrecht. 2005.

Band 64 Philippe Gréciano: Die Gerichtsbarkeit der Europäischen Gemeinschaften. Rechtsprechung und Rechtssprache Europas aus französischer Perspektive. Mit einem Vorwort von Theodor Öhlinger. 2006.

Band 65 Anne-Louise Schümer: Die Stellung des Ministerpräsidenten in den Bundesländern im Vergleich. 2006.

Band 66 Helen Ghebrewebet: Identifying Units of State Hood and Determining International Boundaries. A Revised Look at the Doctrine of *Uti Possidetis* and the Principle of Self-Determination. 2006.

Band 67 Arne Hertel: Beihilfen an kleine und mittlere Unternehmen. 2006.

www.peterlang.de

Peter Lang · Europäischer Verlag der Wissenschaften

Stephan Schöning / Ingrid Ott / Jörg Richter / Dirk Nissen (Hrsg.)

Kleine und mittlere Unternehmen in Umbruchsituationen

Frankfurt am Main, Berlin, Bern, Bruxelles, New York, Oxford, Wien, 2005.
261 S., zahlr. Tab. und Graf.
ISBN 3-631-53631-3 · br. € 45.50*

Aufgrund der Dynamik der Märkte und sich häufig wandelnder politischer und rechtlicher Rahmenbedingungen ist es für Unternehmen existenziell, möglichst umgehend effiziente Anpassungsstrategien zu entwickeln. Ihre hohe Flexibilität und Innovationsfähigkeit hilft dabei kleinen und mittleren Unternehmen (KMU), schnell auf Änderungen zu reagieren. Gleichzeitig bestehen jedoch häufig aufgrund fehlender interner Ressourcen erhebliche Schwierigkeiten für eine systematische Analyse der Umweltdynamik. Hierfür liefert dieser Sammelband Ansatzpunkte. Unter dem Oberthema *Kleine und mittlere Unternehmen in Umbruchsituationen* werden in 13 Beiträgen ausgewählte wirtschaftswissenschaftliche Fragestellungen mit den Themenschwerpunkten Strategien, Personal, Bewertung und Finanzierung sowie Recht aufgegriffen.

Aus dem Inhalt: Strategisches Management · Personalwirtschaft · Bewertung und Finanzierung · Recht

FSC
www.fsc.org
MIX
Papier | Fördert gute Waldnutzung
FSC® C083411

Kolibri 360 GmbH
Ferdinand-Jühlke-Straße 7
99095 Erfurt, Deutschland
produktsicherheit@kolibri360.de

Druck:
CPI Druckdienstleistungen GmbH
im Auftrag der
Kolibri 360 GmbH
Ferdinand-Jühlke-Str. 7
99095 Erfurt